글로벌 마케팅

>> 해외시장 개척을 위한 이론과 사례

이규현 저

GLOBAL MARKETING

經文社

책을 펴내면서

우리나라는 영토, 인구, 자원 등에서 불리한 여건에서 눈을 세계로 돌리고 지속적으로 해외시장개척을 해왔다. 현재 구매력 기준으로 세계 12위의 경제 규모를 지니고 있다. 2011년 포춘지에서 발표한 자료에 의하면 '글로벌 500'에 들어간 우리나라 기업들은 삼성전자, 현대자동차, SK Holdings, 포스코, LG전자, 현대중공업, GS Holdings, 한전, 한화, 삼성생명, LG디스플레이, 삼성C&T, 한국가스공사이다. 글로벌 500에 진입한 적이 있거나 진입하려는 대기업들의 수도 많이 있다. 그리고 많은 중견기업들이나 중소기업들도 해외시장 진출에 성공하고 있다. 한국 기업들의 해외시장 진출의 성공에는 훌륭한 기업가들과 경영자들이 시장을 세계로 바라보면 큰 기회가 열릴 수 있다는 믿음을 가지고 접근하였기 때문이다. 그들은 경쟁의 범위를 세계적으로 보고, 이에 대비한 우수한 제품과 서비스를 창출하고 확산하는 과정을 전략적으로 접근하여왔다. 이 책은 해외시장개척에 성공한 기업들의 노력을 글로벌 마케팅이론을 중심으로 풀어보려고 한다. 해외시장개척을 하려는 대부분의 기업들에게 글로벌 마케팅을 다루는 이 책은 방향성을 제시해줄 수 있다고 본다. 이 책의 부제목을 '해외시장개척을 위한 이론과 사례'로 정한 이유이다.

이 책은 크게 다섯 가지 체계로 구성하여 전개하고자 한다. 이 체계는 글로벌 사고 → 환경 분석 → 경쟁전략 형성 → 마케팅믹스 결정 → 관리로 나눈다.

제 1 부에서 시장의 글로벌화와 해외 지향 기업들에 대한 이해를 다룬다.

제 2 부에서 공간의 범위가 전 세계적으로 확대되면서 나타나는 글로벌 정치와 경제, 사회문화적 환경에 대한 이해를 넓힌다.

제 3 부에서 글로벌 경쟁전략 개발에 관련된 쟁점들을 넓게 다룬다. 해외시장조사에 대한 이해, 시장세분화와 포지셔닝에 대한 이해를 넓힌다. 그리고 글로벌 경쟁전략에 대한 이해, 해외시장 진입전략에 대한 이해를 넓힌다.

제4부에서 글로벌 마케팅믹스전략 개발을 다루고자 한다. 일반적으로 마케팅연구에서 마케팅믹스를 구성하고 있는 신제품개발, 브랜드, 가격, 커뮤니케이션, 유통과 공급망을 글로벌 시각에서 어떻게 펼쳐가야 하는가를 다룬다.

제5부에서 글로벌 활동을 관리하기 위해서 조직변화와 통제에 대해서 다룬다.

이 책은 필자의 30년 이상의 마케팅 연구가 포함되어 있다. 1979년 서울대 대학원에서 학업을 할 때부터 시작된 국제경영과 마케팅 연구, 1997년부터 현재까지 University of Michigan과 협력하면서 한국과 미국 사이의 공동연구, 2005년과 2006년 2년 동안 한국마케팅과학회 회장, 2010년에서 2011년 동안 한국소비문화학회 회장으로서 경험, 정부기관과 기업들의 해외시장개척에 대한 자문에 대한 지식과 경험을 포함시켰다.

각 장별로 이론, 사례연구, 요약, 토의과제, 참고문헌을 제시하였다. 사례연구는 이론을 실무에 연결시키고자 하였고, 요약을 통해 각 장을 정리할 수 있게 하였다. 토의과제를 통해 이론과 사례에 대한 이해를 확장시키고자 했다. 마지막으로 참고문헌을 제시하여 더 깊은 연구를 가능하도록 했다. 이러한 틀은 글로벌 마케팅을 이해하고자 하는 대학생, 기업인, 그리고 일반인들이 이 분야에 대한 생각을 쉽게 정리하고 학습할 수 있도록 하기 위함이다.

글로벌 마인드를 가지면 젊음과 도전이 우리 앞에 전개된다. 이 책을 읽는 이들이 우리나라 기업의 해외시장개척과 글로벌 마케팅전략을 이해하고 실천하는 데 도움이 될 수 있기를 바란다.

2012년

이 규 현 씀

차례 Contents

제1부 글로벌화의 개요

Global Marketing

제1장 | 기업의 해외 지향성 ······ 3

제1절 글로벌화의 세 축 : 시장, 기술, 제품 ······ 4

1.1 시장의 글로벌화 4

1.2 기술의 첨단화 6

1.3 제품과 서비스의 글로벌화 8

제2절 기업의 해외시장 지향단계 ······ 9

2.1 수출지향 : 수출마케팅 10

2.2 현지 국가 지향 : 국제마케팅 11

2.3 지역중심 지향 : 다국적 마케팅 11

2.4 지구중심 지향 : 글로벌 마케팅 12

제3절 포춘지가 발표하는 '글로벌 500' ······ 15

제4절 이 책의 전개 방향 ······ 22

4.1 제1부 : 글로벌화의 개요 22

4.2 제2부 : 글로벌 환경분석 22

4.3 제3부 : 경쟁전략분석 23

4.4 제4부 : 글로벌 마케팅믹스 전략개발 23

4.5 제5부 : 글로벌 마케팅 활동의 관리 23

요 약 / 24

토의과제 / 26

제2부 >> 글로벌 마케팅 환경

Global Marketing ●●

제2장 ▎글로벌 경제 · 정치 · 법률 환경 ······················· 31

도입 사례 : 정부와 글로벌 산업 / 32

제1절 거시경제 환경 : 경제블록화의 변화 ······················· 34

1.1 자유무역주의 : 세계무역기구(WTO)의 출범 34

1.2 신보호무역주의 : 세계경제 블록화의 형성 36

1.3 자유무역협정(FTA) 39

1.4 국제경제기구 40

제2절 미시경제 환경 ······················· 43

2.1 인구분석 43

2.2 산업구조분석 43

2.3 소득분포분석 44

제3절 국제재무 환경 ······················· 44

3.1 환율과 아시아의 경제위기 44

3.2 유로사용 국가 45

제4절 국제정치 환경 ······················· 46

4.1 정부정책 46

4.2 정치적 위험 48

4.3 테러리즘과 세계 경제 49

4.4 국제정치관계 분석 50

제5절 국제법률 환경 ······················· 50

5.1 국제법 50

5.2 현지국의 법률 환경 51

5.3 국경을 넘어서는 법률쟁점들 51

사례연구 : 특허전쟁 / 53

요 약 / 55

토의과제 / 56

제 3 장 | 글로벌 문화 환경 ········· 59

도입 사례 / 60

제 1 절 문화와 그 구성요소 ········· 60

1.1 문화란 무엇인가? 61

1.2 문화의 구성요소 61

제 2 절 문화차이 분석모형 ········· 65

2.1 Kluckhohn과 Strodbeck 분석 65

2.2 Hall 분석 67

2.3 Hofstede 분석 67

2.4 Markus와 Kitayama 분석 70

2.5 Nisbett 분석 72

제 3 절 국가문화, 기업문화, 경영에의 영향 ········· 73

제 4 절 문화이해의 방법론 ········· 74

사례연구 : 월트디즈니의 해외시장 진출 / 76

요 약 / 78

토의과제 / 79

제 3 부 >> 글로벌 경쟁전략 개발

Global Marketing

제 4 장 | 글로벌 마케팅조사 ········· 83

도입 사례 : LG의 홈스테이 분석 / 84

제 1 절 글로벌 마케팅조사 과정 ········· 86

1.1 문제의 정의 88

1.2 조사계획과 탐색적 조사수행 89

1.3 가설형성 90

1.4 조사설계 90

1.5 자료수집 91

1.6 자료의 해석과 정보제시 91

제 2 절 신제품에 관한 시장정보 수집 ········· 93

2.1 고객방문 프로그램 93

2.2 감정이입디자인 93
2.3 선도사용자 과정 95

제 3 절 시장규모의 예측과 추정 ······ 97
3.1 유추분석 97
3.2 회귀분석 97
3.3 클러스터 분석 97
3.4 확산 예측 99

제 4 절 스캐너 데이터의 전략적 활용 ······ 100

제 5 절 글로벌 마케팅조사의 관리 ······ 101

사례연구 : 코카콜라 / 103

요 약 / 106

토의과제 / 107

제 5 장 ❙ 글로벌 세분화와 포지셔닝 ······ 109

도입 사례 : GM / 110

제 1 절 왜 시장세분화를 하는가? ······ 111
1.1 시장세분화 기준과 전략 111
1.2 글로벌 세분화의 의의 112

제 2 절 글로벌 세분화의 접근과 변수들 ······ 113
2.1 거시 수준의 세분화 113
2.2 국가 세분화를 위한 변수들 116

제 3 절 글로벌 포지셔닝 전략 ······ 119
3.1 포지셔닝이란 무엇인가? 119
3.2 포지셔닝 단계 119
3.3 글로벌, 해외, 지역 소비자 문화 포지셔닝 121

사례연구 : 맥도날드 / 123

요 약 / 124

토의과제 / 125

제 6 장 ❙ 글로벌 경쟁전략 ······ 127

도입 사례 : Federal Express / 128

제 1 절 국가와 산업의 경쟁력 ······ 129
1.1 국가경쟁력 129

1.2 산업의 경쟁력 분석 131
1.3 산업의 글로벌화 촉진요인 133
1.4 초경쟁전략 135

제 2 절 글로벌 기업의 경쟁력 원천 ······························ 136
2.1 경쟁력의 기반으로서 정보기술 137
2.2 경쟁력의 원천 139

제 3 절 글로벌 소싱전략 ······································· 143
3.1 글로벌 소싱의 종류와 주요 이유 143
3.2 소싱의 이론적 배경 : 거래비용이론 145
3.3 아웃소싱의 고려사항 146

제 4 절 전략적 제휴 ·· 147
4.1 전략적 제휴의 필요성 147
4.2 전략적 제휴의 정의 147
4.3 전략적 제휴의 이점 148
4.4 전략적 제휴의 형태 150
4.5 제휴파트너의 선정 152

제 5 절 M&A ··· 153
5.1 유기적 성장과 M&A 153
5.2 글로벌화와 M&A 153
5.3 M&A 프로세스 154

사례연구 : 나이키 / 155

요 약 / 157

토의과제 / 159

제 7 장 | 글로벌 시장진입전략 ································· 161

도입 사례 : 뽀로로 / 162

제 1 절 해외시장 진입방식에는 어떠한 것들이 있는가? ········ 163
1.1 수 출 163
1.2 계약방식 165
1.3. 단독투자 170

제 2 절 해외시장 진입방식을 어떻게 결정할 것인가? ·········· 171
2.1 해외 진입방식의 선택에 영향을 미치는 요인 172
2.2 해외진입방식 선택모형 173
2.3 환경 불확실성과 기업의 해외진출능력에 따른 결정 175

제 3 절 해외시장 진출을 위한 가치사슬상의 협력패턴 ········· 176

제 4 절 진입 타이밍과 순서를 어떻게 잡을 것인가? ··········· 178
4.1 진입 타이밍 178
4.2 진입 순서 178
4.3 진입속도 : Fast Innovation과 Fast Second 181
사례연구 : 현대자동차 / 183
요 약 / 185
토의과제 / 187

제4부 >> 글로벌 마케팅믹스 전략

Global Marketing

제8장 | 글로벌 제품전략 ································· 191
도입 사례 : Gillette / 192
제 1 절 글로벌 제품전략 유형 ·································· 193
1.1 전략적 대안 1 : 제품과 커뮤니케이션 확장 – Dual Extension 193
1.2 전략적 대안 2 : 제품확장 – 커뮤니케이션 수정 193
1.3 전략적 대안 3 : 제품 수정 – 커뮤니케이션 확장 194
1.4 전략적 대안 4 : 제품과 커뮤니케이션 수정 – Dual Adaptation 195
1.5 전략적 대안 5 : 제품 발명 195
제 2 절 표준화와 현지화 ······································· 196
2.1 표준화 196
2.2 현지화 197
2.3 표준화와 현지화의 균형 198
제 3 절 글로벌 시장을 향한 신제품개발 ························ 200
3.1 글로벌 시장을 향한 신제품개발 200
3.2 글로벌 소싱, 전략적 제휴와 M&A를 통한 신제품개발 204
제 4 절 국제제품수명주기와 글로벌 확산 ························ 205
4.1 국제제품수명주기 206
4.2 글로벌 수용과 확산 208
제 5 절 글로벌 신제품개발과 문화 ····························· 211
사례연구 : 한류 / 213
요 약 / 217

토의과제 / 219

제9장 | 글로벌 브랜드 관리 221

도입 사례 : SONY / 222

제1절 브랜드 개념관리 224

1.1 OEM으로 할 것인가, 자사 브랜드를 고수할 것인가? 224

1.2 브랜드 개념관리 225

제2절 브랜드 자산과 브랜드 확장 226

2.1 브랜드 자산의 구성요소 227

2.2 Keller의 고객기반 브랜드 자산관리 228

2.3 브랜드 확장 230

2.4 브랜드 관리모형 232

제3절 Interbrand사의 브랜드 자산평가 234

제4절 공동브랜드, 개별브랜드, 혼합브랜드 전략 242

4.1 공동브랜드 전략 242

4.2 개별브랜드 전략 242

4.3 혼합브랜드 전략 242

제5절 브랜드 아키텍처 243

제6절 브랜드 공동체 245

6.1 브랜드 공동체 개념 245

6.2 할리데이비슨 사례 246

6.3 범 위 247

6.4 브랜드 정체감의 형성과 발전 248

6.5 전략적 고려 249

사례연구 : 스타벅스 / 251

요 약 / 253

토의과제 / 255

제10장 | 글로벌 가격전략 257

도입 사례 : 현대자동차 / 258

제1절 해외시장에서 가격결정 259

1.1 가격결정에 영향을 미치는 요인들 259

1.2 가격결정 과정 262

제2절 저가전략과 고가전략 264

2.1 저가전략 264
2.2 고가전략 267

제 3 절 이전가격결정 268
3.1 이전가격결정의 이유 268
3.2 이전가격결정의 영향요인 269
3.3 이전가격결정전략 270

제 4 절 반덤핑규제와 글로벌 가격전략 271
4.1 제품 업그레이드 272
4.2 서비스 고도화 272
4.3 유통과 커뮤니케이션 강화 272

제 5 절 가격조정 273
5.1 가격조정을 위해 고려해야 할 요인들 273
5.2 가격복도 274

사례연구 : 월마트 / 276

요 약 / 278

토의과제 / 280

제 11 장 | 글로벌 커뮤니케이션 전략 283

도입 사례 : 삼성 / 284

제 1 절 문화차이와 글로벌 광고 285
1.1 문화차이와 참여관찰 285
1.2 문화차이와 커뮤니케이션 286
1.3 표준화와 현지화 287

제 2 절 글로벌 광고관리 289
2.1 글로벌 광고계획과정 289
2.2 글로벌 광고전략 유형 293

제 3 절 글로벌 인적판매 294
3.1 목표 설정 294
3.2 전략 설계 295
3.3 모집과 선발 295
3.4 훈 련 295
3.5 감 독 296
3.6 평 가 296

제 4 절 글로벌 판매촉진 297
4.1 글로벌 판매촉진 고려사항 297

4.2 판매촉진 수단 297
제 5 절 스포츠 마케팅 ········· 298
5.1 개 념 298
5.2 구성요소 299
사례연구 : 아모레퍼시픽 / 302
요 약 / 303
토의과제 / 304

제 12장 | 글로벌 유통전략 ········· 307
도입 사례 : POSCO / 308
제 1 절 글로벌 유통경로 ········· 309
제 2 절 글로벌 로지스틱스와 공급사슬관리 ········· 311
2.1 글로벌 로지스틱스 311
2.2 글로벌 공급망관리 312
제 3 절 글로벌 소매업태 ········· 317
제 4 절 온라인 유통 ········· 318
제 5 절 회색시장 ········· 320
사례연구 : Dell / 323
요 약 / 325
토의과제 / 326

제 5 부 >> 글로벌 마케팅활동의 관리

Global Marketing

제 13장 | 글로벌 조직변화와 통제 ········· 331
도입 사례 / 332
제 1 절 조직설계의 주요 기준 ········· 333
1.1 조직설계의 주요 기준 333
제 2 절 글로벌 조직설계의 대안 ········· 335
2.1 수출부서의 등장 335

2.2 국제사업부의 등장 336
2.3 제품사업부 구조 338
2.4 지역별 구조 339
2.5 매트릭스 구조 340
제 3 절 글로벌 브랜드 관리조직 ·································· 342
3.1 브랜드관리위원회 342
3.2 브랜드 챔피언 342
3.3 글로벌 브랜드 매니저 343
3.4 비공식적 브랜딩회의 343
제 4 절 글로벌 조직구조의 진화 ·································· 343
제 5 절 글로벌 조정과 통제 ··· 345
5.1 글로벌 배열과 조정 345
5.2 글로벌 통제 346
사례연구 : 와해성 혁신 창출을 위한 조직구조 / 348
요 약 / 351
토의과제 / 353

* 찾아보기 / 355

제 1 부

글로벌화의 개요

|제 1 장| 기업의 해외 지향성

제1부에서는 제1장 한 장으로 구성하여 이 책 전체의 개요를 잡고자 한다. 먼저 기업 활동의 세 가지 축인 시장, 기술, 제품의 관점에서 글로벌화를 살펴보고, 기업의 해외 지향 단계를 이해하고자 한다.

제1장

기업의 해외 지향성

글로벌화라는 말은 Theodore Levitt가 1983년 소개한 '시장의 글로벌화(Globalization of Market)'에서 시작하여 현실에서 세계가 빠르게 글로벌화되어 왔다. 본 장에서는 이러한 시장의 글로벌화에 대한 이해를 기반으로 기업의 해외 지향 단계에 대해서 이해하고자 한다. '글로벌 500'에 속한 기업들에 대해서 이해하고, 이 책의 전개 방향을 제시하고자 한다.

제1절 글로벌화의 세 축 : 시장, 기술, 제품
제2절 기업의 해외시장 지향단계
제3절 포춘지가 발표하는 '글로벌 500'
제4절 이 책의 전개 방향
●● 요 약
●● 토의과제

제 1 절

Global Marketing

글로벌화의 세 축 : 시장, 기술, 제품

기업의 사회경제적인 목적은 재화와 서비스를 개발하여 시장에 분배하는 것이다. 글로벌경영은 시장을 세계로 바라보고 경영을 해나간다. 기업의 주된 활동은 새로운 기술을 창출하는 과정, 그 기술을 제품화시키는 과정, 그리고 그 제품이 시장에서 호의적인 반응을 얻도록 하는 과정으로 이루어진다. 이 시장, 기술, 제품은 분리된 과정이 아니라, 세 가지 축이 되어 있다. 세 받침대로 지지되어 있는 것에 비유할 수 있다.

그림 1-1 글로벌화의 세 축

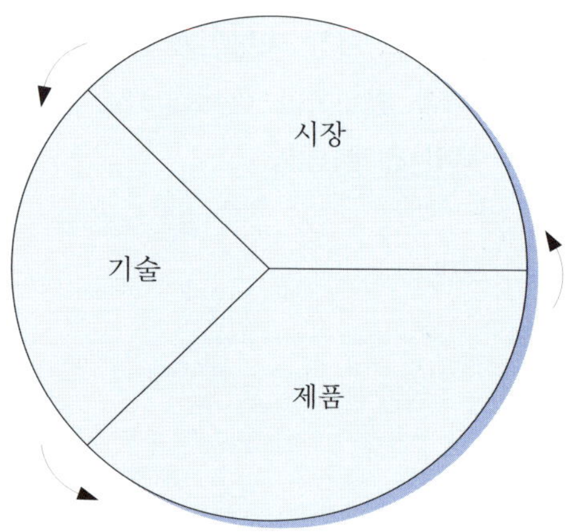

1.1 시장의 글로벌화

'시장의 글로벌화(Globalization of Markets)'라는 말은 하버드 경영대학원 교수였던 Theodore Levitt 교수가 1983년 *Harvard Business Review*에 이 제목의 논문을 발표하면서 세계적으로 일반화된 말이다. 그는 세계적으로 보편화되는 제품들이 등장하고, 소비자 반응에서 유사성이 더 많이 나타나고 있는 현상에 주목하였다. 그는 낮은 가격으로 표준화 전략으로 세계로 진출한 기업들과 이러한 기업들의 제품들에 대한 소비자들의 선호가 수렴하고 있는 현상에 주목하였다. 이러한 시장의 글로벌화는 글로벌 마케팅의 이유이자 결과가 되었다.

Levitt는 다국적기업과 글로벌 기업을 구별하였다. 진정한 다국적기업이 되기 위해서는 타국 시장에서 경영활동을 하여야 한다고 보았다. 즉, 본국의 생산이나 판매를 위해 단순히 원료를 수입하거나, 가공하거나, 당사국에서 만든 제품을 수입하는 것은 다국적 구매자일 뿐이다. 다국적기업이 되려면 여러 국가의 시장에서 일정 규모로 고객창출 활동을 해야 한다. 그리고 전통적인 분권화된 다국적기업(multinational corporation)은 지역 고객의 선호에 부응하기 위해서 제품과 마케팅 프로그램들을 수정하여 왔지만, 이는 진부화되고 있다고 보았다. 그리고 전 세계를 하나로 보고 같은 방식으로 상대적으로 낮은 가격으로 활동하는 글로벌 기업(global corporation)이 성공하고 있으며, 이 기업들은 똑같은 제품들을 어디에서나 똑같은 방식으로 팔고 있다고 주장하였다. 그의 관찰은 혼다, 파나소닉, 도요타와 같은 일본 브랜드에 주목하였다. 이들 기업들은 단순성과 표준화의 경제(the economics of simplicity and standardization)를 이용하여 고품질 제품을 생산하고 있다고 보았다. 그의 견해에 따르면, 세계적으로 애용되는 브랜드를 가진 제품들은 세계 어디에서나 똑같이 표준화된 슬로건을 이용해 세계인의 기호에 맞는 제품을 어느 지역에나 팔고 있으면서 모든 사람들로부터 열렬히 환영받고 있다. 실제로 펩시콜라나 코카콜라와 같은 제품들은 오래전부터 깊이 뿌리박힌 다른 지역 대중의 입맛을 향, 농도, 청량감, 뒷맛 등의 특성으로 표준화했다. 이러한 흐름은 생산하고 유통하는 모든 제품이나 이용해야 할 수단과 가격결정방식 그리고 유통기관마저 똑같게 동질화시켜 왔다.

Levitt 이전에 문화적 수렴에 대해 주장한 여러 학자들이 있었다. 1962년 Marshall McLuhan은 지구촌(global village)이라는 말을 처음으로 사용했다. 그러나 Levitt의 초점은 일본 브랜드들에 의해서 촉진되어 온 소비자 선호의 수렴현상에 두었다. 그의 특별한 공헌은 어떻게 소비자 선호에서 세계적 변화가 생산시스템의 변화로부터 나타났고, 기업 조직구조가 다국적에서 글로벌으로의 변화를 요구하는가를 보여준점이었다. 그의 주장은 분권화된 다국적기업을 중앙통제된 본사로 다시 회복시키려는 다국적기업 경영자들에게 빠르게 수용되었다. 그러나 Philip Kotler와 같은 마케팅 연구가들은 Levitt의 주장을 비판하면서, 많은 새로운 라이프스타일이 나타나고 있으며, 새롭고 차별화된 시장들이 개방화되고 있기 때문에, 기업들은 소비자들에게 다가갈 수 있는 다양한 제품들과 다양한 메시지를 필요로 한다고 주장하여 왔다. 그러나 다른 사람들이 세계의 차이점들을 보려고 했을 때 유사성에 초점을 두어 바라본 그의 관점은 세계에 엄청난 영향을 미쳤으며, 특히 그의 관점은 실무에 크게 영향을 미쳤다(Quelch와 Deshpande, 2004 참조).

1.2 기술의 첨단화

Levitt의 이러한 주장은 팩스나 World Wide Web이 나타나지 않았던 시대에 주장한 것이었지만 1983년 이후 컴퓨터 마이크로 프로세스 기술이 발달하고 원거리 통신비용이 급격하게 감소하였고 이는 이전보다 많은 사람들이 국경을 넘어서서 정보를 교류할 수 있게 되었다. 그가 예견하지 못했던 팩스와 인터넷이 나타나 정보의 자유로운 흐름을 촉진시키는 첨가적인 기술들이 되었다. 위성 텔레비전은 해외 문화, 오락, 의견들을 접할 수 있게 하였다. 인터넷은 특히 글로벌화를 촉진시켜왔다. 젊은이들은 개인용 컴퓨터를 통하여 인터넷 카페에서 세계적인 범위로 의견을 공유할 수 있게 되었다. 독특한 제품이나 서비스를 가진 중소기업들도 인터넷 웹사이트를 통하여 세계 어디에서나 전 세계에 널려있는 잠재 고객들에 도달할 수 있게 되면서, 글로벌화는 어느 기업 활동에도 적용할 수 있게 되었다.

이러한 IT기술의 첨단화는 세계 소비자들을 묶어내는 강력한 힘이 되고 있다. 그리고 통신, 수송 그리고 여행수단을 보편화시키면서 세계 소비자들의 선호를 바꾸고, 경제적 현실을 바꿔나가는 데 강력한 힘으로 작용하여 왔다. 새로운 기술의 혜택을 통해 세계 도처에 있는 소비자들이 보고, 듣고, 경험한 것들을 공유할 수 있게 되었다. 소비자들의 욕구를 세계적으로 동질화되는 방향으로 몰아가고 있다.

여기서 첨단기술을 어떻게 정의할 수 있을까? 첨단기술(high technology)은 현 시점에 특정 분야에서 가장 앞선 기술을 말한다. 이는 정보통신, 생명공학, 나노 등의 분야에서 다양하게 나타나고 있다. 원천기술개발이 국가경쟁력에 결정적으로 중요하게 작용하기 때문에 정부는 정책적으로 첨단기술을 육성하고자 한다. 정부출연연구소, 대기업과 벤처기업 연구소, 대학 연구소 등 조직화된 연구개발(organized R&D)능력을 가진 기관들에서 대단위 프로젝트 형태로 집단창조성을 발휘하면서 새로운 기술이 개발되고 있다. 정부는 첨단기술개발의 사회생태적 환경을 조성하기 위해서 클러스터들(clusters)을 육성하기도 한다. 이러한 정보통신기술의 효율적인 이용은 개인, 기업 및 정부의 모든 활동에 영향을 미쳐 생활양식, 조직구조, 사고방식까지 변화시키고 있다.

기술융합(technology fusion)을 통하여 새로운 기술을 출현시킨다. 항공우주 위성기술은 컴퓨터, 반도체, 통신, 신소재 등 여러 다른 기술들이 융합되어 나타난다. 정보통신기술, 생명공학기술, 나노기술 등이 융합되어 다양한 제품들의 출현이 예고되고 있다.

Kodama(1992)가 일찍이 분석하였듯이 기술융합의 움직임은 기존의 산업 간 경계를 허물어버리고 보이지 않는 경쟁을 출현시키고 있다. 이는 기업 활동에서 협력과 네트워크를 통하여 보다 더 큰 경쟁에 대비해야 함을 깨닫게 해주고 있으며, 글로벌 기업들로 하여금 세계적으로 협력과 네트워크 체제를 형성하도록 촉진시키고 있다. 이는 기업과 소비자와의 관계뿐만 아니라 기업과 기업과의 관계를 강조하는 기업 간 마케팅(business to business marketing)에서도 뚜렷한 추세가 되고 있다.

기업들은 기술의 힘으로 인해 세계 경제라는 시간과 공간에 구애받지 않게 되면서 누구에게나 동등한 기회를 제공하고 있다. IT나 BT기술을 표준화시키면서 글로벌화 지향으로 나아간다. 예를 들어 개별 제품에 바코드를 부착해서 물류를 파악하는 최신 기술에 조기 투자했던 세계 1위의 기업 월마트는 IT 인프라를 통해 핵심 경쟁력을 갖게 되었다.

Levitt의 분석에서 이미 문제를 제기한 "지구는 평평한가"에 대해 프리드먼(2005)은 현 시대적인 관점에서 보다 구체적으로 분석하고 있다. 프리드먼은 세계를 동질하게 만드는 10가지 동력을 윈도즈 출현, 넷스케이프 출시, 워크플로 소프트웨어, 오픈소싱, 아웃소싱, 오프쇼어링, 공급사슬, 인소싱, 인포밍, 스테로이드 등의 개념을 들어 제시하고 있다(참조: 토마스 L. 프리드먼 지음, 김상철 외 옮김(2005)).

1.3 제품과 서비스의 글로벌화

IT나 BT기술이 지향하는 바는 글로벌 표준이다. 이는 제품과 서비스의 글로벌화로 연결된다. 글로벌 기업들은 세계적으로 제품을 확산시키면서 표준화를 실현시키고 있다. 표준화된 글로벌 제품들은 자동차, 철강, 화학제품, 석유, 시멘트, 농산물과 농기구, 건축, 금융업, 보험업, 컴퓨터, 반도체 전자제품, 운송업, 통신 등에서 광범위하게 나타나고 있다. 제품의 글로벌화 수준을 살펴보면 〈표 1-1〉이 도움을 준다.

기술발전과 경제발전에 의해서 시장의 동질화가 촉진되고 있어 제품의 글로벌화 수준이 높아져가고 있다. 그러나 이러한 글로벌화의 방향과 함께 현지로 들어가면 문화 차이 등으로 현지화의 요구도 강해지고 있다. 글로벌화와 현지화의 균형이 요구되고 있다. 맥도날드의 구호처럼 글로벌로 사고하고, 지역에 맞게 행동하라("Think Global, Act Local")고 주문하고 있다.

표 1-1 제품과 서비스의 글로벌화 수준

산 업	글로벌화	예
규모 위주의 제품과 서비스	1	원유, 광석, 목재
	2	항공기 엔진, 건설장비, 반도체, 항공기동체, 해상운송, 정유, 공작기계, 통신장비
근로자기술 및 생산성 위주 소비재	3	석유정제제품, 알루미늄, 특수강
	4	대량생산의약품, 펄프, 특수화학제품, 가전제품, PC, 사진기, 자동차, 텔레비전
브랜드가 있는 규제된 소비재	5	맥주, 신발
전문서비스	6	투자은행, 법률, 회계, 컨설팅
역사적으로 규제가 큰 국가산업	7	개인금융, 통신서비스, 전력
상호작용비중이 높은 제품과 서비스	8	식품, TV프로그램 제작, 유통, 장의업, 중소사업
지역적으로 규제되거나 수송비용이 높은 제품 및 서비스	9	건설자재, 부동산, 교육, 가사관리 의료
정부업무	10	공무원, 국방

자료: World Development Report(World Bank), McKinsey 분석

제2절 기업의 해외시장 지향단계

Global Marketing

우리나라는 네덜란드와 이탈리아처럼 삼면이 바다인 반도국가이기 때문에 기업가들은 바다를 넘어서 세계로 진출하려는 꿈을 가졌다. 1970년대 이후 종합무역상사가 나타나고 놀라운 성과를 창출하면서 오늘날 글로벌 기업들의 출현까지 나타났다. 기업들의 해외시장 진출은 수출로부터 시작되었다. 수출은 우리나라에서 생산하여 외국으로 제품을 파는 활동이지만, 점차적으로 다른 나라에서 생산과 판매를 하는 현지지향으로 나아가고 있는 기업들이 많아졌다. 그리고 여러 나라에서 생산과 판매를 할 수 있게 된 성공적인 기업들은 글로벌 지향으로 나아가고 있다. 그러므로 우리나라 기업들은 수출지향, 현지지향, 글로벌 지향이 다르게 나타나고 있다고 볼 수 있다. 많은 기업들이 이러한 방향이 단계적으로 나타나고 있기 때문에 단계를 이해할 필요가 있다. 마케팅 관점에서는 수출마케팅, 국제마케팅, 다국적 마케팅, 글로벌 마케팅으로 구분한다(Kotabe and Helsen, 2010).

수출마케팅 단계에서는 해외의 불특정 다수시장을 대상으로 마케팅을 하고, 완제품이나 원자재 등의 제품과 기술, 자본 및 인력 등의 단일요소를 마케팅 대상으로 하며, 바이어에 의존하는 전략을 수행한다.

국제마케팅 단계에서는 특정 현지 국가시장을 대상시장으로 하여 제품, 기술, 자본, 인력, 브랜드, 경영 등의 복합요소 및 시스템을 마케팅 대상으로 하며, 마케팅전략은 현지적응전략을 수행한다.

국제마케팅에서 국경을 넘어서서 국가별을 강조하였다면, 다국적 마케팅 단계에서는 국가들을 지역으로 묶으면서 지역지향으로 접근한다.

글로벌 마케팅 단계에서는 세계의 특정 다수시장을 대상으로 하여 제품, 기술, 자본, 인력, 브랜드, 경영 등의 복합요소 및 시스템을 마케팅 대상으로 하며, 마케팅전략은 표준화전략을 수행한다.

우리나라 기업들 중에서 완벽한 글로벌 기업들은 많지 않다. 그러나 이러한 단계에 속한 기업들이 전체적으로 존재하며 글로벌 지향은 방향으로 볼 수 있다. 이들 각 단계를 보다 자세하게 살펴보자.

2.1 수출지향 : 수출마케팅

이 단계의 시장개척은 국내 시장에서 생산과 판매를 하다가 국내 시장 외에 국경을 넘어 자사제품이나 서비스를 소비할 시장이 있다는 것을 깨달으면서 시작된다. 자국 제품의 생산량을 증대시키면서 적절한 해외 유통대리점을 찾는 단계에서 시작된다. 초기에는 소규모나 현지시장에서 성공하면 해외 파트너의 책임이 증가하고 수출기업의 명성은 높아진다. 해외 파트너가 한국에서 생산한 제품을 유통하여 판매하기 때문에 표준화전략을 선택한다. 기업의 지향성은 자민족중심이거나 본국 지향(ethnocentric or home country orientation)이다. 해외 판매와 서비스를 위해 고객과 경쟁자에 관한 정보를 얻기 위해 해외로부터 자료를 수집하고 분석하지만, 기업운영은 근본적으로 본국에서 하고 있다.

이 단계의 기업들은 주요 인력과 기술의 대부분을 본국 위주로 운영하고 해외시장에서의 고객지원을 주로 대리점이나 파트너를 통해 하기 때문에 글로벌 지향성이 낮은 단계이다.

해외지향 기업은 제품개발에 있어 지역시장에 맞추기 위한 변형을 최소화하기 위하여 가장 공통적이고 일반적인 제품개발에 초점을 맞추고 있다. 해외지향 기업은 본국에 있는 본사의 강력한 통제와 지시를 받고 있어서 이들은 상당히 통합된 경영체제를 갖게 되고 자원의 중복이 거의 없어 효율적인 규모의 경제를 실현하고 있다.

그림 1-2 글로벌 지향으로의 단계

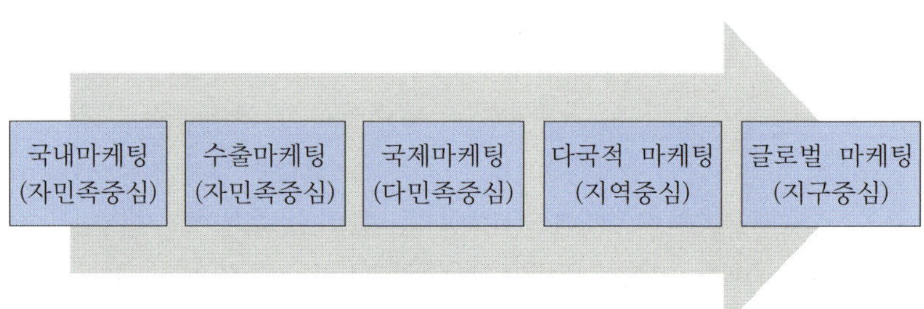

2.2 현지 국가 지향: 국제마케팅

국내의 임금이 상승하여 국내에서 생산된 제품의 원가가 높아졌기 때문에 원가우위를 누리기 위해서 임금이 싼 국가로 생산기지를 옮겨야 하는 필요가 생겨 저임금 국가로 공장을 이전하는 단계이다. 즉, 이 단계에서는 중국, 인도네시아, 말레이시아, 베트남 등과 같은 임금이 싼 국가로 공장 이전이 활발하게 진행된다. 원가를 낮출 수 있는 국가들에서 제품을 생산하고, 생산된 제품을 글로벌 시장에 판매할 수 있는 생산과 판매망을 가지려는 초기 단계이다. 이 경우 세계시장이 매우 다르기 때문에 각 국가시장에 독특하거나 다르게 접근하는 다민족 지향(polycentric orientation)을 택하면서 본국으로부터 현지로 혁신을 이전한다.

그림 1-3 국제마케팅

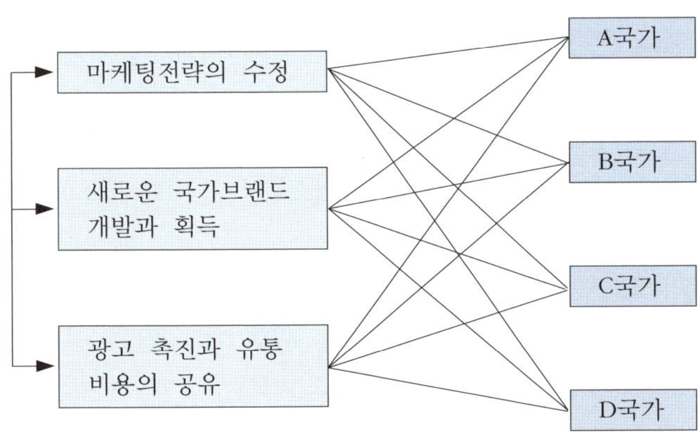

제품개발방향 : 지역 욕구에 부합한 지역 제품개발

자료: Masaaki Kotabe and Kristiaan Helsen(2008), p. 14.

2.3 지역중심 지향: 다국적 마케팅

이 단계는 지역중심 지향(regiocentric orientation)을 가지고 움직인다. 진출한 개별 국가를 보는 것이 아니라 그 국가들이 위치한 지역시장군으로 묶어 마케팅을 바라보는 단계이다. 즉, 지역판매를 지원하기

그림 1-4 다국적 마케팅

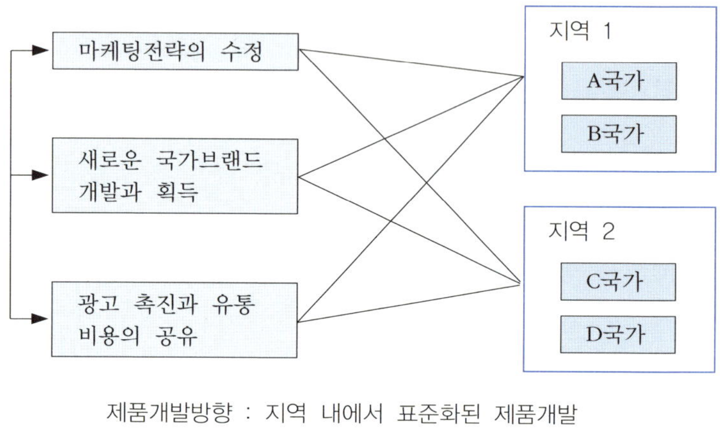

자료: Masaaki Kotabe and Kristiaan Helsen(2008), p. 14.

위한 제조활동을 해당 지역에서 시작하게 되며, 최종적으로는 해당 지역시장에서 제품개발도 하게 되면서 현지지향으로 발전한다. 규모의 경제를 실현하여 상당히 저렴한 가격으로 제품을 개발하고 현지의 생산과 판매체제를 구축하여 간다. 이 단계에서는 제품과 프로그램을 확장하고, 현지지향처럼 제품을 그 지역에 맞게 현지화함으로써 고객가치를 창출하는 단계이다.

지역시장의 요구에 융통성을 가지고 대응하려 하기 때문에 지역에서 활동하고 있는 기업에 상당한 권한을 위임한다. 이들 지역기업들은 독립적으로 운영되고, 자생적이고, 지역적으로 분산되어 나름대로의 권한을 지니도록 한다. 각 지역관리자들로 하여금 경영능력을 스스로 학습해 나가도록 돕는다. [그림 1-4]와 같이 지역과 지역에 다르게 마케팅전략을 펼친다.

2.4 지구중심 지향 : 글로벌 마케팅

이 단계에서는 지구중심 지향(geocentric orientation)의 사고를 가지고 움직인다. 진정한 글로벌 기업이 되기 위해서는 제품을 표준화시키고, 제품원가를 낮추는 경영혁신을 실현시켜 시장점유율을 높여간다.

원가를 낮추면서 높은 품질수준을 달성하여 생산성을 높이고, 시장의 가치를 창출하는 창조성을 높이려고 한다.

Levitt(1983)와 같은 글로벌화의 지지자들은 국가와 지역 선호에서 차이점들이 사라지고 있기 때문에 저개발국으로 선진국에서 인기가 떨어진 덜 발달된 모델을 팔 수 있는 기회가 사라져가고 있다고 주장한다. 다국적 마케팅과 글로벌 마케팅의 차이점은 다국적기업과 글로벌 기업의 차이에 근거한다. 다국적기업(multinational corporation)은 수많은 나라에서 사업활동을 하지만, 그들의 제품과 실무들을 각 국가에서 조정한다. 글로벌 기업(global corporation)은 저비용을 달성하면서 전 세계를 단일의 실체로 보고 같은 제품들을 팔고자 한다. 글로벌 기업들이 전개하는 글로벌 마케팅(global marketing)은 전 세계를 하나의 동일 시장으로 보고 마케팅활동을 전개한다. 글로벌 기업들은 글로벌 시장에 적정한 가격으로 판매하는 데 목적을 두고, 신뢰할 수 있는 품질의 표준화된 제품들을 개발함으로써 규모의 경제와 경험곡선 효과를 실현하고자 한다.

Kotabe와 Helsen(2010)은 Levitt의 관점을 받아들여 글로벌 마케팅은 다음과 같은 세 가지 내용을 강조하게 된다고 주장한다. 여러 나라에 합작투자나 자회사를 설립하고 운영하여 그 지역에 맞게 생산과 마케팅전략을 펼치고 있기 때문에 글로벌 기업은 표준화 노력, 시장 사이의 조정, 그리고 글로벌 통합에 강조를 두게 된다.

그림 1-5 글로벌 마케팅

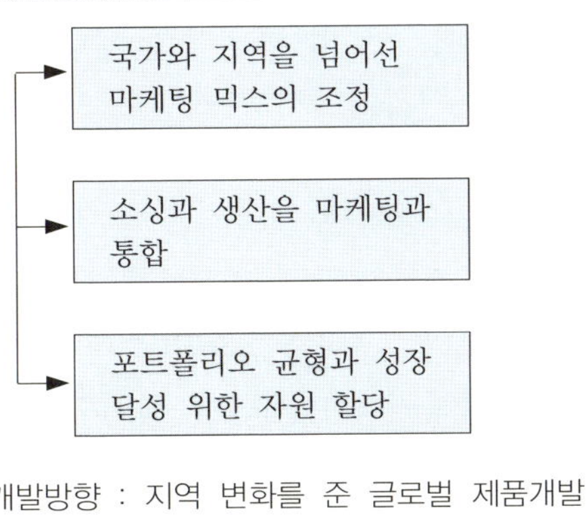

자료: Masaaki Kotabe and Kristiaan Helsen(2008), p. 14.

1) 표준화 노력(standardization efforts)

마케팅믹스의 구성요소인 제품, 촉진, 가격, 유통에 대해서 다른 나라에서 마케팅 프로그램을 표준화하려고 한다. 그러한 노력들은 제품, 브랜드, 다른 아이디어들을 자회사들로 이전할 수 있는 기회를 증가시키고 글로벌 고객들의 도래를 받아들이게 한다.

2) 시장 사이의 조정(coordination across markets)

그들의 국가와 지역 자회사들 사이에서 원가 비효율성과 노력의 중첩을 줄이면서 조정하려고 한다.

3) 글로벌 통합(global integration)

경쟁우위를 얻기 위해서 많은 주요 세계 시장에 참여하고 세계 시장으로 기업의 경쟁적 캠페인들을 효율적으로 통합한다. 한 시장에서 창출한 자원을 가지고 다른 시장에서의 활동을 보조할 수 있게 된다. 한 시장에서 경쟁자가 공격을 하게 되면 이에 반응하여 다른 시장에서 반격을 할 수 있게 된다.

비록 Levitt의 관점이 다소 극단적이지만 많은 연구가들은 글로벌 마케팅이 제품, 촉진, 가격, 유통을 전 세계적으로 표준화시키는 것을 반드시 의미하지 않는다는 것에 동의하고 있다. 국가와 국가(country-by-country) 관점이나 지역과 지역(region-by-region) 관점 대신에 글로벌 관점을 채택하려는 적극적인 의지를 가지는 것으로 볼 수 있다고 주장한다. 모든 기업들이 글로벌 마케팅을 채택하지는 않지만 점점 더 많은 기업들이 자회사들 사이에서 마케팅전략에서 공통성을 발견하려고 적극적으로 노력하고 있다. 전 세계적으로 제품들을 표준화하지 않더라도 원가와 가치에서 글로벌 리더십을 달성하기 위해서 제조업에서는 핵심 구성요소들과 제품설계를 표준화하려는 노력을 하게 되고, 서비스산업에서 핵심과 보조 서비스들을 표준화하려고 한다.

세계를 하나로 바라보면서 마케팅을 펼치면 실제로 국가별로 차이가 있어 많은 장벽들이 나타날 수 있다. 현지국가에서는 외국 기업에게 자국 기업과의 합작투자를 요구하거나 자국 노동력을 일정비율 고용할 것을 요구하며, 이익의 본국 송금을 제한하는 등 외국 기업들에게 제약을 가하는 경우가 많다. 더욱이 자국의 산업을 보호할 목적으로 높은 관세나 쿼터와 같은 무역장벽을 유지하는 나라도 있다. 이러한 장벽들을 극복하면서 지속적인 경쟁우위를 창출하기 위해서는 혁신 능력을 배양할 수 있는 조직 잠재력을 지녀야 한다.

성공적인 글로벌 기업을 이끌어가는 경영자들은 현상에 도전하는 질문을 던지고 관찰하면서 새로운 아이디어를 도출하고, 이를 다양한 배경의 사람들과 공유하면서 검증한다. 추려진 아이디어를 활용해 직접 프로토타입을 만드는 실험을 하면서 이에 살을 입혀간다. 이러한 일련의 과정을 통해 때론 전혀 관계가 없어 보이는 것과 연결하여 전혀 예상치 못한 새로운 제품이나 서비스를 창출해낸다(제프 다이어 외 지음, 송영학 외 옮김, 2012).

제3절 포춘지가 발표하는 '글로벌 500'

Global Marketing

포춘지(*Fortune*)는 해마다 글로벌 기업들의 매출실적을 비교하여 '글로벌 500'을 순위로 발표하고 있다. 이 분석은 기업들의 매출이나 이익을 중심으로 한 성과별로 기업들의 모습을 볼 수 있게 하여, 글로벌 기업들에 대한 이해에 도움을 준다. 그러나 이러한 글로벌 지향은 글로벌 500에서 나타난 기업들과 같은 대기업들에게 한정할 수 없다. 이 속에 포함되지 않은 많은 대기업들, 중견기업들, 더 나아가 혁신적인 중소기업들도 수출지향을 넘어서서 다국적 지향이나 글로벌 지향으로 나아가고 있다고 보아야 한다. 이 장에서는 글로벌 기업들에 대한 이해를 위해서 글로벌 500을 소개하고자 한다.

표 1-2 Fortune 2011년 'Global 500' 순위 (단위: 100만 달러)

순위	기업	매출액	이익	순위	기업	매출액	이익
1	Wal-Mart Stores	421,849	16,389	43	Crédit Agricole	105,003	1,673
2	Royal Dutch Shell	378,152	20,127	44	American International Group	104,417	7,786
3	Exxon Mobil	354,674	30,460	45	Honda Motor	104,342	6,236
4	BP	308,928	-3,719	46	HSBC Holdings	102,680	13,159
5	Sinopec Group	273,422	7,629	47	Siemens	102,657	5,268
6	China National Petroleum	240,192	14,367	48	Nissan Motor	102,430	3,727
7	State Grid	226,294	4,556	49	Pemex	101,506	-3,758
8	Toyota Motor	221,760	4,766	50	Panasonic	101,491	864
9	Japan Post Holdings	203,958	4,891	51	Banco Santander	100,350	10,835
10	Chevron	196,337	19,024	52	International Business Machines	99,870	14,833
11	Total	186,055	14,001	53	Cardinal Health	98,602	642
12	ConocoPhillips	184,966	11,358	54	Freddie Mac	98,368	-14,025
13	Volkswagen	168,041	9,053	**55**	**Hyundai Motor**	**97,408**	**4,708**
14	AXA	162,236	3,641	56	Enel	97,185	5,814
15	Fannie Mae	153,825	-14,014	57	CVS Caremark	96,413	3,427
16	General Electric	151,628	11,644	58	JX Holdings	95,964	3,640
17	ING Group	147,052	3,678	59	Lloyds Banking Group	95,682	-4,103
18	Glencore International	144,978	1,291	60	Hon Hai Precision Industry	95,191	2,450
19	Berkshire Hathaway	136,185	12,967	61	Tesco	94,185	4,104
20	General Motors	135,592	6,172	62	UnitedHealth Group	94,155	4,634
21	Bank of America Corp.	134,194	-2,238	63	Wells Fargo	93,249	12,362
22	**Samsung Electronics**	**133,781**	**13,669**	64	Aviva	90,211	2,260
23	ENI	131,756	8,368	65	Metro	89,081	1,126
24	Daimler	129,481	5,957	66	PDVSA	88,361	4,313
25	Ford Motor	128,954	6,561	67	Statoil	87,646	6,302
26	BNP Paribas	128,726	10,388	68	Électricité de France	86,309	1,351
27	Allianz	127,379	6,693	69	Lukoil	86,078	9,006
28	Hewlett-Packard	126,033	8,761	70	Valero Energy	86,034	324
29	E.ON	125,064	7,752	71	BASF	84,597	6,036
30	AT&T	124,629	19,864	72	Société Générale	84,350	5,188
31	Nippon Telegraph & Telephone	120,316	5,950	73	Sony	83,845	-3,031
32	Carrefour	120,297	574	74	ArcelorMittal	83,443	2,916
33	Assicurazioni Generali	120,234	2,254	75	Deutsche Telekom	82,674	2,245
34	Petrobras	120,052	19,184	76	Kroger	82,189	1,116
35	Gazprom	118,657	31,895	77	Industrial & Commercial Bank of China	80,501	24,398
36	J.P. Morgan Chase & Co.	115,475	17,370	78	Telefónica	80,444	13,466
37	McKesson	112,084	1,202	79	BMW	80,099	4,262
38	GDF Suez	111,888	6,114	80	Procter & Gamble	79,689	12,736
39	Citigroup	111,055	10,602	81	Nippon Life Insurance	78,571	2,631
40	Hitachi	108,766	2,789	**82**	**SK Holdings**	**78,435**	**570**
41	Verizon Communications	106,565	2,549	83	EXOR Group	78,123	182
42	Nestlé	105,267	32,843	84	AmerisourceBergen	77,954	637

85	Costco Wholesale	77,946	1,303	130	CNP Assurances	59,320	1,391
86	Petronas	76,876	17,479	131	Seven & I Holdings	59,252	1,296
87	China Mobile Communications	76,673	9,733	132	Bank of China	59,212	15,426
88	Munich Re Group	76,220	3,208	133	AEON	58,983	691
89	Toshiba	74,706	1,609	134	Reliance Industries	58,900	4,235
90	Peugeot	74,251	1,502	135	WellPoint	58,802	2,887
91	Prudential	73,598	2,210	136	Unilever	58,623	5,621
92	Vodafone	71,344	12,389	137	PepsiCo	57,838	6,320
93	Deutsche Post	71,121	3,366	138	ThyssenKrupp	57,586	1,113
94	Repsol YPF	70,456	6,216	139	Noble Group	56,696	606
95	China Railway Group	69,973	1,106	140	Rio Tinto Group	56,576	14,324
96	Dexia Group	69,491	958	141	Meiji Yasuda Life Insurance	56,309	1,534
97	Groupe BPCE	69,297	4,821	142	Groupe Auchan	56,279	934
98	Indian Oil	68,837	1,719	143	Nokia	56,218	2,450
99	Marathon Oil	68,413	2,568	144	A.P. Møller-Mærsk Group	56,177	4,705
100	Royal Bank of Scotland	68,088	-1,546	145	Dongfeng Motor	55,748	2,480
101	Home Depot	67,997	3,338	146	Deutsche Bank	55,314	3,060
102	Zurich Financial Services	67,850	3,434	147	China State Construction Engineering	54,721	1,365
103	Pfizer	67,809	8,257	148	Mitsui	54,635	4,295
104	Walgreen	67,420	2,091	149	China Southern Power Grid	54,449	1,025
105	China Railway Construction	67,414	627	150	United Technologies	54,326	4,373
106	Target	67,390	2,920	151	Shanghai Automotive	54,257	1,914
107	RWE	67,179	4,381	152	Dow Chemical	53,674	2,310
108	China Construction Bank	67,081	19,920	153	Dai-ichi Life Insurance	53,375	224
109	U.S. Postal Service	67,052	-8,505	154	UniCredit Group	53,338	1,753
110	Medco Health Solutions	65,968	1,427	155	Saint-Gobain	53,136	1,495
111	Apple	65,225	14,013	156	Banco Bradesco	53,010	5,489
112	Aegon	65,136	2,330	157	Mitsubishi UFJ Financial Group	52,877	6,808
113	China Life Insurance	64,635	3,505	158	Fujitsu	52,871	643
114	Boeing	64,306	3,307	159	BHP Billiton	52,798	12,722
115	Barclays	63,661	5,505	160	MetLife	52,717	2,790
116	State Farm Insurance Cos.	63,177	1,763	**161**	**POSCO**	**52,462**	**3,618**
117	Banco do Brasil	62,891	6,418	162	China National Offshore Oil	52,408	7,239
118	Tokyo Electric Power	62,680	-14,563	163	Renault	51,616	4,530
119	Robert Bosch	62,593	3,148	164	Novartis	51,561	9,794
120	Microsoft	62,484	18,760	165	Best Buy	50,272	1,277
121	France Télécom	61,965	6,463	166	United Parcel Service	49,545	3,488
122	Archer Daniels Midland	61,682	1,930	167	Kraft Foods	49,542	4,114
123	Johnson & Johnson	61,587	13,334	168	Sinochem Group	49,537	798
124	Dell	61,494	2,635	169	Lowe's	48,815	2,010
125	Mitsubishi	60,793	5,408	170	Credit Suisse Group	48,314	4,891
126	EADS	60,597	732	**171**	**LG Electronics**	**48,236**	**1,062**
127	Agricultural Bank of China	60,536	14,015	172	América Móvil	48,127	7,215
128	PTT	59,930	2,621	173	Nippon Steel	47,984	1,088
129	Legal & General Group	59,377	1,267	174	Roche Group	47,171	8,314

175	Veolia Environnement	47,170	770	**220**	**Hyundai Heavy Industries**	**38,996**	**3,241**
176	INTL FCStone	46,940	5	221	CITIC Group	38,985	4,927
177	Lockheed Martin	46,890	2,926	222	China Telecommunications	38,469	444
178	Bayer	46,473	1,723	223	Prudential Financial	38,414	3,195
179	Rosneft Oil	46,304	10,400	224	Tokio Marine Holdings	38,396	840
180	Merck	45,987	861	225	Vivendi	38,248	2,911
181	Goldman Sachs Group	45,967	8,354	226	Walt Disney	38,063	3,963
182	Bunge	45,707	2,354	227	China South Industries Group	37,996	225
183	Wesfarmers	45,659	1,379	228	Comcast	37,937	3,635
184	Woolworths	45,622	1,780	229	China Minmetals	37,555	523
185	Deutsche Bahn	45,575	1,376	230	Supervalu	37,534	-1,510
186	Vale	45,293	17,264	231	JFE Holdings	37,310	684
187	Sanofi-Aventis	45,056	7,241	232	Sysco	37,244	1,180
188	Express Scripts	44,990	1,181	233	Idemitsu Kosan	37,196	709
189	Sumitomo Mitsui Financial Group	44,902	5,556	234	Mitsubishi Chemical Holdings	36,974	976
190	UBS	44,811	7,228	235	TNK-BP International	36,881	5,815
191	Intesa Sanpaolo	44,285	3,583	236	Telecom Italia	36,855	4,134
192	Vinci	44,205	2,352	237	Volvo	36,749	1,508
193	Scottish & Southern Energy	44,056	2,339	**238**	**GS Holdings**	**36,570**	**699**
194	GlaxoSmithKline	43,857	2,524	239	Denso	36,561	1,670
195	Intel	43,623	11,464	240	Manulife Financial	36,534	-380
196	Banco Bilbao Vizcaya Argentaria	43,465	6,101	241	NEC	36,374	-146
197	China FAW Group	43,434	2,126	242	Franz Haniel	36,333	423
198	Sears Holdings	43,326	133	243	Anheuser-Busch InBev	36,297	4,026
199	Marubeni	43,011	1,594	244	Sumitomo	36,218	2,367
200	Sumitomo Life Insurance	42,832	1,272	245	Lufthansa Group	36,190	1,498
201	Itochu	42,612	1,880	246	Old Mutual	35,809	-436
202	Caterpillar	42,588	2,700	247	Quanta Computer	35,721	591
203	Mitsubishi Electric	42,561	1,454	248	Koç Holding	35,713	1,151
204	Canon	42,246	2,810	249	Commonwealth Bank of Australia	35,710	4,990
205	Chrysler Group	41,946	-652	250	China North Industries Group	35,629	534
206	Bouygues	41,547	1,419	251	Centrica	35,548	2,989
207	LyondellBasell Industries	41,151	N.A.	252	Sunoco	35,453	234
208	Safeway	41,050	590	253	Sharp	35,283	227
209	SNCF	40,575	923	254	Westpac Banking	35,282	5,709
210	Sabic	40,526	5,741	255	Abbott Laboratories	35,167	4,626
211	China Communications Construction	40,414	1,394	256	Coca-Cola	35,119	11,809
212	Baosteel Group	40,327	2,230	257	Softbank	35,081	2,215
213	Iberdrola	40,305	3,802	258	New York Life Insurance	34,947	1,092
214	KDDI	40,100	2,979	259	Cathay Life Insurance	34,796	-207
215	Cisco Systems	40,040	7,767	260	Northrop Grumman	34,757	2,053
216	MS&AD Insurance Group Holdings	39,754	63	261	FedEx	34,734	1,184
217	Foncière Euris	39,449	20	262	Royal Bank of Canada	34,716	5,033
218	Morgan Stanley	39,320	4,703	263	Hess	34,613	2,125
219	Royal Ahold	39,111	1,130	264	Ingram Micro	34,589	318

265	Continental	34,498	763
266	National Australia Bank	34,350	3,800
267	Johnson Controls	34,305	1,491
268	Suncor Energy	34,251	3,467
269	Aetna	34,246	1,767
270	Amazon.com	34,204	1,152
271	**Korea Electric Power**	**34,110**	**-62**
272	Bharat Petroleum	34,102	359
273	Mitsubishi Heavy Industries	33,903	352
274	Humana	33,868	1,099
275	Enterprise Products Partners	33,739	321
276	China Huaneng Group	33,681	29
277	Royal Philips Electronics	33,667	1,915
278	DZ Bank	33,611	1,148
279	HeBei Iron & Steel Group	33,549	168
280	Honeywell International	33,370	2,022
281	AstraZeneca	33,269	8,053
282	Liberty Mutual Insurance Group	33,193	1,678
283	J. Sainsbury	32,811	995
284	News Corp.	32,778	2,539
285	DuPont	32,733	3,031
286	Rabobank Group	32,672	3,552
287	Bridgestone	32,613	1,127
288	BAE Systems	32,588	1,625
289	People's Insurance Co. of China	32,579	574
290	Sprint Nextel	32,563	-3,465
291	General Dynamics	32,466	2,624
292	State Bank of India	32,450	2,345
293	Shenhua Group	32,446	4,256
294	Commerzbank	32,420	1,894
295	Kansai Electric Power	32,339	1,438
296	TIAA-CREF	32,225	1,406
297	China Metallurgical Group	32,076	297
298	Sberbank	32,066	5,998
299	Power Corp. of Canada	32,023	881
300	Alliance Boots	31,998	925
301	BT Group	31,796	2,335
302	Delta Air Lines	31,755	593
303	Mizuho Financial Group	31,720	4,825
304	ABB	31,589	2,561
305	Allstate	31,400	928
306	La Poste	31,378	729
307	JBS	31,279	-172
308	Air France-KLM Group	31,200	810
309	Medipal Holdings	31,090	20
310	George Weston	31,073	439
311	Aviation Industry Corp. of China	31,006	704
312	OMV Group	30,891	1,219
313	HCA Holdings	30,683	1,207
314	NKSJ Holdings	30,609	-151
315	Xstrata	30,499	4,688
316	Suzuki Motor	30,452	527
317	Wilmar International	30,378	1,324
318	Ineos Group Holdings	30,347	-75
319	American Express	30,242	4,057
320	Jardine Matheson	30,053	3,084
321	**Hanwha**	**30,041**	**230**
322	Vattenfall	29,645	1,804
323	East Japan Railway	29,625	890
324	Edeka Zentrale	29,392	201
325	Google	29,321	8,505
326	Shougang Group	29,181	238
327	Heraeus Holding	29,172	338
328	Ping An Insurance	28,927	2,557
329	Poste Italiane	28,922	1,348
330	Standard Life	28,878	667
331	Aluminum Corp. of China	28,871	-41
332	Swiss Reinsurance	28,835	863
333	**Samsung Life Insurance**	**28,773**	**1,674**
334	Flextronics International	28,680	596
335	Phoenix Pharmahandel	28,641	192
336	Hindustan Petroleum	28,593	374
337	Tyson Foods	28,430	780
338	Australia & New Zealand Banking	28,275	4,049
339	L.M. Ericsson	28,226	1,547
340	Compal Electronics	28,171	739
341	Wuhan Iron & Steel	28,170	228
342	Sistema	28,099	919
343	China Post Group	28,094	1,307
344	Christian Dior	27,977	1,670
345	Anglo American	27,960	6,544
346	China Resources	27,820	1,621
347	PKN ORLEN Group	27,703	786
348	Alstom	27,635	610
349	Delhaize Group	27,615	760
350	CPC	27,570	508
351	Schlumberger	27,447	4,267
352	Huawei Technologies	27,356	3,509
353	Hochtief	27,334	382
354	Sinosteel	27,266	-217

355	Chubu Electric Power	27,214	988
356	Philip Morris International	27,208	7,259
357	Mazda Motor	27,154	-701
358	Cosmo Oil	27,106	338
359	Tata Motors	27,046	2,035
360	Itaúsa-Investimentos Itaú	26,982	2,509
361	Oil & Natural Gas	26,945	4,929
362	Hutchison Whampoa	26,926	2,579
363	Time Warner	26,888	2,578
364	Oracle	26,820	6,135
365	3M	26,662	4,085
366	COFCO	26,469	800
367	Jiangsu Shagang Group	26,388	397
368	Aisin Seiki	26,357	813
369	CEPSA	26,150	840
370	Tata Steel	26,065	1,972
371	China United Network Communications	26,025	181
372	Deere	26,005	1,865
373	Gas Natural Fenosa	25,999	1,591
374	Schneider Electric	25,933	2,278
375	China Datang	25,915	-447
376	Plains All American Pipeline	25,893	505
377	Fujifilm Holdings	25,886	746
378	L'Oréal	25,821	2,966
379	Massachusetts Mutual Life Insurance	25,647	258
380	Finmeccanica	25,591	653
381	Alfresa Holdings	25,492	77
382	Wm. Morrison Supermarkets	25,406	974
383	Publix Super Markets	25,328	1,338
384	CHS	25,268	502
385	Rite Aid	25,215	-555
386	Raytheon	25,183	1,840
387	International Paper	25,179	644
388	Yamada Denki	25,140	826
389	Travelers Cos.	25,112	3,216
390	Macy's	25,003	847
391	Adecco Group	24,709	560
392	Staples	24,545	882
393	Toronto-Dominion Bank	24,485	4,475
394	KBC Group	24,473	2,464
395	Mapfre Group	24,387	1,236
396	Tech Data	24,376	214
397	GasTerra	24,313	48
398	Bank of Communications	24,264	5,768
399	China Ocean Shipping	24,250	1,161
400	Ultrapar Holdings	24,135	435
401	Magna International	24,102	973
402	DirecTV	24,102	2,198
403	McDonald's	24,075	4,946
404	Migros Group	24,024	855
405	China Guodian	24,016	114
406	Sun Life Financial	23,920	1,627
407	Maruhan	23,806	258
408	China Electronics	23,761	134
409	Sumitomo Electric Industries	23,746	825
410	Formosa Petrochemical	23,734	1,300
411	Michelin	23,696	1,388
412	Onex	23,654	-50
413	Imperial Tobacco Group	23,386	2,344
414	Northwestern Mutual	23,384	756
415	Murphy Oil	23,345	798
416	T&D Holdings	23,270	279
417	United Continental Holdings	23,229	253
418	Energie Baden-Württemberg	23,190	1,550
419	Sumitomo Chemical	23,146	285
420	Groupama	23,144	513
421	PPR	23,101	1,277
422	Accenture	23,094	1,781
423	Eli Lilly	23,076	5,070
424	British American Tobacco	22,989	4,447
425	Bank of Nova Scotia	22,911	4,085
426	Japan Tobacco	22,844	1,693
427	Motorola Solutions	22,823	633
428	CRH	22,745	572
429	Ricoh	22,674	229
430	China Railway Materials Commercial	22,631	107
431	China National Aviation Fuel Group	22,630	143
432	Compass Group	22,530	1,051
433	Danone	22,529	2,477
434	Nippon Yusen Kabushiki Kaisha	22,524	917
435	Sinomach	22,487	546
436	Hartford Financial Services	22,383	1,680
437	National Grid	22,302	3,357
438	AMR	22,170	-471
439	TUI	22,091	138
440	**LG Display**	**22,072**	**1,000**
441	Telstra	22,050	3,421
442	TJX	21,942	1,343
443	Emerson Electric	21,866	2,164
444	Bertelsmann	21,791	633

445	Ecopetrol	21,743	4,221	473	Aflac	20,732	2,344
446	Henan Coal & Chemical	21,715	326	474	Wolseley	20,729	-534
447	Kobe Steel	21,700	618	475	ChemChina	20,715	16
448	Heineken Holding	21,684	954	476	Co-operative Group	20,566	339
449	Xerox	21,633	606	477	U.S. Bancorp	20,518	3,317
450	Lenovo Group	21,594	273	478	Suzuken	20,455	112
451	ACS	21,558	1,739	479	Akzo Nobel	20,419	999
452	Evonik Industries	21,545	972	480	Cie Nationale à Portefeuille	20,373	320
453	Komatsu	21,519	1,760	481	Nationwide	20,265	959
454	Danske Bank Group	21,425	651	482	Tesoro	20,253	-29
455	Lafarge	21,415	1,095	483	CFE	20,143	64
456	Standard Chartered Group	21,410	4,332	484	Zhejiang Materials Industry Group	20,001	92
457	Mitsubishi Motors	21,349	182	485	China National Building Material Group	19,996	313
458	Jizhong Energy Group	21,255	137	486	Henkel	19,989	1,481
459	Cigna	21,253	1,345	487	Acer	19,979	480
460	SHV Holdings	21,202	799	488	Tohoku Electric Power	19,950	-394
461	Alcatel-Lucent	21,186	-442	489	Doosan	19,937	229
462	Fresenius	21,154	824	490	Research In Motion	19,907	3,411
463	China Shipbuilding Industry	21,055	762	491	Occidental Petroleum	19,857	4,530
464	Landesbank Baden-Württemberg	21,035	-460	**492**	**Samsung C&T**	**19,765**	**406**
465	Alcoa	21,013	254	493	Premafin Finanziaria	19,750	-360
466	Kirin Holdings	20,916	130	494	Kimberly-Clark	19,746	1,843
467	China Pacific Insurance(Group)	20,878	1,264	495	Daiwa House Industry	19,733	318
468	Fluor	20,849	358	496	Surgutneftegas	19,656	4,228
469	Mol Hungarian Oil & Gas	20,799	500	497	KFW Bankengruppe	19,585	3,485
470	Sodexo	20,794	558	**498**	**Korea Gas**	**19,563**	**178**
471	Holcim	20,774	1,134	499	Showa Shell Sekiyu	19,558	182
472	Petroplus Holdings	20,747	-112	500	Wistron	19,538	382

자료: http://money.cnn.com/magazines/fortune/global500/2011

제4절 이 책의 전개 방향

Global Marketing

이 책의 전개는 글로벌 지향성에 대한 개요 → 환경분석 → 경쟁분석 → 마케팅믹스 → 관리의 과정으로 이루어져 있다(그림 1-6).

그림 1-6 이 책의 전개

개요	환경분석	경쟁전략	마케팅믹스 전략	관리
개요 (1장)	정치 · 경제적 환경(2장) 문화적 환경(3장)	마케팅조사(4장) 시장세분화와 포지셔닝(5장) 경쟁전략(6장) 해외시장진입 전략(7장)	신제품개발(8장) 브랜드(9장) 가격(10장) 커뮤니케이션(11장) 유통(12장)	조직 변화와 통제(13장)

4.1 제 1 부 : 글로벌화의 개요

'글로벌화' 라는 주제를 시장, 기술, 제품이라는 축에 대한 이해에서 시작하여, 마케팅의 단계를 수출마케팅, 국제마케팅, 다국적 마케팅, 글로벌 마케팅이라는 네 단계로 나누어 살펴보았다. 수출에서 시작하여 국제마케팅 단계에서는 자민족중심적이지만, 다국적 마케팅에서는 지역중심이며, 글로벌 마케팅에서는 지구중심으로 나아간다. 이 지구중심 단계에서는 세계 시장을 하나의 실체로 바라보고 표준화하려고 하며, 세계 시장 사이를 조정하면서 글로벌 통합의 방향으로 나아간다. 글로벌 기업들의 현황의 일부는 '글로벌 500' 을 통해 이해를 높일 수 있다.

4.2 제 2 부 : 글로벌 환경분석

글로벌 마케팅전략과 실행체계가 제대로 이루어지기 위해서는 환경

분석이 제대로 이루어져야 한다. 특히, 마케팅환경이 세계적으로 펼쳐지기 때문에 거시적이고 변화가 빠르게 나타나고 있으므로 이를 분석하면서 기회를 탐색할 수 있는 능력이 중요하다.

제2장에서는 정치와 경제 환경을, 제3장에서는 문화적 환경을 다룬다. 이러한 글로벌 환경분석은 제3부 경쟁전략을 개발하고, 제4부 글로벌 마케팅믹스 전략을 전개하는 데 배경으로서 작용한다.

4.3 제 3 부 : 경쟁전략분석

환경분석을 기반으로 하여 경쟁전략을 어떻게 펼칠 수 있는가에 대하여 이해한다. 제4장 마케팅조사 과정에 대한 이해는 환경분석과 경영전략을 현실적으로 연결하기 위한 도구이다. 제5장 글로벌 시장세분화와 포지셔닝 전략에서 기업의 자원이 한정되어 있어 모든 시장으로 들어가기 어려우므로 시장을 세분화하여 표적시장에 포지셔닝을 할 수 있는 방법을 제시하고자 한다. 제6장에서는 글로벌 경쟁 상황하에서 글로벌 마케팅전략을 어떻게 펼쳐야 하는가를 다룬다. 글로벌 아웃소싱, 전략적 제휴, M&A전략을 이해하면서 글로벌 경쟁과 협력의 관점을 이해하고자 한다. 제7장에서는 글로벌 시장으로 어떻게 진입할 수 있는가에 대한 전략적 방향에 대하여 다룬다.

4.4 제 4 부 : 글로벌 마케팅믹스 전략개발

경쟁전략을 기반으로 하여 보다 구체적으로 마케팅믹스 전략을 연결하고자 한다. 제8장에서는 글로벌 시장을 향한 제품전략에서 시작하여, 제9장에서 브랜드 관리, 제10장에서는 가격전략, 제11장에서는 커뮤니케이션전략, 제12장에서는 유통전략에 관한 주요 이론들을 보다 구체적으로 제시하고자 한다.

4.5 제 5 부 : 글로벌 마케팅 활동의 관리

글로벌 마케팅에서는 조정과 통합이 중요하다. 제13장에서는 글로벌 마케팅의 조직변화와 통제의 관점을 다룬다.

Global Marketing

요 약

1. 글로벌 경영에서는 세계 시장을 향한 활동을 다룬다. 글로벌 마케팅의 목적은 글로벌 시장을 창출하고 유지하고 나아가 지배하고자 하는 것이다.

   1983년에 나타난 Levitt의 '시장의 글로벌화'에 대해서 자세히 다루었다. 다국적기업과 글로벌 기업이 저가격으로 품질 좋은 제품을 제공하면서 전 세계적으로 표준화된 제품을 내보내고 있는 현상에 주목한 바 있다. 글로벌 지향성에서 표준화의 중요성을 강조하였다. 기술의 발달이 글로벌화를 촉진시켜왔다. 컴퓨터와 통신, 인터넷의 발달 등 정보통신기술의 첨단화가 진행되면서 기업 활동의 글로벌화가 이전보다 쉬워졌다.

   글로벌화는 기술과 제품의 첨단화와 함께 진행된다. 기술과 제품의 첨단화에 대해서 이해하는 것이 중요하다. 오늘날 글로벌지향 기술은 기술돌파뿐만 아니라 기술융합 현상이 뚜렷하다. 정보기술은 생명공학기술과 나노기술 등과 융합되면서 새로운 영역들이 나타나고 있다. 새로운 기술이 개발되고 사업화되면서 새로운 사업영역들이 나타나고 있다.

   이러한 시장의 글로벌화, 첨단기술과 제품의 출현은 이 책에서 다룰 글로벌 마케팅에 관련된 환경분석, 경쟁전략, 글로벌 마케팅믹스 전략 전반에 영향을 미치고 있다.

2. 우리나라 기업들은 정부의 지원정책과 기업가들의 강력한 해외지향에 힘입어 수출 중심으로 빠른 성장을 이루어왔다. 수출을 통해 현지 사정에 밝게 되자 현지 기업들과 합작투자를 하거나 직접 자회사를 설립하는 단계에 이르는 기업들이 증가하였다. 국제마케팅단계에서는 국가별로 마케팅믹스를 다르게 전개시키고자 하며, 다국적 마케팅에서는 지역별로 제품을 표준화시켜 마케팅믹스를 다르게 수행하려고 한다. 글로벌 마케팅 단계에서는 현지에 변형을 하지만 글로벌 제품을 가지고 공동으로 마케팅믹스를 수행하는 단계이다.

   수출마케팅은 자민족중심 지향(ethnocentric orientation), 국제마케팅에서는 다민족 지향(polycentric orientation), 다국적 마케팅에서는 지역중심(regiocentric orientation), 글로벌 마케팅에서는 지구중심(geocentric orientation)으로 변해간다.

3. 본 장에서는 포춘지가 2011년에 제시한 '글로벌 500'을 전체적으로 제시하여 이 속에 들어간 우리나라 13개 기업들과 우리 주변에서 자주 접하는 글로벌 기업들이 전 세계적으로 영업상태가 어떠한지에 대한 그림을 그릴 수 있도록 제시하였다. 어떻게 전략적으로 접근하여 이들 '글로벌 500' 기업들과 글로벌 경쟁에 대비할 것인가는 앞으로 우리나라 기업들의 과제이다.

4. 글로벌 마케팅은 전 세계 시장을 무대로 경영하는 기업들을 위한 마케팅이다. 표준화, 조정과 통합이라는 방향성을 지니고 움직인다. 이 책에서는 전략적인 접근을 강조하여 경쟁전략 분석과 마케팅믹스 전략분석을 연결시키고자 한다. 환경분석을 먼저 하면서 전략으로 연결시킨다. 아웃소싱, 글로벌 경영전략에 대한 이해에 기반을 두어 글로벌 마케팅믹스 전략을 제시한다. 마케팅조사를 어떻게 할 것인가를 강조하여 환경분석과 전략을 연결시킨다. 시장세분화와 포지셔닝전략을 어떻게 수립할 것인가, 시장진입전략을 어떻게 펼칠 수 있는가를 이해하고자 한다. 글로벌 마케팅활동을 위한 조직변화와 통제에 대해 이해하고자 한다.

Global Marketing 토의과제

1. 시장의 글로벌화

1) Levitt의 1983년 논문 "Globalization of Market"에서 표준화에 대해 강조하고 있다. 다국적기업(multinational corporation) 시대는 가고 전 세계를 하나의 실체로 파악하고 경영하는 글로벌 기업(global corporation)의 출현에 대해 예고하였다. 그의 주요 사고에 대하여 논하고, 이러한 그의 사고가 현재 타당한가를 표준화와 현지화의 사고를 중심으로 토의하여 보라.

2) 우리나라가 선진경제로 진입하여 G7국가들과 경쟁하기 위해서 첨단기술 개발방향은 IT, BT, NT 등이 융합되면서 새로운 영역들을 개발하면서 새로운 제품들을 출현시켜야 한다. IT+BT, IT+NT, IT+BT+NT 세 영역에서 기술융합이 어떻게 창출되고 있는가에 관한 사례들을 수집하여 토의하여 보라. 앞으로 어떠한 새로운 산업군이 나타나 성장동력을 이끌고, 글로벌 시장창출 가능성을 잉태하겠는가를 토의하여 보라.

2. 수출마케팅, 국제마케팅, 다국적 마케팅, 글로벌 마케팅이 어떻게 다른가를 제품계획과 마케팅믹스를 중심으로 설명하라.

3. 포춘지의 '글로벌 500' 분석에 의하면 우리나라 삼성전자와 LG전자는 세계적으로 경쟁하고 있음을 볼 수 있다. 이들의 사업을 디지털미디어, 생활가전, 반도체, 정보통신, LCD로 나누어 어떠한 과정으로 글로벌화되어 왔는가를 분석하여 보라.

삼성과 LG 외에 '글로벌 500' 내에 들어 있는 우리나라 기업들에 대해서도 보다 자세하게 조사하여 보라.

4. 이 책에서 다루고 있는 내용을 5부로 나누어 어떠한 내용들이 전개되는지를 토의하여 보라.

Global Marketing

참고문헌

제프 다이어, 할 그레거슨, 크러레이튼 M. 크리스텐슨 저, 송영학, 김교식, 김태준 옮김(2012), 『이노베이터 DNA』, 세종서적.

토머스 L. 프리드먼(2005), 『세계는 평평하다』, 창해.

Kodama, Fumio(1992), "Technology Fusion and the New R&D", *Harvard Business Review*(July-August), pp. 70-78.

Kogut, Bruce(1999), "What Makes a Company Global?" *Harvard Business Review*(January-February), pp. 165-170.

Kotabe, Masaski and Kristiaan Helsen(2010), *Global Marketing Management*, 4th edition, Wiley.

Levitt, Theodore(1983), "The Globalization of Markets," *Harvard Business Review*(May-June), pp. 92-102.

Levitt, Theodore(1983), *The Marketing Imagination*, New York: The Free Press.

Quelch, John and Rohit Deshpande(2004), *The Global Market: Developing a Strategy to Manage Across Borders*, Jossey-Bass.

http://money.cnn.com/magazines/fortune/global 500/2011

제 2 부

글로벌 마케팅 환경

| 제 2 장 | 글로벌 경제 · 정치 · 법률 환경

| 제 3 장 | 글로벌 문화 환경

기업이 해외시장에 진출하려고 할 때 환경분석이 먼저 이루어져야 한다. 마케팅 활동이 글로벌로 영역을 넓힐수록 이는 더욱더 중요해진다. 제2부에서는 경제 · 정치 · 법률 환경과 문화적 환경에 대한 주요 쟁점들을 탐색한다. 이 탐색은 제3부 전략형성의 전제가 된다.

제2장

글로벌 경제 · 정치 · 법률 환경

우리나라에서 사업활동을 하고 있는 기업이 해외시장으로 진출하고자 할 때 가장 먼저 분석해야 하는 것은 해외 국가의 경제 · 정치 환경 분석이다. 경제 환경에서 가장 먼저 이해해야 하는 것은 지역화의 움직임이다. EU, ASEAN, NAFTA와 같은 경제블록화와 FTA의 움직임이 자사가 관련된 산업에 미치는 영향을 이해해야 한다. 그리고 세계적으로 나타나고 있는 경제위기와 외환관리에 대해서 이해해야 한다. 이러한 경제 · 재무 환경은 정치와 법률 환경과 관련된다. 특히 테러리즘의 영향 이후 나타나는 정치적 위험과 지적재산권 · 특허권과 같은 국제법률 환경에 대한 이해가 중요해지고 있다.

●● 도입 사례
제1절 거시경제 환경 : 경제블록화의 변화
제2절 미시경제 환경
제3절 국제재무 환경
제4절 국제정치 환경
제5절 국제법률 환경
●● 사례연구 : 특허전쟁
●● 요 약
●● 토의과제

도입 사례

정부와 글로벌 산업

기업의 해외시장개척에서는 정부와의 상호의존성(interdependence)이 중요하게 작용한다. 2011년 자료에 의하면 구매력 기준으로 우리나라는 세계 12위의 경제력을 가지고 있다. 정부는 국가에서 어떠한 산업을 육성하여야 하는가에 관한 방향성을 가지고 움직여 왔고, 기업은 함께 부응하면서 우리나라 산업의 구도가 잡혀졌다고 볼 수 있다. 정부가 관심을 가지고 있는 것은 산업의 경쟁력을 높여, 국가경쟁력을 높이려는 과제이다. 여기서 국가경쟁력은 한 국가의 생산력(productiveness of a country)을 말하는데, 이는 기업들의 국내와 국제 생산능력에 의해서 달성된다. 2011년 구매력 기준으로 우리나라는 세계 12위의 경제력을 평가받고 있다. 정부는 WTO, FTA 등 협정을 체결하면서 기업활동의 길을 열어주고 있다.

한 국가의 인적자원, 자연자원, 자본자원들이 기업의 생산능력을 결정한다. 국가경쟁력에 관한 이론은 Michael Porter(1990)가 잘 정립해주었으며, 기업의 전략과 조직 및 경쟁상황만이 국가경쟁력을 결정하지 않는다는 것을 잘 보여주었다. 국가의 요소조건과 수요조건, 관련 및 지원 산업이 서로 연관관계를 지니면서 이루어지며 정부정책도 매우 중요하다. 이는 해외시장진출을 시도하는 기업들에게 시사하는 바가 크다.

국가경쟁력을 갖추기 위해서는 정부는 경쟁력 있는 산업들을 육성하려고 한다. 우리나라는 메모리 반도체 1위, 조선 2위, 자동차 5위, 철강 6위 등 경쟁력을 지니고 있는 산업들이 받쳐주고 있다. 정보통신 분야에서 인프라가 잘 깔려 있고 소비자들이 인터넷, 휴대폰 등 첨단기술제품들에 민감하게 반응하면서 수요조건이 잘 갖추어져 있는 국가로 평가받고 있다. 요소조건에서는 자연자원은 부족하지만 풍부한 양질의 인적자원이 잡혀져 있다. 우리나라 경제성장의 주역은 이러한 양질의 인적자원에 의해서 가능하였다.

조동성 · 문휘창(2001)은 Porter모형을 확장하여 우리나라의 국가경쟁력을 설명하기 위해서는 경영환경, 물적자원, 수요, 관련 산업 등이 결정 객체로 작용하며, 이러한 결정 객체를 움직여서 변화시키는 결정 주체가 강조되어야 한다고 보았다. 즉, 결정 주체가 결정 객체의 기본 요소들을 배열하고 결합해서 실질적으로 국가경쟁력을 발휘하는 역할을 수행한다고 보았는데, 이 결정 주체는 근로자, 정치가와 행정관료, 기업가, 전문경영자와 기술자들이다. BRICs 국가들과 비교하면 매우 부족한 자연자원을 가지고 있기 때문에, 인적자원에 대한 강조를 두고 국가경쟁력을 바라보는 모형은 우리나라에서 의미있다고 보여진다. 김인수(2001)는 미래의 한국 기업을 논하는 데 있어, 조직변화의 중요성을 언급하고, 최대의 자산은 사람이라고 주장하고 인적자원혁신을 강조한 바 있다. 자연자원은 BRICs국가 등 외국과 연계하고, 인적자원을 고도화시키면서 산업의 경쟁력과 국가경쟁력을 높여야 한다. 우리나라는 미국, 일본, 영국 등의 나라와 같이 혁신주도 선진국 경제로 진입하였음을 나타내는 지표들이 나타나고 있다. 우리나라의 경쟁력 평가를 높이고 있는 것은 고등교육, 기술수준, 정부규제완화, 기업성숙도 등이 나타났다.

우리나라에서 글로벌 마케팅은 글로벌 산업에 속한 기업들에서 제대로 펼치고 있다. 여기서 글로벌 산업(global industry)은 전 세계적으로 경쟁이 펼쳐지는 산업을 말한다. 반도체, 전자, 조선, 자동차, 철강 등이 예가 된다. 세계리더 산업이 되어 있는 우리나라 반도체산업을 보면 1965년부터 선진기업들과 합작투자기업을 설립하여 단순 트랜지스터 조립을 위한 일련의 공장들이 설립되면서 초석이 잡혀갔다. 풍부한 저임금 노동을 제공하는 숙련기술자들이 있었고, 세제 및 금융 지원 등 정치가와 행정관료들의 지원 등 인적자원들과 정책이 기여하여 왔다. 지금은 임금이 올라 개발도상국으로 공장을 옮겨야 할 상황이 되었다. 비용절감(cost reduction)을 위하여 임금이 싸고 양질의 노동력을 가진 개발도상국으로 생산기지를 옮기게 되고, 중국과 같이 개발도상국들이 생산 공장으로 부상하였다.

우리나라가 세계 5위를 차지하고 있는 자동차산업을 보자. 1968년 현대자동차의 포니모델이 출시된 이후 공격경영을 해왔다. 초기에 경쟁력 있는 일본 자동차 수입금지조치를 하면서 철강, 전기, 전자, 기계 등 관련 산업의 발달과 국내 수요의 성장이 자동차산업을 성장시키는 데 기여하였다. 자동차는 수많은 부품들이 있어서 부품을 생산하는 중소기업들의 성장을 가져다주었고, 점차적으로 부품들의 공급을 전 세계적으로 네트워크를 형성하는 단계에 돌입하게 되고, 미국 알라바마 등에 생산공장을 설립하는 등 글로벌화를 진행하여 왔다.

조선산업은 기업의 경영전략과 정부정책이 서로 잘 맞아 세계 최대의 조선 능력을 지니게 되었고, 현대중공업, 삼성중공업, 대우조선해양, 현대삼호중공업, 현대미포조선, STX조선, 한진중공업이 세계 10위 안에 들어가 있으며 세계 시장점유율이 37%를 넘어서고 있다.

글로벌 산업에서는 많은 다국적기업들이 세계 시장을 무대로 활동하고 있다. 우리나라에서도 수많은 다국적기업들의 활동을 우리는 접하고 있다. 2011년 포춘지에서 발표된 「글로벌 500」에 들어가 있는 기업들을 참조해 보자(이 책 제1장 참조).

제 1 절 거시경제 환경 : 경제블록화의 변화

Global Marketing

세계 무역환경이 변하고 있다. 자유무역주의를 표방하는 세계무역기구(WTO)체제에서 지역보호주의인 FTA로 이동되었다. EU, ASEAN, NAFTA와 같은 지역경제 블록화가 형성되어 지역보호주의도 강해졌다. 이러한 지역주의는 지역마케팅(regional marketing)이라는 접근을 필요로 하고 있다. APEC과 같은 경제협력기구, IMF, OECD, OPEC와 같은 국제경제기구의 역할이 글로벌 경제 환경에서 중요하게 등장하고 있다.

1.1 자유무역주의 : 세계무역기구(WTO)의 출범

세계 각 국가는 수입품에 관세를 부과하면서 외국으로부터 값싼 제품이 대량 유입되어 국내 산업이 황폐화되는 것을 방지하려고 한다. 세계무역기구(World Trade Organization)는 이전에 있었던 '관세 및 무역에 관한 일반협정(GATT)' 이라는 국제기구가 우루과이라운드라 불려지는 다국적 무역교섭(Uruguay Round of Multinational Trade Negotiation)을 체결한 후 1995년 1월 공식 출범하였다. 이 기구는 준사법적 제도에 해당하는 분쟁처리절차를 정해 놓고 있어 강제력을 지니고 있다. 세계무역분쟁조정, 관세인하 요구, 반덤핑 규제 등 구속력을 행사한다. WTO체제는 제품의 경쟁력에 영향을 미치게 될 각종 경제정책에 관한 규제로 다음 4개의 라운드가 타결되었다.

1) 그린라운드(Green Round)

이는 각종 국제환경협약 체결과 함께 환경문제를 무역에 공식적으로 연계시키는 라운드로 경제적인 환경을 담보로 황폐해진 지구의 환경문제를 해결해보려는 시도이다.

2) 블루라운드(Blue Round)

이는 국제노동기구(ILO) 등을 통해 권고되고 있는 근로규정을 국제규범으로 하자는 라운드이다. 선진국들의 시각에서 보면, 개발도상국들이 노동력을 착취하여 제품의 경쟁력을 높이고 있다는 인식에서 세계 각 국가의 근로조건을 평등하게 하려는 것이다.

3) 기술라운드(Technology Round)

이는 미국과 유럽 선진국들을 중심으로 기술개발에 대한 기준을 설정하자는 라운드이다. 기술라운드는 선진국이 개발한 기술을 사용하여 개발도상국들이 빠른 경제발전을 이룩한 것으로 판단하여 선진국의 지속적인 국제경쟁력 유지를 위해서는 개발도상국의 기술정책에 제한을 가하겠다는 것이다.

4) 경쟁라운드(Competition Round)

이는 무역거래를 제한하는 모든 경제제도도 국제무역규범의 대상으로 하자는 라운드이다. 이것은 OECD가 오래 전부터 심도 있게 논의해온 것으로 무역제품의 공정한 경쟁을 제한하는 모든 경제정책이 무역협상의 대상이 되어야 한다는 것이다.

WTO의 설립은 세계화와 함께 국경 없는 무한경쟁시대로 돌입하는 글로벌 경제환경을 조성하였다. 그러나 WTO는 1999년 미국 시애틀에서 열린 제3차 WTO 장관급회담(WTO Ministrial Conference of 1999)에서 거대한 저항에 부닥쳐 회의가 실패로 돌아간 적이 있다. WTO가 부유한 자와 가난한 자 사이의 사회경제적 격차를 넓히고 세계 기아, 병, 죽음을 증가시킬 것이라는 걱정이 집단저항으로 나타났기 때문이다. 이 격렬한 저항이 영화로까지 나타난 바 있다(그림 2-1). 이 이후 지역화와 지역무역협정을 통해 통합되는 실제적이고 위험이 덜한 방식을 찾기 시작했다. 2011년 12월 러시아는 153개국 WTO 전 회원국과 개별 협상을 마무리하여 1993년부터 시작된 WTO 가입노력을 마무리하였다. 이 가입은 러시아 상품에 대한 수입규제가 해제되어 수출이 증가하고, 관세 양허로 수입품 가격이 인하되어 국내 소비시장이 성장할 것으로 예상하고 있다.

그림 2-1 Battel in Seattle

1.2 신보호무역주의 : 세계경제 블록화의 형성

글로벌 경제 환경에서 지역화(regionalization)가 새롭고 중요한 경향으로 떠오르고 있다. 지역화는 경제블록화와 연관된다. 세계경제의 대표적인 블록화는 [그림 2-2]와 같이 EU, ASEAN, APEC, NAFTA이다.

1) 공동시장 형성 : 유럽연합(EU)

공동시장은 가맹국 상호 간에 제품, 노동력, 자본과 같은 생산요소가 자유롭게 이동한다. 미국에 대항하기 위하여 형성된 유럽공동체 형성이 대표적이다. EU는 25개 회원국과 인구 4억 5,500만 명을 보유한

그림 2-2 세계경제 블록화

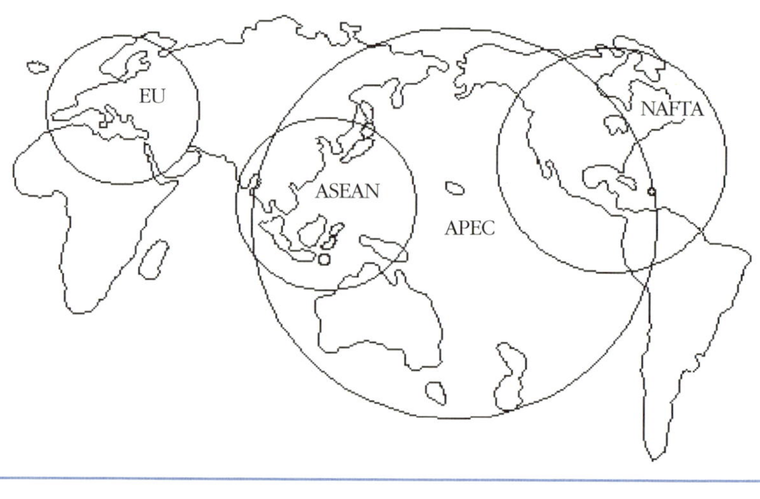

세계 총소득 및 무역의 20% 내외를 차지하는 세계 최대의 시장이 되었다.[1)]

유럽연합은 지역 내 무역장벽의 완전철폐를 목표로 하는 유럽 단일 통화 · 법률 및 EU, NAFTA 간 유럽 경제영역의 구축을 통합유럽 차원의 경제통합 노력에 박차를 가하고 있다. 유럽 단일 통화를 사용하고, 회원국의 공동의회 설치와 같은 정치적 · 경제적 통합수준의 단일 시장(single market)이 되고 있다. 이러한 단일 공동시장의 형성은 관세연합, 단일 중앙은행이 관리하는 단일 통화 사용, 농업 · 무역 · 어업정책의 단일화, EU시민이 자유롭게 이동가능하면서 하나의 공간으로서 삶, 여행, 일, 투자가 수행될 수 있고, 외교안보정책을 함께하는 등 규제편차를 줄여가고 있다.

2) 지역연합 ASEAN

동남아시아국가연합(ASEAN)은 1967년 방콕에서 설립되어 태국, 인도네시아, 필리핀, 말레이시아, 싱가포르 5개국에서 시작하여 부르나이, 베트남, 캄보디아, 라오스, 미얀마가 참여하여 현재 10개국으로 구성된 경제 · 사회 · 문화 · 기술 등에 걸친 지역협력기구이다. 아시아지역은 시장규모와 경제적 잠재력에서 세계를 선도하고 있으며, 21세기에는 세계경제의 중심축으로 부상할 것으로 전망되어 관심의 대상이 되고 있다. 이 아시아지역에서 중국과 인도는 거대한 인구와 저렴한 자원을 지닌 유망한 시장인 것은 사실이나, 경쟁이 지나치게 과열되어 진입하기가 어렵다. 이러한 여건에서 5억 4천만 명이 넘는 ASEAN은 중국과 인도의 대안 시장으로 등장하고 있다. 다국적 기업은 인도네시아에 생산시설을 세운 다음 캄보디아, 미얀마, 베트남으로부터 원료를 공급받아 싱가포르 관리자를 고용해 필리핀에서 소프트웨어로 재고를 관리하

---

1) 유럽공동체(EC)는 1967년 프랑스, 이탈리아, 벨기에, 네덜란드, 룩셈부르크 등 6개국을 회원국으로 시작하여, 1973년에 영국, 덴마크, 아일랜드가 가입하였고, 1981년 그리스, 1986년에 스페인, 포르투갈 등이 가입하여 12개국이 되었고, 1987년에는 경제통합의 진척보다 단일시장(single market) 완성을 위한 유럽단일의정서(SEA: single european act)가 조인되었다. 1993년 11월 정식 발효된 마스트리히트조약에 따라 유럽연합(EU: european union)이 탄생하였다. 1995년에 오스트리아, 핀란드, 스웨덴이 가입하여 EU회원국은 15개국이 되었다. 2004년 5월 1일부터 폴란드, 체코, 헝가리, 슬로바키아, 슬로베니아, 리투아니아, 라트비아, 에스토니아 등 동유럽 8개국과 지중해 연안의 몰타, 키프로스 등 모두 10개국이 EU에 공식 가입하였다.

그림 2-3 ASEAN 지역연합

면서 제조된 장비를 브루나이와 두바이에 공급할 수 있게 되었다(Kotler, Kartajaya와 Huan 2007 제3장 참조).

3) 경제협력기구 APEC

ASEAN의 지역연합 형성은 보다 효율적인 경제협력기구의 필요성이 제기되었고, 1967년에 아시아 · 태평양 경제협력체(Asia Pacific Economic Cooperation: APEC)의 결성을 가져왔다. APEC은 미국, 캐나다, 호주, 뉴질랜드, 한국, 일본, 중국, 러시아, 홍콩, 대만, 베트남, 페루, 칠레, 멕시코 및 파푸아뉴기니 등 21개국의 회원국을 가진 경제기구이다. 아시아 태평양 지역은 세계 인구의 36.6%, 국민총생산 51.7% 교역량의 48.7%를 차지하는 장대한 지역이지만, APEC은 경제발전단계, 경제력, 산업구조 등이 상이한 국가들의 집합체이다. 세계경제의 핵심국가인 미국과 일본을 포함한 선진국들과 개발도상국들로 구성되어 있다는 점에서 다자주의의 확립을 촉진시키는 지역주의적인 면모를 갖추고 다음을 협력하고 있다.

- 지역 내 무역 및 투자의 자율화
- 지역 내 통신, 교통, 인력 등의 특정 분야에서의 경제협력 및 기술이전
- 지역 내 공동 경제정책 수립 및 협력
- 무역, 투자 등의 사업기회에 대한 정보교환 및 데이터 시스템 구축

4) 자유무역지역 형성 : 북미경제권(NAFTA)

미국은 대외적으로 아시아 · 태평양지역에서의 일본 경제력의 증대에 따른 위협과 유럽통합에 따른 지역주의의 강화에 대응하고, 대내적으로 미국 경제의 활성화를 촉진하기 위해 캐나다의 자원과 기술, 멕시코의 저렴하고 풍부한 노동력을 활용하여 제조업의 경쟁력을 향상시키고자 했다. 막대한 잠재력을 지닌 멕시코시장과 중남미 국가들에 진출을 확대하려는 미국의 의도와 총수출의 막대한 비중을 차지하고 있는 미국시장에 보다 자유롭게 접근할 수 있다는 캐나다와 멕시코의 의도가 맞아 떨어졌다. 이 경제통합체는 1994년 1월 1일 발효된 북미경제권(North American Free Trade Agreement: NAFTA)으로 나타났다. NAFTA는 미국 · 캐나다 · 멕시코 등 3개국이 교역 및 투자확대를 통한 상호고용 및 성장을 촉진하는 데 목적을 두고, 협정 발효일로부터 10년 이내에 산업재의 관세를 전부 폐지시키는 등 관세폐지와 제품에 대한 수입규제의 완화를 타결했다. 이 협정 후 NAFTA는 EU와 어깨를 나란히 하는 세계 최대 규모의 단일시장이 되었다.

1.3 자유무역협정(FTA)

세계무역기구(WTO)에서 추진하였던 도하개발아젠다(Doha Developmen Agenda)협상이 2006년 결렬되자 각국은 경쟁하듯 자유무역협정을 체결하고 있다. 자유무역협정(Free Trade Agreement: FTA)은 두 개 이상의 국가 간에 자유로운 무역을 수행하기 위하여 회원국 간의 관세철폐를 중심으로 체결되는 경제통합의 일종으로서 경제통합 협정 중 가장 낮은 단계의 통합형태이다. 관심을 가지고 있는 국가 간의 협상을 통한 체결국 간 관세를 철폐하고, 각각의 가입국이 별도의 관계와 무역정책을 유지한다.

2011년 기준으로 우리나라의 FTA 체결국과의 교역현황을 살펴보면 [그림 2-4]와 같다. ASEAN과의 교역이 가장 많고, 그 다음으로 EU, 싱가포르, 인도, 칠레, EFTA(스위스, 노르웨이, 아이슬란드, 리히텐슈타인), 페루로 나타나고 있다. 2012년 3월부터 한 · 미 FTA가 발효되기 때문에 앞으로 미국과의 교역현황이 확대될 것이다.

그림 2-4 FTA 체결국 교역현황

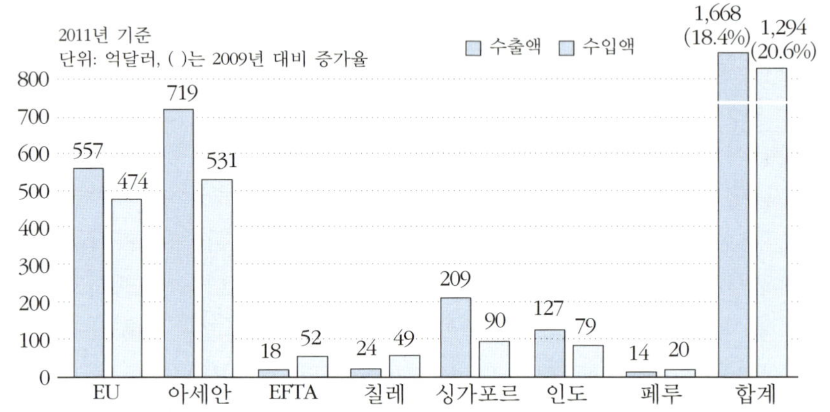

자료: 2012년 1월 23일 관세청.

미국과의 FTA는 거대 다국적기업들과의 불가피한 경쟁으로 인하여 경쟁이 심화되고 기술혁신 및 R&D비용의 급증으로 단기 수익률이 저하될 수 있지만, 글로벌 스탠다드에 맞는 시장환경을 조성하여 궁극적으로 취약한 국내 산업의 근본적인 체질을 강화시켜 국내 산업의 국제경쟁력을 강화시킬 수 있는 도전이 될 수 있다.

미국은 FTA를 통해 시장을 개방하는 경쟁적 자유주의(competitive liberalism)전략을 선택하고 있고, 미국의 FTA 대상 국가에서 배제되는 경우 차별적 대우에 따라 통상 측면에서 불이익이 발생하는 등 미국은 개방에 대한 확고한 의지가 있는 국가와 FTA협상을 추진하는 것으로 되어 있다. 이 FTA는 우리나라 기업들의 글로벌화를 촉진시키고 있다고 볼 수 있다.

1.4 국제경제기구

1) IMF

IMF는 우리나라의 1997년 경제위기로 매우 익숙한 단어가 되었으며, 2012년 현재 유럽 경제위기로 인해 자주 듣는 말이다. IMF는 국제통화기금(Internaltional Monerary Fund)을 줄인 말로 1944년 연합국 44개국이 미국의 브레튼우즈에서 회의를 열어 제2차 세계대전 후 세계

통화질서를 바로잡기 위한 브레튼우즈협정을 발족시켰고, 1946년에 이 기구를 창설하였다. 이 기구의 목적은 국제통화 협력을 강화하고, 외환의 안정과 통화의 자유교환을 통한 국제유동성을 원활하게 하고 국제무역을 확대하여 세계경제의 균형적인 성장을 유도하려는 데 있었다. 즉, 이 기구는 외국환시세의 안정과 환거래의 자유를 확립하여 통화문제로 야기되는 무역장애를 제거함으로써 국제무역의 균형적인 발전을 도모하려는 기구이다.

IMF는 공동으로 출자하고 관리하기 위해 가맹국은 일정액의 할당액(quota)을 배정받아 출자의무를 갖게 된다. 그동안 IMF는 국제경제질서의 유지와 국제수지 적자를 면하지 못하고 있는 저개발국이나 개발도상국에 단기성 외화자금을 제공해주어 세계무역의 균형적 발전에 크게 이바지하고자 했다. 1997년 이후 우리나라도 IMF의 구제금융의 혜택을 받은 바 있다.

2) 경제협력개발기구(OECD)

제2차 세계대전 이후 미국은 유럽경제 부흥을 위해 마셜플랜(Marshall Plan)에 의해 대대적인 경제원조를 전개하였고, 1948년 마셜플랜을 도와주는 기구로서 OEEC(Organization for European Economic Cooperation)를 설립하였고, 그 후 12년 동안 유럽지역 내의 무역자유화에 공헌을 하였다. 1961년에 OEEC가맹국 16개국과 미국과 캐나다를 합쳐 OECD(organization for economic cooperation and development)가 발족되었다. 그 후 일본, 핀란드, 호주, 뉴질랜드, 그리스, 터키, 멕시코, 체코, 헝가리, 폴란드, 한국(1996), 슬로바키아가 가입하여 30개국이 되었다.

OECD조약 제1조에는 다음 세 가지 목적이 명확하게 제시되어 있다.

- 고도의 경제성장을 지속하며 고용증대 및 생활수준 향상을 도모
- 저개발국의 경제성장에 기여
- 다각적이고 무차별적인 원칙에 따라 무역확대에 기여

이 기구는 자유시장경제와 민주주의 가치관을 공유하는 국가들로 구성되어 있다. 국가상호 간에 정책조정과 협의를 중심으로 하는 상호협의적 성격을 가지고 있으며, 모든 회원국에 무차별 원칙으로 하여

회원국 전체의 합의를 의사결정의 원칙으로 한다.

OECD는 경제정책, 국제무역 등 문제뿐만 아니라 환경, 에너지, 경쟁정책, 소비자보호, 교육 등 경제 · 사회문제 전반을 포함하여 정책 상호 간의 관계를 종합적으로 논의한다. 회원국의 경제력과 정보체계를 토대로 세계경제의 제반 문제에서 선도적인 역할을 수행해 왔으며 이러한 역할을 지속해 나갈 것으로 예상된다.

3) 석유수출국기구(OPEC)

석유수출국기구(organization of petroleum exporting countries: OPEC)는 1960년 이라크정부의 초청으로 석유를 생산하는 이란, 쿠웨이트, 사우디아라비아, 베네수엘라의 대표가 모여 결성된 기구이다. 그 뒤 카타르(1961), 인도네시아(1962), 리비아(1962), 아랍토호국(1962), 알제리(1969), 나이지리아(1971), 에콰도르(1973), 가봉(1975) 등이 가입하여 13개국의 기구가 되었다. 그러나 그 후 아랍토호국(1974)이 아랍에미레이트에 편입되고, 에콰도르(1982), 가봉(1995) 등이 탈퇴하였으나 에콰도르는 2007년 재가입하였다.

1960년대의 설립초기에는 원유가격의 하락을 방지하기 위해 산유국 간의 정책협력을 위한 정보의 수집 · 교환을 목적으로 하는 가격카르텔 성격을 띠었으나, 1970년대 석유파동 이후 원유가격의 계속적인 상승을 도모하기 위하여 자신들의 생산량을 조절하는 생산카르텔로 변질되었다.

1973년과 1979년 석유위기가 발생되자 OPEC국가들은 석유생산시설을 국유화시키면서 석유가격을 상승시켰고, 확보한 거대한 재정자금을 가지고 경제와 사회발전을 가속화시켰다. 외화의 많은 부분을 단기자금으로 국제금융시장에 공급하여 기존의 국제금융질서를 변화시켰다.

제2절 Global Marketing

>> 미시경제 환경

이제까지 거시경제 환경에 대해 살펴보았다. 이러한 거시경제 환경에 대한 이해는 미시경제 환경에 대한 이해와 함께 이루어져야 한다. 미시경제 환경을 이해하기 위해 진입할 가능성이 있는 국가의 경제적 환경을 평가할 수 있어야 한다. 이때 중요시되는 요소는 인구분석, 산업구조분석, 소득분포분석 등이다.

2.1 인구분석

인구분석이 일차적으로 중요시된다. 인구가 많을수록 시장규모가 크다는 가정하에 진입하려는 시장을 탐색할 필요가 있다. 또한 그 많은 인구의 사람들이 어떠한 지역연합과 관계하고 있는가를 분석할 필요가 있다. EU, NAFTA, ASEAN 등의 지역연합을 통해서 관계를 맺고 있기 때문이다.

현재의 인구뿐만 아니라 장기적인 인구성장률의 변화동향에도 관심을 가져야 한다. 마케팅활동의 효과가 미래에까지 걸쳐 나타나기 때문이다. 인구가 증가하고 있다는 것은 제품과 서비스의 수요를 증가시켜 순기능을 하지만, 인구가 적정수준 이상으로 성장하면 경제개발에 역기능을 할 수 있다.

인구의 연령층 분포를 살펴볼 필요가 있다. 이 분포는 제품의 수요에 크게 영향을 미친다. 선진국으로 갈수록 장년층과 노년층이 많고, 개발도상국으로 갈수록 낮은 연령층이 높은 비율을 차지하고 있다. 또한 인구의 지리적 분포도 이해해야 한다. 인구가 대도시에 집중되어 있을수록 글로벌 마케팅에서는 유리하다.

2.2 산업구조분석

세계 산업구조분석은 선진국, 개발도상국, 후진국에 따라 다르다.

미국, 일본, 서유럽처럼 산업화되어 있는 경제, 한국과 대만처럼 개발도상에서 선진국으로 진입하려는 경제, 칠레, 베네수엘라 등 자연자원 수출에 의존하는 원료 수출형 경제, 그 외 농업에 종사하면서 자급자족에 의존하는 경제가 있다. 미국과 서유럽 등 선진국 사이는 경제가 비슷하여 환경평가가 쉬우나 다른 경제권에 대한 평가는 상대적으로 쉽지 않다. 산업구조의 차이는 필요로 하는 제품을 달리하기 때문에 마케팅 전략에서 차이를 가져올 수밖에 없다.

2.3 소득분포분석

소득분포분석은 국가에 따라 빈부의 격차에서 차이가 있기 때문에 제품소비에서 현저한 차이가 나타나고, 마케팅에서도 차이가 나타난다. 필리핀, 인도, 태국 등에서 상류층의 소비수준이 높아 고급제품 판매가 많이 나타난다. 마케팅활동을 위한 지원시스템인 통신, 운송, 유통시스템이 중요시된다.

대부분의 국가들에서 국민소득 분포가 부유층과 빈곤층으로 이분화된 구조를 가지고 있어 소득격차의 차이가 심하다. 이는 마케팅에서 시장을 세분화하여 접근하여야 함을 말해준다. 소득분석을 할 때 1인당 소득(per capita income)을 참조할 필요가 있다. 1인당 국민소득의 정도는 그 국가의 경제개발단계, 산업화, 복지수준뿐만 아니라 시장규모와 그 질적 수준을 설명하고 있다.

제3절 국제재무 환경

Global Marketing

3.1 환율과 아시아의 경제위기

국제재무 환경에 대한 이해로서 환율에 대한 이해는 매우 중요하다. 특히 수출 중심인 우리나라 대기업과 중소기업들은 이러한 환율변동에 의하여 열심히 노력하였으나 적자가 될 수 있는 상황에 놓이기도 한다.

우리나라 화폐와 미국 등 타국 화폐와의 교환을 외환(foreign exchange)이라고 한다. 이는 우리나라 기업이 수출과 수입을 하면서 물건의 이동과 함께 자금을 이동하는 화폐수단이 된다.

이러한 환율은 글로벌 시장에서 제품의 수요에 결정적인 영향을 준다. 우리나라 통화가치가 타국의 통화가치에 비해서 낮게 평가되어 통화가 약세가 되면 우리나라 수출품의 가격은 하락하고 수입품의 가격은 상승한다. 이는 세계 시장에서 시장점유율을 증대시키는 기회를 잡게 된다. 그 반대는 시장점유율을 잃게 된다. 환율이 급격하게 변하게 되면 기업은 재무계획을 정확하게 세울 수 없게 되어 어려움에 빠질 수 있기 때문에 환율변동에 대응하는 정책을 마련하는 것이 중요하다.

1997년 후반부터 1998년 사이에 아시아 경제위기가 나타났고, 2002년에는 아르헨티나 경제위기가 나타나 남아메리카로 확장되었고 지역 경제를 어렵게 만들었다. 2008년부터 시작된 미국경제위기, 2011년 유럽경제위기가 나타났다. 이러한 위기는 경제 전체의 구조에 변화를 가져다준다. 1997년 12월 우리나라는 외환위기를 경험하였고 우리나라 기업들과 경제에 심각한 위기의식을 가져다주었다. 이러한 위기를 극복하기 위하여 기업들은 혁신의 강도를 높여 구조조정을 단행하여 경쟁력 없는 사업부는 정리하고 경쟁력 있는 사업부들을 강화시키는 전략을 단행하고 글로벌 경쟁을 고도화시키면서 많은 기업들이 경쟁력을 찾게 되었다.

3.2 유로사용 국가

1999년 1월에 다음 [그림 2-5]에 짙게 표시된 국가들 중 그리스를 제외한 11개의 국가들이 미국 다음으로 세계에서 두 번째로 큰 경제지역을 창출하기 시작하였다. 유럽경제공동체가 결성되었고 이러한 유럽경제공동체의 결성은 유로(euro)를 사용하는 국가와 그렇지 않은 국가들로 나뉘게 하였다. 이들 국가의 화폐정책은 독일의 프랑크푸르트에 본사를 둔 유럽 중앙은행에 의해서 운영된다. EU 중에서 영국, 덴마크, 스웨덴이 유로를 사용하는 것을 선택사항으로 하였다. 2002년 1월에 유로 지폐와 동전이 독일 마르크를 대체하기 시작했고, 지역 화폐가 없어졌다. 2012년 현재 17개국이 가입되어 있다.

그림 2-5 유로 사용국가들

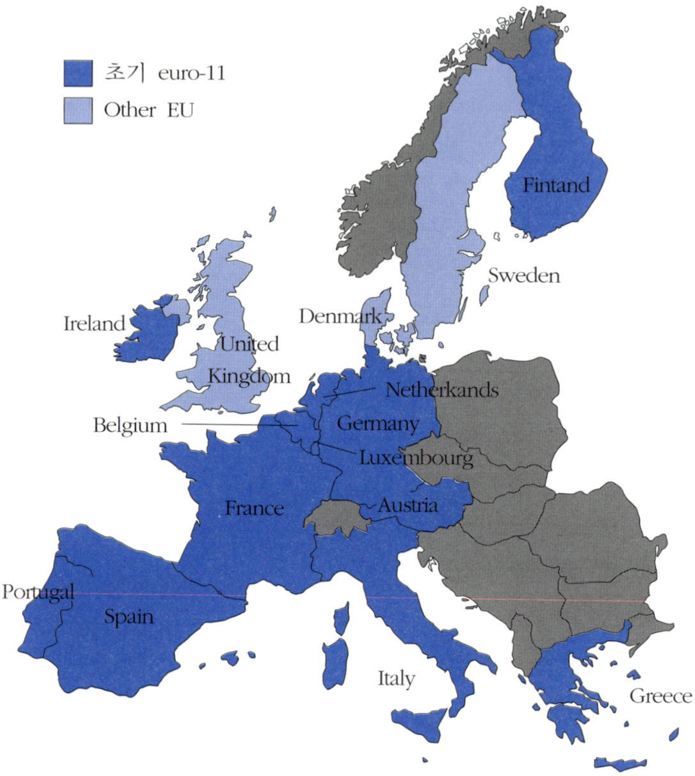

제4절

>> 국제정치 환경

Global Marketing

4.1 정부정책

정부(government)는 한 국가 내에서 기업 활동의 거의 모든 면에 영향을 미친다. 각 국가 정부는 어느 산업이 국가의 보호를 받아야 하고 어느 산업이 경쟁의 문호를 열어야 하는가를 결정한다. 정부는 노동정책, 재정과 화폐정책을 결정한다. 한 나라에서 정치적 안정과 분위기가 그 국가에서 기업 활동에 영향을 미친다. 정치적인 움직임이 외국 기업의 활동에 대한 태도에 영향을 미친다.

글로벌 마케팅을 수행하고자 할 때 경영자들은 국내와 진출국들 양쪽의 규정과 법에 직면하게 된다. 경영자들은 진출하고자 하는 국가의 현재의 정부정책과 장래에 예측되는 변화를 읽을 수 있어야 한다.

1960년대 쿠바 위기, 1970년대 이란 혁명, 1980년대 후반 구 소련의 붕괴, 1990년대 페르시아만의 걸프전쟁, 1999년 유고슬라비아에서 코스보위기, 2003년 이후 미국이 이끈 이라크 전쟁 등은 그 지역에서 정치적 문제를 깨닫게 했고 많은 기업들이 철수하였다.

정부의 역할은 기업과 산업이 국제 무대에서 국가의 이해를 증진시키도록 노력한다. 국가의 이해에 중요하다고 판단하는 산업에 투자한다. 정부가 특정 산업의 무역을 제한하려고 하는 이유는 다음과 같다.

첫째, 국가의 안전을 위하려고 한다. 독립적으로 재화를 생산할 능력을 기르고자 하며, 적대국이나 비우호적인 국가들을 도와주는 재화들을 수출하지 않으려 한다.

둘째, 새로운 산업을 개발하려고 한다. 발아기에 있는 산업을 보호하여 강화시키려고 한다.

셋째, 쇠퇴산업들을 보호하려고 한다. 정치적인 안정성을 위하여 국내 고용을 유지하려고 한다.

1) 인센티브와 정부프로그램

대부분의 국가들은 수출활동과 특정 국내 산업을 지원하기 위하여 정부 대부, 보조금, 훈련 프로그램들을 사용한다. 이들 프로그램들은 한 나라에서 다른 나라로 수출을 위해서 생산을 고려하는 기업들뿐만 아니라 현지국 기업들에게도 중요하다.

유럽에서 Airbus는 Boing, McDonnell-Douglas-Lockheed를 포함하여 미국 산업에 의해서 지배된 제트 항공기에 대항할 수 있는 유럽 경쟁자를 구축하기 위하여 설립되었는데, 영국, 프랑스, 독일과 스페인의 정부로부터 공동보조금을 가지고 설립되었다. 미국도 예외가 아니다. 1980년대 일본 반도체기업들에 의해서 위협을 받게 되자 미국 정부는 1987년 SEMATECH(Semiconductor Manufacturing Technology)라는 일본과 같은 정부와 산업체 공동 컨소시엄을 만들고 운영예산의 절

반인 2백만 달러를 보조금으로 지급한 바 있는데, 이에 힘입어 1995년에 이르러 1980년대 이후 일본에게 빼앗겼던 선두자리를 되찾을 수 있었다. 우리나라가 정보통신 강국이 되어 있는 것도 정부의 역할이 크다.

2) 관세와 비관세장벽

관세(tariffs)와 비관세장벽(nontariff barriers: NTBs)은 국내에서 생산된 제품들과 경쟁이 되는 수입품들의 수입을 억제하는 효과를 가져와 국내 제조업을 보호할 수 있다. 개발도상국은 관세를 통하여 국내 산업을 보호하려 하지만, 장기적으로는 국내 산업의 국제경쟁력을 높이지 못하는 효과를 가져다줄 수 있기 때문에 이를 고려하여야 한다.

대다수 개발도상국에서는 관세장벽을 줄여왔지만 비관세장벽은 증가시켰다. 비관세장벽에는 쿼타와 금수조치가 있다.

(1) 쿼타(quota)

이는 일정기간 동안 특정국에 수입제품의 수량을 제한하는 수입쿼타(import quota)를 행하거나 수출되는 제품의 수량에 제한을 가하는 수출쿼타(export quota)를 사용한다. 전자는 수입수량을 제한하여 자국 제조업을 보호하려고 한다. 후자는 천연자원 수출국에서 수출을 제한하여 자국 시장에 공급을 원활하게 하거나, OPEC처럼 석유가격을 인상하려고 할 때 사용한다.

(2) 금수조치(embargoes)

금수조치는 정치적인 목적으로 어느 특정국에 모든 무역을 제한하는 것이다. 미국은 쿠바에 금수조치를 행하고 있다.

4.2 정치적 위험

세계시장으로 진출하고자 할 때 정치적 환경에서 가장 신중하게 고려해야 하는 것은 현지국가의 정치적 위험(political risk)이다. 정치적 위험도가 크면 클수록 경영자들은 공장설립 등 대단위 투자를 불확실하게 지각한다. 정치적으로 불안정해지면, 외국 투자자들이 그 현지 국가들을 떠나버리고, 다시 정치적으로 안정되면 투자가 몰려오는 현상이 나타난다.

표 2-1 BERI의 정치적 위험변수 15개와 가중치

정치적 위험 변수	가중치
정치적 안정	3
외국인투자에 대한 태도	1.5
국유화	1.5
인플레이션	1.5
국제수지	1.5
관료적인 지연	1
경제성장	2.5
화폐의 호환성	2.5
계약의 강조정도	1.5
노동생산성	2
전문적 지원	1.5
교통/통신	1
현지 경영진	1
단기 신용도	2
장기 신용도	2

정치적 안정성을 평가하는 기준은 정권교체의 빈도, 폭력 · 분쟁 · 시위 등의 빈도와 심각성, 문화적 분단의 심각성 및 복수 종교의 존재 여부 등이다. 이러한 요인의 평가결과와 정치적 불안정성과 국가위험을 고려하여 진출 여부를 결정하게 된다.

Haner(1981)는 일찍이 경영환경 위험변수(Business Environment Risk Index: BERI)를 〈표 2-1〉과 같이 제시한 바 있다.

각 질문항목은 4점 스케일로 되어 있으며, 이를 1에서 3점의 가중치로 조정 평균하여 위험이 제일 낮은 나라는 100점이고, 가장 높은 나라는 25점으로 조정하여 결과를 제시하고 있다.

정치적 위험이 소비자심리에도 영향을 미친다. 정치적으로 특정 나라와 적대국으로 있을 경우에 그 나라의 기업들이 만든 제품을 선호하지 않게 되는 것은 정치적 요소가 소비자들에게 그 국가와 제품의 심리적 거리를 멀리하게 되는 요소이다.

4.3 테러리즘과 세계 경제

2001년 9월 11일 뉴욕과 워싱턴 D.C.로의 거대한 테러리스트들의 공격은 어느 누구도 잊을 수 없는 사건이었다. 국가의 경제와 정치의 상징이었던 세계무역센터와 펜타곤이 공격당했다. 이러한 테러리스트들의 행동은 미국 경제와 세계경제에까지 영향을 미쳤다. 이러한 테러리즘은 국제여행자들의 활동뿐만 아니라 기업의 국제 활동에 영향을 미쳐왔다.

4.4 국제정치관계 분석

글로벌 기업들은 개별 국가 시장의 정치적 환경도 중요하지만, 지역시장 및 글로벌 시장을 대상으로 동시에 마케팅을 해야 하기 때문에 국제정치관계(international political relations)를 분석하고 글로벌 마케팅활동에 반영해야 한다. 현지국가 입장에서 보면 글로벌 기업은 외국인 기업이라는 점이고, 글로벌 기업은 여러 나라에 생산 자회사, 마케팅 자회사를 운영하고 있기 때문에 공급원 및 판매시장 측면에서의 국제관계를 원만하게 유지해야 한다. 또한 글로벌 기업활동에서는 진출한 국가들과 본사가 있는 국가 사이의 국제관계가 큰 영향을 미친다.

제5절 >> 국제법률 환경

Global Marketing

5.1 국제법

국제법(international law), 즉 '국가들의 법(the law of nations)'은 국가들과 상호관계를 통하여 다른 국가 사람들을 묶는 규칙들의 실체이다. 대부분의 국가들과 국제기구들은 지배적인 원리가 질서이자 혼돈이 아닌 세계에서 살아가기 위해서 어떤 수준의 제약을 받아들이기로 동의하고 있다. 국제법은 국가들 사이의 신사협정이다.

국제법은 세 가지 주요 원천들로부터 온다. 즉, 관습(customs), 국제조약(international treaties), 국내와 국제재판소 결정(court decisions)으로부터 온다. 국가들은 역사적으로 자국 근해 대륙붕 내에 있는 자원에 대한 주권을 주장하여왔고, 이는 합의에 도달하여 국제법이 되었다. 현재 동해에 대한 경계선에 대한 주장으로 일본과 우리나라는 갈등관계에 있다.

조약과 국제계약(treaties and international contracts)은 서로 상호관계를 지배하는 규칙과 의무를 설정하는 국가와 기업들 사이의 공식적인 협정을 말하는데 참가자들에게만 구속력을 가진다. 국가 법정이 국제적인 쟁점들에 적용하는 재판을 하기도 한다. 이러한 재판결정이 타국에서도 일반화될 수 있다면 국제법으로 발전될 수 있다.

국제거래에 일반화된 법률환경은 국제 상사거래법, 국제 경제법, 국제 사법 등이 적용된다.

- 국제 상사거래법은 국제거래의 형식과 방법을 결정해주며, 국제 계약법과 국제 결제, 보증법 등이 대표적이다.
- 국제 경제법은 자유롭고 공정한 국제 교역조건을 형성하고 감시하기 위한 국제기구와 관련된 법으로 통상법이라고도 한다.
- 국제 사법은 거래과정에서 분쟁을 해결하는 방법 또는 분쟁이 발생하는 상황에 대비하여 사전에 어떠한 제도적 장치를 갖추는가에 대한 지침을 제공해준다.

5.2 현지국의 법률 환경

현지국가의 일반적인 기업 활동에 대한 규제 및 법적 체계로는 일반기업에 대해 규정하는 상법, 특정 사업에 관한 사업법, 경쟁정책과 관련한 공정거래 및 독점금지에 관한 법 등이 있다. 이외에도 기업의 국제거래와 관련한 무역, 외환, 관세 및 조세, 투자 등과 관련된 제반 법규가 있다. 이러한 법률들은 글로벌 기업이 활동을 하는 데 직접적인 규제 및 제재를 가할 수 있기 때문에 현지국가의 법적 환경을 세밀하게 분석해야 한다.

5.3 국경을 넘어서는 법률쟁점들

지적재산권(intellectual property right)은 특허권, 실용신안권, 상표

권 및 영업비밀과 같은 산업재산권과 저작권을 포함한다. 지적재산은 성과가 나오기까지는 엄청난 시간과 자원이 소요되지만 생산비용이 낮아 모방하기가 쉬워 보호하지 않으면 어려움에 빠진다.

특허권(patent)은 특허 기술 또는 공정에 대해 보유자에게 법적 독점 지위를 제공해주는 것을 말한다. 제약분야에서는 물질특허제도가 있다. 이는 화학적 방법에 의하여 제도된 새롭고 유용한 물질 그 자체에 대하여 부여하는 특허를 말한다. 이는 특정 물질에 대한 물질특허권은 그 물질이 관련된 모든 물건에까지 영향을 미친다.

우리나라는 특허청에 출원하여 등록함으로써 보호를 받는 선등록주의(first-to-file principle)를 따르고, 미국의 경우는 먼저 발명한 자를 보호하는 선발명주의(first-to-invent principle)를 따른다. 우리나라 기업이 등록을 하였다고 안심하고 미국에 진출하는 경우 미국 기업이 먼저 발명하였다는 것을 증명하는 경우 어려움에 당할 수 있다.

우리나라는 특허와 실용신안을 구분하는 데, 전자는 기존에 없었던 고도의 기술이나 방법을 보호하기 위한 것이며, 후자는 기존에 이미 공지되어 있는 기술이지만 새로이 보완한 경우에 적용하는데, 유효기간은 10년이다.

저작권(copyright)은 국가마다 다르다. 우리나라의 경우 저작자가 살아 있는 동안과 사망 후 50년간 저작권을 보호하며, 보호기간이 끝난 뒤에는 보호를 받지 못한다. 미국의 경우는 95년이다.

상표권(trademark)도 고려해야 할 중요한 요소이다. 우리나라는 특허권의 선등록주의를 따라 상표등록일로부터 10년 동안 보호받을 수 있고 갱신등록을 통해 반영구적인 보호가 가능하다. 미국의 경우 선사용주의를 따르고 있어 우리나라에서 사용하고 미국으로 들어갈 수 있지만 미국에서 사용된 상표와 같은 상표를 가지고 들어갈 경우에는 낭패를 당할 수 있기 때문에 조심해야 한다. 미국을 제외한 국가에 진출하기 위해서는 상표등록을 하여야 안전하다.

사례연구

특허전쟁

기업은 새로운 시장을 창출하기 위해 기술과 제품을 개발하는 과정에서 시장을 독점하기 위해 새로운 기술에 특허를 걸어버린다. 이 특허는 지식기반 경제에서 기업경쟁력의 가장 큰 원천으로 되어가고 있다. 공개적으로 접근가능한 특허 데이터를 분석하면 경쟁기업의 전략도 파악해 낼 수 있을 정도이다. 특허전쟁 사례에서 잘 알려진 몇몇 글로벌 기업들의 사례를 살펴보자.

1. 코닥과 폴라로이드

1880년 조지 이스트만이 설립하여 120년 전통을 가진 이스트만 코닥(Eastman Kodak)은 필름의 대명사로 알려져왔지만, 2012년 1월 파산보호 신청을 하게 된다. 코닥은 즉석카메라의 등장과 디지털카메라의 등장에 잘못 대응하였다. 이 중에서 즉석카메라의 등장에서는 기술개발과정에서 특허 문제에서 실패하였다. 즉석카메라를 먼저 시작한 회사는 폴라로이드(Polaroid)였고, 코닥은 후발주자였다. 1960년대 초 즉석사진 시장은 폴라로이드가 장악하고 있었다. 폴라로이드의 즉석카메라 매출은 전 미국 카메라시장의 15%를 차지할 정도로 급성장하고 있었기 때문에 코닥의 최고경영진은 이 시장을 차지하기 위해 1969년 즉석카메라와 즉석카메라용 필름을 개발하기 위한 연구개발계획을 시작했다.

폴라로이드는 이미 자사제품의 주변에 특허장벽을 치고 있었다. 결국 코닥의 기술개발은 폴라로이드의 기술우위 때문에 폴라로이드가 개발한 기술을 모방할 수밖에 없었다. 1976년 4월 코닥은 즉석카메라와 필름 생산라인을 가동했고, 일주일 만에 연 매출 10억 달러인 폴라로이드의 90%에 달하는 것으로 성장했다. 폴라로이드는 자사의 즉석사진 특허 12개를 코닥이 침해했다며, 특허전쟁을 개시했다. 이 전쟁은 9년 뒤 1차 판결에서 코닥이 7개의 폴라로이드 특허를 침해했기 때문에 "코닥과 협력업체의 관리자, 대리인, 종업원, 고용인, 변호사 모두가 즉석카메라와 필름을 제조 · 사용 · 판매하는 행위를 중단해야 한다"는 판결이 내려졌고, 1990년 최종판결이 내려졌다. 코닥은 15억 달러를 투자한 생산공장을 폐쇄하고, 폴라로이드에게 9억 2천 5백만 달러의 손해배상비를 지불해야 했다. 1976년과 1985년 사이에 판매한 1천 6백만 개의 즉석카메라를 되사들이기 위해 5억 달러를 지출해야 했고, 1억 달러에 달하는 변호사 수임료를 지불해야 했다(Rivetle and Kline, 2000, Chapter 4).

그 뒤 코닥은 디지털카메라의 공세에 계속 밀려버렸다. 코닥은 스튜디오 안에서 찍는 정식 초상사진 전문가들에게 국한되었던 사진을 스튜디오를 벗어나 가족의 삶 속으로 파고들게 했고, '코닥 순간(Kodak moment)'을 카메라에 담는 아내/엄마 시장을 중심으로 시장을 형성해갔지만, 디지털카메라 시장이 도래하면서 카메라를 단순히 사진 찍는 도구라기보다 전자기기로 보게 되면서 가전제품 소매점에서 밀려나게 되었고, 남성 중심의 디지털카메라 시장이 형성되었다. 소비자들에게 코닥 브랜드는 디지털이 아니라 기존 사진을 떠올리게 하는 시대에 뒤떨어진 것으로 취급되었고, 2012년 1월 결국 파산하게 된다.

2. 델

2011년 '글로벌 500'에서 124위의 기업으로 나타나 있는 델 컴퓨터(Dell Computer)의 사례를 보자. 델은 '주문생산(build-to-order)' 시스템을 개발하였다. 고객 주문을 받으면 72시간 안에 제조, 배치, 고객서비스 작업들이 연속적으로 이루어진다. 1999년 *Business Week*는 미국 최고 수준의 기술을 가진 기업 리스트 'InfoTech 100'에서 델을 1위로 평가하면서, "PC의 직접 판매를 고객서비스의 하나로 재정의함으로써 최고 수준의 기업으로 올라섰다"고 보도한 바 있다. 델은 '주문생산' 직접판매방식에 4개의 특허권을 가지고 있고, 이 판매방식을 출원시킨 38건의 특허를 등록시키고 있는데, 이 특허들은 인터넷상의 고객맞춤형 주문시스템뿐만 아니라 제조, 개발, 분배, 고객서비스 등에 관한 비즈니스 방식까지도 포함시키고 있다.

3. 삼성전자와 애플

2011년 들어 애플(Apple)과 삼성전자는 특허전쟁에 돌입하였다. 이 책 〈표 1-2〉에서 나타나 있듯이 '글로벌 500'에 매출액 기준으로는 삼성이 세계 22위, 애플이 111위의 기업으로 나타나고 있지만, 이익을 보면 애플이 삼성보다 우위에 있다.

2007년 애플은 아이폰(iPhone)을 출시하여 시장에 충격을 준 후 삼성은 후발주자로서 스마트폰 사업에 뛰어들었지만 점점 강해지고 있다. 2011년 2/4분기 실적에서 삼성은 애플 다음가는 세계 2위의 스마트폰 판매량을 기록했고, 갤럭시2의 인기가 세계적으로 상승하였다.

결국, 애플은 삼성의 공격에 대비할 수밖에 없었다. 2011년 8월 미국에서 애플은 삼성 갤럭시의 디자인, 사용자 인터페이스 등이 아이폰과 아이패드를 모방했다고 주장하면서 애플과 삼성의 특허전쟁이 시작되었다. 삼성은 자사의 지적재산권을 애플이 침해했다고 소송을 걸어 반격했다. 이 싸움은 미국, 한국, 독일, 네덜란드, 호주 등 10개국으로 확산됐다. 두 기업들은 급성장하는 스마트폰 태블릿 PC 시장에서 경쟁자이며, 동반자 관계이기도 하면서 이 전쟁은 훨씬 더 복잡하게 얽혀졌다. 삼성전자는 메모리칩과 액정화면 분야 세계최대 생산기업이기 때문에 애플에게 몇몇 주요 부품들을 공급한다. 애플은 외형, 유저 인터페이스 등에서 아이폰의 지적재산권을 침해했다고 주장한다. 그러나 삼성은 무선통신 분야에서 수많은 특허기술을 보유중이며, 자사의 무선 분야의 특허기술을 애플이 침해했다고 주장하고 있다. 독일 법원이 삼성의 갤럭시 탭 10.1 판매금지 처분 판결을 내린 바 있으며, 삼성은 이 판결에 항소했다.

참고문헌: Kevin G. Rivetle and David Kline (2000), Rembrandts in the Attic: Unlocking the Hidden Value of Patents, *Harvard Business Review*, 케빈 G. 리베트와 데이비드 클라인 지음, 제대식 외 옮김(2000), 『지식경영과 특허전략』, 세종서적; Kamal Munir(2012), "The Demise of Kodak: Five Reasons," *The Wall Street Journal*, February 27, 2012.

Global Marketing

요 약

1. 해외시장으로 진출하고자 할 때 정치 · 경제 환경분석이 일차적으로 중요하다. EU, ASEAN, NAFTA와 같은 경제블록화에 대하여 이해하는 것이 일차적으로 중요하다. WTO와 같은 자유주의가 쇠퇴하고 신보호주의가 우세해지고 있다. 한국과 미국 사이의 FTA처럼 국가와 국가 사이에 양자관계로 진행되고 있는 무역협상 흐름이 강해지고 있다. 이는 우리나라 산업구조에서 변화를 야기하기 때문에 해외시장 지향 기업들은 이에 철저하게 대비하여야 한다. 국제경제기구로서 IMF, OPEC, OECD 등에 대한 이해가 필요하다.

2. 미시경제 환경분석으로 들어가면 진출하고자 하는 국가의 인구분석, 산업구조분석, 소득분석 등을 할 수 있어야 한다.

3. 국제재무 환경으로 들어가면 1997년 IMF 경제위기에서 경험한 것처럼 환율에 대한 이해가 중요하며 이는 해외지향 기업들에게는 수익창출에 결정적으로 중요하다. 유럽공동체가 하나의 시장이 되면서 유럽 전역에서 유로사용국가와 사용하지 않는 국가 사이의 경제행위에서 차이가 나타나고 있다.

4. 정치적 환경으로 넘어가면 2001년 9월 11일 미국을 강타한 테러리즘의 영향에서 볼 수 있듯이 여러 가지 위험들이 도사리고 있다. 정치적 위험에 대한 분석에 대한 이해는 필수적으로 등장한다.

5. 국제법률 환경으로 넘어가면 현지국 정부는 자국의 새로운 산업과 쇠퇴산업을 보호하려고 하기 때문에 정부의 정책에 대해서 주시하여야 한다. 국제법에 대한 이해도 필요하다. 정부의 인센티브 프로그램에 대해서도 관심을 가질 필요가 있다. 관세장벽과 비관세장벽으로서 쿼타와 금수조치 등이 나타난다. 국경을 넘어서면 지적재산권, 저작권, 상표권에 대해서 깊은 이해가 필요하다.

Global Marketing

토의과제

1. 다음을 토의하라.

   1) 우리나라의 글로벌 산업인 반도체, 조선, 자동차, 철강산업들이 세계적으로 어떠한 위치에 있으며 어떠한 도전에 직면해 있는지를 조사하라.

   2) 한국과 미국 FTA협상이 타결되었다. 우리나라 제조기업들에 어떠한 영향을 미칠 것인가를 토의하고, 미국 시장으로 진출하는 우리나라 기업들에게 어떠한 영향을 미칠 수 있는가를 토의하라. 특히, 이러한 FTA협상에서 나타나고 있지만, 우리나라는 정보통신산업과 달리 의약품산업에서 상대적으로 경쟁력이 약하다. 미국의 다국적 제약산업과 우리나라 제약산업을 분석하고, 우리나라 제약산업이 경쟁력을 확보할 수 있는 방안에 대하여 토의하라.

2. 우리나라 기업이 유럽시장, 아시아시장, 북미시장으로 진출하고자 할 때, 지역경제블록화가 형성되어 있는 것이 어떠한 영향을 미칠 수 있는지에 대하여 토의하라.

3. 우리나라와 미국은 특허문제에서 접근이 다르다. 우리나라는 선등록주의를 따르나 미국은 선발명주의를 따른다. 상표권도 우리나라는 선등록주의를 따르나 미국은 선사용주의를 따른다. 우리나라 기업이 미국 시장으로 진출하고자 할 때, 이러한 특허권과 상표권이 어떻게 영향을 미칠 수 있는지를 토의하고, 어떻게 대비하여야 하겠는가를 토의하라.

4. 삼성과 애플의 특허전쟁에 대해서 보다 자세하게 조사하고 토의하라.

| Global Marketing

참고문헌

김인수(2001), 『세계가 두려워할 미래 한국기업을 어떻게 만들 것인가』, 삼성경제연구소.

조동성, 문휘창(2006), 『국가경쟁력 이론과 실제』, 한국경제신문사.

Haner, F.T.(1981), *Business Environment Risk Index*, Appendix B, BERI Ltd. System for Selected Countries(August).

Keegan Warren and Mark Green(2008), *Global Marketing*, fifth edition Pearson: Prentice Hall.

Kotler, Philip, Hermawan Kartajaya, and Hooi Huan(2007), *Think* ASEAN, McGraw-Hill.

Porter, Michael E.(1990), *The Competitive Advantage of Nations*, The Free Press.

Schultz, Michael, Fredrik Soderbaum, and Jaakim Ojendal eds.(2001), *Regionalization in a Globalizing World: A Comparative Perspective in Forms, Actors, and Processes*, New York: Zed Books.

제3장

글로벌 문화 환경

우리나라 기업이 해외시장으로 진출하면 이미 한국과 해외는 문화 환경이 다르게 전개된다. 국가마다 문화가 다르다는 것이 기회이자 위협이 되기도 한다. 문화의 동질성과 이질성은 기업전략에서 표준화와 현지화의 기반이 된다. 본 장에서는 문화의 구성요소들에 대한 이해, 문화의 차이를 설명하고 있는 이론들, 국가문화, 기업문화의 관계, 그리고 글로벌 소비자행동에 대한 내용을 다루고자 한다.

●● 도입 사례
제1절 문화와 그 구성요소
제2절 문화차이 분석모형
제3절 국가문화, 기업문화, 경영에의 영향
제4절 문화이해의 방법론
●● 사례연구 : 월트디즈니의 해외시장 진출
●● 요 약
●● 토의과제

도입 사례

국가 차이에 따른 문화를 이해한다는 것은 기업에 새로운 기회를 제공해 준다. 새로운 제품개발 가능성이 있기 때문이다. 참여관찰은 해외문화에 적응할 수 있는 신제품개발의 가능성을 높여준다. 한 사례를 살펴보자. 일본의 한 시계회사는 중동지역의 문화를 이해하면서 신제품을 개발하도록 10명의 종업원을 파견하였다. 그 당시 중동은 유목민족의 전통이 아직 남아 있어서 시계로 보는 시간보다는 자연의 시간을 더 좋아하여 시계판매가 이루어지지 않고 있었다. 10여 명의 판매원들이 1년 동안 중동지역 문화를 익히다가 1년 후에 그 중 한 명이 비장의 무기를 가지고 본국으로 돌아왔다. 그 비장의 무기는 중동지역 사람이 기도시간은 철저히 지키기 때문에 기도시간에 맞추어 알람(alarm)이 울리는 손목시계를 만들면 성공할 수 있다는 아이디어였다. 그의 예측은 정확하게 맞아 떨어졌다. 기도시간에 맞추어 알람이 울리는 시계를 중동시장에 내놓고 광고한 결과, 시계는 불티나게 팔려나갔다. 시계를 잘 보지 않는 중동지역의 시간문화를 이해함으로써 제품개발과 제품판매에 성공한 사례이다.

여기서 중요한 것은 시계의 마케팅을 위해 중동지역에 파견된 10명 중에서 1명만이, 그것도 1년이 지나서야 중동 시간문화를 제품에 응용할 수 있는 아이디어를 생각했다는 사실이다. 그 사람은 자국의 고유문화를 잃지 않으면서 다른 문화를 받아들일 수 있는 문화수용의 유형을 가진 사람이었다. 해외시장 개척에서 문화이해를 중심으로 하여 새로운 제품을 개발하고 확산시키기 위해서는 이러한 인재를 기르는 것이 중요하다.

제 1 절 Global Marketing

>> 문화와 그 구성요소

1.1 문화란 무엇인가?

일찍이 인류학자 Taylor는 문화를 '지식과 믿음, 예술, 도덕, 법률, 전통 및 한 사회의 일원으로서 지니고 있어야 하는 모든 것들이 복합된 것(complex whole)'으로 보았다. 즉, 문화란 한 사회의 인간행동을 규정짓는 가치관과 사회적 규범의 총체적 체계를 말한다. 이러한 가치관과 규범은 종교, 언어, 사회구조 등 여러 요인들이 결정한다.

우리가 안경을 쓰고 있는 것처럼 우리가 살아가고 있는 문화 속에 살아갈 때는 문화의 특성을 모르다가 다른 문화를 접하게 될 때 비로소 차이점을 알게 된다. Hoftstede(1980)가 분석하고 있듯이 문화는 한 집단의 구성원을 다른 집단과 구분하는 집단적 사고 프로그램(collective programming of the mind)을 포함하고 있다.

한 쌍둥이가 태어나자마자 미국과 한국에 살게 되어 20년 뒤에 만나게 된다고 할 때 어떻게 될까? 육체적인 환경은 닮아 있지만, 언어와 학습이 다르고 미국과 한국의 가치관과 규범차이 등 문화차이에 영향을 받아 많은 점이 다르게 될 것이다.

1.2 문화의 구성요소

이러한 문화는 한 집단이 형성해온 가치관과 규범의 내부를 가지고 있어 소비자들이 돈과 시간을 소비하는 라이프스타일에 영향을 미칠 뿐만 아니라 인간 삶의 내부에 뿌리 깊게 박혀서 보이지 않으면서 인간들의 삶에 영향을 미치기 때문에 글로벌 마케팅활동을 접근하는데 문화차이를 고려하면서 접근하여야 성공할 수 있다.

Terpstra와 Sarathy(2000)는 문화의 구성요소를 다음 8가지로 보았다. 즉, 기술과 물질문화, 언어, 미학, 교육, 종교, 태도와 가치, 사회조직, 정치생활로 보았다(Terpstra와 Sarathy(2000) pp. 91-112 참조). 이들 8가지 요소들을 보다 자세하게 살펴보자.

1) 기술과 물질문화

기술과 물질문화는 교통, 도구, 커뮤니케이션, 도시화, 과학, 발명 등에서 나타난다. 물질문화는 기술과 그 사회의 경제생활, 사회간접자본의 충분성 · 가용성 · 적합성에 의해 형성된다. 기술은 신제품 기술의 개발정도, 물질생활은 국민소득, 사회간접자본은 마케팅 인프라 스트럭처의 효율성 등으로 평가한다. 따라서 글로벌 마케팅관리자는 글로벌 시장의 선택에 있어서 구매행동에 영향을 주는 물질문화의 지표를 분석 · 평가할 수 있어야 한다.

2) 언 어

문화들 간에 가장 뚜렷한 차이점은 언어에서 비롯된다. 지구상에는 3,000여 종의 언어가 있으며, 사투리를 포함할 경우 약 10,000여 종에 달하는 것으로 추정되고 있다. 특정 문화의 형성과 직접적인 관련을 가지고 있는 언어는 그 문화의 특성과 가치관을 결정한다. 영어를 국어로 사용하는 국가들은 물질 지향적 사회의 특성과 가치관을 반영하는 상업과 산업활동과 연관된 풍부한 언어를 지니고 있다. 예를 들면, 펩시콜라는 '리더스 다이제스트' 대만판에서 '펩시와 함께 삶을(Come alive with Pepsi!)' 이라는 광고 슬로건을 사용하였다. 그러나 이 슬로건의 발음을 중국어로 표기하면 '죽음에서 조상을 소생시키다(Pepsi brings your ancestors back from the dead!)' 라는 의미로 해석되었다. 켄터키 후라이드 치킨사는 자사의 유명한 광고 슬로건인 'It's finger licking good!' 을 이란에서 그대로 사용하였으나 이 슬로건이 이란어로 표기되었을 때 '당신의 손가락을 먹는 것은 매우 좋다' 라는 의미를 나타내었다. GM사의 푸에트리코의 판매딜러는 시보레 계열의 한 신모델에다 '노바(Nova)' 라는 승용차 명을 사용하는 것에 문제를 제기하였는데 이는 '노바' 를 스페인어로 표기하였을 때 '가지 않음(it does not go)' 을 의미하였기 때문이었다. 결국 GM사는 즉시 승용차 명칭을 '노바(nova)' 에서 '카리베(Caribe)' 로 변경하였다.

3) 미 학

미학(aesthetics)에 대한 감각과 받아들이는 의미가 국가마다 다르다. 한때 프랑스에서는 남편이 자기 아내보다 화장품을 더 많이 사용하였다. 국가마다 남녀에 따라 미학에서 차이가 있다.

국가마다 선호하는 색상이 다르다. 붉은 색은 중국에서 많이 사용되지만, 아프리카에서는 잘 받아들이지 않는다. 말레이시아에서는 녹색이 병을 의미하며, 우리나라와 중국에서는 흰색이 죽음을 의미한다.

이와 같이 아름다움과 미적 감각에 대한 기준이 글로벌 소비자들에 따라 다르기 때문에 포장과 광고 등을 통해 글로벌 마케팅활동에 크게 영향을 미친다.

4) 교 육

교육은 기존 문화와 전통을 다음 세대에 전달하는 기능과 문화적 변화를 일으키는 기능을 수행한다. 글로벌 마케팅관리자는 개별 국가시장들이 어떤 수준의 교육제도를 운영하고 있고, 어떤 목적을 달성하기 위해서 교육을 활용하고 있는가에 관심을 두어야 한다. 교육은 태도나 가치관을 결정하는 가치체계에 영향을 주기 때문에 소비시장을 이해하고 제품개발을 하며, 현지화마케팅을 이해하는 데 중요하다. 예를 들면, 미국에서는 다른 사람에게 보내는 카드에 미리 적당한 문안이 인쇄되어 있다. 생일카드를 사면 생일을 축하하는 내용이 카드에 적혀 있고, 문병카드를 사면 카드를 받는 사람이 건강을 빨리 되찾기를 바란다는 내용이 이미 인쇄되어 있다. 그러나 독일 사람들은 미리 문안이 인쇄되어 있는 카드를 좋아하지 않는다. 그들은 자기 스스로 개성을 살려 카드에 글을 써넣기를 원하기 때문이다.

5) 종 교

종교(religion)는 구성원들의 가치관과 행동양식에 영향을 주는 중요한 문화적 환경이다. 우리나라는 전통적인 유교와 기독교가 경제성장에 영향을 미쳤다고 분석되고 있다.

종교는 식생활에도 영향을 미친다. 예를 들면, 힌두교인은 쇠고기를 먹지 않고 회교도와 유태인은 돼지고기를 먹지 않는다. 미국의 패스트푸드 전문업체인 맥도널드는 인도에 진출하였을 때 전 인구의 80% 이상에 이르는 힌두교 주민들이 소를 성스럽게 여기고 있어 햄버거에 쇠고기 대신 닭고기나 양고기를 사용하기로 현지화한 경험이 있다. 맥도널드의 상징처럼 된 '빅 맥'은 '마하라자 맥'으로 이름이 바뀌었으며, 모든 원료는 인도산으로 바뀌었다. 이러한 접근으로 9억이 넘는 인구를 가진 인도에 마침내 상륙한 맥도널드는 경쟁회사가 거의 없는 가운데 급성장했다. 이 기업은 또한 인도의 종교적 특색을 감안해 회교도를 위해 돼지고기를 쓰지 않는 것은 물론 꽤 많은 수에 이르는 채식주의자들을 위해 야채 버거도 선보였다.

6) 태도와 가치

국가마다 소비자들의 태도와 가치관이 다르다. 미국과 프랑스는 문화가 달라 식사 습관도 다르다. 미국 맥도널드는 시간에 쫓기는 이들에게 편리하여 많이 이용되지만, 이는 천천히 즐기면서 식사를 하는 프랑스인들에게는 수용하기가 어렵다. 이탈리아에서는 남편이 집에 없을 때 판매원이 부인을 방문하면 안 된다고 한다.

7) 사회조직

사회조직은 기본적인 사회집단의 단위인 가족에서부터 지역집단, 특수 이익집단, 여성집단, 연령집단, 종교집단 등으로 나눌 수 있다. 이러한 사회조직의 구성내용은 시장세분화를 결정하는 기본적인 기준이 된다. 사회조직의 구성내용에 따라 시장세분화의 정도가 다를 수 있고, 제품의 소비대상도 다르게 결정될 수 있다. 글로벌 마케팅에서 제품전략, 가격전략, 촉진전략에서도 현지국가 시장의 자급자족 구조를 파악하는 것이 중요하다. 예를 들면, 가족생활의 장소인 주택을 보면, 일본에서는 주거용으로 충분하지만, 미국에서는 하층인 노동자들도 거실, 식당, 욕실 등이 완비되어 개인중심의 가옥구조로 개인의 프라이버시를 존중하고 있다.

인종은 국제마케팅에 관련되어 쟁점이 되고 있다. 한 국가에 90% 이상을 한 종족이 구성하고 있는 경우는 인종적 동질성을 가지고 있지만, 인종적인 이질성을 내포하고 있는 국가들은 복잡한 인종문제가 발생하고 있다. 미국 사람들은 개성이 강하고, 자기 권리의 주장이 강하다. 미국 사람들은 기업행동에서도 자유경쟁을 기반으로 하고 있다.

8) 정치생활

국가에 따라 정치형태가 다르고 경제관도 다르다. 정치구조는 현지 국가 정부의 형태와 역할, 정치 및 경제이념, 다른 국가와의 외교관계, 기업과 정부의 관계 등을 포함하고 있다. 미국의 맥스웰 하우스(Maxwell House)사는 독일에서 광고를 할 때 맥스웰 하우스가 위대한 미국의 커피라고 광고했으나 독일인들은 미국산 커피를 그다지 높게 평가하지 않아 성공하지 못했다.

제2절 >> 문화차이 분석모형

Global Marketing

문화는 차이가 있기도 하고 서로 유사성이 있기도 한다. 우리나라 기업이 다른 나라로 진출하려고 할 때 우리나라 문화와 진출국의 문화 사이의 유사성과 차이성을 이해하는 것은 글로벌 마케팅전략을 제대로 펼치는가에 중요하다. 문화적 차이는 행동차이를 가져오고 이는 구매행동으로 나타난다. 문화차이를 잘 설명하고 있는 세 학자들의 이론을 소개하고자 한다.

2.1 Kluckhohn과 Strodbeck 분석

Kluckhohn과 Strodbeck(1961)은 문화의 차이를 가치지향성이라는 관점에서 인간의 본성, 인간과 자연의 관계, 인간관계, 인간의 행동양식, 시간관념, 공간관념으로 구분하였다.

1) 인간의 본성

서양인들은 인간의 본성에는 선과 악이 혼재한다고 보지만, 동양인들은 인간의 본성에 선과 악이 양극단 중 어느 하나의 형태로 존재한다고 본다. 이는 인사채용에서 서양과 동양에서 차이를 보이는 이유이다. 서양인들은 채용한 뒤 교육훈련을 강조하지만, 동양인들은 채용 때 적합한 사람을 고르는 데 신중을 기한다.

2) 인간과 자연과의 관계

서양인들은 인간이 자연을 지배할 수 있다고 보지만, 동양인들은 자연을 지배할 수 없으며, 자연과 조화롭게 지내야 함을 강조한다. 서양인들은 기업환경 변화에 대하여 보다 적극적이고 공격적인 자세로 임하지만, 동양인들은 방어적이고 수동적인 자세를 취한다.

3) 인간관계

서양인들은 개인주의적인 성향이 있으나 동양인들은 집단주의적인 성향이 있다. 서양인들은 의사결정 주체를 자신으로 보지만, 동양인들은 집단에의 순응을 중요시한다.

4) 인간행동양식

서양인들에게 행동양식이 동적이고 적극적으로 나타나게 되지만, 동양인들에게는 정적이고 수동적인 형태로 나타나게 된다.

5) 시간관념

서양인들은 미래지향적이지만, 동양인들은 과거지향적인 성향을 지닌다. 서구적 경영에서는 장기적인 계획을 세우기는 하지만, 정작 단기적인 성과에 집착한다. 동양적 경영에서는 장기적인 정책을 설정하지만 이를 달성하기 위해서 과거의 정책의 성공과 실패 여부를 감안하여 크게 변하지 않는 범위에서 수정과 보완과정을 반복하게 된다.

6) 공간개념

개인주의와 집단주의 사고는 공간개념으로 연결된다. 서구기업들은 공간적인 분할을 통하여 사적인 영역을 확보하려고 하지만, 동양기업들은 공개적인 장소에서 활동이 이루어진다.

2.2 Hall 분석

Hall(1960)은 문화를 배경을 중요시 여기는 정도에 따라 고배경 문화(high context culture)와 저배경 문화(low context culture)로 분류한 바 있다. 중국, 일본 및 아랍 문화는 배경(context)을 중요시 여기는 정도가 높은 고배경 문화에 해당하며, 미국, 독일 문화는 배경을 중요시 여기는 정도가 낮은 저배경 문화에 해당한다.

전자는 전달되는 메시지 자체보다는 그 정황, 즉 정보의 전달자와 수용자의 인지된 해석을 중요시하는 문화이고, 후자는 언어의 의미가 입력되고 해석되는데 동일한 개념을 갖는다는 전제에서 구체적으로 표시된 문서 또는 객관화된 것을 중요시하는 문화이다.

한국과 같은 고배경 문화에서는 의사소통에 필요한 정보가 사회적 배경이나 정보전달자와 수용자의 상황에 내재화되어 있기 때문에 명백한 부호와 문장으로 표시되지 않더라도 해석이 되는 문화이다. 따라서 사회 전체적으로 책임과 명예 등이 큰 의미를 갖게 된다. 또한 책임의 소재는 고위층에 있고, 행동에서 집단지향적인 성격이 강하게 나타난다.

미국과 같은 저배경 문화에서는 구체적이고 분명한 대화를 통하여 정보의 교환이 이루어지고, 명백한 문장으로 기술된 법률적인 서류가 보증의 역할을 하게 된다. 따라서 합의내용이 법률적인가 하는 것은 매우 중요한 의미를 가지며, 책임은 대체로 최하위층의 업무 당사자가 지게 된다. 행동에서 개인주의적인 성격이 강하다.

2.3 Hofstede 분석

Hofstede(1980)는 1967년부터 1973년까지 IBM에서 심리학자로 근무하면서 10만 명이 넘는 직원을 대상으로 한 가치관과 직원들의 자세에 대한 통계자료를 수집하였다. 이 데이터를 통하여 40개가 넘는 문화를 서로 비교하면서 각기 다른 문화들을 4개의 요소로 압축시켰는데, 그것은 권력거리, 불확실성의 회피, 개인주의와 집단주의, 남성다움과 여성다움으로 분류하였다.

1) 권력거리

권력거리(power distance)는 평등과 불평등의 문화를 보여준다. 사회 내에서 부와 권력이 불평등하게 배분되어 있거나 편중되어 있는 경우 이를 어느 정도 수용하는가를 의미한다. [그림 3-1]의 홉스테드(1994)의 연구에서 일본, 미국, 독일의 세 나라를 보면, 권력거리의 크기가 일본, 미국, 독일 순이었다. 이는 일본이 미국과 독일보다 상사와 부하 사이의 감정적 거리가 멀어 쉽게 반대의견을 낼 수 없음을 보여준다.

2) 불확실성 회피

불확실성 회피(uncertainty avoidance)는 한 문화의 구성원들이 불

그림 3-1 국가별 불확실성 회피와 권력거리

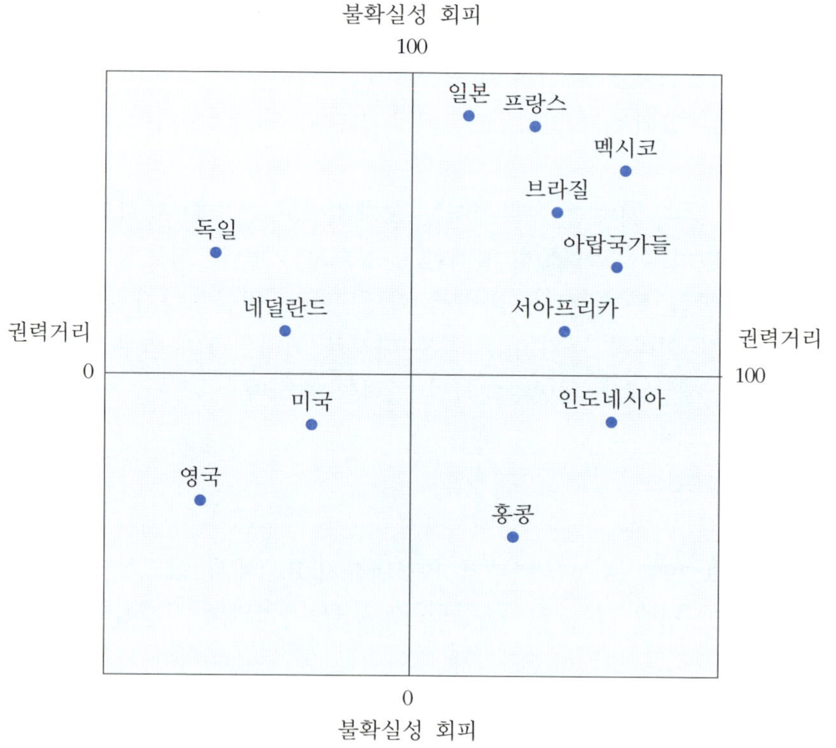

자료: Geert Hofstede(1994), "Management Scientists are Human," *Management Science*, 40(1), January, pp. 4-13.

확실한 상황이나 미지의 상황으로 인해 위협을 느끼는 정도를 말한다. 불확실성을 피하는 경향이 짙은 문화의 사람들은 안정된 직장, 경력의 유형, 은퇴 등을 우선적으로 고려한다. 그들은 규칙과 규제의 필요성을 많이 느끼는데, 이때의 경영진은 명확한 지시를 내려야 하고 부하들을 솔선수범 관리해야 한다. 불확실성을 피하는 경향이 적은 문화에 속하는 사람들은 위험을 무릅쓰기도 하고 어떠한 변화에도 심리적으로 크게 동요하지 않는다. [그림 3-1]의 분석을 보면 일본, 프랑스, 독일, 미국, 영국순으로 불확실성 회피가 강하게 나타나고 있다.

3) 개인주의와 집단주의

개인주의와 집단주의(individualism and collectivism)란 개인이 자신의 가족과 국가집단에 대한 의무의 수용 정도와 개인적인 자유의 요구 정도를 보여준다. 개인주의 문화에서는 개인과 개인 간의 유대가 느슨한 대신 개인의 성취와 개인적 자유의 가치를 중요시 여기며, 집단주의 문화에서는 개인과 개인과의 유대가 매우 강하며, 사람들은 대가족 사회 분위기에서 태어나고 서로가 서로의 이해관계에 대단히 깊은 관심을 가진다. [그림 3-2] 분석에서 나타나듯이 미국과 영국은 극단적인 개인주의 사회이며, 프랑스와 독일도 개인주의가 강하다. 집단주의 성향은 인도네시아, 홍콩, 멕시코, 일본 등으로 나타나고 있다.

4) 남성다움과 여성다움

남성다움과 여성다움(masculinity vs. femininity) 차원으로 사회를 볼 때, 남성다움은 사회적 남녀 역할이 명확하게 구분되는 사회, 즉 남자는 자기주장이 강하며 거칠고 물질적인 성공을 추구하는 반면, 여자는 보다 겸손하고 부드러우며 삶의 질에 관심을 두는 사회에 해당한다.

여성다움은 사회적 남녀 역할이 중첩되는 사회, 즉 남성과 여성이 모두 겸손하고 부드러우며 삶의 질에 관심을 두는 사회에 해당한다. 홉스테드가 분석한 [그림 3-2]에서 남성다움이 가장 강한 나라는 일본이며, 그 다음으로 독일, 영국, 미국이 강한 성향을 보이고 있다. 아랍, 프랑스 등은 중간 정도이고 네덜란드는 남성다움이 가장 약한 성향을 보이고 있다. 즉, 여성다움을 강하게 보이고 있다.

그림 3-2 국가별 개인주의 대 남성다움

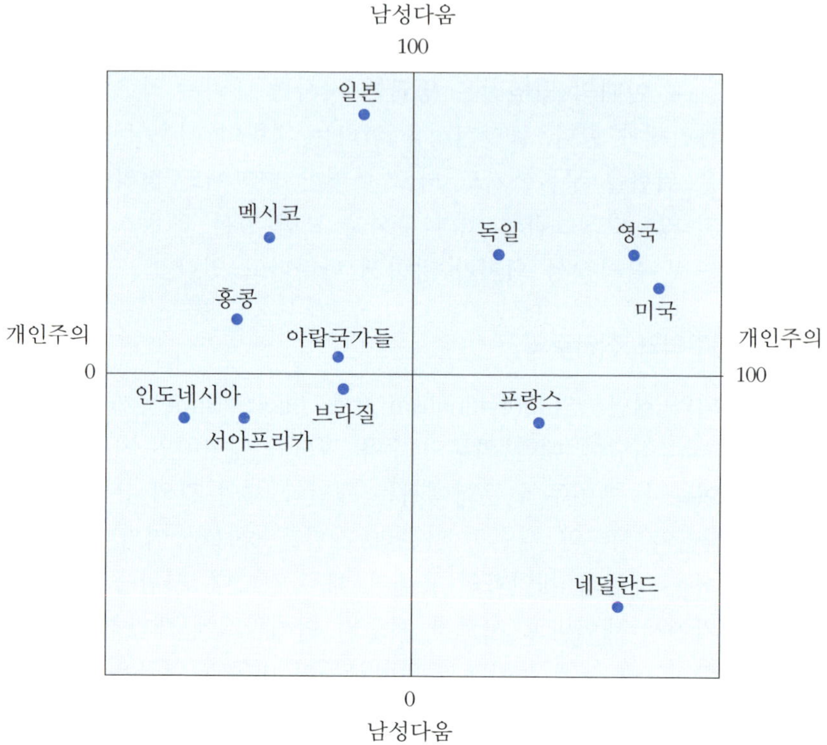

자료: Geert Hofstede(1994), *Op. cit.*

2.4 Markus와 Kitayama 분석

Markus와 Kitayama(1991)는 미국인과 일본인으로서 공동연구를 통하여 문화심리학과 사회심리학에서 자아(self)를 연구하면서 사람들 사이에서 상호의존적 자아(interdependent self)와 독립적 자아(independent self)로 구분하여 [그림 3-3]과 같이 자아구성에서 차이가 나타난다는 것을 밝힌 바 있는데, 이 연구는 이 분야에서 가장 유명한 연구가 되었다. 상호의존적인 자아구성을 가지고 있는 사람일수록 자신의 자아와 어머니, 아버지, 친척, 친구, 공동작업자들의 자아가 서로 중첩되는 정도가 깊은 것을 볼 수 있다. 이 차이는 태도와 행동에서 차이를 유발한다.

그림 3-3 독립적 자아와 상호의존적 자아

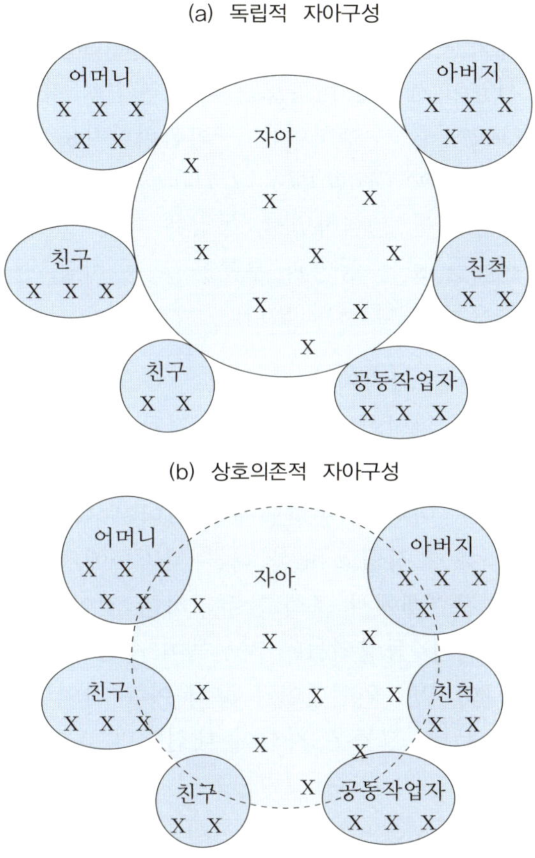

자료: H. Markus and S. Kitayama(1991), "Culture and the Self: Implication, Emotion, and Motivation", *Psychological Review*, pp. 224-253

이 연구에 따르면, 한국, 일본, 중국 등 동양은 상호의존적 자아가 강한 나라이며, 미국, 캐나다 등 북아메리카와 영국, 프랑스 등 서양은 독립적 자아가 강한 나라로 분류될 수 있으며, 이들 나라에서 소비자들의 행동차이가 나타난다는 것을 알 수 있다. 상호의존적 / 독립적 분류는 고배경 문화 / 저배경 문화, 그리고 집단주의 / 개인주의와 관련된다.

2.5 Nisbett 분석

미국 미시간대학교 심리학과 교수로 있는 Richard E. Nisbett(2003) 교수는 동양과 서양이 세상을 바라보는 다른 시선을 가지고 있다고 보고 오랫동안 비교연구를 수행하여온 사회심리학자로 유명하다. 그는 2003년 『생각의 지도(*the Geography of Thought*)』에서 자신의 연구와 여러 연구자들의 연구를 분석하면서, 동양은 더불어 사는 삶, 서양은 홀로 사는 삶, 전체를 보는 동양과 부분을 보는 서양, 동양의 상황론, 서양의 본성론 등으로 분석한 바 있다.

> "동양인들은 인간을 가족이나 사회 혹은 도의 원리와 같은 전체와의 관련성 속에서 파악한다. 인간은 인간관계 속에서 행동하고 있기 때문에 완전하게 독립적인 행위를 한다는 것은 불가능하며, 그리 바람직한 일도 아니다. 동양인에게 있어서 행위란 다른 사람들과의 관계에 의해 조정되고 또한 다른 사람들에게 영향을 주는 것이기 때문에 인간관계에서 조화를 유지하는 것이 사회생활의 가장 중요한 목표가 된다. 동양인들은 자신들이 속한 내집단에 대해서는 강한 애정을 보이지만, 외집단이나 그저 아는 사이인 사람들에게는 상당한 거리를 둔다. 그들은 자신이 내집단의 다른 구성원들과 매

그림 3-4 자아, 내집단, 외집단 간의 관계에 대한 동양과 서양의 차이

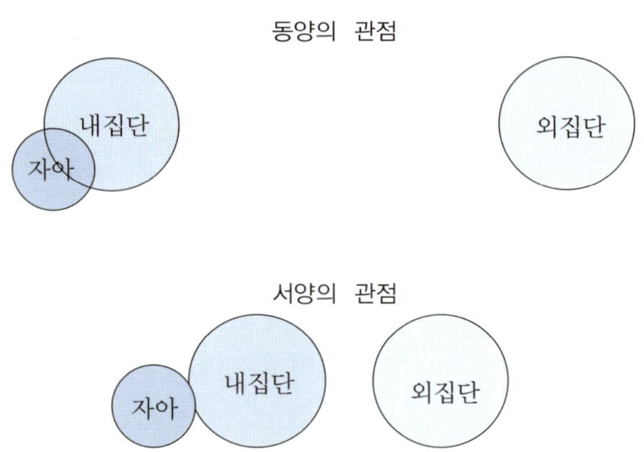

자료: 리처드 니스벳 지음, 최인철 옮김(2004), 『생각의 지도』, 김영사, p. 56.

우 유사하다고 느끼고, 그들을 외집단 구성원보다 훨씬 더 신뢰한다. 그러나 서양인들은 자신과 내집단 사이에도 일정한 거리를 두고 싶어하며, 내집단원이나 외집단원을 크게 구분하지 않는 보편주의적 행동원리를 따른다"(리처드 니스벳 지음, 최인철 옮김(2004), 『생각의 지도』, p. 51).

제3절 국가문화, 기업문화, 경영에의 영향

Global Marketing

문화 사이에서 대립이 나타나는가 공존이 나타나는가에 관한 논쟁이 잘 알려져 있다. 대립을 주장하는 학자는 미국 하버드대 정치학 교수 새뮤얼 헌팅턴(Samuel P. Huntington)이고, 그는 『문명의 충돌』이라는 저서에서 종교를 중심으로 하여 기독교권, 정교권, 이슬람권, 유교권, 불교권, 힌두권을 설정하고 이외에 라틴아메리카권, 아프리카권(비이슬람), 일본권을 설정하고 '이념의 갈등이 문명의 갈등으로 부활되고 그 중심에 기독교 서구문명 대 이슬람 및 아시아 유교문화권의 충돌이 있을 것'이라고 주장하면서 상이한 문명에 속한 국가나 집단 사이에 분쟁이 있을 것을 경계한 바 있다. 공존을 주장한 독일 프랑크푸르트대학 하랄트 뮐러 박사는 21세기에는 지구화 네트워크화가 급속하게 진행되면서 세계가 국가, 사회, 국제기구, 시민단체 등 수많은 요인에 의해 움직일 것이며 결과적으로 문명 간 대화와 공존이 가능하다고 전망하였다.

사람들이 문화의 영향 속에 살아가고 있다. 국가문화는 기업문화에 영향을 미치고 있다. 다른 국가에 속한 기업들 사이에 M&A를 수행할 때 국가문화 차이와 기업문화 차이가 대립과 공존이 나타난다. 독일의 다임러 벤츠와 미국의 크라이슬러가 합병하였을 때, 독일의 문화와 미국의 문화의 차이, 그리고 다임러 벤츠 기업의 문화와 크라이슬러 기업의 문화 차이가 합병 후 통합(Post Merger Integration)에 영향을 미쳤다.

국가문화는 국가의 역사, 정치, 경제, 사회시스템으로부터 형성되어 국민에 공통적인 문화로 된다. 기업의 경영자와 종업원들이 국가문화에 영향을 받기 때문에 기업에서 국가문화는 외부변수인 동시에 내부변수가 된다. 기업문화는 기업의 조직구성원이 공유하는 가치와 행동양식으로서 삼성의 기업문화와 현대의 기업문화가 다르다. 합작투자나 타국에 자회사를 설립하는 경우에는 현지국의 문화와 기업문화의 적합성이 요구된다.

제4절 >> 문화이해의 방법론

LG전자는 타국 문화이해에 기반을 두어 신제품 개발을 하기 위해 홈스테이 분석을 하고 있는데, 이는 문화인류학자들이 사용하고 있는 참여관찰(participant observation)을 택하고 있다(이 책 제4장 도입사례 참조).

이 분석은 정성적 연구로서 설문지를 통한 계량적 분석과 다르지만, 문화 속에 깊이 들어가 그들의 관점에서 이해하려는 접근으로서 매우 중요한 접근방법이다.

꼭 외국을 가지 않아도 국내에서도 외국을 분석할 수도 있다. 외국에 가서 외국문화를 분석할 수 없어서 국내에서 외국문화를 분석한 유명한 사례가 있다. 이는 1940년에 *Patterns of Culture*라는 명저를 저술한 인류학자 루스 베네딕트(Ruth Benedict)의 접근이다. 그녀는 1946년에 『국화와 칼』이라는 제목으로 일본문화의 패턴을 명쾌하게 분석하였는데, 이 책은 고전으로서 우리나라에서 번역되었고, 아직도 지속적으로 읽히고 있다.

베네딕트는 1944년 6월 미 국무성으로부터 일본에 대한 연구를 위촉받았는데, 미국과 일본이 한창 제2차 세계대전을 행하고 있는 시기여서 일본으로 가서 분석할 수 없었다. 그녀가 택한 방법은 그 당시 미국에 거주하면서 일본에서 태어난 이들과 면접을 하고, 일본에서 씌어지고 제작된 영화들—홍보 영화든 역사 영화든 도쿄나 농촌의 현대생활을 그린 영화든—을 보았고, 도서관에서 일본에 관한 문헌들을 참색하면서 분석하였다. 일본을 일본인의 나라답게 만드는 것이 무엇인가, 일본에서 예기되고 당연한 것으로 보여지는 습관에 관해 기술하였다. 어떤 경우에 예의를 지키고 또 지키지 않는가, 어떤 경우에 수치를 느끼고, 당혹감을 느끼며, 자기 자신에 대해 무엇을 요구하는가 등에 대해 탐구하여 제시하였다. 베네딕트의 접근에서 도움을 받을 수 있는 것은 우리가 인류학자적인 태도를 가지고 접근하면 그 나라를 방문하지 않더라도 국내에서도 타국을 어느 정도 이해할 수 있다는 것이다.

글로벌 기업들은 일반적으로 표준화적인 접근을 택한다. 그러나 기업들 중에서 제품 속에 그 나라의 문화를 담아서 그 나라 국민들에게 호소하고, 그 호소가 세계적으로 먹혀들어가는 경우가 있다. 할리데이비슨(Harley Davidson)이 대표적이다. 할리는 일본 오토바이들이 미국 시장을 잠식해가자 차별화하기 위해 미국적인 요소를 강조하였다. 할리는 2기통 엔진에서 나오는 거친 사운드를 통해 사람들은 서부개척시대를 달리던 말발굽소리, 거친 숨을 내쉬는 심장의 박동을 느끼게 해준다. 값싸고 품질 좋은 일제4기통 엔진에 시장을 잠식당했던 1980년대에도 할리데이비슨은 2기통 엔진을 고집했다. 이는 자기만의 소리와 문화를 지키기 위해서였다. 이 회사는 미국 서부문화를 상징하는 독창성을 유지했기 때문에 수차례에 걸친 위기를 극복할 수 있었다. 이 회사의 최고경영진은 전 세계를 돌며 할리데이비슨 문화를 파는 데 많은 시간을 할애하고 있다.

사례연구

월트디즈니의 해외시장 진출

월트디즈니(Walt Disney)가 해외시장 진출에서 일본에서는 성공하였지만, 프랑스에서는 어려움에 직면한 바 있다. 로버트 F. 하틀리의 분석을 중심으로 하여 살펴보자(로버트 F. 하틀리 지음, 김민주 외 옮김, 2004 참조).

도쿄 디즈니랜드는 우라자스 동쪽 외곽 201에이커 넓이의 땅에 1983년 세워졌다. 처음 계획할 때부터 오리엔탈 랜드라는 그룹이 건설하여 소유하고 디즈니의 권고대로 운영하도록 되어 있었다. 처음 출발은 느렸지만 일본 사람들은 디즈니에 열광하며 몰려들었다. 1990년에 총 1,600만 명이 다녀갔는데, 이는 캘리포니아 디즈니랜드 방문객의 4분의 1이나 되는 수준이다. 일본에 미국을 옮겨놓았다는 것을 보여주기 위해 일본 음식은 거의 판매하지 않고 라이브 공연을 하는 공연단원들도 대부분 미국인들로 구성하였다. 미국 디즈니 경영진은 도쿄 디즈니랜드의 지분을 확보하지 않은 것이 얼마나 큰 실수였는지를 개장 후 금방 깨닫게 되었다. 이는 유로 디즈니에서 같은 실수를 반복하지 않기 위해 지분을 확보하는 결정을 내렸다.

유로 디즈니는 1992년 4월에 유럽인의 기대 속에 유로 디즈니가 프랑스 파리의 외곽에 개장되었다. 미국의 플로리다, 캘리포니아 그리고 일본 동경에 개장되었던 디즈니랜드가 대성공을 거두었기 때문에 프랑스 파리의 유로 디즈니의 성공은 보장된 것처럼 보였다. 지금은 유로 디즈니가 과연 살아남을 수 있을지 생존가능성마저 불투명한 실정이다. 무엇이 잘못된 것일까?

1992년 월트디즈니는 파리 외곽에 5,000에이커의 면적에 44억 달러를 들여 디즈니랜드를 건설한다는 계획을 발표하였다. 유로디즈니랜드에는 6개의 호텔을 지어 5,200실 규모의 숙박시설을 확보하고, 대형 쇼핑몰, 아파트, 골프장 및 별장을 건설하겠다는 계획이었다.

이렇게 유로 디즈니가 개장준비를 하고 있는 시점에서 놀이공원을 반대하는 사람들과 부딪쳤다. 그들은 유로 디즈니의 주식공개 현장에서 디즈니 경영진에게 달걀과 캐첩을 던지며 'Mickey Go Home'을 외쳤다. 프랑스의 일부 지식인들은 미키 마우스와 디즈니가 프랑스의 문화유산을 오염시킬 것이라고 비난하면서 유로 디즈니를 미국 문화를 대변하는 혐오시설이라 불렀다. 따라서 프랑스 관리들은 유로 디즈니에서 미국적인 요소를 줄이고 유럽적인 요소가 풍기는 공원으로 만들기 위해 노력하였다.

유로 디즈니는 미국적 요소에 유럽적 요소를 가미하여 영어, 불어 외에도 네덜란드어, 스페인어, 독일어, 이탈리아어로 만든 안내책자를 발간하였다. 이들은 문화적 충돌을 가장 우려하였기 때문에 가능한 한 많은 문화를 수용하려고 하였다. 최대한 문화의 다양성을 고려하여 공원에서 일하는 백설공주는 독일어로 말하도록 하였으며, 프랑스식 피자가게 옆에서는 미녀와 야수의 주인공 벨이 안내를 하고, 이탈리아 식당에서는 피노키오가 안내를 하도록 하였다.

유로 디즈니랜드가 개장되고 나서 디즈니 측은 수입이 예상보다 훨씬 적다는 사실을 발견하였다. 디즈니 측은 유럽인들이 미국인들보다 훨씬 검소한 생활을 한다는 것을 파악하지 못한 것이다. 유로 디즈니를 방문한 많은 유럽 방문객들은 도시락을 가지고 왔으며, 디즈니랜드 안에 있는 호텔을 이용하지 않았다. 유로 디즈니의 가격전략은 스키밍 가격전략(skimming pricing)을 선택하였고, 이는 유럽의 방문객들이 유로 디즈니 안에서 머무는 시간을 줄이는 역할을 하였다. 이는 유럽인의 미국문화에 대한 거부감에 원인이 있는 것은 아니었다. 유로 디즈니는 예상대로 유럽인들이 가장 많이 방문하는 관광지가 되었다. 그러나 유로 디즈니의 문제점은 다음 다섯 가지로 요약할 수 있다.

첫째, 방문객들이 쓰고 가는 경비가 적어 유로 디즈니가 예상했던 수입이나 수익성이 악화되어 투자액을 회수하기가 어렵게 되었다.

둘째, 문화적 차이로 테마파크에서 주류 판매를 금지했는데, 프랑스 사람들은 식사 때 와인을 물처럼 마시기 때문에 주류 판매 금지를 이해하기가 힘들었다.

셋째, 방문객 수가 시기와 계절에 따라 변동 폭이 컸기 때문에 직원 수를 탄력적으로 운용해야 하지만, 프랑스의 법은 인력을 마음대로 줄이는 것을 허용하지 않았다.

넷째, 유로 디즈니가 유럽인들이 아침식사를 하지 않는 것으로 알고 식당규모를 350석으로 했으나, 아침식사를 요구하는 손님들이 2,500명이 넘어 오랫동안 기다려야 했다.

다섯째, 관광버스 기사들의 수를 제대로 예측하지 못하였다. 유로 디즈니는 50명의 관광버스 운전기사가 이용할 수 있는 시설을 하였으나, 성수기에는 2,000명이 넘는 기사들이 이용하였다.

1993년 9월 30일에 유로 디즈니는 9억 6,000만 달러의 적자를 냈고, 연말까지 10억 3,000만 달러에 이르게 되었다.

| Global Marketing

요 약

1. 글로벌 마케팅은 국가와 국가 사이에 전개되는 활동으로서 국가문화 차이가 나타난다. 문화의 구성요소는 8가지로 나눌 수 있다. 기술과 물질문화, 언어, 미학, 교육, 종교, 태도와 가치, 사회조직, 정치생활로 나눌 수 있다.

2. 문화 차이를 분석하는 데 Kluckhohn과 Strodbeck(1961), Hall(1960), Hofstede(1995), Markus와 Kitayama(1991), Nisbett(2004) 등의 분석이 중요해지고 있다. 이들은 동양인과 서양인 사이에서 문화와 행동 차이에 주목하였고, 이러한 차이에 대한 이해는 해외시장을 개척하고자 하는 기업인들에게는 전체적인 시각을 형성해준다는 점에서 결정적으로 중요하다.

3. 국가문화와 조직문화 차이에 대한 이해는 경영전략에서 M&A와 신제품개발 등에서 다양하게 나타나고 있다. 제3부에서 다루어질 것이다.

4. 문화적 환경에 대해서 이해하고자 할 때 문화인류학자적인 탐색은 매우 중요하다.

5. 미국에서 성공한 월트디즈니의 사업이 프랑스에서 진행과정에서 어려움에 직면한 것은 문화적 환경이 달랐고, 이는 마케팅전략을 펼치는 데도 영향을 미쳤기 때문이다.

Global Marketing

토의과제

1. Terpstra와 Sarathy(2000)가 분석하는 문화의 8가지 구성요소를 가지고 우리나라 기업이 BRICs(Brazil, Russia, India, China) 국가로 진출하고자 할 때 어떻게 다르게 전개될 것인가를 토의하라. 우리나라 섬유산업에 속한 기업들이 BRICs 국가들과 미국과 유럽시장으로 진출하고자 할 때 어떻게 다르게 접근할 수 있는가를 분석하라.

2. 다음 학자들이 주장하고 있는 문화차이 이론을 설명하라.
   1) Kluckhohn과 Strodbeck
   2) Hall
   3) Hofstede
   4) Markus와 Kitayama
   5) Nisbett

3. 루스 베네딕트의 번역서인 『국화와 칼』을 읽고 토의하라. 문화인류학적 탐색에서 사용하는 참여관찰 방법에 대하여 보다 자세하게 조사하고 이 방법이 글로벌 마케팅 분석에서 왜 중요한지를 토의하라.

4. 월트디즈니는 미국에서 존경받는 기업으로 성장하였고, 일본에서도 큰 성공을 거두었다. 그러나 EU고객층을 겨냥한 프랑스에서 유로 디즈니는 성공하지 못했는데 그 이유는 어디에 있다고 보는가?

Global Marketing

참고문헌

로버트 F. 하틀리 지음, 김민주 외 옮김(2004), 『피말리는 마케팅전쟁이야기』, 아인앤컴퍼니, pp. 397-427. (이 책은 Robert Hartley의 *Marketing Mistakes and Successes* (John Wiley & Sons, Inc.발간)을 번역한 책임.)

루스 베네딕트 지음, 김윤식 · 오인석 옮김(2002), 『국화와 칼』, 을유문화사.

리처드 니스벳 지음, 최인철 옮김(2004), 『생각의 지도』, 김영사.

새무얼 헌팅턴(2000), 『문명의 충돌』, 김영사.

이규현(2008), "한류의 확산과 저항," 『문화마케팅』, 한경사, 제10장.

Hall, Edward T.(1960), "The Silent Language in Overseas Business," *Harvard Business Review*, May-June.

Hofsted, Geert(1980), *Culture's Consequences: International Differences in Work-related Values*, Sage.

Hofstede, Geert(1994), "Management Scientists are Human," *Management Science* 40, No. 1(January), pp. 4-13.

Hofstede, Geert(1995), *Culture and Organizations: Software of the Mind*, IRIC, Netherlands.(차재호 · 나은영 역(1995), 『세계의 문화와 조직』, 학지사)

Kluckhohn, F. and F. Strodbeck(1961), *Variation in Value Orientation*, Peterson & Co.

Markus, H. and S. Kitayama(1991), "Culture and the Self: Implications for Cognition, Emotion, and Motivation," *Psychological Review*, Vol. 98.

Terpstra, Vern and Ravi Sarathy(2000), *International Marketing*, 8th edition, Dryden.

제3부

글로벌 경쟁전략 개발

|제4장| 글로벌 마케팅조사

|제5장| 글로벌 시장세분화와 포지셔닝

|제6장| 글로벌 경쟁전략

|제7장| 글로벌 시장진입전략

기업이 해외시장으로 들어가려고 할 때 환경 분석이 이루어졌다고 하면, 경쟁전략을 개발하는 단계로 넘어간다. 전략을 개발하기 위해 조사를 수행한다. 조사 없이 전략을 개발하면 현실성이 무시될 수 있기 때문에 조사와 전략을 연결시킬 필요가 있다.

제3부에서는 조사를 시작으로 하여, 시장세분화와 포지셔닝, 경쟁전략에 대한 이해, 그리고 시장진입전략을 이해하고자 한다.

제4장

글로벌 마케팅조사

기업들이 새로운 시장으로 나아갈 때 조사를 하지 않거나, 조사를 잘못 수행하여 실패하는 경우가 많다. 글로벌 시장에서의 복잡성으로 인하여 엄격한 마케팅조사를 통하여 마케팅 전략을 수립하고 경쟁에 대비하는 것이 중요해진다. 조사를 수행하지 않고 전략을 펼치면 거시적인 추세와 경쟁상황, 그리고 소비자행동에 대한 현실적인 이해가 없어, 철저한 조사를 기반으로 경쟁을 펼치는 경쟁기업에 당해낼 수가 없다. 본 장의 사례연구에서 글로벌 기업도 조사에 실패할 수 있음을 살펴보려고 한다.

●● 도입 사례

제1절 글로벌 마케팅조사 과정

제2절 신제품에 관한 시장정보 수집

제3절 시장규모의 예측과 추정

제4절 스캐너 데이터의 전략적 활용

제5절 글로벌 마케팅조사의 관리

●● 사례연구 : 코카콜라

●● 요 약

●● 토의과제

| 도입 사례 LG의 홈스테이 분석

LG는 사랑을 브랜드 정체성으로 정하였다. 기업 PR로 "사랑해요 LG"는 오랫동안 지속된 캠페인이었다. 최근에는 "LG는 사랑입니다." "사람 사이에 할 수 있는 가장 아름다운 약속은 사랑입니다." "사랑하고 사랑하고 사랑하고 사랑하면 좋은 일이 생깁니다."와 같은 메시지를 전달하고 있다.

그리고 이 정체성을 문화 속으로 파고들고 있다. 특정 문화 속에는 고객이 원하는 방향이 담겨져 있다. LOVE에서 L에 해당하는 활동으로 고객의 라이프스타일(Lifestyle) 연구를 강조하였다. 해외시장에서 소비자행동을 조사하여 그에 맞는 제품을 만드는 현지화 접근을 택하여왔다. 마케팅조사를 통해 현지시장의 특성을 파악하고, 연구개발, 생산, 마케팅을 연결하여 현지 시장에 맞는 제품을 개발하여 제공하여왔다. 이를 분석하는 방법으로 홈스테이 분석은 문화 속으로 파고들어가는 데 적절했다. 2008년 자료에 의하면 60여 개 현지법인에서 일하는 마케팅직원들이 국가별로 15~30곳의 현지 가정에서 고객과 함께 생활하면서 그들의 라이프스타일을 분석하고 잠재욕구를 추출해낸다. 고객의 허락을 받고 집에는 카메라가 설치된다. 이러한 참여관찰은 문화가 다른 시장에서 그들의 관점에서 이해와 통찰을 이루어 개선점을 찾아가기 위한 방

그림 4-1 LG의 기업PR 광고

법이다. 그리고 다양한 신제품들을 만들어내었다.

인도 소비자의 생활습관을 발견하였다. 그들이 좋아하는 야채와 물 보관장소를 더 크게 만들었고, 밝은 색 디자인의 냉장고를 만들었다. 러시아에서는 긴 겨울 동안 실내에서 가무를 즐기는 습관을 파악하여 가라오케폰을 출시, 최신 유행곡 100곡을 다운로드해 휴대폰에 재생하면, 액정화면에 나타나는 가사를 보면서 반주에 맞춰 노래를 부를 수 있게 하였다.

이스라엘에서는 유대인의 안식일 종교문화를 고려해 냉장고가 마치 꺼져 있는 상태처럼 최소한의 가동만 하는 안식일 기능이 적용된 냉장고를 출시해 호평을 받았다. 중동지역에서는 그들이 즐겨먹는 대추야자를 상하지 않고 오랫동안 보관할 수 있는 냉장고를 출시하여 성공하였다. 이는 우리나라 소비자들에게 없어서는 안 되는 김치를 냉장고에 넣어두면서 발효식품인 김치의 냄새가 다른 음식에 배지 않도록 냉장고 내에서 김치전용 칸을 마련한 김치냉장고를 개발한 것과 맥을 같이 한다.

북미에서는 기존의 3도어 냉장고를 개선하여 4도어 냉장고를 출시하였다. 기존의 3도어 냉장고는 윗부분은 냉장실, 아래 칸은 냉동실의 형태로, 허리를 굽혀 냉장고 문을 여닫는 불편함을 발견하고, 아래에 있는 냉동실을 두 개의 서랍으로 분리해 불편함을 줄였다.

참고문헌: www.lge.com; 헤럴드 경제, 2008년 7월 14일자; 이규현(2010), 『마케팅관리-이론과 사례』, pp. 4~5.

제 1 절 Global Marketing

>> 글로벌 마케팅조사 과정

글로벌 마케팅조사를 어떠한 과정으로 수행할 수 있는가? 마케팅조사는 국내 마케팅조사와 과정에서 차이가 나는 것은 아니지만 글로벌 마케팅조사는 한 국가를 넘어서서 다른 국가에 대해서 조사하는 것이므로 문화와 행동양식이 다르기 때문에 분석단위, 분석수준, 응답자 선정 등에서 복잡하다. 조사대상자 선정에서 국가별로 문화가 다르기 때문에 그 국가 사회체제와 사회네트워크의 성격이 다를 수 있어 조사설계가 복잡할 수 있다. 그러나 조사과정과 방법이 크게 다른 것은 아니다.

경쟁상황하에서 마케팅조사는 다음 세 가지 조사가 중요하다.

첫째, 시장의 추세와 통계를 조사한다.

둘째, 경쟁기업에 관한 사항과 경쟁제품에 관한 사항을 조사한다.

셋째, 최종사용자가 무엇을 필요로 하고 원하는가를 조사한다.

테니스와 골프에 대한 추세를 살펴보자. [그림 4-2]에서는 테니스용품을 판매하는 Wilson과 같은 기업이 마케팅조사를 수행하고자 할 때 테니스인구에 대한 추세분석을 할 필요가 있다. 이러한 추세와 통계조

그림 4-2 미국 테니스인구에 대한 추세분석

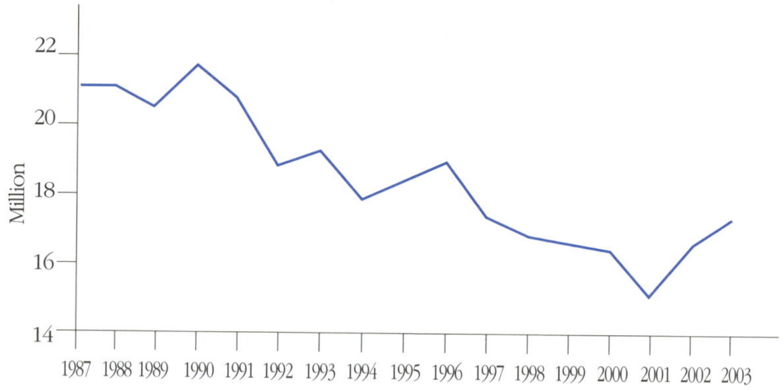

사에 기반을 두어 Prince나 Head 등 경쟁관계에 있는 회사에 관련된 첩보와 함께 테니스 라켓을 사용하는 소비자들이 필요로 하는 사항을 찾을 수 있어야 한다. 이는 소비자들에게 맞는 신제품 개발의 기반이 된다.

골프인구는 미국에서 경제위기 이후 2005년도 3,000만 명에서 2010년 2,610만 명으로 13%나 줄어들었다. 우리나라에서는 골프협회의 통계에 의하면 골프인구가 2002년 260만 명에서 2010년 381만 명으로 증가하였다. 그러나 2011년 들어 주춤하고 있다는 2차 자료들이 나타나고 있다. 이와 같이 2차 자료를 분석하면서 시장의 추세와 통계에 대한 시각을 형성할 수 있다. 이는 경제위기, 경쟁 등에 관한 정보를 얻을 수 있으며, 이를 기반으로 기업의 방향을 잡을 수 있다.

그러나 이러한 2차 자료는 제한적인 면이 있다. 자사의 제품과 경쟁자들의 제품에 대한 최종 소비자들의 반응을 조사하거나, 그들이 필요로 하고 진정으로 원하는 것을 조사하기 위해서는 직접적으로 소비자분석을 수행할 수 있어야 한다. 일반적으로 1차 자료분석을 중요시 여기는 마케팅조사는 [그림 4-3]과 같은 과정으로 진행된다.

그림 4-3 마케팅조사과정

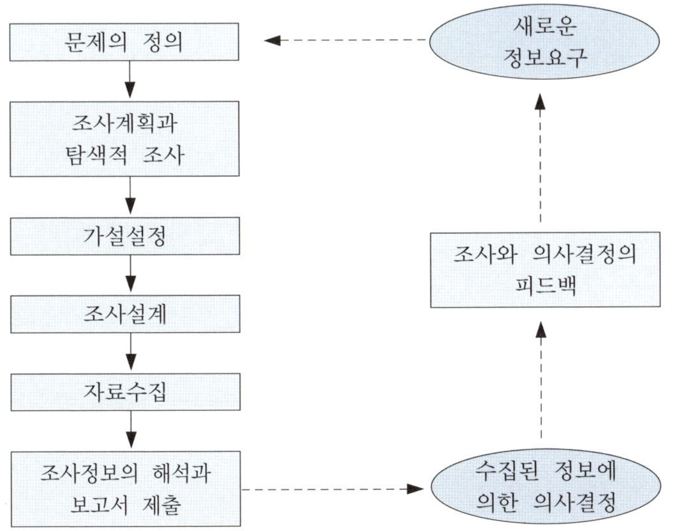

1.1 문제의 정의

시장점유율 감소와 같은 어떤 징후를 통해서 마케팅 문제의 심각성이 나타나면 경영자가 개입할 방향과 범위가 결정되고 조사를 통하여 의사결정의 필요성이 대두된다. 이 경우 글로벌 마케팅관리자는 글로벌 마케팅시스템의 전반에 걸쳐서 마케팅문제나 기회를 예측할 수 있는 정보체계를 확립하고 있어야 한다.

문제가 무엇인가가 명확하지 않으면 조사설계가 효율적으로 수행될 수 없으며, 정보수집은 시간과 비용의 낭비를 가져올 뿐이다. 문제를 명확하게 파악하기 위해서 상황분석, 문헌조사, 전문가 의견조사 및 사례연구 등 탐색조사가 자주 이용된다.

마케팅조사는 마케팅시스템 속에서 경영자가 훌륭한 의사결정을 하기 위하여 정보를 제공하는 역할을 한다. 어떨 때는 경영자의 직관이 조사자의 분석보다 중요하게 작용할 수 있다. 삼성전자의 고 이병철 회장이 반도체 사업을 착수하여 새로운 시장을 창출한 사례나 소니의 회장 모리타 아끼오의 워크맨 발명에 대한 아이디어 개발사례에서 볼 수 있듯이 글로벌 시장을 향한 신제품개발과 시장확산을 위해서는 경영자의 직관이 매우 중요하다. 새로운 기술과 제품개발에 대해서는 시장에서 그러한 제품들이 나타나지 않아 소비자들의 지각, 태도와 행동의도가 형성되지 않아 조사를 통해서 나타나기가 어려워 경영자의 직관과 경험이 더 중요하게 작용할 수 있다.

문제를 정의하면 조사목적을 명확히 하고 조사목적을 이루기 위해 어떠한 정보가 필요한가를 기술한다. 전체적인 마케팅조사의 방향을 설정하고, 마케팅 활동을 수행하는 과정에서 나타날 수 있는 문제점을 해결하고, 기회를 포착할 수 있는 가장 중요한 단계이다. 조사문제를 명확히 규정해야 효율적인 조사가 이루어질 수 있다. 즉, 문제를 잘못 규정하거나 너무 광범위하게 또는 너무 협소하게 문제를 설정한다면, 완벽한 조사를 수행하더라도 조사결과는 마케팅 의사결정에 실질적인 도움을 주지 못한다.

1.2 조사계획과 탐색적 조사수행

문제를 정의하고 조사목적이 설정되면, 조사자는 조사목적을 달성할 수 있는 조사계획을 개발하여야 한다. 시간과 비용을 절약하고 조사의 효율성을 높이는 데 중점을 두게 되는데, 이 조사설계의 수립은 3가지 주요 활동과제로 이루어진다.

첫째, 제시된 문제에 대해 종합적으로 검토한다.

둘째, 이용될 조사유형, 수집할 자료유형, 자료수집방법, 조사대상 및 자료분석방법을 결정한다. 예산과 조사일정의 작성은 인원, 시간 및 비용을 고려하여 의사결정에 공헌할 수 있도록 이루어져야 한다.

셋째, 마케팅 조사설계를 평가한다. 이는 신뢰성, 타당성, 결과의 일반화 가능성 등을 기준으로 평가하는 것이다.

해외시장에 대한 자료수집은 2차 자료와 1차 자료에 의해서 수행될 수 있다. 2차 자료는 현재 조사를 수행하고 있는 조사자가 아닌 제3자에 의해서 다른 목적으로 수집된 자료이며, 1차 자료는 조사자가 조사를 수행하면서 직접 수집하는 자료이다. 글로벌 마케팅조사를 본격적으로 수행하기 위해서 2차 자료조사는 1차 자료조사에 비해서 시간과 비용이 적게 들어 수행할 수 있으나, 실제 자료를 수집하고자 할 때 2차 자료가 부족하고, 신뢰성과 정확성이 떨어지는 경우가 많아 2차 자료를 그대로 믿었다가는 의사결정에서 어려움에 직면할 수 있다.

광범위한 실제 조사를 하기 전에 기업 내부적인 자료를 이용하는 탐색적인 조사를 수행하는 것이 효율적이다. 경쟁자들에 관한 정보, 즉, 경쟁적 첩보는 가장 높은 수준의 정보에 해당한다. 글로벌 경쟁에 직면해 있을 때 신제품의 시장출시에 관한 정보는 결정적으로 중요할 수 있다. 신제품이 시장에 나오는 타이밍에 관한 정보도 중요하다.

글로벌 지향기업들은 내부에 정보시스템을 가지고 있을 필요가 있게 된다. 이 경우 마케팅의사결정을 지원하는 마케팅정보센터가 필요하다. 이 정보센터에서는 기업 외부의 마케팅환경과 기업 내부의 환경에서 나타나고 있는 변화에 대한 자료를 수집하여 체계적으로 정리하여 의사결정자에게 제시한다.

다음과 같은 첩보들이 중요하다.

- 고객리스트
- 제품명세와 기술자료뿐만 아니라 상세 제품과 가격결정 정보
- 비즈니스 목표와 전략에 대한 규정
- 신제품계획과 R&D 노력
- 새로운 비즈니스 강조점을 두는 광범위한 회사 직무
- 제조과정과 품질통제 노력에 대한 세부사항
- 기업조직구조와 경영자들에 대한 정보
- 기업입지선정, 유통업자들, 서비스센터들에 대한 광범위한 정보
- 파트너십과 제휴에 대한 정보

1.3 가설형성

마케팅조사자는 문제를 정의하고 탐색적 연구를 하고 난 뒤, 어떤 특정 상황에 대한 일시적인 설명(a tentative explanation for some specific event)인 가설(hypothesis)을 만들어낸다. 이는 측정하고자 하는 변수들 사이의 관계를 설정하고 있다. 모든 조사가 가설을 만드는 것은 아니지만, 가설을 만들면 조사를 주의깊고 엄밀하게 수행할 수 있다.

1.4 조사설계

이 단계는 마케팅조사에서 2차 자료만으로 효율적인 문제해결이 어렵기 때문에 특정 조사를 위하여 1차 자료를 수집하는 단계이다. 이러한 자료의 수집에서 조사자는 경영자의 정보요구와 현실적인 자료원을 효율적으로 연계하는 것이 필요하다.

자료수집방법이 결정되고 설문지가 작성되면 조사대상자를 구체적으로 선정해야 한다. 조사대상자의 선정방법은 크게 조사대상자들이 속해 있는 집단 전체를 조사하는 전수조사와 그 중에서 일부를 조사하는 표본조사가 있다. 전수조사는 시간과 비용이 많이 들기 때문에 표본조사를 많이 수행한다. 이때 적절한 표본을 선정하는 것이 가장 중요하다. 표본에 따라 분석결과가 다르게 나타나기 때문이다. 통계에서는 쓰레기가 들어가면 쓰레기가 나올 수밖에 없다.

1.5 자료수집

조사설계와 표본설계에 따라 자료를 수집하는 단계이다. 이 과정은 조사예산이 많이 들고, 조사결과에 오류가 가장 많이 나타나는 단계이다. 따라서 효율적인 마케팅조사는 숙련된 면접원(interviewers)을 선발하고, 이러한 면접원들이 조사를 정확하게 수행하도록 훈련하며, 조사 일정의 준수와 자료수집상에서의 오류가 발생하지 않도록 철저히 감독해야 한다.

자료수집을 위한 현장조사는 개인면접, 전화면접, 우편면접, 컴퓨터에 기반을 둔 조사 등이 있다. 인터넷 시대의 등장으로 온라인 조사가 점점 더 중요해져가고 있기 때문에 이메일 조사나 온라인 서베이 과정에 대한 이해가 필요하다.

1.6 자료의 해석과 정보제시

자료분석을 위하여 다음과 같은 통계적 과정을 이해하여야 한다.

1) 척도와 분석기법의 종류

척도의 종류에 따라 집중화경향과 산포도 분석에서 차이가 있다. 척도가 등간척도이거나 비율척도일 때 평균과 표준편차가 중요하고, 척도가 서열척도일 때는 중앙값이 척도가 명목척도일 때는 최빈값이 중요하다.

2) 자료의 기술통계 분석

일반적으로 집중화경향과 분산 등이 나타나는 기술통계는 통계의 근본으로서 매우 중요하다. 신문, 잡지 등에서 여론조사의 많은 부분들이 기술통계적인 접근을 하고 있다.

3) 집단 간 차이 분석

집단과 집단, 두 집단으로 나누어 표본크기 30여 개 정도의 소집단 분석에서 차이를 알기 위해서는 t-검정이 유효하다. 그러나 두 집단 이상이 되고 표본이 클 때는 분산분석(Analysis of Variance: ANOVA)을 사용한다. 일반적으로 유사실험설계를 수행하면서 분산분석을 행하는 경우가 많다.

4) 변수 간 관련성 분석 1 : 상관분석

관련된 여러 변수들 사이의 관계를 알고자 하는 분석으로서 관계가 깊으면 1로 접근한다. 광고, 브랜드 인지도, 브랜드 연상도, 브랜드 충성도 등의 변수들 사이에 어떠한 관련성이 있는지를 분석할 수 있다.

5) 변수 간 관련성 분석 2 : 회귀분석

이는 변수들을 독립변수와 종속변수로 나누어, 전자가 변하면 후자가 어떻게 변하는가를 분석하는 방법이다. 광고를 많이 하면 매출액이 높아진다는 것은 일반적인 분석이다. 선형회귀분석이 대부분을 차지하고, 독립변수가 많을 때는 중회귀분석을 수행한다.

6) 군집분석

시장세분화에서 많이 사용되는 분석기법이다. 다양한 특성을 지닌 대상들을 동질적인 집단으로 분류하는 데 이용되는 기법이다. 대상들 간의 유사성을 거리의 개념으로 고려하여 측정하여 군집화한다. 계층적 군집화는 모든 대상들이 하나의 독립된 군집을 이루는 상태에서 출발하여 순차적으로 가장 유사한 대상들끼리 군집화하여 가면서 최종적으로 모든 대상들을 하나의 군집으로 묶어간다.

7) 다차원척도법

시장세분화를 하고 표적시장을 선정한 후에 포지셔닝단계에서 많이 사용되는 분석기법이다. 대상들 간의 유사성을 평가하여 평가자가 대상을 평가하기 위한 평가기준을 발견하고, 각 기준에 따라 평가대상들이 갖는 측정치를 찾는다. 포지셔닝 맵(positioning map)을 작성하는 데 사용된다.

8) 비모수 통계

수집된 자료가 명목척도로 수집되는 경우에 사용되는 자료분석이다. 변수와 변수 사이의 상호관계를 알아보기 위해서 상황표 분석, 상황계 수, 독립성 검정 등을 수행한다. 서열척도인 경우 스피어만(Spearman) 서열상관계수를 사용한다.

전반적인 조사과정, 조사결과, 추출한 정보, 요약 및 의사결정을 위한 권장사항 등을 보고서로 작성한다. 이 보고서는 의사결정에 도움이 되도록 그래프, 차트 등을 이용하여 작성하여야 한다. 이때에 경영자와 조사담당자 사이에서 원활한 커뮤니케이션이 이루어져 의사결정에 필요한 정보제공이 이루어져야 한다.

제2절 >> 신제품에 관한 시장정보 수집

Mohr, Sengupta와 Slater(2005)는 나타나는 혁신의 형태가 점진적 혁신에서 급진적 혁신으로 분류하여 이들의 연속선에서 조사방법이 다를 수 있음을 제시한 바 있다. 이들 중에서 서베이조사는 앞 절에서 제시하였기 때문에 고객방문, 감정이입디자인, 선도사용자에 대해서 제시하고자 한다.

2.1 고객방문 프로그램

고객방문 프로그램(customer visit program)은 고객욕구를 파악하기 위하여 여러 부서에서 모집한 팀과 함께 고객을 방문하는 체계적인 프로그램을 말한다. 이는 대면 커뮤니케이션(face-to-face communication)을 통하여 세계 초유의 신제품을 창출할 수 있도록 하고 있으며, 상호작용을 통한 대화를 통해 그들의 욕구를 심층적으로 분석해낼 수 있도록 한다.

2.2 감정이입디자인

감정이입디자인(empathic design)은 참여관찰기법 중의 하나이다.

그림 4-4 혁신의 형태와 조사의 배열

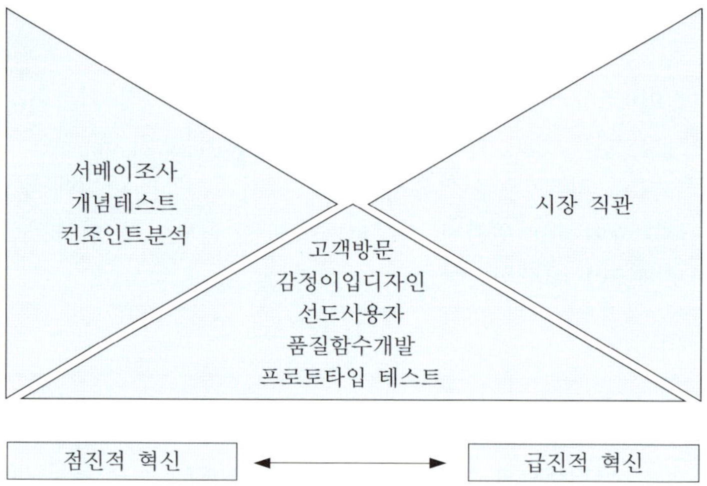

자료: Jakki Mohr, Sanjit Sengupta, and Stanley Slater(2005). *Marketing of High Techology Products and Innovation,* p. 134.

조사자가 사용자의 환경에 참여하여 사용자의 관점에서 직접 보고 느끼면서 감정이입을 통하여 조사하는 방법이다. 이는 현재의 사용자환경에 대해 이해할 수 있고 미래 모습도 그려볼 수 있게 하여 고객의 잠재욕구를 발견하게 해준다. 이 방법은 다음 다섯 가지 사항에 도움을 준다.

1) 자사제품의 사용계기(trigger of use)를 파악할 수 있다.

HP가 소비자들이 자사의 PDA를 사용하는 것을 관찰하였을 때, 회사가 생각하기로는 스프레드쉬트 소프트웨어를 사용하는 것이라고 생각하였으나 소비자들은 개인적인 조직기능에 PDA를 사용하고 있다는 것을 발견하고 자사의 생각이 잘못되었다는 것을 알 수 있었다.

2) 사용자들이 불완전한 환경에서 일하고 있지만 말하고 있지 않은 사항을 파악할 수 있다.

실험실 장비를 제조하는 회사로부터 엔지니어들이 고객을 방문하였을 때 그 장비가 사용될 때 즐겁지 않은 냄새가 방출되고 있으나 고객들은 결코 말하지 않는 채 그 냄새에 익숙해 있다는 것을 발견하였다고 하자. 이 경우 회사의 제품라인에 공기방출 후드를 첨가하여 경쟁회사와 차별화되는 제품을 개발하여 매출을 증가시킬 수 있다.

3) 다른 사용 상황을 파악할 수 있다.

자사가 표적으로 생각했던 고객들이 자사제품을 사용하고 있는 것을 관찰하다가 다른 고객층에서도 사용하고 있다는 것을 발견하면 다시 고객층을 확대할 수 있다.

4) 마케팅관리자가 깨닫지 못하는 제품아이디어를 발견할 수 있다.

삐삐와 휴대폰을 함께 사용하면서 자신이 바라지 않는 전화번호와 바라는 전화번호를 구별하는 것에 착안하여 휴대폰에 발신자번호가 표시되도록 하는 기술을 개발한 경우이다.

5) 고객들이 의식하고 있으나 말하지 못한 무형적인 속성들을 파악할 수 있다.

종종 전통적인 서베이에서 진술하지 않은 냄새, 느낌과 같은 것들이 나타날 수 있다. 이는 소비자들의 내부를 파악하여 신제품개발에 응용할 수 있게 한다.

2.3 선도사용자 과정

선도사용자 과정(Lead Users Process)에서 선도사용자들은 급진적 혁신에 대한 아이디어를 창안하기 위해 사용되는데, 그들은 시장 트랜드를 앞서가며 평균적인 소비자들보다 첨단기술 제품에 대한 훨씬 높은 욕구수준을 가진 소비자들이다(제8장 제품전략에서 글로벌 확산 참조). 이들은 소비자 수용자 범주에서 혁신수용자와 선각수용자 집단에서 나타난다. 이들은 주류시장보다 수개월이나 수년 앞서서 문제점을 보고 해답을 찾으려 하기 때문에 기업이 주류시장의 욕구를 보고 제품을 만들어내면, 이들은 이미 해답을 찾아내었을지도 모를 정도로 앞서서 문제를 발견하고 해결하려 한다.

제조업자들보다 사용자들이 아이디어를 먼저 내고 초기에 프로토타

입된다고 주장한 대표적인 학자는 von Hippel(2005)이었다. 그는 사용자와 제조업자와의 기능적인 관계에서 사용자들은 혁신에 대하여 직접적으로 이점을 누리며, 혁신제조업자들은 혁신을 팔아서 이점을 누린다는 점에서 사용자로부터 혁신이 도출되는 경우가 많음을 밝혔다. 그 비율이 70~80%에 해당한다고 보고 있다.

von Hippel과 동료들(1999)은 선도사용자 과정을 사용하는 대표적인 기업으로 3M을 들고, 이 기업에서 수행된 의료이미징(medical imaging) 분야에서 제품개발 3단계를 소개하고 있다.

■ 1단계 : 중요한 시장 · 기술 트랜드 식별

- 기술개발 추세가 초기단계의 종양과 같이 더 작고 세밀한 부분들을 추출해내는 능력을 개발하는 것이라는 것을 알고, 이 초기단계의 목표를 고해상도 이미지(better high-resolution images)를 창출하는 새로운 방법을 개발하고자 했다.

■ 2단계 : 선도사용자들 식별과 의문시

- 이 분야에서 연구전문가들의 네트워킹을 통해 가장 도전적인 의료문제를 다루는 방사선과 소수의 의사들을 식별하였다. 상업적으로 유용한 제품들 앞에 있는 이미징 기술혁신을 개발했던 방사선에서 선도사용자들을 발견하였다.

■ 3단계 : 획기적인 아이디어(breakthrough) 개발

- 이틀 동안 선도사용자 워크숍 과정에서 다양한 경험을 가진 선도사용자들이 모였다. 그들은 의료 이미징의 선도적인 영역에 있는 이들이었고, 초고해상도 이미지의 추세에 앞서 있었고, 패턴 인식의 전문가들이었다. 그들은 함께 의료 이미징 시장의 욕구에 가장 잘 부합되고 기업에 획기적인 돌파구를 마련하는 해답을 찾아내었다.

■ 4단계 : 선도사용자 자료를 기초로 주류시장을 예측한다.

- 선도사용자 분석이 평균 소비자들로 확산될 수 있는 보편성을 가지고 있는지를 확인하였다.

제3절 >> 시장규모의 예측과 추정

Global Marketing

3.1 유추분석

자연과학에서 레드포드는 태양계에서 태양을 중심으로 수성, 금성, 지구, 화성, 목성, 토성, 천왕성, 혜왕성, 명왕성이 돌아가고 있는 모습에서 원자세계에서도 태양처럼 끄는 것이 있을 것이라고 유추하여 원자핵을 실험적으로 밝혀낸 바 있다. 이와 같이 유추방법(analogy method)은 관계성을 찾아간다(이규현, 김재영, 2000).

글로벌 마케팅에서는 관심있는 국가로서 시장크기가 알려져 있고 경제개발의 단계가 같은 국가를 선별하면서 시작한다. 이 방법은 전제를 가지고 있는데, 특정 제품에 대한 수요와 특정 지표에 대한 수요(예를 들어 관련 제품에 대한 수요) 사이의 관계가 양 국가에서 유사하다고 보고 시작한다. 유추는 횡단비교(cross-section comparison)와 시계열(time-series)로 접근할 수 있다.

3.2 회귀분석

시장 크기를 추정하기 위하여 회귀분석(regression analysis)과 같은 통계기법이 사용될 수 있다. 이 분석을 하기 위해서 시장 크기 변수를 종속변수로 하고 이 변수들과 연관시켜 나타나는 관계를 이용한다. 관심있는 제품에 대한 수요와 밀접하게 관련된 변수들을 찾아내어야 한다. 그리고 제품이 이미 출시되어 있는 국가에서 시장 규모와 예측변수들에 관한 자료를 수집하여야 한다. 이들 자료를 기초로 회귀식을 도출하고 수요를 추정할 수 있다.

3.3 클러스터 분석

Sethi(1971)는 클러스터 분석(cluster analysis)이라는 수학적 기법을

그림 4-5 EIU의 클러스터 분석

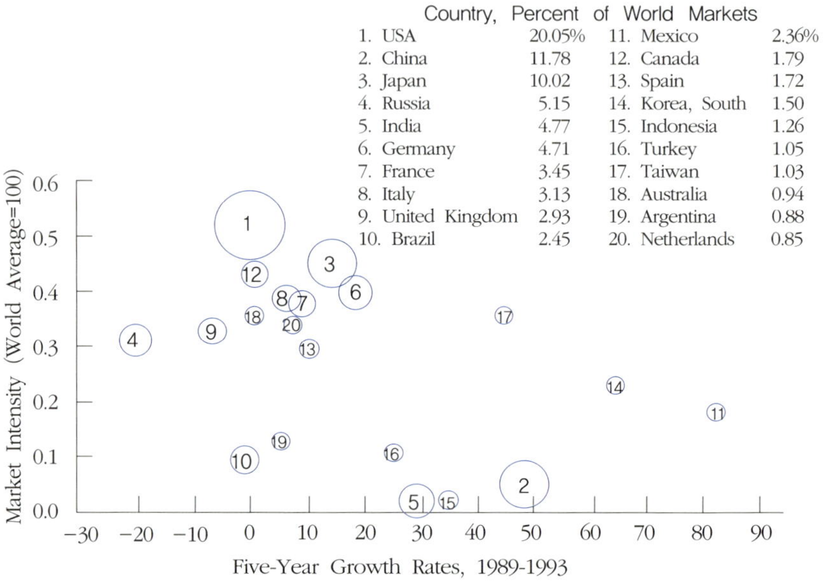

자료: Economist Intelligence Unit(EIU), as reported in Cross-border Monitor, August 30, 1995, p. 12; Terpstr와 Sarthy(2000), p. 228.

이용하여 세계시장을 분석한 바 있다. 생산과 수송 변수, 소비 변수, 무역 데이터, 건강과 교육 변수라는 네 가지 변수들에 대하여 각 나라별로 점수를 매겨, 7개의 다른 집단들로 나누었다.

Economist Intelligence Unit(EIU)는 시장이 제공하고 있는 기회에 기반을 두어 유사한 클러스터 분석기법을 사용하였다. EIU 지표는 시장 크기, 시장성장률, 시장강도(이는 부의 상대적 집중도와 구매 파워를 측정한다)를 중심으로 분석한다. 시장 크기 지표는 인구, 소비 통계, 철강 소비, 시멘트와 전기 생산, 전화, 자동차, TV 소유에 관한 데이터로부터 추출된다.

[그림 4-5]는 시장성장률과 시장강도를 보여주고 있다. 즉, 각 원의 중심은 수직축에서 시장강도를, 수평축에서 1989년에서 1993년 기간 동안 누적적 성장을 보여주고 있다. 원의 크기는 전체 세계 시장에서 상대적으로 어떠한 퍼센트를 차지하고 있는가를 나타내고 있다.

그림 4-6 S곡선을 이용한 예측

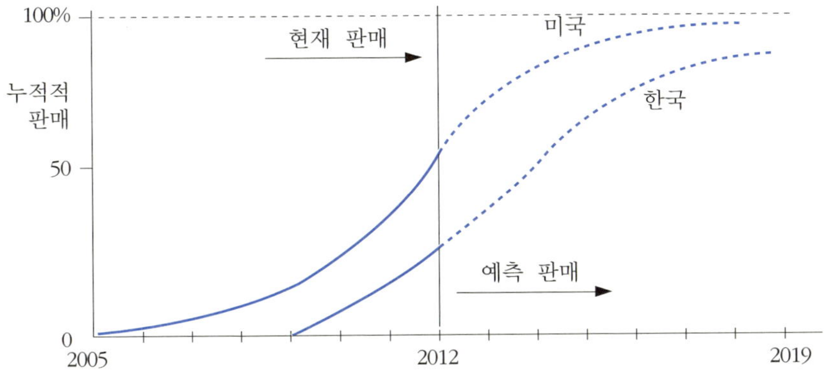

3.4 확산 예측

글로벌 제품 개발의 목적은 개발된 제품을 글로벌 시장으로 확산시키는 것이다(이 책 제8장 참조). 제품확산 예측에서 가장 잘 알려진 연구는 Bass(1969)의 'S곡선(S curve)'으로 알려져 있는 제품성장곡선이다. 그의 연구는 아직도 마케팅에서 가장 과학적 연구의 하나로 꼽히고 있을 정도로 중요하게 다루어지고 있다. 배쓰는 에어컨, 냉장고, 텔레비전, 잔디깎기 등 11개 주요 가정용 제품의 확산을 예측하기 위해 이 모형을 사용하였는데 모형의 예측된 내용은 실제 확산패턴과 놀라울 정도로 잘 일치되었다.

이러한 Bass의 연구는 글로벌 마케팅 상황에서 미국과 한국의 제품 판매에 개념적으로 적용시켜 보면 [그림 4-6]과 같이 나타낼 수 있다. 2012년 현재 특정 제품판매에서 확산패턴을 조사하면 앞으로 어떻게 판매될 수 있는가를 예측가능하다.

제4절 Global Marketing

>> 스캐너 데이터의 전략적 활용

오늘날 거의 모든 소비재에는 바코드(bar code)가 있다. 고객이 제품을 구입하면 점원은 스캐너(scanner)라고 하는 기계를 바코드에 대면 그 번호가 스캐너를 통하여 입력되어 고객이 지불해야 하는 금액이 가격표시판에 나오고 영수증이 발급된다. 이러한 스캐너를 통하여 다양하고 풍부한 자료를 얻을 수 있는데, 이를 미국에서는 스캐너 데이터(scanner data)라고 부른다. 우리나라와 일본에서는 판매시점에서 얻는 데이터라고 해서 POS 데이터(point of sales data)라고 부른다. 판매시점에서 발생하는 각종 정보인 스캐너 데이터를 각 부서가 쓸모있게 활용할 수 있도록 처리하고 분석하며 전달하는 시스템을 POS시스템 또는 스캐너시스템이라고 한다.

이러한 시스템은 1971년에 미국에서 처음으로 도입되어 유럽과 일본에서 빠르게 확산되어 지금은 전 세계적으로 확산되어 있다. 이러한 스캐너 데이터의 출현은 컴퓨터 하드웨어와 소프트웨어에서 빠른 발달과 함께 시장조사에서 혁명을 가져왔다. 이를 통해 특정 제품의 가격, 판매시점, 판매장소, 특정 제품을 구입한 고객의 수, 구매순서와 함께 구입한 품목들에 대해서 알 수 있기 때문이다. 이러한 스캐너 데이터를 통하여 일주일 판매량, 개별 브랜드들의 시장점유율 등에 관한 자료들을 얻을 수 있다.

마케팅조사 기업들은 그들의 구매를 기록해주는 소비자 패널(consumer panel)들을 가지고 있다. 패널들은 소비자 ID카드를 가지고 있어 제품을 구입할 때 현금등록기에 체크할 때 ID카드를 제시한다. 이와 같은 소비자들의 쇼핑행동에 대하여 더 많이 알게 되면 마케팅은 점차적으로 개인에게 접근 가능하게 된다. 대중마케팅에서 개인화된 마케팅쪽으로 더 나아갈 수 있게 되었다. 이러한 스캐너 데이터에 기반을 두어 판매를 측정하는 것은 보다 정확해지고 시기적절하게 이루어진다.

이러한 스캐너 데이터는 제조업자들이 마케팅결정을 내리는 데 사용될 수 있다. 마케팅믹스와 관련된 변수들 사이의 인과관계를 파악할 수 있게 해준다. 스캐너가 짧은 시간 간격으로 많은 양의 데이터를 수집하므로 시간적인 정밀도가 높게 된다. 스캐너 데이터는 현재 전개되고 있는 상황을 빠르게 진단하는 데 도움을 준다. 1980년대 초 미국 전체를 크게 떠들썩하게 했던 타이레놀 사건에서 찾아볼 수 있다. 미국의 대표적인 진통제인 타이레놀을 복용한 몇 명의 소비자가 사망한 사건이 일어나자, 타이레놀 제조회사인 Johnson & Johnson은 한때 타이레놀을 시장에서 철수시킬 생각까지도 하였다. 스캐너 데이터만을 이용하여 마케팅 분석을 하는 IRI(Information Resources Inc.)는 타이레놀의 판매변화를 파악하고 있었다. 이 사건이 난 지 열흘이 채 못 되어 타이레놀의 시장점유율은 47%에서 6%로 떨어졌다. 그러나 월요일에 벌써 그 지난 주의 판매상황을 알려주는 IRI의 보고서는 소비자들이 과민한 반응을 보인 얼마간의 시간이 지나자 시장점유율이 이미 다시 올라가고 있다는 것을 보여주고 있었다. 이것을 두고 당시 IRI 부사장은 "만일 Johnson & Johnson이 이러한 보고서를 받으려고 석 달을 기다려야만 했다면 이미 끝장이 났을 것이다"라고 말했다고 한다. 스캐너 데이터를 통하여 중대한 데이터를 빨리 얻을 수 있었기 때문에 이 회사는 중대한 전략적 실수를 범하지 않을 수 있었다(유필화, 1993, p. 160).

이러한 스캐너 데이터를 이용하여 시장세분화, 가격결정, 광고결정 등 주요 마케팅의사결정을 보다 신속하고 정확하게 할 수 있다는 장점을 지니고 있다. 스캐너 데이터는 RFID(Radio Fregnency Identification) 정보로 발전하고 있다.

제5절 >> 글로벌 마케팅조사의 관리

Global Marketing

기업이 해외시장에 대한 조사를 수행하는 과정에서 현지국의 조사대행기관(research agency)을 선정하는 것이 유리할 경우가 많다. 이는 현지 조사기관이 현지의 정부와 시장에 대해서 보다 더 잘 이해하고 조사를 수행할 수 있기 때문이다. 매년 *Marketing News*(미국마케팅학회 출판물)에서는 국제마케팅조사기관에 대한 다이렉토리를 제시하고 있다(www.ama.org/pubs/mn/honglobal). 조사를 글로벌로 수행하고 조정이 중요한 경우에는 다국적 조사기업의 자회사나 파트너 회사를 선정할 필요가 있으며, 고객과의 관계에서 유연한 자세를 가지고 있는지를 검토하여야 한다.

글로벌 마케팅은 조정을 필요로 한다. 복수국가에서 수행되는 프로젝트들은 다른 시장에서 수행되므로 조사 노력의 주의깊은 조정은 필수적이 된다. 조정을 누가 하여야 하고, 어느 정도의 조정을 하여야 하는가를 결정하여야 한다. 조사를 대행할 때는 조사대행기관이 조정을 하게 되고, 시장이 많이 차이가 있고, 조사자들이 국가에 따라 변할 때는 기업 자체가 프로젝트를 조정하는 것을 선호할 수 있다.

조정의 정도는 마케팅조사의 여러 사용자들의 요구에 따라 달라진다. 글로벌 본사인가 지역 자회사인가에 따라 달라진다. 본사는 표준화된 자료수집, 표본절차, 서베이 도구를 선호한다. 지역사용자 집단들은 그들 지역환경의 독특성을 인정하고 지역에 맞게끔 조사설계를 하는 것을 선호한다. 이러한 갈등을 특수성과 보편성 딜레마(emic-etic dilemma)라고 부른다. 각 국가의 독특성을 강조하는 접근과 보편성을 강조하는 접근이라고 볼 수 있다. 전자에서는 태도현상과 가치가 나라마다 매우 독특하기 때문에 그 나라 문화에 맞춘 척도가 사용되어야 한다고 주장한다. 후자에서는 보편적인 행동과 태도 특성을 강조하고 문화적으로 편파되지 않는 측정을 요구한다.

제1장에서 언급한 Levitt의 주장대로 소비자선호에서 수렴현상을 강조한다면 보편적으로 나타나는 소비자선호를 연구하게 되지만, 그러한 소비자선호 뒤에 놓여 있는 구매동기는 문화에 따라 상당히 다르게 나타나므로 구매동기에 대한 조사는 현지에 따라 다르게 전개되는 것을 인정할 수 있다.

사례연구

코카콜라

글로벌 마케팅조사는 경쟁을 고려하고 수행되는 경우가 많다. 즉, 경쟁자보다 소비자들에게 더 호의적인 반응을 얻기 위해서 조사를 수행한다. 그러나 거대한 예산을 투입하여 신제품을 개발하고 시장테스트를 하고 시장에 출시하기 때문에 마케팅조사를 잘못 수행하면 엄청난 낭패를 당하게 된다. 코카콜라의 신제품 조사 실패의 사례는 시장진출에 성공하기 위해 노력하는 많은 기업들에게 의미있는 교훈을 던져주고 있다(이유재 · 박찬수 편역, 1993, 신상품마케팅 참조). 이 사례의 신제품은 99년의 전통을 깨고 새로운 맛을 선보인 New Coke이다.

1980년대 초 코카콜라사는 펩시콜라의 강력한 도전에 직면하여 신제품개발 결정을 하게 된다. 그리고 1985년 그때까지 99년간의 성공적인 성과를 가져온 기본 규칙 '최초의 콜라를 망치지 말라(Don't mess with mother Coke)'를 무시하고, 보다 향긋하고 단맛의 New Coke라는 브랜드를 시장에 출시하였다. 그리고 집중적인 광고와 홍보로 새로운 맛이라는 것을 강조하였다. 초기에는 새로 도입된 신제품이라는 호기심 때문에 New Coke는 비교적 잘 팔렸으나 확산 초기에 곧 매출액이 떨어지기 시작하였다.

초기 확산에서 소비자들의 집단저항행동

그림 4-7 New Coke

Change is the enemy. By launching New Coke, the company tried to walk away from ninety-nine years of cola heritage. Naturally, New Coke was quickly replaced by Coca-Cola Classic.

이 나타났다. 분노한 소비자들로부터 1,500통 이상의 항의전화와 편지가 쏟아져 들어왔다. '오랫동안 코카콜라를 마셔온 고객들(old coke drinkers)'은 반대문구가 새겨져 있는 T셔츠를 시민들에게 나누어주기까지 하면서 본래의 콜라 제조법으로 돌아가지 않으면 손해배상소송을 하겠다고 위협하였다. 테스트 마케팅 단계에서 전혀 예상하지 못한 사태가 발생하였다.

이러한 실패는 마케팅조사의 실수 때문이었다. 조사를 제대로 수행하고 해석을 제대로 하지 못하면 신제품 출시가 실패할 수 있다는 것을 보여주었다. 코카콜라사는 새로운 콜라 제조법을 개발하기 위해서 2년간의 시간과 4백만 달러를 투입하였고 약 20만 번의 맛 테스트를 시행하였으며, 최종적으로 결정된 맛에 대해 3만 번의 테스트를 하였지만 조사과정에서 블라인드 테스트(blind test)를 하였는데, 이 방법이 문제였다. 블라인드 테스트는 똑같은 크기의 빈 컵에 개발한 새로운 Coke와 본래 있었던 Coke를 담고, 어느 것이 더 맛이 좋으냐고 묻는 과정을 거치는 조사이다. 블라인드 테스트 결과, 60%의 소비자들이 새로운 Coke가 본래의 Coke보다 더 맛이 좋다고 하였고, 52%의 소비자들이 펩시콜라보다 맛이 더 좋다고 하였다. 코카콜라사는 이러한 조사결과에서 나타난 퍼센트 차이는 전 세계적으로 출시한다고 보면 엄청난 시장점유율의 성장을 가져올 것이라고 판단하였다. 코카콜라사는 New Coke가 시장의 선도상표가 될 것을 예상하면서 시장에 출시하였으나 시장반응은 따라오지 못했다.

왜 이러한 결과가 나타났을까? 조사결과를 보면, 마케팅조사는 초점을 너무 좁게 잡았다. 마케팅조사의 초점은 지나치게 맛에 국한되어 있었으며, 소비자들이 기존의 Coke를 버리고 새로운 Coke로 바꿀 것인가에 대한 소비자들의 마음에 대해서는 관심을 두지 못하였다.

즉, 보이지 않는 Coke의 명성, 역사, 포장, 문화적 유산 및 이미지 등에 대해서 고려하지 못하였다. Coke는 야구장, 핫도그, 애플파이 등과 같이 미국문화의 표상이며, 많은 소비자에게 있어서 맛 이상의 중요한 상징적 의미를 가지고 있었다. 보다 완벽한 마케팅조사였다면, 이러한 강한 정서적 요소를 발견하였을 것이다. 오늘날 마케팅과 소비자 행동에서 이러한 정서적 요소가 강조되고 있다. 이러한 요소들은 정성적 분석을 통해서 도움을 받을 수 있다.

Coke의 경영자들은 조사결과를 해석하고 전략을 수립하는 데 그릇된 판단을 하였다. 예를 들면, 그들은 60%의 고객이 New Coke의 맛을 선호한다는 것을 선거에서 한 후보가 다른 후보를 60% 득표로 이긴다는 뜻으로 해석하였다. 그러나 이는 40%의 소비자들은 여전히 본래의 Coke를 원한다는 뜻이기도 하다. 본래의 Coke를 포기함으로써 변화를 원하지 않는 충성스런 고객들의 입맛을 무시하였다. 이들에 의해서 개인적이거나 집단적인 저항에 직면하게 되었다.

Coke사는 당연히 기존 Coke는 그대로 두고, 브랜드 확장(brand extension)의 일환으로 New Coke를 도입하였다면, 나중에 Cherry Coke가 성공한 것처럼 New Coke도 성공하였을 것이라고 판단되고 있다. 코카콜라사는 미국에서 가장 크고, 가장 잘 관리되고 있으며, 가장 발달한 마케팅조사 부서를 가지고 있고, 이들의 훌륭한 마케팅조사가 수십 년 동안 청량음료시장에서 이 회사의 지위를 정상으로 유지할 수 있도록 하였다. 그러나 마케팅조사가 어렵다는 것을 증명하였다.

마케팅조사가 어려운 것은 신제품에 대한 소비자들의 반응이 보이지 않는 내부 심리 속에서 일어나고 있다는 데 있다. 소비자들의 내부는 블랙박스(black box)로서 파악이 쉽지가 않다. 그리고 개인행동뿐만 아니라 사회심리에 영향을 받는 집단행동도 나타나고 있다. 콜라제품은 기술수준이 낮은 제품이지만, 바이오기술제품이나 정보통신기술제품과 같은 첨단기술제품으로 들어가 혁신성이 크게 나타나면 소비자들은 이전에 그러한 혁신적인 제품들을 경험한 바가 없기 때문에 소비자들의 반응을 조사하는 데 더욱 어려움에 빠질 수 있다. 소비자들은 놀라운 그 무엇으로 채워져 있으며, 그들을 이해하는 것은 그만큼 어려운 일이다. 본 저서의 제2장과 제3장에서 다룬 바 있듯이 글로벌 마케팅상황에서 마케팅조사를 수행하고자 할 때 경제와 문화 차이에 뿌리박혀 있는 소비자들의 보이지 않는 내부를 파악해내는 능력을 길러야 한다.

| Global Marketing

요 약

1. 마케팅조사과정에 대한 이해는 근본적이다. 이러한 조사를 수행하기 위해서 문제제기 → 조사목적과 정보요구 상술 → 조사계획과 자료원 → 자료수집절차의 개발 → 표본설계 → 자료수집 → 자료처리 → 자료분석 → 조사보고서 작성 순서로 이루어진다.

2. 시장정보는 추세분석과 통계, 경쟁자들에 관한 첩보, 그리고 소비자들의 반응에 대한 조사가 중요하다. 기업에서 창출하는 혁신의 연속선에서 급진적 혁신으로 넘어갈수록 시장직관이 중요하며 정성적 조사에 대한 이해도 중요하다. 소비자방문 프로그램, 감정이입디자인, 선도사용자 분석에 대하여 강조하였다.

3. 시장규모를 추정하고 예측하는 기법들을 제시하였다. 유추의 방법, 회귀분석의 방법, 클러스터 분석, S곡선을 이용한 확산 예측에 대한 방법들에 대하여 제시하였다.

4. 새로운 시장정보기술로서 스캐너 데이터를 이용하는 것은 시장의 정보를 이해하고 마케팅의사결정에 반영하는 데 있어서 매우 중요하다.

5. 글로벌 마케팅조사의 관리를 위해서 시장조사대행기관을 선정하는 과제와 조사를 수행하는 데 있어서 어느 분야를 국가의 차이를 인정하고, 어느 분야는 모든 국가에 보편적인 것을 조사하는가를 결정하는 것이 중요하다.

6. 사례연구에서 코카콜라사의 New Coke의 시장실패를 소비자들의 보이지 않는 내부에 대한 분석에서 어려움에 직면하 바 있다는 것을 보였다. 1985년 코카콜라가 신제품을 개발하여 실패하였을 때, 이는 마케팅조사의 실수라고 보는 사람이 대부분이었다. 코카콜라사는 미국에서 가장 크고, 잘 관리되고 가장 발달한 마케팅조사 부서를 가지고 있어 훌륭한 마케팅조사를 수행하면서 수십년 동안 정상의 자리에 있었지만, 큰 실수를 하게 된다.

| Global Marketing

토의과제

1. 마케팅조사를 수행하기 위한 절차를 문제제기 → 조사목적과 정보요구 상술 → 조사계획과 자료원 → 자료수집절차의 개발 → 표본설계 → 자료수집 → 자료처리 → 자료분석 → 조사보고서 작성으로 나타나는 전체 절차에 관련된 사항들에 대하여 토의하라.

2. 시장선도자 분석을 통한 조사에 대하여 토의하라.

3. Sethi(1971)의 클러스터 분석과 Economist Intelligence Unit(EIU)에서의 클러스터 분석이 어떻게 접근했는가를 토의하라.
   Bass가 주장한 S곡선에 대해서 설명하고, S곡선을 이용하여 시장크기를 어떻게 추정할 수 있는가를 토의하라.

4. 스캐너 데이터가 글로벌 마케팅 의사결정에서 어떻게 사용될 수 있는가를 토의하여 보라.

5. 다국적 조사에서 특수성과 보편성 딜레마(emic-etic dilemma)에 대하여 설명하라. 어떤 학자들은 모든 해외시장에서 동일하며 표준화된 마케팅전략을 적용해야 한다고 주장한다. 이 주장이 마케팅조사과정도 역시 표준화해야 하며 어느 지역에서 마케팅조사를 실시하는가에 관계없이 동일한 절차를 따라야 한다는 것을 의미하는가를 토의하라.

6. 여러분이 코카콜라사의 국제마케팅조사부의 프로젝트 관리자라고 가정하고, 미국, 유럽, 일본, 한국에서 소비자들의 선호를 측정하기 위한 프로젝트를 설계하고자 한다면, 마케팅조사 설계가 어떻게 다를 수 있는가를 토의하라.

| Global Marketing

참고문헌

이규현(2009), 『마케팅조사』, 경문사.

이규현, 김재영(2000), "유추에 의한 상표확장," 한국마케팅학회 춘계 학술대회 발표논문집.

이유재, 박찬수 편역(1993), 『신상품 마케팅』, 시그마프레스.

Davis, Tim R.V. and Robert B. Young(2002), "International Marketing Research: A Management Briefing," *Business Horizons*, 45, No 2; pp. 31-38.

Kinnear, Thomas C. and James R. Taylor(1996), *Marketing Research: An Applied Approach*, 6th ed. McGraw-Hill.

Kumar(2000), *International Marketing Research*, Upper Saddle River, NJ; Prentice Hall.

Mohr, Jakki, Sanjit Sengupta, and Stanley Slater(2005), *Marketing of High-Technology Products and Innovations*, Second Edition, Pearson Prentice-Hall.

Monster, Rob and Raymond Pettit(2002), *Marketing Research in the Internet Age: Leveraging the Internet for Market Measurement and Consumer Insight*, Wiley.

Sethi, S. Prakash(1971), "Comparative Cluster Analysis for World Markets," *Journal of Marketing Research*, (August).

Terpstra, Vern and Rowi Sarathy(2000), *International Marketing*, eighth edition, Dryden, pp. 211-245.

제5장

글로벌 세분화와 포지셔닝

우리나라 기업이 해외시장진출을 하기 위해서는 진입하고자 하는 표적시장을 결정하여야 하는데, 이를 위해 시장세분화가 먼저 수행되어야 한다. 표적시장이 결정되면 그 시장에 있는 경쟁기업과 차별화하기 위한 포지셔닝 전략을 펼칠 수 있어야 한다.

본 장에서는 시장세분화의 개념과 영역에 대한 이해에서 시작하여 글로벌 세분화는 어떻게 전개될 수 있는가를 살펴보고, 글로벌 포지셔닝 전략에 대하여 살펴보고자 한다.

●● 도입 사례 : GM

제1절 왜 시장세분화를 하는가?

제2절 글로벌 세분화의 접근과 변수들

제3절 글로벌 포지셔닝 전략

●● 사례연구 : 맥도날드

●● 요 약

●● 토의과제

도입 사례 GM

시장세분화의 실무는 GM의 포드에 대한 도전에서 가장 잘 나타났다. 핸리 포드(Henry Ford)에 의해 1903년에 창업된 포드자동차는 표준화, 단순화, 전문화(Standardization, Simplification, Specialization: 3S)를 기반으로 컨베이어 벨트 조립방법을 이용한 대량생산방식으로 검은색으로 통일된 저렴하고 견고한 대중 승용차 T모델을 개발하여 그 이전에 사람들이 사치품으로 여겼던 자동차를 대중 필수품으로 바꾸어 놓았다. 그리고 1920년대 초반까지 미 대륙 전체 시장의 50% 이상을 점유하고 있었다.

1908년 뛰어난 금융자본가 윌리엄 듀란트에 의해 창업된 GM은 여러 자동차회사를 인수하고, 다양한 부품회사를 인수하여 수직적 계열화를 달성하였다. 이 인수과정에서 베어링 회사를 운영하던 알프레드 슬로언이 합류하게 되었고, 무리한 인수합병으로 인해 듀란트가 경영권을 잃고 슬로언이 최고경영자가 되었다. 슬로언은 1925년 이후 가격계층을 체계화시켜 각 계층에 알맞은 차종을 두는 다양화 정책을 취하기 시작했다. 포드의 T형 자동차보다 품질이 조금 고급화된 시보레이(Chevrolet)의 생산에 주력하여 소비자들에게 제품 대체를 유도하였다. 1927년 소비자의 기호변화에 맞춘 이 시장세분화전략이 성공하면서 1931년 포드사를 제치고 1위를 차지하였고, 1933년부터 1985년까지 50년 이상 40% 이상의 시장점유율을 유지하였다. 알프레드 슬로언은 수많은 GM브랜드들을 청산하고 다섯 개의 브랜드를 중심으로 시장세분화하였다. 시보레이는 가격에 호소하면서 첫 구매자를 끌어들였고, 소비자들 생활이 풍요로워지면, 폰티악(Pontiac), 올드스모빌(Oldsmobile), 뷰익(Buick), 마지막으로 캐딜락(Cadillac)으로 옮길 수 있도록 했다.

그러나 시간이 지나감에 따라 "모든 가격대, 모든 목적에 부합하는 자동차"의 거대한 GM을 만들어갔다. 즉, 제대로 된 포지셔닝전략이 잡히지 못해 GM의 위기가 찾아왔다. 소비자들에게 시보레이는 "대형, 소형, 고가, 저가, 트럭, 밴, 스포츠카"로 넓게 인식되었다. 토요타 하면 신뢰성(reliability), BMW 하면 주행감(drivability), 메르세대스 벤츠는 기술력(engineering), 볼보는 안전성(safety)이라는 단어가 쉽게 떠오르는 포지셔닝전략에서 성공하지 못하게 되었다. 잭 트라우트(2010)는 험난한 시장상황에서 시보레이, 뷰익, 캐딜락, GMC를 정교하게 리포지셔닝할 것을 권고하고 있다.

참고문헌: 이규현(2010), 『마케팅관리』, 경문사, pp. 198-200; 잭 트라우트 저, 이유재 옮김(2010), 『리포지셔닝』, K-books, pp. 130-133.

제 1 절

Global Marketing

>> 왜 시장세분화를 하는가?

1.1 시장세분화 기준과 전략

시장세분화(market segmentation)는 시장을 하나로 보지 않고 여러 기준으로 세분화하여 바라보고자 하는 개념이다. 즉, 시장세분화는 특정 제품이나 서비스에 대한 시장을 다른 소비자집단으로 쪼개는 것을 말한다. 이는 기업의 마케팅믹스 프로그램을 효율적으로 투입하여 기회를 살릴 수 있는 표적시장을 선정하기 위해서 사용된다.

국가와 국가 사이에 문화적으로 차이가 있기 때문에 글로벌 시장은 특성별로 다른 다양한 고객의 집단으로 나누어, 일정한 기준으로 세분화하고, 기업의 자원을 집중하는 것이 효과적이다. 국내 마케팅 상황에서 효율적인 시장세분화를 위해서 필요로 하는 것들이 국제 시장세분화에서도 적용가능하다.

일반적으로 시장세분화의 기준을 지리적 변수, 인구통계적 변수, 심리적 변수, 행동적 변수로 나누고 있다. 지리적 변수는 지역, 인구규모, 인구밀도, 기후 등으로 세분화하고, 인구통계적 변수는 연령, 성별, 가족규모, 소득, 직업, 교육수준, 종교, 인종, 국적, 사회계층 등으로 세분화된다. 심리적 변수는 라이프스타일, 성격, 가치관 등으로 세분화되고 행동적 변수는 추구하는 편익, 사용빈도, 충성도 등이 있어서 이들을 기준으로 세분화할 수 있다.

이들 기준을 단독으로 사용하기보다는 조합해서 사용하는 것이 세밀한 세분화가 될 수 있다.

Wedel과 Kamakur(1998)는 이상적인 세분시장은 다음 조건을 가져야 한다고 주장하고 있다.

- 정의하고 측정하기가 쉬워야 한다.
- 추구하기에 충분히 규모가 커야 한다.
- 촉진 노력을 통해 도달하기 쉬워야 한다.

- 표적시장이 안정되어야 한다. 표적시장 조합과 행동이 시간에 따라 변한다면 마케팅 노력이 성공하기 어렵다.
- 세분시장이 차별화된 마케팅믹스에 서로 다르게 반응해야 한다.
- 실행가능해야 한다. 세분시장의 욕구를 진술하기에 필요한 마케팅믹스가 회사의 목표와 핵심 역량과 부합하면 실행가능하다.

이러한 분석에서 나타난 이질적인 고객집단으로부터 표적시장의 선정방향이 나온다. 즉 비차별화, 차별화, 집중화의 세 가지가 나타날 수 있다.

비차별화전략은 세분시장의 이질성을 무시하고 단일의 제품이나 단일의 마케팅믹스를 사용하는 전략이고, 차별화전략은 복수의 세분시장에 대해 그 개별 시장에 적합한 제품이나 마케팅믹스를 사용하는 전략이며, 집중화 전략은 여러 세분시장 중에서 하나의 세분시장을 선정해서 기업의 모든 자원과 노력을 집중하는 전략이다. 이러한 전략 중에서 어떠한 전략을 선택할 것인가는 해당 기업의 경쟁 환경, 경영자원의 특성, 경쟁우위 구조, 마케팅활동 및 모든 활동과의 관련성 등을 고려하여 결정할 수 있다.

1.2 글로벌 세분화의 의의

글로벌 시장에서 기업 간 원가경쟁이 심화되고, 각 국가의 소비자 욕구가 다양화됨에 따라 제품, 서비스, 유통 및 촉진 등 마케팅믹스 측면에서 철저하게 대응할 필요가 있다. 이때 기업은 제품과 서비스에 대해 매력적인 시장기회를 식별하기 이전에 일차적인 국가 선별(country screening)을 하고자 한다.

글로벌 시장은 다양성과 이질성을 내포하고 있기 때문에 시장의 동질적인 부분을 식별해서 특정 시장을 표적으로 선정해야 효율적인 마케팅전략을 수행할 수 있다. 이는 마케팅의 효율성이나 효과성을 높이려는 의도에서 수행되는 전략이다. 시장세분화전략은 시장지향성을 기초로 하고 있기 때문에 경쟁이 심화되고 있는 시장의 소비자 욕구가 다양화, 개성화되고 있는 오늘날의 글로벌 시장에서 실무적으로 상당히 중요시되고 있다.

글로벌 세분화는 처음에는 기업의 본사로부터 지리적으로 문화적으로 유사한 주변국 시장을 표적시장으로 선정하면서 접근한다. 미국 기업들은 캐나다나 영국을 제1의 표적시장으로, 일본 기업은 아시아 국가를 제1의 표적시장으로 잡았다. 이들은 이러한 국가에서 경험을 축적하여 글로벌 사업의 대상 국가를 확대하는 전략을 사용하여왔다. 물론 지리적 · 문화적인 접근성 등으로 글로벌 사업의 방향이 결정되기도 하고, 시대적 흐름으로 나타나는 정치 · 경제적인 요인도 상당히 큰 영향을 미친다.

제2절 >> 글로벌 세분화의 접근과 변수들

Global Marketing

2.1 거시 수준의 세분화

글로벌 마케팅관리자들은 세분화과정을 거시 수준에서 출발하고 있다. 매우 일반적인 시장세분화 절차는 1인당 국민소득과 같은 단일 차원에 근거하여 지리적으로 잠재국가들을 분류하거나, UNESCO, OECD에서 나오는 2차 자료로부터 얻을 수 있는 복수의 사회경제적, 정치적, 문화적 기준에 근거하여 분류하기도 한다.

Helsen, Jedidi, DeSarbo(1993)는 다국적 확산패턴을 이용하는 다음 〈표 5-1〉과 같이 국가 세분화를 하고 있다. 요인분석과 같은 자료 축소기법을 이용하여 여러 변수들을 다섯 가지 개념들로 묶었다. 즉, 이동가능성(집합적 생산과 수송), 건강, 무역, 라이프스타일, 범세계주의로 나누었다.

1) 클러스터링 세분화

다양한 국가들을 지역적으로 집단화하기 위해서 클러스터분석(cluster analysis)과 같은 컴퓨터화된 기법을 사용한다. 클러스터링 맵은 유사성이 있는 국가나 유사성이 없는 국가들 사이를 구분한다. 이 방법은 동시에 2개 이상의 기준을 고려하기 위해서 국가들의 클러스터

표 5-1 거시수준 국가 특징들

개 념	항 목
1. 집합적 생산과 수송	비행기승객의 수/km 비행기 화물(톤/km) 신문들의 수 인구 1인당 자동차 수 1인당 자동차 가솔린 소비 전기 생산
2. 건강	수명주기 1인당 의사 정치안정
3. 무역	수입/GNP 수출/GNP
4. 라이프스타일	1인당 GDP 1인당 전화기수 1인당 전기소비
5. 범세계주의	1인당 해외방문자수 1인당 여행자 지출 1인당 여행자 수입
6. 기타	소비자 물가지수 신문정기구독자수 병원침대수 교육지출/정부예산 1인당 인구에서 대학원 교육자 수

자료: Kristiaan Helsen, Kamel Jedidi, and Wayne S. DeSarbo(1993), "A New Approach to Country Segmentation Utilizing Multinational Diffusion Patterns," *Journal of Marketing* 57, no. 4(October), p. 64.

화 이전에 요인분석(factor analysis)을 수행한다.

거시적 세분화 기준으로 사용할 수 있는 변수 중에 이 책의 제3장에서 제시한 문화를 이용하여 세분화할 수 있다. 〈표 5-2〉는 Kale(1995)이 홉스테드의 분석을 기반으로 하여 개인주의, 권력거리, 불확실성 회피, 남성성 등 4개의 문화적 차이를 기초로 17개 유럽국가들을 집단화한 분석을 보여주고 있다.

표 5-2 유로 소비자들의 문화 클러스터링

	규모 (백만명)	문화특성				마케팅에의 적용
		권력거리	불확실성 회피	개인주의	남성성	
클러스터 1 오스트리아, 독일, 스위스, 이탈리아, 영국, 아일랜드	203	적음	중간	중간 이상	높음	고-성과 제품의 선호, 광고테마에 성공적 성취자 이용, 진기함의 요구, 다양성과 쾌감, 위험-회피 시장
클러스터 2 벨기에, 프랑스, 그리스, 포르투갈, 스페인, 터키	182	중간	강함	다양	저-중간	소비자 지위와 권력거리에 어필, 제품구매와 이용에서 지각된 위험 감소, 제품기능성 강조
클러스터 3 덴마크, 스웨덴, 핀란드, 네덜란드, 노르웨이	37	적음	낮음	높음	낮음	상대적으로 약한 저항, 진기함과 다양성에 강한 소비자요구, 환경친화에 높은 소비자 관련성

자료: Sudhir H. Kale(1995), "Grouping Euroconsumers: A Culture Based Clustering Approach," *Journal of International Marketing*, Vol. 3, p. 42.

2) 단계적 시장세분화

글로벌 시장의 선정절차에 따라 진출 클러스터들이 결정되면, 글로벌 마케팅관리자는 클러스터들을 평가하고 이들 중에서 1차적인 표적국가를 선정하고 표적국가 내에서 표적집단을 선정한다. 1차 선정된 표적국가 및 표적집단에 대한 상세한 조사를 통하여 세분시장을 평가하여 최종적인 표적시장을 결정한다.

예를 들면, 유럽시장의 경우 EU의 경제통합이나 1인당 국민소득을 이용하여 유사한 경제발전 단계를 기준으로 시장을 세분화하고 접근할 수 있다. 이외에도 언어, 종교, 정치적 변수, 교육 등과 같은 사회문화적 지표를 이용하여 단계적으로 세분화하여 갈 수 있다.

3) 제품수명주기를 이용한 세분화

국제적인 추세나 패턴의 변화를 중시하고 시장의 동태적 특성을 반영하려면 제품수명주기를 글로벌 시장에 적용할 수 있다. 이는 특정한 시장에서 시간경과에 따른 특정 제품의 변화추세를 분석하는 데 이용되는 방법으로 글로벌 마케팅에서는 일정 시점에 여러 시장에서 제품수명주기상의 상대적 위치를 파악하는 방법이다.

일정 시점에서 동일한 제품이라도 국가시장에 따라 제품수명주기가 다를 수 있다. 특정 시장에서 판매가 줄어드는 쇠퇴기를 맞이한 제품이라도 다른 국가에서는 성숙기나 도입기를 맞이하는 제품일 수 있다. 글로벌 기업은 이러한 국가시장별 수명주기단계의 차이를 이용하여 동일한 단계의 국가시장을 기준으로 시장을 세분화할 수 있다. 그러나 정보기술의 발달과 인터넷의 영향으로 이러한 세분화의 위력은 줄어들고 있다.

2.2 국가 세분화를 위한 변수들

국가 세분화를 하기 위한 첫 번째 단계는 어느 기준을 사용할 것인가를 결정하는 것이다. 국내 마케팅 상황처럼 수많은 국가 특징이 투입으로서 사용될 수 있다. 그러나 세분화가 의미있게 되기 위해서는 세분시장들과 기업이 관심있는 반응변수들 사이에서 연계가 이루어져야 한다. 국가 세분화를 위해서 사용될 수 있는 네 가지 기준을 제시하고자 한다.

1) 인구통계적 변수들에 의한 세분화

인구통계적 변수들(demographic variables)은 가장 인기있는 세분화 기준에 해당한다. 이는 효율적 시장조사에서 요구되는 측정가능성이 담겨져 있어 추정하기가 쉽다. 대부분의 정보가 정확하고 쉽게 얻을 수 있다. 인구통계적 세분화 기준은 인구규모, 연령구조, 도시화 정도, 민족적 구성, 출생률 및 사망률 등을 내포하고 있다. 연령구조를 정확하게 파악하고 있는 국가들은 소비재와 서비스에 대한 시장기회를 명확하게 예측할 수 있다. 예를 들면, 여행관련 서비스, 오락품목, 의료 등은 연령구조에 따라 상당한 차이가 있기 때문에 인구통계적 변수의 세분화는 더욱 중요해지고 있다. 최근 미국에서는 60세 이상의 인구가 전체 인구의 1/3 수준으로 증가하고, 일본에서는 2/5로 증가하여 노인

층은 깊이 고려하여야 할 세분시장이 되고 있다.

2) 사회경제적 변수들에 의한 세분화

사회경제적 변수들(socioeconomic variables)에 의한 세분화는 국민들의 사회경제 상태를 보고 세분화하는 것으로서 구매력이 있는 대도시에 대한 시장분석에서 특히 중요해진다. 인공위성에서 밤에 지구로 사진을 찍으면 밀집된 도시들의 모습이 나타난다. 이들 밀집된 도시들에는 놀라울 정도로 인구가 밀집되어 있음을 보여준다. 북동아시아에서 북경, 상해, 서울, 부산, 동경, 오사카 등의 모습에서 볼 수 있다. 국가의 경제개발 단계에 따라 소비 수준이 다르다. 1인당 소득을 고려하면서 시장을 세분화할 수 있다.

사회경제적 계층 분석(socioeconomic strata analysis)은 다섯 가지 사회경제적 세분으로 구분될 수 있다. 즉, 상위층, 중상위층, 중간층, 하위층, 빈곤층이다. 추세분석을 통해 상위층과 하위층 사이의 격차, 경제적 불평등 수준에서의 변화를 찾을 수 있다.

3) 행동기반 세분화

행동기반 세분화(behavior-based segmentation)의 기준은 브랜드/공급자 충성도 정도, 1인당 소비에 기초를 둔 사용률, 제품침투, 추구되는 혜택 등을 가지고 세분화한다. 〈표 5-3〉은 어느 특정 기업이 유럽

표 5-3 유럽시장 분류(1994년 12월 31일 기준)

확립된 시장	개발시장	미개발시장
영국 핀란드 독일 네덜란드 이스라엘 노르웨이 스위스	오스트리아 벨기에 아일랜드 이탈리아	체코 덴마크 프랑스 헝가리 포르투갈 스페인

주) 확립된 시장=평균이상 판매/인구수+광고
개발시장=평균수준 판매/인구수, 광고하거나 하지 않음.
미개발시장=평균이하 판매/인구수, 광고 중요성 없음.
자료: Kotabe와 Helsen(2008), p. 235.

시장을 확립된 시장, 개발시장, 미개발시장의 세 가지로 분류한 것을 제시하고 있는데, 세분화 변수는 1인당 판매액과 현지 유통업자가 수행한 광고의 양이다.

4) 라이프스타일 세분화

라이프스타일(lifestyle)은 소비자들이 돈과 시간을 소비하는 패턴을 말한다. 이러한 라이프스타일을 세분화하고자 할 때 소비자들의 태도, 의견, 핵심가치(attitudes, opinions, core values)에 따라서 소비자들을 집단화한다. 많은 라이프스타일 세분화는 매우 일반적이어서 특별한 제품범주에 관계되지 않는다. [그림 5-1]은 범유럽 자동차시장에 대해서 추출된 라이프스타일 유형을 보여주고 있다.

이러한 라이프스타일 세분화는 새로운 브랜드 포지셔닝, 기존 브랜드의 재포지셔닝, 신제품 기회식별, 브랜드 성격을 개발에 하는 데 적용되어 왔다. 학계와 실무계에서는 라이프스타일 세분화의 사용에 여러 가지 문제점들을 제기하였다.

첫째, 가치는 너무 일반적이어서 특정 제품범주 내에서 소비패턴이나 브랜드 선택행동에 관계되지 않는다.

그림 5-1 유럽 자동차시장 라이프스타일 세분화

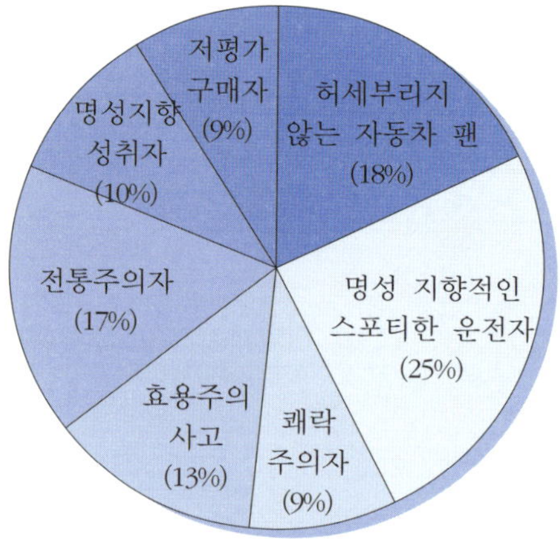

자료: Horst Kern, Hans-Christian Wagner, and Roswitha Hassis(1990), "European Aspects of a Global Brand: The BMW Case," *Marketing and Research Today*(February), p. 54.

둘째, 가치 기반을 둔 세분화의 도해는 언제나 실행될 수 있는 것이 아니다. 이는 효율적 시장세분화의 기준이 실행가능성에 있다는 점에서 취약점에 해당한다.

셋째, 가치는 시간에 따라 변화하기 때문에 안정적이지 않다.

넷째, 똑같은 지역 내에서도 국가와 국가 사이에서 라이프스타일이 변하기 때문에 국제적으로 적용하기가 제한적이다.

제3절 글로벌 포지셔닝 전략

Global Marketing

3.1 포지셔닝이란 무엇인가?

포지셔닝(positioning)이란 고객의 마인드에 기업이나 브랜드의 존재를 차별화하여 자리잡게 하는 것이다. 이는 1970년대 리스와 트라우트(Ries and Trout)가 처음으로 제시한 이후 마케팅전략을 마케팅믹스와 연결하는 고리가 되고 있다. 즉, 포지셔닝은 근본적으로 경쟁관계에서 자사를 차별화시키는 것이기 때문에 포지셔닝의 방향이 잡혀야, 그 방향에서 마케팅믹스를 결합시킬 수 있다. 기업은 지속적인 광고와 같은 커뮤니케이션 활동을 통해 소비자들의 마음속에 경쟁사와 차별화된 위상을 심고 있다. 오늘도 우리는 글로벌 기업들이 수행하는 포지셔닝의 노력인 광고에 노출되면서 살아가고 있다. 트라우트와 리브킨(2010)은 최근 고객의 인식을 조정하는 리포지셔닝(repositioning)에 대해서 강조하고 있다.

3.2 포지셔닝 단계

다국적기업들이 해외시장을 세분화하기만 하면 기업은 어느 표적시장을 추구해야 하고 어떠한 포지셔닝 전략을 사용하여 차별화를 시도할 것인가를 결정할 필요가 있게 된다. 포지셔닝을 위해서 다음과 같은 일련의 단계를 거치게 된다.

그림 5-2 글로벌 포지셔닝 전략

	보편적인 세분시장	다른 세분시장
균일한 포지셔닝전략	전략 1	전략 2
다른 포지셔닝전략	전략 3	전략 4

자료: Kotabe와 Helsen(2008), p. 238.

1. 경쟁하는 제품들이나 브랜드들을 식별하라.
2. 자사의 제품이나 브랜드와 경쟁사의 것에 대하여 소비자들이 현재 지니고 있는 지각을 결정하라.
3. 가능한 포지셔닝 주제를 개발하라.
4. 포지셔닝 대안들을 스크리닝하고 가장 호소력이 있는 것을 선정하라.
5. 선정된 포지셔닝 전략을 실행할 마케팅믹스 전략을 개발하라.
6. 시간이 경과하면서 포지셔닝 전략의 효율성을 모니터링하라.

Kotabe와 Helsen(2008)은 글로벌 포지셔닝의 네 가지 전략적 대안들이 있을 수 있음을 [그림 5-2]와 같이 제시하고 있다.

기업은 균일한 포지셔닝전략(uniform positioning strategy)을 사용할 수 있다. 이 경우는 균일한 포지셔닝 주제를 가지고 보편적인 세분시장으로 포지셔닝전략을 펼치는 전략이다. 표적시장이 세계적으로 매우 유사하고, 공동의 핵심가치를 공유하고, 유사한 구매패턴을 보이는 경우에 이 전략이 잘 먹혀들 수 있다. 기업은 공유되고 일관성 있는 브랜드나 기업 이미지를 전 세계적으로 심을 수 있다. 노키아는 '사람들과 연결성'을 중요시 여기고 있고, 우리나라 삼성도 이러한 전략을 사용하고 있다. 삼성은 자사의 주요 제품들의 시장에서 세계 1위의 지위를 목표로 내세우고 이러한 목표를 달성하기 위하여 디지털 기술에서 리더로서 브랜드 포지셔닝을 하고 있고, 공격적인 광고 캠페인을 사용하고 혁신적인 제품들을 개발하고, 스포츠 마케팅을 사용하면서 전세계 소비자들에게 포지셔닝시켜가고 있다.

그러나 세계적으로 문화차이는 심각하다. 하나의 문화에서 적용되는 것이 다른 문화에서 통용된다는 보장이 없기 때문에 현지화가 필요해진다. 우리나라에서 고급으로 인식되고 있다고 해서 다른 국가에서 출시 초기단계에서는 그렇게 포지셔닝될 수 없는 경우가 많다. 개발도상국이 가지고 있는 원산지 효과가 작용한다.

우리나라에서 대중적인 제품이 인도와 중국에서 프리미엄 제품으로 통용될 수 있다. 삼성과 LG는 고가격전략을 사용하여 인도와 같은 시장에서 소니보다 고가격의 프리미엄 전략을 사용하여 성공한 바 있다.

3.3 글로벌, 해외, 지역 소비자 문화 포지셔닝

Alden, Steenkamp와 Batra(1999)는 소비자문화에 따라 광고에 대한 브랜드 포지셔닝을 보여준 바 있다. 문화포지셔닝(culture positioning)은 글로벌, 해외, 현지로 접근할 수 있음을 보였다.

1) 글로벌 소비자문화 포지셔닝(global consumer culture positioning) 전략

이 전략은 브랜드를 글로벌 문화의 상징으로 연결시키려고 한다. 그러므로 브랜드를 구매하는 것은 소비자가 글로벌 문화에 속한다는 느낌을 강화한다. 구매자의 자기이미지를 범세계적이고 현대적이며 지식이 있다고 인식시킨다. Sony는 "My First Sony," Nike는 "Just Do It" 이라는 메시지를 통하여 광고하면서 이 전략을 성공적으로 사용하고 있다고 평가받고 있다.

2) 해외 소비자문화 포지셔닝(foreign consumer culture positioning) 전략

이 전략은 제품과 고도의 긍정적인 의미를 가지는 특정 해외 문화 주변으로 브랜드의 신비성을 구축하는 것이다. 스위스 시계가 대표적이다. 미국의 청바지기업인 Lee는 중국시장에서 부유한 중국 가정의 어린이와 젊고 떠오르는 경영자들을 목표시장으로 정하였다. Li는 중국에서 흔한 가족이름이어서 미국에서 사업활동을 하는 중국 회사라고 지각되었다. 동시에 시장조사는 중국인들이 청바지를 카우보이, 황량한 서부, 자유, 열정과 연상한다고 나타났다. 그 결과 회사는 Lee청바지를 미국 전통을 가진 값비싼 브랜드로 포지션시키기로 결정했다. Lee의 미국 뿌리는 "1889년 미국 Kansas에서 창업되었다"는 것을 강조하였다.

3) 현지 소비자문화 포지셔닝(local consumer culture positioning) 전략

이 전략은 브랜드가 글로벌할 수 있지만, 현지문화의 내재적인 요소로서 묘사된다. 현지의 원자재와 부품을 사용한다, 현지에서 생산한다, 현지인이 구매한다는 점을 강조한다. Mercedes가 일본에서 중간 가격대의 제품을 출시하였을 때, 광고캠페인은 일본 경치와 이미지를 사용하였다. "Mercedes와 아름다운 나라"라는 메시지로 강조되었다.

McDonald's는 글로벌, 해외, 현지문화 포지셔닝을 함께 사용하고 있다. 글로벌, 범세계적인 패스트푸드라는 것을 강조함과 동시에 미국적인 요소를 강조한다. 때때로 많은 나라에서 지역민들을 고용하고 있다거나, 지역의 내용물들을 강조하면서 지역적인 뿌리를 내세운다.

사례연구

맥도날드

맥도날드(McDonald' s)는 1955년 레이 크락(Ray Kroc)이 조그만 햄버거 가게를 운영하던 맥도날드 형제로부터 프랜차이즈 사업권을 따내고, 그 후 나머지 사업권마저 가져오면서 시작되었다. 현재 118개 국가에서 31,000개에 이르는 매장을 가지는 글로벌화의 대명사로 꼽힌다. 본 장의 이론에서 다룬 것처럼, 글로벌화와 현지화를 통한 포지셔닝전략을 잘 사용하는 것으로 유명하다. 서비스품질을 표준화시켜 글로벌화를 달성하였다. 전 세계적으로 레스토랑의 표준을 평가하기 위해 'QSC&V(quality, Service, Cleanness & Value)' 시스템을 만들어내었다. 'M' 로고는 세계적으로 30년 이상 롱런하고 있는 장수 브랜드가 되었다.

맥도날드는 식품의 특성상 현지화를 강조하지 않으면 안 되었다. 현지 국가의 입맛을 존중하면서 토착화를 시도하여 왔다. 독일에서는 맥주, 노르웨이에서는 연어 버거, 인도에서는 양고기를 사용한 마하라자맥, 일본에서는 쌀밥과 프라이드 치킨을 사용하였다. 프랑스에서는 미국에서 맥도날드의 상징인 빨간머리 큰 구두의 삐에로 아저씨, '로널드 맥도날드 광대'를 버리고 중세를 배경으로 한 프랑스 전통만화의 주인공 '아스테릭스'를 새로운 캐릭터로 등장시켰다. 우리나라 광고에서는 한국의 전통문화를 이용한 광고시리즈를 만들어내기도 하였다.

맥도날드는 명확한 브랜드 정체성을 구축하면서 소비자들에게 다가갔다. Aaker(1996) 교수의 주장에 따르면, 핵심정체성(core identity)은 가족과 어린이들을 중심으로 신속하고, 정확하고, 다정스러운 서비스를 제공하며 세계의 어느 곳에서나 일관성 있게 뜨겁고 맛좋은 음식을 제공하는 것이다. 확장정체성(extended identity)은 가장 편리하고 빠른 음식점이라는 편리성, 가족적이고 미국적이며 진실하고 완전하고 활기차며 재미있는 것으로 잡고 있는 브랜드 개성을 잡고 있다. 패스트푸드, 햄버거, 아이들이 좋아하는 제품종류를 가지고, 가족과 아이들을 주고객으로 잡고 있다. 맥도날드에 있는 시간은 가족과 재미를 가지고 좋은 시간인 것을 연상시키도록 하면서 가족관계를 강조한다. 로날드 맥도날드 하우스 체리티(Ronald McDonald House Charities)를 만들어 '로날드 맥도날드 어린이 기금'을 모집하여 선천성 질병을 앓는 어린이 치료비로 사용하는 사회대의 마케팅을 전개하면서 사회와의 관계성도 강조한다. 이와 같이 기업이 명확한 브랜드 정체성을 잡게 되면, 소비자들에게 명확한 이미지가 전달된다.

영국의 이코노미스트는 각국 화폐의 구매력을 비교하기 위해 맥도날드의 대표적인 햄버거로 꼽히는 '빅맥' 판매가격을 기준으로 해마다 '빅맥지수'를 발표하고 있을 정도로 세계적으로 표준화되어 있다.

참고문헌: 이규현(2010), 『마케팅관리』, 경문사, pp. 392-394, pp. 241-243; David A. Aaker(1996), *Building Strong Brands*, The Free Press.

Global Marketing

요 약

1. 경쟁전략을 개발하기 위해서 시장세분화와 포지셔닝전략이 일차적으로 중요하다. 글로벌 기업이라고 할지라도 자원과 능력이 한정되어 있기 때문에 이를 효율적으로 투입하기 위해서 글로벌 시장을 세분화하고 표적시장에 커뮤니케이션 등 자원을 투입하는 것이 유리하다.

2. 국제시장세분화를 접근하기 위해서는 클러스터적인 사고가 일차적으로 필요하다. 세계가 넓고 시장이 크기 때문에 유럽시장으로 들어간다고 할지라도 클러스터를 나누는 것이 필요한데, 홉스테드가 분석한 문화적인 분류도 하나의 예가 될 수 있다. 클러스터를 만들어 단계적으로 접근가능하고, 제품수명주기도 이용할 수 있다.

3. 국가 세분화기준은 크게 인구통계적 변수에 의한 세분화, 사회경제적 변수에 의한 세분화, 행동기반 세분화, 라이프스타일 세분화로 나누어 분석할 수 있다.

4. 시장세분화를 마치면, 표적시장의 소비자들에게 경쟁사와 자사를 차별화시키는 포지셔닝전략이 필요하다. 이는 다음과 같은 여섯 가지를 고려하여야 한다.

1) 경쟁하는 제품들이나 브랜드들을 식별하라.
2) 자사의 제품이나 브랜드와 경쟁사의 것에 대하여 소비자들이 현재 가지고 있는 지각을 결정하라.
3) 가능한 포지셔닝 주제를 개발하라.
4) 포지셔닝 대안을 스크리닝하고 가장 호소력이 있는 것을 선정하라.
5) 선정된 포지셔닝 전략을 실행할 마케팅믹스 전략을 개발하라.
6) 시간이 경과하면서 포지셔닝 전략의 효율성을 모니터링하라.

5. 소비자문화에 기반을 두어 글로벌, 해외, 현지의 관점으로 나누어 문화적 포지셔닝을 개발하는 것은 중요하게 다루어야 할 관점이다. 자사 브랜드를 글로벌 문화의 상징으로 만들 것인지, 현지국의 문화의 일원으로 만들 것인지, 현지국에서 바라볼 때 특정 해외문화의 상징으로 만들 것인지를 결정하여야 한다.

Global Marketing

토의과제

1. 글로벌 세분화 없이 글로벌 마케팅을 수행한다고 할 때 어떠한 문제점들이 나타날 수 있는가를 토의하라.

2. 국가 세분화기준을 인구통계, 사회경제적 변수, 행동기반 세분화, 라이프스타일로 나누어 설명하고, 라이프스타일 세분화가 가지고 있는 장점과 단점을 설명하라.

3. 포지셔닝 전략에 대해 다음을 설명하라.
   1) 글로벌 포지셔닝전략에서 삼성이 행하고 있는 균일 포지셔닝전략(uniform positioning strategy)의 장점과 단점을 지적하라.
   2) 다음 브랜드들을 조사하여 글로벌, 현지, 해외 소비자문화 포지셔닝을 어떻게 하고 있는가를 조사하라.

      로렉스, 샤넬, 청바지 Lee, 소니, 노키아, 삼성

4. 맥도날드의 브랜드정체성과 포지셔닝전략을 설명하라.

Global Marketing

참고문헌

이규현(2010), 『마케팅관리: 이론과 사례』, 경문사.

잭 트라우트와 스티브 리브킨 저, 이유재 옮김(2010), 『리포지셔닝』, 도서출판 K-books.

Alden, Dana L., Jan-Benedict E.M. Steenkamp, and Rajeev Batra(1999), "Brand Positioning Through Advertising in Asia, North America, and Europe: The Role of Global Consumer Culture," *Journal of Marketing*, 63 No. 1(January), pp. 75-87.

Helsen, Kristiaan, Kamel Jedidi, and Wayne S. DeSarbo(1993), "A New Approach to Country Segmentation Utilizing Multinational Diffusion Patterns," *Journal of Marketing* 57, no. 4(October), p. 64.

Kale Sudhir(1995), "Grouping Euro-Consumers: A Culture Based Clustering Approach," *Journal of International Marketing*, Vol. 3.

Kern Horst, Hans Christian Wagner, and Rosewitha Hassis(1990), "European Aspects of a Global Brand: The BMW Case," *Marketing and Research Today*, February.

Kotabe, Masaaki and Kristiaan Helsen(2008), *Global Marketing Management*, 4th ed. Wiley.

Steenkamp, Jan-Benedict E. and F. Ter Hofstede(2002), "International Market Segmentation: Issues and Perspectives," *International Journal of Research in Marketing* 19(September), pp. 185-213.

제6장

글로벌 경쟁전략

글로벌 기업들은 글로벌 시장에서 세계적인 경쟁에 직면하게 된다. 글로벌 기업들이 속해 있는 글로벌 산업의 성격 때문이다. 그리고 글로벌 산업의 경쟁력은 국가경쟁력과 밀접하게 관련된다. 본 장에서는 국가, 산업, 기업 수준에서의 경쟁력의 문제를 살펴보고, 글로벌 경쟁에 대비할 수 있는 기업의 경쟁력의 원천을 탐색한다. 본 장에서는 네트워크와 협력을 강조하여 글로벌 협력전략으로서 중요시되고 있는 소싱전략, 전략적 제휴, M&A에 대해서 살펴보고자 한다.

●● 도입 사례 : Federal Express

제1절 국가와 산업의 경쟁력

제2절 글로벌 기업의 경쟁력 원천

제3절 글로벌 소싱전략

제4절 전략적 제휴

제5절 M&A

●● 사례연구 : 나이키

●● 요 약

●● 토의과제

도입 사례 Federal Express

Federal Express의 창업자인 Smith 회장은 예일대학의 학생시절에 시간이 사업의 핵심적 성공요인이 될 것으로 예측하고 택배서비스를 구상하였다. 대학졸업 후 택배사업을 시작한 그는 미국 내의 택배 소비자들에게 당일 오전에 접수한 소화물들을 다음날 오전 10시까지 미국 전역에 배달해주겠다는 약속을 하였다. 소비자들이 시간 약속의 대가로 지불하는 요금은 우체국의 요금보다 훨씬 높았다.

Smith 회장은 분업의 원리에 기반을 둔 업무처리방식으로 택배서비스의 가장 중요한 핵심요소인 시간을 잡을 수 없다는 결론을 내리고 업무흐름을 중심으로 조직을 설계하였다. 그리고 조직 간에 벽이 생기지 않도록 업무흐름에 관련된 모든 정보들을 기업 내부의 소비자들인 종업원들과 기업 외부의 소비자들이 동시에 공유함으로써 사내 · 외에서 발생할 수 있는 정보의 왜곡현상과 그에 따른 업무처리 지연을 최대한 줄이려는 목적으로 사내 · 외 정보공유의 기반(information sharing infrastructure)을 구축할 필요성을 느끼고 기업 내의 모든 자료들을 집결시킬 기지를 건설하였다.

데이터베이스는 각종 자료들의 신속한 보관과 열람을 가능하도록 하기 위하여 정보기술(information technology)을 이용하였다. 또한 데이터베이스에 시간과 공간의 장애를 받지 않고 수시로 발생하는 자료들을 신속하게 입력하고 필요한 순간마다 신속하게 조회할 수 있도록 위성통신과 같은 각종 첨단 통신기술(communication technology)들을 활용하였다. 그리고 외부소비자들이 보내는 소화물에 관련된 각종 정보들을 손쉽게 입력할 수 있는 수단으로 바코드기술(bar-code technology)을 도입하였다.

제 1 절 Global Marketing

>> 국가와 산업의 경쟁력

국가, 산업, 기업 수준에서 경쟁력이 다르다. 먼저 국가와 산업의 경쟁력이 어떻게 나타나는가를 살펴보자.

1.1 국가경쟁력

정부는 국가경쟁력을 높이려고 노력하고 있다. 국가경쟁우위(competitive advantage of nations) 분석에서 잘 알려진 하버드 경영대학원의 Michael Porter(1990)는 국가경쟁력을 결정하는 요소로서 요소조건(factor condition), 수요조건(demand condition), 관련 지원산업(related and supporting industries), 및 기업 전략, 구조 및 경쟁(firm strategy, structure and rivalry)이라는 네 가지 조건들의 상호작용으로 보았다. 이 중에서 기업과 산업이 쉬지 않고 upgrade하고 advance시켜가는 노력에 의해서 창출된다는 것을 강조하였다는 점에서 거시경제학적인 국가경쟁력 분석과 다르게 전개하였다.

그림 6-1 국가경쟁우위의 다이아몬드 모형

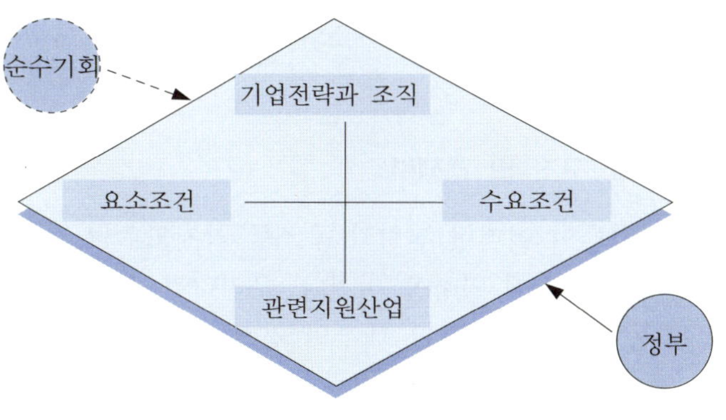

자료: Michael E. Porter(1990), *The Competitive Advantage of Nations,* The Free Preas.

1) 요소조건

요소조건(factor condition)을 잘 살리면서 경쟁력을 높일 수 있다. 국가마다 지니고 있는 요소조건에서 차이가 있다. 우리나라는 자연자원이 부족하기 때문에 기술과 인적자원을 특화하고 자원화시켜 경쟁력을 높여왔다.

2) 수요조건

수요조건(demand condition)은 국가경쟁력을 결정하는 데 매우 중요하다. 우리나라는 IT제품의 수요자들 중에서 상당히 까다롭고 세련화된 소비자들이 많아, 휴대폰이나 화장품 등 글로벌 기업들의 제품개발 프로젝트의 시험대, 즉, 테스트 베드(test bed)가 되고 있다. 한국 소비자들을 만족시키면 세계 소비자를 만족시킬 수 있다고 보는 기업들이 많아졌다.

3) 관련지원 산업

관련지원 산업(related and supporting industries)의 역할은 매우 중요하다. 우리나라 기업들은 IT산업에 집중화 또는 군집화가 나타나고 있고, 이러한 집중화는 관련지원 산업의 기술수준을 향상시켜 경쟁력으로 나타나고 있다. 클러스터에 대한 강조는 이 분야에 해당된다고 볼 수 있다. 대덕연구개발특구와 같이 혁신클러스터를 육성시키고 정부출연연구소들을 밀집시키면서 연구개발을 통해 첨단기술력을 높이는 것은 이에 해당된다. 전자통신연구소와 삼성 등이 협력하여 CDMA기술을 상용화시킨 바 있다.

4) 기업전략, 구조 및 경쟁력

글로벌 기업들이 어떠한 전략과 구조를 가지고 혁신과 변화를 유도하는가는 국가경쟁력에 영향을 미친다. 우리나라 전자산업, 반도체, 조선, 철강, 자동차관련 기업들은 내부의 경쟁 메커니즘을 가지고 미래를 바라보는 전략을 가지고 세계적인 경쟁력을 갖추어왔다. 미국의 경우 제약기업들은 다른 나라에서 도저히 따라 잡을 수 없을 정도로 강한 경쟁력을 지니고 있다. 우리나라 기업들의 글로벌 전략지향성의 추구는 국가경쟁력에 결정적으로 중요하다.

5) 정 부

정부의 역할은 다이아몬드 내부에 상호작용성을 보여주는 네 가지 요소들이 잘 작용하도록 유도한다는 점에서 중요하다. Kotler(1997)는 요소조건과 수요조건에 영향을 주는 변수로서 정부의 리더십을 강조한 바 있다. 실제로 우리나라의 빠른 경제성장이 이루어진 것은 실력있는 인재들이 정부로 들어가 큰 역할을 담당하였음이 분명하다.

1.2 산업의 경쟁력 분석

Michael Porter(1990)의 다이아몬드 모델에서 기업전략, 구조 및 경쟁력은 국가경쟁력에 연관됨을 보여주었다. 글로벌 기업들이 모여있는 글로벌 산업이 국가경쟁력을 견인한다. 우리나라의 경우 삼성과 LG와 같은 전자기업들이 모여 전자산업을 형성한다. 자동차, 반도체, 철강 등의 산업은 글로벌 산업이라고 부른다. 이들 글로벌 산업(global industry)은 한 국가에서 기업의 경쟁적 지위가 다른 국가들에서 지위에 의해서 영향을 받는 산업을 말한다. 국내 산업의 집합이 아니라 세계적으로 경쟁자들과 경쟁하는 서로 연계된 국내 산업들을 말한다.

Michael Porter는 1980년 『경쟁전략(*Competitive Strategy*)』에서 산업조직론 관점에서 산업의 경쟁구도를 분석하였고, 이 분야를 이해하는 기반을 제공해주었다. [그림 6-2]에서 하나의 산업에서는 동일한 업종

그림 6-2 산업의 경쟁구조

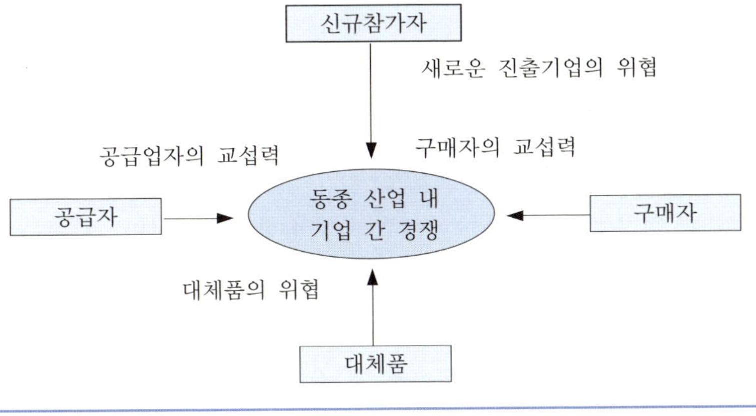

에서의 경쟁자, 공급자, 구매자, 대체제, 신규참가자들이 관계한다. 이들의 관계에 대한 이해는 특정 산업에서 경쟁구도를 이해하는 데 중요한 분석도구가 되고 있다. 이는 경쟁의 범위를 산업 내에서 동종 기업 간 경쟁으로 좁게 보지 않고 공급자, 구매자, 대체품, 신규참가자로 넓게 바라보는 데 도움을 준다. 더 나아가 이들 사이의 관계설정을 잘하여 경쟁구도를 협력구도로 만들어가는 것은 기업의 능력이 된다. 예를 들어 자동차기업이 부품공급자와의 상생에 대한 강조는 이 분야에 해당한다. 이들을 보다 자세하게 살펴보자.

(1) 산업 내 동종기업 간 경쟁

산업 내에서 동종 기업들이 많을수록 경쟁은 치열해진다. 경쟁은 시장점유율과 시장성장률에 의해서 결정된다. 산업 내에서 시장점유율 1위의 기업과 2위의 기업 사이에서 시장점유율 차이가 많이 나는 선도기업이 있는 경우에는 기업 사이에서 핵심역량에 집중하는 경향이 있어 경쟁이 분화되는 경향이 있다. 시장성장률이 높은 업종에 있는 경우에는 경쟁의 양상이 덜 치열하다가 시장성장률이 멈추면 경쟁이 보다 치열해진다.

(2) 공급자의 교섭력

원자재와 부품을 공급하는 공급업자와의 관계에서 기업의 교섭력이 강해지면 안정된 공급이 이루어지지만, 교섭력이 낮아져 주요 공급업자가 경쟁기업 쪽으로 옮기면 기업경쟁력에 치명적으로 작용하는 경우가 생긴다.

(3) 구매자의 교섭력

제조기업과 유통기업과의 관계에서 월마트와 같은 유통기업들이 구매자의 역할을 하게 되어 제품을 대량으로 구매하는 경우 구매자의 교섭력이 강해져 제조기업의 이익이 적어지는 경우가 있다. 이 경우 제조기업들은 구매자들의 교섭력을 낮추기 위해서 구매자들의 수를 늘리는 방법을 택하는데, 시장을 글로벌로 확장하여 구매선을 넓히는 전략을 사용한다.

(4) 대체품의 위협

대체품이 있으면 가격에 민감한 소비자들에게 가격이 싼 쪽으로 옮길 수 있는 가능성을 넓히기 때문에 기업의 수익성에 어려움을 가져다 준다.

(5) 신규참가자의 위협

신규참가자는 가격을 낮추어 시장에 들어가는 침투전략을 사용하는 경우가 많다. 이는 가격이 인하되는 효과를 가져와 기존 기업에 위협으로 작용하게 된다. 이러한 신규참가자의 위협에 대응하기 위하여 기업은 규모의 경제를 확보하고 제품차별화를 할 수 있어야 한다. 한국과 미국의 FTA협상이 이루어져 경쟁력 있는 미국 글로벌 기업들의 제품들이 한국 시장으로 침투하게 되면 국내 산업의 구조조정이 나타날 가능성이 많다. 규모의 경제 효과를 발휘하도록 제약산업 등에서 M&A 요구도 있을 수 있다.

1.3 산업의 글로벌화 촉진요인

경영자들은 그들 산업이 글로벌화의 정도가 어떠한지를 물어야 한다. 기업의 활동을 글로벌화시키고, 글로벌 시장 쪽으로 움직이려면 글로벌 전략을 설계하고 실행할 수 있어야 한다. 산업의 글로벌화 잠재력을 결정하는 요인들은 다음과 같다.

Yip(1992)은 산업의 글로벌화 촉진요인을 다음과 같이 분석하였다.

(1) 시장 글로벌화 촉진요인(market globalization drivers)들은 다음과 같다.

- 동질화되고 있는 고객 욕구
- 글로벌로 이루어지는 고객형성과 유통채널
- 시장으로 이전가능한 마케팅믹스 요소들
- 소비재에서 일본, 산업통제 장비에서 독일, 컴퓨터 소프트웨어에서 미국과 같이 특정 산업에서 혁신들을 창출하는 선도 국가들의 존재

(2) 원가 글로벌화 촉진요인(cost globalization drivers)은 다음과 같다.

- 글로벌로 이루어지는 규모와 범위의 경제
- 경험곡선 효과

- 글로벌 소싱에서의 효율성
- 호의적으로 형성되는 로지스틱스
- 국가 비용에서의 차이
- 빠른 기술변화

(3) 정부 글로벌화 촉진요인(government globalization drivers)은 다음과 같다.

- 호의적인 무역정책
- 비교가능한 기술기준들
- 공통 마케팅 규정들
- 정부 소유의 경쟁자들
- 정부 소유의 고객들

(4) 경쟁적 글로벌화 촉진요인(competitive globalization drivers)은 다음과 같다.

- 높은 수출과 수입
- 다른 대륙과 국가로부터의 경쟁자들
- 상호의존적인 국가들
- 글로벌화된 경쟁자들

그림 6-3 산업 글로벌화 촉진요인들

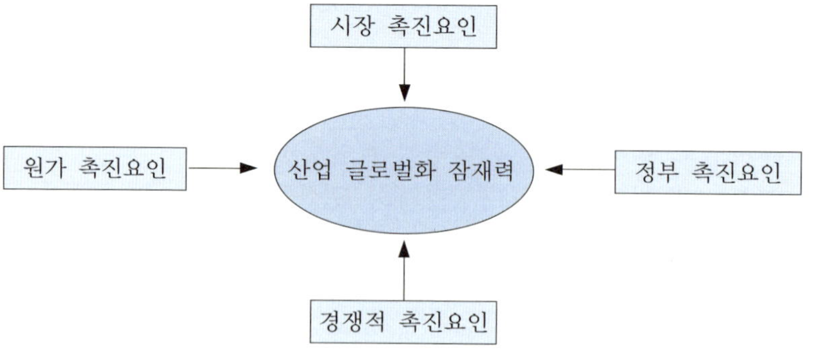

1.4 초경쟁전략

Michael Porter는 시간적인 차원을 고려하지 않았다. 미래의 경쟁자들이 오늘날의 경쟁자와 어떻게 다른지도 명확하게 나타나지 않았다. 산업의 수렴(convergence)현상을 관찰하면 새로운 경쟁자들은 완전히 다른 산업에서 출현할 수 있다. 창조적 파괴를 통하여 신기술과 제품이 등장하는 오늘날의 시대에서는 보다 동적인 분석이 필요하다. 기업의 초점이 시장을 와해시키는 데 두는 경우 이를 초경쟁전략(hyper-competitive strategy)이라고 부른다. 초경쟁 상황에서는 시장에서 1위 자리를 계속 유지하기가 어렵게 되어, 1위 자리가 빠르게 바뀌는 경향이 생긴다. D'Aveni(1994)는 초경쟁상황에서 다음과 같은 네 가지 전략이 중요하다고 보았다.

(1) 원가와 품질

원가를 낮추고 품질수준을 높이는 방향에서 경쟁력을 높인다. 제1장에서 Levitt의 분석에서 살펴본 바와 같이 일본기업들은 미국과 유럽 경쟁자들에 비해 낮은 원가와 높은 품질을 동시에 달성하면서 경쟁력을 확보하고 있음을 보였다. 원가우위와 차별화, 니치전략을 달성하면서 가격과 품질 양쪽에서 경쟁한다. [그림 6-4]에서 볼 수 있듯이 경쟁력 있는 글로벌 기업들은 높은 품질과 낮은 가격을 가진 궁극적 가치

그림 6-4 가격과 품질 상호관계와 궁극적 가치점

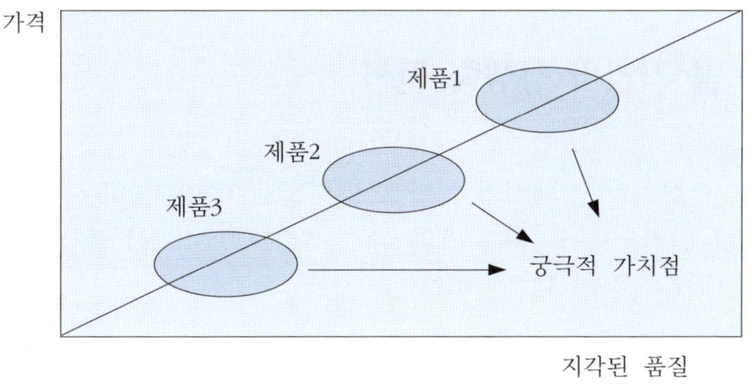

자료: Richard A. D'Aveni(1994), *Hypercompetition: Managing the Dynamics of Strategic Maneuvering*, the Free Press.

점으로 움직인다.

(2) 타이밍과 노하우

시장에 선도자가 되고 기술리더십을 지니려면 타이밍과 노하우(timing and know-how)를 갖추어야 한다. 경쟁이 타이밍과 노하우 쪽으로 움직이면, 기업이 지니고 있는 R&D기술, 마케팅기술과 다른 자산들이 경쟁자들보다 적기에 이점을 누릴 수 있는 무기로서 작용한다.

(3) 요 새

요새(strongholds)는 기업이 지리적으로 유리한 시장세분을 말한다. 특정 세분시장에서 강한 경쟁적 지위를 가지고 있는 요새가 있으면 다른 시장에서 경쟁자들을 공격하기가 쉬워진다. 많은 일본 기업들은 미국 시장의 반 정도의 크기를 가진 일본 국내시장에서 경쟁적 강점을 확보하여 요새를 구축하고 세계시장으로 쉽게 진출할 수 있었다. 실제로 GM은 한국을 중국으로 가는 교두보로서 GM대우를 중요하게 여겨 왔다.

(4) 재무자원

최근의 기술 발전을 수행하거나 구매하거나 경쟁하고 있는 경쟁자들을 모니터링할 수 있기 위해서는 재무자원이 있어야 한다. 본 장에서 논할 M&A는 이 분야에서 힘을 발휘한다.

제 2 절 >> 글로벌 기업의 경쟁력 원천

Global Marketing

본 절에서는 경쟁력의 기반으로서 정보기술의 영향을 살펴보고, 경쟁력의 원천으로서 규모, 범위, 속도, 네트워크, 지식 등 다섯 가지 요소에 대해서 설명하고자 한다.

2.1 경쟁력의 기반으로서 정보기술

글로벌 기업들의 경쟁력의 기반은 정보기술에서 온다.

1) 전자상거래

1990년대 이후 나타난 인터넷상의 전자상거래가 폭발적으로 성장하였다. 인터넷은 거리의 소멸을 가져다주고 있다. 소비자들이 서울에 있든지 워싱턴에 있든지 지구상의 어디에서나 Amazon.com과 BarnesandNoble.com에 도달할 수 있다. 미국의 월마트(Wal-Mart)와 프랑스의 까르푸(Carrefour)와 같은 전통적인 대중 소매업자들은 곧 사라지지 않을 것이지만, 인터넷은 편의, 속도, 비교가능성, 가격, 그리고 서비스에 대한 소비자들의 기대를 근본적으로 변화시키고 사업의 방식에서 혁신을 가속화시키고 있다.

2) 실시간 관리

정보기술의 도움으로 정보의 교환이 거의 실시간(real time)에 이루어지고 있다. 바로 전날의 자료를 가지고 의사결정을 할 수 있게 되고 있다. 월마트와 같은 소매업자들은 원거리 통신으로 매 두 시간 간격으로 세계 도처에 있는 점포로부터 정보를 얻는다. 주문처리활동에서도 EDI(Electronic Data Interchange)를 통하여 일주일 이상 걸리는 거래를 며칠 만에 처리한다. 그러나 월마트의 정보기술에 대한 강조는 부작용도 낳고 있다. 월마트는 전파식별 판독(RFID: Radio Frequency Identification)시스템을 도입하였는데, 이는 신속한 재고파악과 자동발주를 통해 업무효율 향상을 가져다주기 위해 모든 제품에 RFID칩을 부착하여 소비자들의 개인적인 구매내역이 기업에 실시간으로 보고되게 하는 시스템이었다. 그러나 이는 소비자의 프라이버시를 침해하고 고용축소를 가져다주었다. 이러한 정보기술 이상으로 중요한 것은 소비자행동에 대한 이해이다. 실제로 월마트는 한국 소비자들의 행동에 대한 이해부족으로 이마트에 밀려 철수한 바 있다.

3) 온라인 커뮤니케이션

판매원들은 노트북 컴퓨터, 팩스, 인공위성 연결 등을 통하여 본사의 중앙 데이터베이스로부터 자료를 연결하면서 판매활동을 전개할 수 있게 되고 있다. 이는 반응시간을 단축시키고 생산성을 증가시킨다. 미국 캘리포니아와 인도 뱅갈로의 연결, 한국 서울에서 중국 북경, 일본 동경으로의 업무연결 등이 훨씬 쉬워지고 있다.

4) 조직변화

기업 내부에서 정보기술은 조직구조에 변화를 가져다주고 있다. 조직에서 정보가 다수에게 빠르게 흘러게게 됨에 따라 정보의 근원과 사용자 사이에서 정보를 걸러내는 수가 감소하였다. 다국적기업들이 종업원들, 공급업자들, 독립적인 계약자들과 유통업자들 사이에서 커뮤니케이션과 거래를 촉진시키기 위해서 인터넷상에 내부 웹서버를 사용하기 시작했다.

5) 소비자반응에서 변화

정보기술의 영향은 새로운 기술을 장착한 제품을 소비자들에게 신속하게 전달하게 하고, 소비자행동에 변화를 가져다주고 있다. 이전보다 제품수명주기를 단축시키고 있다. 국제제품수명주기에 따라 국가에서 국가로 제품이 확산되어가는 이전의 모형은 이제는 맞지가 않으며, 전 세계적으로 동시에 제품이 출시되고 전파되고 있다. 시장의 범위가 지구적으로 나타나기 때문이다.

그림 6-5 경쟁력의 원천

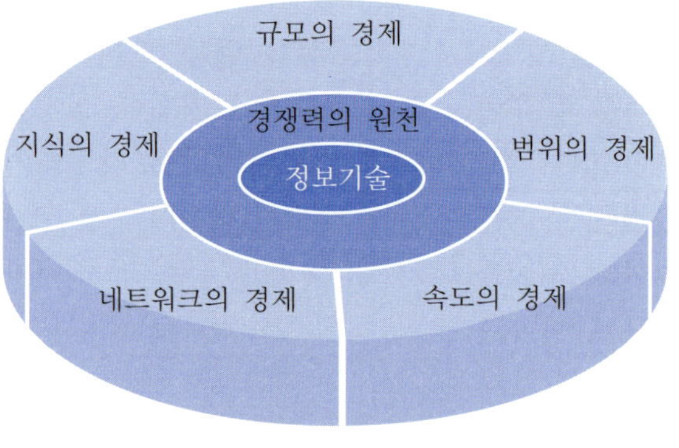

2.2 경쟁력의 원천

기업의 경쟁력은 다섯 가지 분야에서 온다. 즉, 규모, 범위, 속도, 네트워크, 지식이 그것이다.

1) 규모의 경제

대량생산을 통하여 원가를 줄이면서 세계적으로 진출할 때의 경쟁력의 원천은 규모의 경제(economy of scale)가 우세했다. 이는 포드 자동차가 컨베이어벨트 공정혁신을 통해 표준화, 단순화, 전문화시킴으로써 대량생산을 가능하게 하면서 나타난 개념이다. 일정기간 내에 제품을 생산해 낼 수 있는 절대 물량이 클수록 생산원가가 낮아져 원가우위(cost advantage)가 달성되어 경쟁력이 생긴다. 절대생산량이 늘어나면 제품의 생산에 필요한 모든 기능의 단가가 하락한다.

이 개념은 제조능력 중심의 사고이며 전통적인 경쟁우위의 요소인 생산기술, 설비, 자본을 중시하기 때문에 단순반복작업에서 강력한 경쟁력원천이 될 수 있다. 그러나 이 규모의 경제는 진입장벽을 형성할 수 있지만, 탄력성의 저하를 가져오기도 한다.

바이오산업에서 규모의 경제를 살펴보자. 일반적으로 바이오산업은 생명현상과 관련된 제품 및 서비스를 생산하기 때문에 산업화하는 과정에서 장기간에 걸쳐 막대한 연구개발 투자가 요구된다. 특히, 신약개발의 경우 원천 물질을 창출하여 시장에서 성공하는 비율은 1만 개 중에서 하나만이 성공한다. 잔탁과 같은 히트제품의 경우 개발비용만 1조 원이 든다. 이러한 성공률이 낮은 것은 전임상 및 임상시험 단계를 거치고, 인증심사 단계를 통과하여야 완전히 상품화될 수 있는 안전성에 관한 엄격성이 존재하기 때문이다. 개발기간이 길고 비용이 크게 드는 특성이 존재한다. 화이자와 같은 글로벌 기업의 매출액은 우리나라 신약업계의 매출액을 합친 액수만큼인 것으로 보면, 이 분야에서 규모의 경제가 큰 역할을 하고 있음을 알 수 있다.

2) 범위의 경제

기업은 범위의 경제(economy of scope)를 통해 경쟁력을 높이려 한다. 범위의 경제는 유형자원에서 발생할 수 있고, 무형자원에서도 발생할 수 있다.

(1) 유형자원에서 발생하는 범위의 경제

범위의 경제는 하나의 신제품 공정에서 필요한 투입요소를 다른 제품을 생산할 때 공동으로 활용함으로써 다른 제품을 생산할 때 추가적 비용을 부담하지 않는 설비, 기술, 생산 및 판매 노하우 등을 공통으로 이용하기 때문에 나타난다.

제품라인과 관련하여 범위의 경제를 생각하면, 독립적으로 생산하는 것보다 라인을 이용하여 결합 생산할 때 평균생산비가 절감될 수 있다. 제품의 품목수를 증대시켜 생산, 판매 및 구매 기능을 제품 간에 공동으로 사용함으로써 나타나는 효과이다. 현대자동차는 기아자동차를 인수하여 신제품을 만들면서 자동차는 다르지만 엔진이나 오토미션 등 부품을 같이 하면서 범위의 경제를 활용하고 있다. 투산과 스포티지는 많은 부품들이 같다.

(2) 무형자원에서 발생하는 범위의 경제

규모에서 범위의 경제로 넘어갈 수 있는 것은 고객에 대한 정보 데이터베이스가 이루어지고, 이 데이터베이스에서 유용한 정보를 추출할 수 있는 능력이 있어야 가능하다. 캐논(Cannon)의 예를 들어보자. 캐논은 창업시부터 보유하고 있는 현미경사업부에서 광학기술을 정밀기계기술과 결합하여 카메라를 만들고 여기에 전자기술을 첨가하여 복사기와 프린터시장에 진입하여 무형의 기술을 새로운 사업분야에 적극적으로 활용하여 범위의 경제를 창출하였다.

인터넷 서점 Amazon의 경우도 범위의 경제를 잘 보여주고 있다. 서적판매에서 고객데이터베이스에서 충성고객을 확보하고 음악 CD, Video, DVD, 완구, 게임, 관광상품, 컴퓨터, 공구류, 전자제품까지 범위를 확장하여 수많은 제품을 판매하는 종합쇼핑몰로 변화하였다.

(3) 조직상의 능력에서 발생하는 범위의 경제

캐논이 핵심기술을 조합하여 신속하게 신제품을 창출할 수 있는 것처럼 조직능력은 중요한 핵심역량이라고 볼 수 있다. 조직혁신을 이루기 위해서는 기술혁신, 관리혁신, 인적자원혁신이 함께 수행되어야 하고, 이를 통해서 범위의 경제를 지속적으로 창출할 수 있다.

(4) 가치사슬에서 범위의 경제

부품들을 조합하여 완성품을 만들어내는 첨단기술기업의 경우 관련 부품을 만들어내는 기업들과 보완관계를 형성하면서 가치사슬을 구축하여 경쟁력을 높이고 있다. 서로 다른 영역을 가지고 있는 수많은 기업들 중에서 보완자를 찾아 가치사슬로 연결하여 새로운 영역을 개척해내는 능력은 범위의 경제를 높이는 고도의 능력에 해당한다.

3) 속도의 경제

오늘날 시간은 기업 경쟁력의 핵심요소이고 속도와 타이밍이 기업의 생명이 되고 있다. 정보기술을 이용하면서 속도의 경제를 창출할 수 있다. 우리나라 삼성과 LG는 속도의 경제를 발휘하고 있다고 평가되고 있다. 생산, 유통, 판매 전체 과정을 경쟁업체보다 빠르게 수행하는 속도의 경제는 현대 기업의 경쟁력의 원천으로서 강력한 무기가 되고 있다. 시간에 기반을 둔 경쟁(time based competition)은 기업에서 창출된 혁신이 시간의 경과에 따라 소비자들에게 확산속도에서 중요시된다.

글로벌 기업들에게서 생산과 출시의 타이밍을 맞추는 일이 결정적으로 중요하게 되었다. 나이키와 리복과 같은 기업들은 속도의 경제를 충분히 살리기 위해서 광고와 디자인과 같은 속도에 빠르게 대처할 수 있는 기능을 기업의 주기능으로 잡고 속도감이 상대적으로 빠르지 않는 생산과 제조는 아웃소싱으로 해결하여 자신에게 특화된 분야에 집중하여 왔으며, 오늘날 많은 제조기업 기반으로 성장한 대기업들은 이와 같은 변화를 하고 있다. 이전보다 아웃소싱이 강조되는 이유이다. 이는 본 장의 아웃소싱 절에서 다시 살펴보고자 한다.

4) 네트워크 경제

기업 활동의 전 분야에서 네트워크 경제(economy of network)가 작용하고 있다. 많은 첨단기술제품들은 수많은 부품들로 구성되어 있는 경우가 많다. 예를 들면, 자동차는 수많은 부품들이 결합되어 있다. 이를 시스템제품이라고 불린다. 현대자동차와 도요타자동차의 경쟁력의 차이는 현대자동차와 도요타자동차 제조업체의 경쟁력이 아니라 각 기업들이 맺고 있는 네트워크에서 경쟁력이 달라진다. 즉, 개별 기업

간 경쟁에서 기업이 맺고 있는 네트워크 간의 경쟁으로 변화되고 있다는 의미이다. 기업은 신제품을 개발하기 위해서 공급자, 유통업자, 수요자 등 가치사슬을 잘 연결하는데, 공급자들과 유통업자들과의 관계에서는 공급망관리(Supply Chain Management)로 연결하고, 고객들과의 관계를 고객관계관리(Customer Relationship Management)를 수행한다. 이 SCM과 CRM을 성공하기 위해 정보기술이 기반이 된다.

이러한 네트워크가 중요시되면서 수직적으로 운영되어온 기업경영에서 수평적인 사고가 중요하게 되었고, 기업과 기업 사이의 지식의 이동을 빠르게 함으로써 지식의 경제로 이동하고 있다.

5) 지식의 경제

지식경영(knowledge management)은 기업의 경쟁력의 근원을 기업이 가지고 있는 지식에서 파악한다. 이러한 지식을 창출하고, 구성원들과 공유하면서 그 가치를 극대화시키는 지식의 경제(economy of knowledge)를 창출하려고 한다. 지식경영을 크게 발전시킨 Nonaka 교수는 지식을 표현할 수 있고 문서로 기록가능한 '형식지(explicit knowledge)' 와 말로 전달할 수 없는 노하우 같은 '암묵지(implicit knowledge)' 로 나누고 개인이 가진 암묵지를 형식지로 전환하거나 각 개인이 가진 암묵지를 사회화하여 전수받고 데이터베이스화된 형식지를 습득하여 이를 재조합함으로써 개인, 그룹, 조직, 조직 간의 상호작용에 의하여 기업의 지적자산이 증대되는 지식창조기업을 강조하였다.

글로벌 기업들은 학습조직이 되고 있다. 학습조직(learning organization)이란 구성원들이 원하는 성과를 달성하기 위해서 지속적으로 조직의 역량을 확대시키고 새롭고 포용력 있는 사고능력을 함양하며 학습방법을 서로 공유하면서 지속적으로 배우는 조직을 말한다. 이러한 조직을 형성하면서 숙련된 인력으로부터 능률적이고 효과적으로 새로운 지식과 통찰력을 받아들여 활용하면서 변화에 빠르게 적응하거나 새로운 환경을 창조해나간다.

기업이 네트워크를 이루어 관계를 형성하면 눈에 보이는 자원과 눈에 보이지 않는 자원들이 함께 공유되어 구성원들 사이의 암묵지가 공유되면서 지식의 경제가 달성된다. 네트워크를 통하여 달성되는 자원의 보완성과 의존성은 새로운 정보와 지식의 창출을 가능하게 한다.

이를 위해서는 기업조직을 지식공장(knowledge factory)으로 운영할 필요성이 있는데 지식공장은 공유된 지식을 주로 생산하는 유기적이고 가속화된 학습조직이다. 지식공장에서 정보는 지식을 창출하기 위한 핵심적인 소모품이며 정보를 지식으로 창조하기 위해서는 지식웨어가 지식변환으로의 메커니즘이 된다.

산업사회에서 주도적인 기업들인 철강, 자동차, 석유화학 등에서 글로벌 기업들이 규모의 경제를 강조하였다면, 현대 지식사회에서 주도적인 기업들인 소프트웨어, 정보서비스, 통신, 의료, 미디어, 레저, 생명공학 관련 기업들은 지식의 경제를 잘 살리면서 경쟁력을 높이고 있다.

제3절 >> 글로벌 소싱전략

Global Marketing

3.1 글로벌 소싱의 종류와 주요 이유

글로벌 기업들은 세계시장을 대상으로 영업을 전개하기 위해 생산에 필요한 원재료와 부품을 어떻게 조달할 것인가 하는 중요한 의사결정 문제에 직면하게 된다. 글로벌 소싱(global sourcing)은 전 세계를 대상으로 일정한 수준 이상의 품질을 지닌 원재료 및 부품을 유리한 가격으로 필요한 시기에 적당한 공급자로부터 합리적으로 구매하기 위한 일련의 활동이다. 제조업자는 글로벌 소싱의 원천을 국제적으로 확대함으로써 부품조달을 원활하게 할 수 있다.

인건비의 비중이 큰 신발 및 의류와 같은 노동집약적 산업의 기업들은 상대적으로 임금이 저렴한 지역에서의 제품을 생산하는 것이 유리하다. 소싱 의사결정은 계약적이고 입지적으로 이루어질 수 있다. 계약적인 관점에서 다국적기업들의 주요 부품들과 제품들의 소싱은 두 가지 방법으로 행해진다. 모회사나 자회사들로부터 기업과 기업 사이에 이루어지는 방법과 독립된 공급업자들로부터 계약을 통하여 이루어지는 방법이다. 전자는 기업간 소싱(intra firm sourcing), 후자는 아웃소싱(outsourcing)이라고 한다. 입지적으로 보면 국내적으로나 해외에서 획득할 수 있다.

다국적기업들은 세계 도처에 흩어져 있는 그들의 기업 체제 내에서 그들의 부품들을 획득할 수 있다. 세계 여러 곳에서 판매될 제품들을 통합하기 위해서 국내 모기업이나 해외 자회사에서 주요 부품들을 생산할 수 있다. 이 경우 모기업과 해외 자회사 사이에서 그리고 해외 자회사들 사이에서 국경을 넘어서서 거래가 발생한다. 이를 기업 간 소싱(intrasourcing)이라고 한다.

제조부문에서 소싱의 발생은 어떻게 나타났을까? 미국은 한때 국제무역에서 지배적인 위치를 행사해 왔다. 그러나 따라잡는 해외 경쟁자들이 증가하면서 미국 기업들은 전략적 강조점이 제조에서 재무와 마케팅 쪽으로 움직이게 되었다. 조직 내에서 제조부문이 영향력이 줄어들었다. R&D부문에서 생산에서 필요한 명세서를 준비하게 되고 마케팅이 배달, 재고, 품질 조건들을 다루게 되자, 생산관리자들은 그들 자신의 기업 내에서조차 외부 공급자 역할을 하게 되었다. 이러한 역할 변화는 제조기능은 독립된 계약 제조업자들에게 쉽게 이전될 수 있고 이전되어야 한다는 믿음이 생겼다. 기업들은 주요 부품들이나 제품들을 국내 공급자들에게 의존하게 되었다. 점차적으로 경쟁압박하에서 생산비를 절감하기 위해서 해외에서 부품들과 완성품들을 아웃소싱하는 쪽으로 움직여갔다. 아시아에서는 한국, 싱가포르, 대만, 홍콩, 중국 등으로 나타났고, 남미에서는 브라질, 멕시코 등이 미국 제품의 생산기지화되어갔다. Dell, HP, Apple, Compaq 등이 대표적이었다.

최근에는 인터넷을 사용하여 B2B 아웃소싱 체제를 글로벌로 구축하는 기업들이 증가하고 있다. 자동차산업이 대표적이다. 자동차기업들은 다른 산업에 비해서 비교적 짧은 수명주기를 가진 제품들을 개발하고, 시장에 빠른 반응시간을 필요로 하기 때문에 아웃소싱의 선각 수용자들(early adopters)이다.

이와 같이 글로벌 소싱이 증가하는 이유를 정리하면 다음과 같다.

첫째, 기업의 자원은 한정되어 있으므로 핵심역량 요인에 집중화하고 나머지 자원을 외부에서 조달함으로써 기업을 전문화하고 핵심역량을 강화시킬 수 있다.

둘째, 핵심역량에 관련된 핵심기술 인력만을 보유하고 주변은 아웃소싱으로 해결하여 인적자원을 효율화한다.

셋째, 기업은 특정 부품생산을 소싱으로 해결하여 고정비의 부담을 줄인다.

넷째, 기술축적을 통하여 새로운 아이디어를 창출하기가 쉽고, 창출된 아이디어를 소싱 네트워크로 이전하여 원가절감을 유도한다.

다섯째, 인적자원, 유통, 재고관리 등 관리과정을 타회사로 맡기면서 관리비용을 줄여 원가를 절감한다.

여섯째, 위험을 분산한다.

3.2 소싱의 이론적 배경: 거래비용이론

기업의 범위나 영역을 결정하는 주요 이론으로 1992년 노벨경제학상을 받은 Ronald Coase(1937)의 이론이 있다. 그의 이론에 따르면 기업과 시장과의 관계를 설명하는 데 있어서 거래비용이론으로 설명하고 있다. 이는 기업의 범위는 시장에서의 거래비용과 내부조직의 비용의 상대적 크기에 따라 결정된다는 이론이다.

기업 활동에는 원료를 구매하여 생산하고 판매하는 주된 활동과 그 기업의 주된 활동에 부수적인 활동분야들이 있는데, 이러한 부수적인 기능들을 시장거래를 통해 수행할 수 있다. 그러나 이 경우 비용이 증가한다. Coase는 시장을 통한 거래비용이 기업조직을 통한 경제활동비용에 비하여 훨씬 더 높아 시장실패(market failure)가 발생하기 때문에 기업이라는 내부조직이 발생한다고 보았다. 그는 기업도 내부 관리비용(administrative cost)와 조직 내의 비효율성이 발생하므로 시장을 통한 거래비용(market transaction cost)과 관리비용을 비교하여 더 비용을 줄이는 방향을 경제활동이 조직된다고 보았다.

Coase의 주장은 1937년에 나타났고 다국적기업의 수직적 통합을 통한 내부화를 설명하는 데 유용한 틀을 제공하였다. 그러나 1990년대 들어 세계 시장이 빠르게 변화되자 유연성이 중요시되면서 수직적 통합보다는 전문화를 통한 수평적으로 사업구조가 중요시되면서 아웃소싱(outsourcing)이 전략적 대안으로 나타났다.

기업이 수직적 통합으로 직접 생산하여왔던 부품생산 등 여러 활동을 가치사슬 기법을 통해 분석하고 이 활동을 내부적으로 수행할 필요성이 있는지를 검토한 뒤, 필요성이 적어 외부 생산기업에게 아웃소싱하는 것이 효율적이라고 판단되면 과감하게 넘기는 방법을 선호하게 되었다.

3.3 아웃소싱의 고려사항

자국 중심의 아웃소싱보다 글로벌 아웃소싱 전략에는 고려해야 할 요인들이 많다. 글로벌 기업들이 연구개발과 마케팅 등 특정 부문에 깊이 파고들어 철저한 전문화를 추구하고 특성화되지 않은 영역들을 중심으로 기업 외부에 의존하여 경쟁력을 찾고 있지만 다음을 고려하여야 한다.

첫째, 아웃소싱에 의존하면 핵심기술을 상실할 수 있다. IBM, Microsoft, Intel 사이의 경쟁에서 이를 볼 수 있다. PC시장에서 후발주자였던 IBM은 DOS운영시스템을 Microsoft사에서, 마이크로프로세스를 Intel에 아웃소싱함으로써 자신의 핵심부품과 산업표준을 형성할 수 있는 기회를 영원히 상실하였다.

둘째, 일부 기능을 아웃소싱하게 되면 기존에 기업이 형성하여온 내부조직균형이 깨어질 수 있다. 조직부서 간의 협력의 정도도 깨어질 수 있기 때문에 신중하여야 한다.

셋째, 통제력이 크게 상실될 수 있다. 주요 부품을 아웃소싱으로 의존하게 될 때, 부품업체에 대한 통제가 점차 사라져 가격협상에서 어

그림 6-6 수직적 통합과 아웃소싱

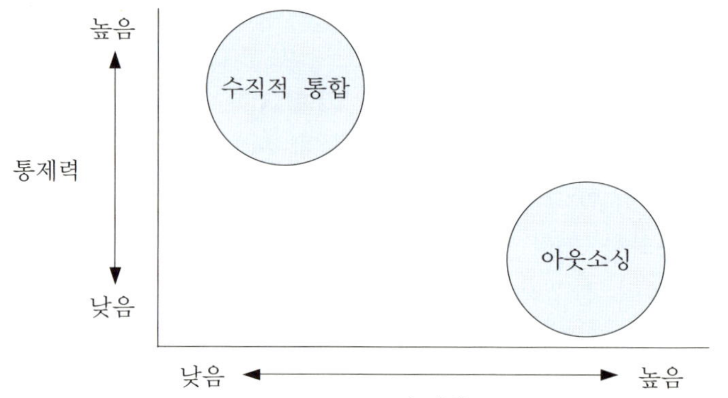

려움에 직면하게 되거나 의존관계로 변할 수 있고, 부품업체가 경쟁기업과 협력관계를 맺을 때는 보완관계가 경쟁관계로 변화될 수 있다. 이는 혁신중소기업들이 대기업과의 관계에서 종속관계로 되지 않고 상생관계로 될 수 있다는 근거가 된다.

제4절 >> 전략적 제휴

Global Marketing

4.1 전략적 제휴의 필요성

글로벌 경쟁이 심화됨으로써 기술의 확산속도가 빨라지고, 기술융합(technology fusion)이 활발해지면서 기술개발에 따른 투자비용과 위험이 증대되고 있다. 협력관계를 맺음으로서 보다 큰 경쟁에 대비하여 경쟁우위를 확보하려는 전략이 더욱 중요하게 되고 있다.

전략적 제휴(strategic alliance)는 시스템 경쟁체제하에서 경쟁을 하려는 시도로서 네트워크를 통한 협력으로 볼 수 있다. 네트워크는 시장과 조직을 결합한 자원배분의 진행형태로써 시장거래와 조직의 장점을 흡수하여 효율적으로 자원을 배분하는 것이다.

이러한 네트워킹(networking)은 기업 내의 네트워킹을 통하여 국제적으로 분산된 내부의 경영자원을 통합하여 각 조직이 경영자원을 공유함으로써 기업전체의 경쟁능력을 확대시키는 동시에 외부기업 간 네트워킹을 통하여 연계조직들이 보유하고 있는 경영자원을 활용하려는 것이다. 네트워킹은 기술변화가 빠른 전자산업 등 글로벌 산업을 중심으로 활발하게 일어나고 있는데 국내 및 국제 간 전략적 제휴의 확산은 이러한 추세를 보여주고 있다.

4.2 전략적 제휴의 정의

전략적 제휴는 '경쟁관계에 있는 기업이 일부 사업 또는 기능별 활동부문에서 경쟁기업과 일시적인 협력관계를 갖는 것'을 말한다. 넓은 의미에서는 기존의 기업제휴와 다른 제휴동기나 제휴범위 및 제휴 당사자 관계 중 특별한 전략적 의도(strategic intent)가 있는가를 중심으로 정의하며, 전략적 의도만 있다면 구체적 결합 형태에 관계없이 글로벌 사업 전개과정에서 나타나는 모든 기업제휴 형태를 포괄적으로 의미한다. 그러나 좁은 의미에서는 전략적 형태(strategic form)을 강조한다. 즉, 글로벌 기업 간의 협력을 의미한다.

글로벌 시대에는 세계 어떤 기업도 그 기업 혼자서 모든 사업활동을 수행할 수 없기 때문에 다수 기업 간의 협력이 반드시 필요하다. 이와 같은 협력은 경쟁사가 저렴한 비용으로 기술과 시장을 확보하기 위해 이용할 수 있는 방법을 의미하며, 글로벌 제휴는 2개국 이상의 독립된 기업이 상호의 경제적 이익을 위해 경영활동을 협력하는 장기적인 협력관계를 말한다. 전략적 제휴는 상이한 규모의 기업 간에 이루어지는 단순한 협력관계만을 의미하는 것이 아니라 비슷한 규모의 기업간 상호보완적 협력관계까지 포함한다.

4.3 전략적 제휴의 이점

전략적 제휴의 이점은 다음과 같다.

1) 위험분산

R&D분야에서 기업 간의 전략적 제휴가 점차 증대되고 있다. 마이크로일렉트로닉스, 유전자공학, 제약, 바이오 기술 및 통신산업 등의 첨단기술 분야에서는 기술, 제품개발에 시간이 많이 소요되기 때문에 불확실성이 크게 되고, 기술의 수명주기가 짧아지고 있어서 개발에 소요되는 자금을 회수하지 못할 위험이 크다. 또한 기술이 급속하게 진보하고 있는 상황에서 그것이 어느 방향으로 진행될 것인가가 불확실하기 때문에 독자개발은 위험하다.

2) 규모의 경제

연구개발이 성공하기 위해 막대한 투자가 필요하기 때문에 제휴를 통해 개발성과를 공동으로 이용해서 거대한 시장으로 나아가는 것이 유리할 수 있다. 신기술이나 신제품 개발이 일상적으로 행해져 수명주기가 단축되고 있는 상황에서는 더욱 그러하다. 따라서 독자적인 힘으로 시장지위를 개척하는 것보다 제휴를 이용하는 경우, 다른 기업들이 따라오기 어렵기 때문에 시장을 지배하기가 쉽다.

3) 자원의 상호보완

파트너에게 요구되는 자원에는 자본, 천연자원, 기술, 현지의 유통채널, 현지에서 생산이나 마케팅 지식 및 노하우 등이다. 예를 들면, 글로벌 기업이 해외에서 제품조립을 할 경우에 현지의 노사관리나 경영노하우, 사업관행에 관한 지식이 부족하기 때문에 현지기업으로부터 그러한 자원을 지원받을 수 있다.

4) 시장진출

전략적 제휴는 때때로 새로운 시장에 진출하기 위한 목적으로도 사용된다. 우리나라 기술기반 벤처기업이 새로운 제품을 개발하여 중국시장으로 진출하고자 할 때, 중국 현지에 대한 지식이 부족하기 때문에 현지 마케팅 관련 기업과 제휴할 수 있다.

5) 현지국가의 정치적 위험과 통제

글로벌 기업이 현지국가에서 정치적 위험에 직면할 때 현지기업과의 전략적 제휴를 맺는 것이 유리하다. 특정 현지국가에서는 외국기업에 의한 완전소유의 사업이 금지되는 경우가 있다. 이 경우 현지기업과 합작투자를 할 수밖에 없다. 현지국가로서는 자국의 자원이 완전히 외국소유하에서 이용하게 되는 것을 원하지 않는다. 특히, 개발도상국들은 글로벌 기업 소유의 다양한 기술이나 노하우를 자국으로 흘러들어올 수 있게 제휴를 활용한다.

6) 시너지효과

시너지효과(synergy effect)는 다른 주체 간의 결합에 의한 성과가 각 주체에 의한 독립성의 총합을 상회하는 경우 나타나는 상승효과를 말한다. 하나의 사업활동을 운영하는 데 필요한 자원 사이에서 상호보완성 및 의존성이 있는 경우 공동의 목적을 가지고 자본을 공유하면 상승효과가 발휘될 가능성이 있다.

7) 시장진입과 탈퇴에 유리

시간에 기반을 둔 경쟁(time-based competition) 상황이 전략적 제휴를 강화시키고 있다. 시장진입 시간을 단축하기 위해서 자원을 집중시키는데 자원이 부족하다는 것을 인식할 때 보완자들을 찾아 전략적 제휴를 맺는다. 바이오기업의 신약개발과정은 엄청난 투자가 필요할 뿐만 아니라 긴 개발기간이 걸리기 때문에 전략적 제휴를 통하여 개발기간을 단축시키고 사업화에 성공하고자 한다.

전략적 제휴는 기업 활동을 보다 유연하게 한다. 사업이 사양사업이라고 판단하면 탈퇴하는 데도 유리하다. 핵심역량이 아닌 주변 활동이나 기능을 외주를 줌으로써 자신의 설비비용을 줄이고 보다 유연한 비용구조를 가질 수 있다.

4.4 전략적 제휴의 형태

전략적 제휴는 다음과 같은 형태가 있다.

1) 국제연구개발 컨소시엄

국제연구개발 컨소시엄은 연구개발분야에서 공동 프로젝트를 제휴하여 수행하는 것으로 첨단기술 산업에서 볼 수 있는 유형이다. 우주항공 등의 산업분야에 있어서는 차세대 전투기, 인공위성시스템 등을 개발 및 제조하기 위한 컨소시엄 결성이 종종 이루어지는데, 프로젝트 규모와 관련 정부기관의 요청이 컨소시엄을 구성하게 되는 주요 요인이다. 예를 들면, 미국 '보잉' 사는 21세기 초 시판을 목표로 탑승인원이 최대 800명에 이르는 신형 슈퍼점보기를 개발할 계획을 세웠는데, 개발비용이 150~200억 달러에 이를 것으로 추산되었다. 따라서 이러한 막대한 개발비용에 따른 위험을 분산시킬 목적으로 경쟁업체들과 손을 잡았다. 제휴에 동참한 파트너는 9개국 항공사로 숙명적 라이벌인 유럽 에어버스 컨소시엄사들인 프랑스 '사에로스파시알', 영국 '에어로스페이스', 독일 '아에로스파세' 등과 일본항공사들이다. 또한 Airbus컨소시엄, 한국의 CDMA컨소시엄 등에서 전략적 제휴의 모습을 발견할 수 있다.

2) 국제기술제휴

국제기술제휴는 한 기업이 다른 국가의 기업에게 생산기술을 제공하거나 자신의 기술을 기반으로 하여 신제품을 개발할 수 있는 권리를 부여하는 것이다. 일반적으로 일정액의 로열티를 지불하거나 매출액의 일정 지분을 지속적으로 지불하며, 신제품개발과 생산의 위험과 비용을 절감하는 것이 주된 목적이다.

공동 연구개발과 교차 라이선싱(cross licensing) 협약이 나타난다. 공동 연구개발은 신제품이나 신기술의 개발을 위해 둘 이상의 파트너가 제휴관계를 맺는 것을 말한다. 이 동맹의 범주는 단지 연구개발에 국한되며, 연구결과물인 신제품의 생산과 판매는 파트너 각자가 독자적으로 수행하는 것이 보통이다. 교차 라이선싱은 둘 이상의 기업이 서로의 지적재산권을 사용할 것을 허용하는 제도이다. 즉, 기업 간 필요한 기술을 서로 주고받는 것을 말한다. 예를 들면, DRAM분야에서 삼성과 도시바의 교차 라이선싱의 경우가 이에 해당된다.

3) 국제 생산 라이선스

국제 생산 라이선스는 규모의 경제를 활용하고 유휴생산시설을 활용하기 위한 방법으로 둘 이상의 기업이 공동생산을 할 수 있는 라이선스를 보유하거나 자체수요를 위해 직접 특허기술을 라이선스받아 생산하는 방법이다. 단지 생산분야에만 국한되어 있으며, 판매나 제품을 사용하는 데는 자유로운 체제이다.

4) 국제제품스왑

국제제품스왑(international product swap)은 판매제휴의 한 유형으로 다른 기업에서 생산한 제품에 자사의 브랜드를 붙여 자사의 생산제품인 것처럼 판매하기도 한다. 자동차산업의 경우 다양한 제품을 만드는 데 소요되는 비용을 절감하기 위하여 일부 차종과 부품을 서로 OEM으로 공유하며 그 대신 개별 기업들은 자신이 경쟁우위를 갖고 있는 분야에 집중투자를 하기 위해서 사용된다.

5) 주문자상표부착생산방식

이는 과당경쟁을 피하고 자신이 보유한 판매망을 잘 활용하고, 참여기업은 모두 비용을 줄이기 위해 사용된다. 즉, 한국 기업은 자기들이 미약한 사업분야를 시작할 때 주문자상표생산방식(Original Equipment Manufacturing: OEM) 관계를 통하여 사업을 확장해왔다. 처음에는 OEM방식을 통하여 선진기업들이 원하는 제품사양과 품질관리기술, 제품디자인기술 등을 획득하여 제휴가 끝나게 될 때 독자적인 브랜드로 더 월등한 제품을 판매할 수 있는 능력을 기르고자 할 때 사용한다.

4.5 제휴파트너의 선정

전략적 제휴는 지역적, 기술적, 제품별 중복이 없을수록 성공할 확률이 높고 이해관계의 갈등을 피할 수 있다. 강한 기업들 간의 제휴가 강한 기업과 약한 기업과의 제휴보다 성과가 높으며, 약자가 제공할 수 있는 핵심역량이 적으므로 투자회사들의 지분비율이 50대 50일 때가 지분비율이 불균등할 때의 제휴보다 성공 가능성이 높다.

제휴파트너를 선정하는 과정에서 다음을 고려하여야 한다.

1) 제휴파트너가 참여하는 목적과 동기는 무엇인가? 제휴파트너가 기여할 수 있는 주요 경영자원은 무엇인가? 파트너의 전략이 우리가 추구하는 전략과 배치되는가? 파트너의 현존하는 제휴네트워크는 어떻게 이루어져 있는가?
2) 제휴파트너 사이에 나타나는 국가와 기업 문화차이를 어떻게 극복할 수 있는가?
3) 경영에서 언어와 문화의 차이로 인하여 커뮤니케이션이 어려워 갈등의 소지가 어느 정도 있는가?
4) 파트너가 가진 경영자원과 핵심역량의 정도는 어떠한가? 그들의 핵심역량은 무엇이며 제휴를 통하여 우리 기업의 약점을 어느 정도 보완하여 줄 수 있는가?
5) 제휴하려는 분야가 파트너의 핵심사업분야인가 주변사업분야인가?

제5절 M&A

5.1 유기적 성장과 M&A

기업이 성장하기 위한 전략에는 유기적 성장(organic growth)과 M&A(Merger & Acquisition)가 있다. 유기적 성장은 자체적으로 신제품을 개발하고 시장으로 빠른 확산을 통하여 새로운 사업 분야에 진출하는 방법을 택하는 경우이다. M&A는 기업과 기업 사이에 협상을 통하여 두 기업이 하나로 합치는 과정이다. 합병의 경우 한 기업이 다른 기업의 모든 제품들에 대한 소유권을 매입하는 것이어서 합병기업은 피합병기업의 제품들을 소유하며, 자사의 생산활동으로 통합하거나 피합병기업으로 하여금 기존의 생산활동을 계속하게 한다.

오늘날 다국적기업들을 분석하면 기업 성장사가 M&A를 통한 성장사라고 불리워질 정도로 많은 기업들과의 인수나 합병의 방법으로 성장하여온 것을 볼 수 있다. 그러나 M&A가 진행되는 과정뿐만 아니라 M&A 후에 조직문화적인 차이로 인하여 진통을 겪는 경우가 많으므로 보완적인 사업의 경우를 고려하는 등 신중해야 한다. 유기적인 성장에 강조를 두면서 M&A를 고려해야 할 필요가 있다.

5.2 글로벌화와 M&A

글로벌화의 추세는 우리나라 기업들이 인수나 합병에 더 크게 노출되게 한다고 볼 수 있다. 한국과 미국의 FTA협상이 타결되면서 다국적기업의 한국으로의 진출이 더욱 현시화되면서 규모가 작은 우리나라 기업들은 M&A를 통해 덩치를 키워야 한다. 제약회사들의 경우 다국적 제약회사들과 바이오 벤처기업들 사이에서 역할분담이 이루어지고 있는 현실에서 혁신불감증으로 신약개발 등에서 생산성을 높이기 위하여 생산성이 높은 바이오 벤처기업들을 다국적 제약회사들이 M&A를 노리는 경우가 많다.

5.3 M&A 프로세스

M&A가 이루어지는 프로세스는 실사 → 협상 → 계약 → 합병후 통합 과정을 거친다(이규현 외, 2006).

실사(due diligence)라 함은 기업의 인수합병에 따르는 위험 또는 문제점들을 인수합병계약서에 서명하기 이전에 파악하는 절차로서 대상기업에 대한 재무, 영업, 법적인 현황 및 활동에 대해 조사하는 과정을 의미한다. 이는 그 범위, 성격 및 결과가 실사를 요구하는 실사의뢰자(Client)의 요구에 따라 다양하게 나타날 수 있다.

협상(negotiation)은 실사가 끝난 후 대상기업에 대한 기본적이고 핵심적인 정보의 수집 및 전략의 수립 후 계약체결을 위해 대상기업과의 교섭을 통한 실질적 통합을 위한 단계이다. 이 단계에서 대상기업과의 인수가격, 인수형태, M&A와 관련된 제반 법적 문제 및 절차 등이 잘 해결되도록 한다.

계약(contract)은 계약서를 작성하는 단계이며, 이는 M&A실무에서 가장 중요한 단계로서 계약서 작성과 이에 따른 계약체결에서 성공과 실패가 판가름이 난다.

합병후 통합(post merger integration)은 계약체결이 이루어지면 경영자의 최대 관심사가 되는 단계이다. A.T. Kearney의 조사에 따르면 M&A의 58%가 계약이 성사된 후에 결과적으로 실패하였다고 평가되고 있다. 계약의 성립 전까지는 기업 성장전략의 수단으로 진행되지만, 합병후 통합(PMI)단계에서는 조직문화적인 충돌을 어떻게 극복하고 성장할 것인가가 기업 경영진의 최대 관심사로 전개된다.

사례연구

나이키

아웃소싱 전략의 대표적인 기업으로 나이키(Nike)로 꼽는다. 나이키는 공장 전체를 세계적인 네트워크로 만들고 연구개발과 마케팅에 특성화하여 성공하였다. 이제 나이키는 전 세계 110개국 이상에서 세계 최대의 스포츠화 기업으로 성장하였다. 정작 본사가 있는 미국에는 자사 소유의 신발공장이 없으며, 제품의 전량을 아시아의 현지 생산파트너들을 통해 생산하고 있다는 것은 놀라운 일이다. 이러한 나이키의 아웃소싱전략은 대표적인 노동집약적 제품인 운동화시장을 세계에서 임금이 가장 비싼 미국의 기업이 석권하는 결과를 가능하게 한 원동력이었다.

1. 창업 초기

나이키는 공동설립자이며 회장인 나이트(Philip H. Knight)의 아이디어에서 시작되었다. 나이트는 평범한 달리기 선수였지만, 1950년대 미국 오레곤대학에서 세계기록 보유자들을 다수 배출시킨 유명한 보어맨(Bowerman) 코치에게서 훈련을 받았다. 보어맨은 1온스 가벼운 신발이 경기의 승리를 좌우한다고 믿었기 때문에 항상 가벼운 신발을 만들기 위해 반복적으로 실험하였다.

나이트는 1960년에 일본인들이 카메라분야에서 성공한 것처럼 운동화에서도 성공할 수 있다는 논문으로 미국 스탠포드 경영대학원에서 경영학 석사논문을 마친 후, 일본제품인 타이거운동화의 미국 판매권을 따기 위하여 일본으로 건너갔다. 1964년 나이트는 코치였던 보어맨과 각각 500달러를 출자하여 타이거운동화의 미국 독점판매기업을 공동으로 운영하기 시작하고, 나이키의 전신인 'Biue Ribbon Shoes'라는 기업을 설립하였다. 1968년에 그리스신화에 나오는 승리의 여신의 이름 '니케'의 영어식 발음을 따서 나이키(Nike)라는 이름으로 기업명칭을 바꾸었다.

2. 아웃소싱 전략

나이트는 미국의 스포츠화 산업이 아디다스와 퓨마와 같은 독일의 지배에 있는 것을 안타깝게 생각하고 이러한 지배로부터 벗어나는 길은 아시아의 저렴하고 우수한 노동력을 이용하는 것이라는 확신을 갖게 되었다. 아디다스와 퓨마의 제품들은 대부분 임금이 비싼 유럽에서 생산되고 있었기 때문이다. 1972년 자사제품을 개발하고 직접 제작하기로 결정한 후 임금이 저렴한 아시아 국가의 공장들에 하청을 주면서 아웃소싱전략을 채택하였다. 1973년 오일쇼크로 공급원을 한국과 대만으로 옮기는 아웃소싱을 통한 제품생산전략은 나이키의 성공요인으로 작용하여 오늘날까지 계속되고 있다. 현재 나이키는 한국과 대만 외에도 인도네시아, 중국, 태국 등 아시아와 남아메리카 및 유럽에 이르는 글로벌 생산네트워크를 구축해 놓고 있다.

이처럼 국제적으로 분산된 생산시스템을 관리하려면 내부에서 제품을 직접 생산하는 것과는 달리 품질과 납기에 대한 통제가 어려워지게 된다. 나이키는 '국외거주자 프로그램(expatriate program)' 이라는 제도를 운영함으로써 이 문제에 효과적으로 대처하고 있다. 나이키의 프로그램은 세계 각지의 주요 생산시설에 본사의 직원을 파견, 장기간 상주시키는 제도로 이들을 통해 현지생산 파트너들의 생산과 품질관리활동을 지원할 뿐만 아니라 오레곤에 있는 본사와의 대화 창구 역할을 함으로써 파트너와의 긴밀한 관계를 유지하고 있다.

나이키는 정보기술을 활용하여 본사에서 만든 제품디자인을 인공위성을 통해 현지생산 공장의 CAD/CAM 시스템으로 직접 전송함으로써 신속 정확한 제품생산이 이루어지도록 하고 있다. 이런 다양한 노력에 힘입어 나이키의 제품들은 생산지는 다르지만 전 세계적으로 동일한 수준의 품질을 유지하는데 성공하고 있다.

아웃소싱은 제품생산을 외부에 맡기기 때문에 기업의 핵심기술이 경쟁사에 노출될 위험이 크다. 아시아의 파트너들이 규모의 경제를 위해 리복이나 LA기어와 같은 경쟁사들의 제품을 함께 생산하는 일이 빈번했고, 이들 파트너들이 습득한 기술과 노하우를 바탕으로 직접 시장에 뛰어들어 나이키를 위협하는 경쟁자가 되기도 했다. 나이키는 이러한 위험을 막기 위해 아웃소싱을 이용하여 생산하지만, 핵심기술은 철저하게 보호한다는 원칙을 준수하고 있다. 예를 들면, 나이키는 중요한 핵심부품인 에어솔(Air Sole)을 미국 내 자사 소유기업의 공장에서만 생산하고 있다. 이러한 나이키의 전략은 기술의 외부유출을 막고 생산파트너들의 다운스트림(Downstream) 진입을 억제하는 효과를 거두고 있다. 하청업체와의 장기적인 관계를 구축하려는 나이키의 노력도 성공적인 생산 네트워크 관리에서 빼놓을 수 없는 요소이다. 나이키의 핵심파트너들이 대부분 10년 이상 관계를 유지해온 기업들이 많고 나이키가 파트너라는 용어를 고집하는 것도 이 때문이다.

나이키는 새로운 기술과 독창적인 디자인개발을 가장 중시한다. 나이키의 연구개발은 수십 명의 인체공학과 운동학, 산업디자인 등의 관련 분야의 전문가들을 투입하였다. 뿐만 아니라 나이키는 현역선수, 코치, 트레이너, 용품구매자, 정형외과의사, 발명가, 컨설턴트 등의 연구위원회와 자문단을 구성하여 제품의 문제점을 조기에 발견, 개선하도록 하고 있으며, 기업 소속 운동선수들로 하여금 실제 제품을 사용하면서 제품을 평가하도록 하고 있다. 이러한 노력으로 나이키는 지난 수십 년 동안 스포츠화 산업에서의 신기술 개발을 주도해오고 있다.

| Global Marketing

요 약

1. 국가경쟁력과 산업의 경쟁력이 서로 연관되어 이루어진다. 글로벌 산업은 한 국가에서 경쟁적 지위가 다른 국가에서 경쟁적 지위에 의해서 영향을 받는 산업을 말한다. 한 산업이 글로벌화하기 위해서는 원가, 시장, 정부, 경쟁 촉진요인들이 존재한다. 산업의 경쟁구도는 동종 기업들 사이의 경쟁만을 바라보아서는 안 되며, 공급자, 구매자, 신규참가자, 대체품을 함께 바라볼 수 있어야 한다. 경쟁이 기존의 산업을 넘어서서 나타나는 hypercompetition을 이해하기 위해서는 원가와 품질을 동시에 달성하고, 타이밍과 노하우를 강조하고, 특정 분야에서 강한 요새를 구축하고 있어야 하며, 재무자원을 가지고 접근할 수 있어야 한다.

2. 기업의 경쟁력이 산업의 경쟁력을 결정하고 나아가 국가경쟁력을 결정한다고 볼 수 있다. 기업이 지속적으로 upgrade하고 advance시켜가는 능력이 없다면 글로벌 기업으로 성장하지 못하며 글로벌 산업을 형성할 수도 없다. 경쟁전략과 연결하여 글로벌 마케팅전략을 바라볼 때, 경쟁력은 정보기술력이 기반이 되면서 이루어진다. 글로벌 기업의 경쟁력의 원천은 규모, 범위, 속도, 네트워크, 지식 다섯 가지로부터 온다.

3. 글로벌 소싱(global sourcing)은 전 세계를 대상으로 일정한 수준 이상의 품질을 지닌 원재료 및 부품을 유리한 가격으로 필요한 시기에 적당한 공급자로부터 합리적으로 구매하기 위한 일련의 활동이다. 자동차, 신발 등 국제적으로 글로벌 소싱을 확대하면서 광범위한 네트워크를 구축하는 기업이 경쟁력을 확보하고 있다. 소싱전략을 수행하려면 핵심역량에 집중하여 전문화를 단행하고 특성화되지 않은 영역들을 소싱하는 방향으로 전개되어야 하며, 마케팅에서 관계와 네트워크 전략이 기반이 된다.

4. IT와 BT분야에서 두 개 이상의 기업들이 생산과 판매권을 공유하는 전략적 제휴가 증가하고 있다. 이는 연구개발컨소시엄, 기술제휴, 생산제휴, 판매제휴, 합작투자 등으로 나타난다.

5. 자체적으로 신제품 개발을 통해 유기적 성장을 택하는 경우가 대부분이지만, 보완 기술이나 기능을 찾아서 M&A를 통해 성장할 수 있다. 다국적 제약회사들은 생산성 있는 바이오벤처기업들을 M&A로 흡수하면서 성장하려고 한다. M&A프로세스는 Pre-M&A에서 시작하여 실사, 협상, 계약, 합병후 통합(Post Merger Integration)으로 전개되는 이해를 필요로 한다.

6. 토의사례에서 나이키의 전략과 성장에 대해서 다루었다.

Global Marketing

토의과제

1. 국가경쟁력을 결정하는 요인들은 어떠한 것이 있으며, 산업의 경쟁력을 결정하는 요인들에는 어떠한 것들이 있는가?

2. 경쟁력의 원천 다섯 가지(규모, 범위, 속도, 네트워크, 지식)를 가지고 우리나라 IT기업들의 경쟁력의 원천과 BT기업들의 경쟁력의 원천이 어디에 있으며, 앞으로 어디에서 경쟁력을 길러야겠는가를 토의하라.

3. 글로벌 소싱의 종류와 이유를 들고, 아웃소싱이 발생하게 되는 이론적 배경으로서 거래비용이론을 설명하라.

4. 전략적 제휴에는 어떠한 종류들이 있으며 그들의 이점은 무엇인가?

5. 우리나라 기업들이 글로벌화를 추진하는 과정에서 M&A가 증가될 것으로 예상된다. 다음을 토의하라.
   1) 전략적 제휴를 통한 경험을 M&A의 전단계로서 Pre-M&A로 보고, Pre-M&A를 포함하여 M&A가 어떠한 프로세스로 진행되는지를 설명하라.
   2) 다임러와 크라이슬러가 PMI(Post Merger Integration)에서 나타날 수 있는 문화적 갈등을 어떻게 해소해갔는가를 조사하여 보라.

6. 나이키가 아웃소싱을 중심으로 하여 어떻게 성장하였는가를 토의하고, 이 장 제3절에서 제시한 아웃소싱의 이유를 중심으로 하여 어떠한 이점을 중심으로 성장전략을 구사하고 있는가를 토의하라.

Global Marketing

참고문헌

이규현, 한승헌, 김종태, 김찬일, 박형욱, 신진호, 정동환(2006), 『대덕밸리 M&A 모형 구축방안』, 대전전략산업기획단 보고서.

D'Aveni, Richard A.(1994), *Hypercompetition: Managing the Dynamics of Strategic Maneuwering*(New York: The Free Press).

Kotabe, Masaaki and Kristiaan Helsen(2010), *Global Marketing Management*, 5th edition, Wiley.

Kotabe, Masaaki, Arvind Sahay, and Preet S. Aulakh(1996), Emerging Roles of Technology Licensing in Development of Global Product Strategy: A Conceptual Framework and Research Propositions, *Journal of Marketing* (January), pp. 73-88.

Kotabe, Masaaki(1992), *Global Sourcing Strategy: R&D, Manufacturing, and Marketing Interfaces*(Westport, CT: Qurum Books).

Kotler, Philip(1997), *Marketing of Nations*, The Free Press.

Murray, Janet Y., Masaaki Kotabe, and Albert R. Wildt(1995), "Strategic and Financial Performance Implications of Global Sourcing Strategy: A Cntingency Analysis," *Journal of International Business Studies* 26(First Quarter), pp. 181-202.

Porter, Michael E.(1985), *Competitive Strategy: Techniques for Analyzing Industries and Competitors*, The Free Press.

Porter, Michael E.(1990), "The Competitive Advantage of Nations," *Harvard Business Review*(March-April), pp. 73-93.

Quinn, James Bian(1999), Strategic Outsourcing: Leveraging Knowledge Capabilities," *Sloan Management Review* 40(Summer), pp. 9-21.

Yip, George S.(1992), *Total Global Strategy*, Prentice-Hall.

제7장

글로벌 시장진입전략

해외시장 진입은 글로벌 마케팅에서 가장 중요한 쟁점이다. 본 장에서는 우리나라 기업들이 해외시장에 진입하고자 할 때 어떠한 방식으로 진입할 수 있는가를 시작으로 하여, 해외진입방식을 어떻게 결정하는가에 대해서 설명하고자 한다. 그리고 앞 장에서 학습한 아웃소싱이나 전략적 제휴와 같은 협력전략을 가치사슬과 연결하여 해외시장 진출을 살펴보고자 한다. 마지막으로 해외시장의 진입 타이밍과 진입순서를 어떻게 잡는 것이 좋은가에 대하여 설명하고자 한다.

●● 도입 사례 : 뽀로로

제1절 해외시장 진입방식에는 어떠한 것들이 있는가?

제2절 해외시장 진입방식을 어떻게 결정할 것인가?

제3절 해외시장 진출을 위한 가치사슬상의 협력패턴

제4절 진입 타이밍과 순서를 어떻게 잡을 것인가?

●● 사례연구 : 현대자동차

●● 요 약

●● 토의과제

| 도입 사례

뽀로로

우리나라 문화콘텐츠 산업의 세계시장 진출 성공사례에서 공동합작으로 세계시장 진출에 성공한 사례로 《뽀롱뽀롱 뽀로로》가 있다. 공동제작은 (주)아이코닉스엔터테인먼트, SK브로드밴드, (주)오콤, EBS에 의해서 이루어졌다. EBS에서 2003년 11월 첫방송을 시작하였고, 처음부터 평균 시청률을 웃도는 5%를 기록하였다. 그리고 곧 전 세계 시장을 대상으로 수출을 전개하였고, 82개국으로 수출하였다. 2004년 프랑스에서는 최대 지상파 채널인 TFI에서 57%의 평균 시청률을 달성하였다. 2007년 '아랍권의 CNN'으로 불리는 알자지라 방송에까지 방영이 되면서 전 세계 82개국에 수출되었다. 뽀로로 캐릭터는 전 세계 유아 어린이들의 친구가 되었다.

이 문화콘텐츠 상품의 세계시장 진출 성공에는 캐릭터와 내용에 한국적인 요소보다는 글로벌 소비자들이 공감을 느낄 수 있는 캐릭터와 교육 주제들을 택하고 있다는 데 있다. 사계절 내내 눈과 얼음으로 뒤덮인 극지방의 어느 눈 속 마을에서 살고 있는 여러 동물들 사이에서 일어나는 에피소드를 매회 줄거리로 그리고 있다. 주인공 뽀로로는 머리에 조종사 모자와 고글을 쓴 아기 펭귄으로 날개가 있어도 날지 못하지만, 조종사의 꿈을 가지고 있으면서 이야기가 전개되고 있다. '시즌 3'에서는 이전에 날지 못했던 뽀로로가 멋진 비행사로 변신해 하늘을 날고 싶다는 소원을 이루게 하고 있다. 그리고 뽀로로의 친구들도 우정과 모험을 보여준다.

이러한 문화콘텐츠분야에서는 OSMU(One Source Multi Use)가 나타나기 때문에 파급효과가 크다. 즉, 하나의 근원지에서 파생하여 여러 장르로 파급되는 현상이 나타난다. 해리포터가 출판에서 시작하여 영화, 캐릭터 등으로 확장되었고, 만화영화에서 시작한 디즈니가 다른 장르로 확장되었듯이, 뽀로로도 애니메이션에서 파생하여, 온라인, 출판, PPL, 식음료, 팬시와 패션, 완구, 비디오, 교재 등 다양한 장르로 확장되었다. 뽀로로의 여러 캐릭터들은 2,000가지가 넘는 상품에 적용되어 안방의 모니터, 어린이들의 생활도구로 파고들고 있고, 공연, 영상 등 다른 산업분야로 확장되고 있다. 4,000억 원의 브랜드 가치, 연간 130억 원 이상의 로열티수입을 자랑하고 있다.

참고문헌: 이규현(2010), 『마케팅관리』, 경문사, pp. 464-465.

제1절

Global Marketing

>> 해외시장 진입방식에는 어떠한 것들이 있는가?

우리나라 기업이 해외시장에 진입하기 위한 방식은 크게 수출, 계약방식, 단독투자로 나눌 수 있다. 수출은 간접수출, 공동수출, 직접수출로 나눌 수 있고, 계약방식은 계약생산, 라이선싱, 프랜차이징, 합작투자로 나타날 수 있다. 단독투자는 현지기업을 인수하거나 신규 설립하는 방식을 취할 수 있다.

그림 7-1 해외시장 진입방식

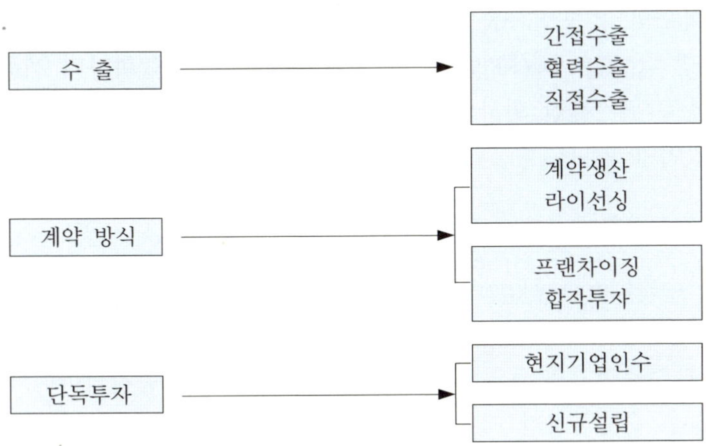

자료: 조동성(2000), 『국제경영』, 경문사, p. 505.

1.1 수 출

한국 기업들은 기업 글로벌화의 가장 초기단계로 수출활동에 집중하여 왔다. 기업의 수출활동은 간접수출, 협력수출, 직접수출 등으로 나눌 수 있다.

1) 간접수출

간접수출(indirect export)은 수출품목의 제조회사가 독립된 다른 국내 수출대행업체(export agents) 또는 무역회사(trading company)를 통하여 수출활동을 전개하는 경우를 말한다. 종합무역상사, 수출입전문회사, 다른 기업의 수출창구 등을 이용하는 경우이다. 이 경우의 판매는 엄밀한 의미에서는 국내 판매의 확장일 뿐이다.

2) 협력수출

협력수출(cooperative export)은 한 기업이 해외시장과 관련된 시장조사나 판매촉진, 유통업무 등에 있어 다른 기업과 상호 협력계약을 체결하여 이루어지는 경우이다. 쌀이나 목재, 말린 과일, 오렌지와 같은 제품의 공동수출에 많이 이용된다. 한 회사의 제품이나 서비스가 다른 회사의 유통조직을 통해 판매되는 방식을 많이 사용한다. 이를 피기백방식(piggy backing)이라고 한다. 이 경우 수출회사의 제품이 현지 유통조직을 가진 회사의 제품라인을 보충시켜 줄 수 있도록 보완관계에 있어야 한다.

3) 직접수출

직접수출(direct export)은 제조 또는 수출업자가 현지의 수입업자에게 직접 판매하는 활동을 의미한다. 이 경우 수입업자는 최종소비자가 아닌 수출업자의 유통채널의 역할을 하게 되는 중간상이다. 직접수출의 경우 수출업자가 서류업무, 선적업무, 금융업무 등을 직접 수행하기도 하지만, 엄밀한 의미에서 아직은 글로벌 마케팅활동을 수행하고 있는 것은 아니다. 즉, 수입업자라는 중간 유통채널을 이용하여 그들에게 글로벌 마케팅 업무를 수행하게 하고 있는 것에 불과하다.

점차 글로벌 시장에 대한 매력을 느끼게 되고, 경험이 축적됨에 따라 단순히 대행사나 중간 수입업자를 통하지 않고 자사제품을 적극적으로 판매하기 위한 수출전략을 모색한다. 현지 시장개척을 위한 마케팅 법인을 설립하거나 현지에 지사 또는 자회사를 설립하여 적극적으로 바이어를 물색한다. 더 나아가서는 현지의 최종 고객의 구매패턴에 관한 정보를 수집 · 분석하여 최종 소비자에게 접근함으로써 보다 많은 부가가치를 창출할 수 있는 적극적인 수출마케팅 활동을 전개한다.

직접수출에는 국제 영업인력, 판매지점, 판매자회사 및 자체 유통시스템 등의 접근방법이 있다. 국제 영업인력(international sales force)은 글로벌 기업이 자사제품을 해외에 판매하기 위하여 글로벌 능력을 갖춘 영업인력을 말한다. 이러한 방법은 해외 시설투자를 하지 않아도 되어 비용이 적게 소요된다는 장점이 있는 반면에 해외시장의 변화를 효율적으로 감시 · 통제하기 어렵다는 단점이 있다. 판매지점(sales branch)은 글로벌 기업들이 해외에 판매지점을 설립할 경우, 해외시설에 대한 투자가 요구되는 단점이 있는 반면에 기업으로서 해외시장에 쉽게 접근할 수 있다는 이점이 있다. 판매 자회사(sales subsidiaries)는 제조기업의 경우 해외시장에 판매 자회사를 설립하는데 이러한 판매자회사는 제조기업의 통제하에 있는 독립적인 회사라는 점에서 판매지점과 차이가 있다. 자체 유통시스템(own distribution system)은 외국의 관련법이 허용하는 범위 내에서 완전소유의 판매망을 설립할 수 있다.

1.2 계약방식

1) 계약생산

계약생산(contract manufacturing)은 기업이 해외시장에서 제품의 마케팅, 유통 및 서비스를 통제하면서 계약을 통해 현지기업에 생산활동을 위임하는 것이다. 직접투자로 현지에 진출하기에 시장이 협소하거나 수입장벽으로 인하여 수출하기 어려운 경우에 사용한다. 즉, 진출하고자 하는 외국 기업과 계약을 맺어 생산 및 제조기술을 제공하면서 현지기업이 생산하도록 하여 현지 시장이나 제3국의 시장에다 재판매하는 방식을 택한다. 이 방식은 유연성이 있다. 제품품질이 기업의 요구에 미치지 못하거나 생산자가 납기를 준수하지 못하는 경우 계약 만료와 함께 다른 제조업자를 찾을 수 있다. 특정 시장에서 철수를 결정해야 하는 경우 생산설비를 포기해야 하는 손해를 피할 수 있다.

2) 라이선싱

라이선싱(licensing)은 한 기업이 외국에 있는 다른 기업에게 자사의 생산기술 · 특허 · 등록상표 등을 쓸 수 있는 권리를 부여하고, 그

대가로 사용료를 받는 계약을 말한다. 라이선싱을 주는 기업(licensor)은 큰 위험 없이 외국에 진출할 수 있다. 그러나 외국기업에게 생산기술을 라이선싱해주는 경우에는 라이선싱 기간이 끝난 후에 그 외국기업이 자사의 경쟁기업이 될 가능성이 있다.

글로벌 라이선싱은 라이선서(licensor)는 로열티, 수수료 등의 대가를 바라고 다른 국가의 라이선시(licensee)에게 특허, 거래비밀, 노하우, 상표, 상호 등의 무형자산을 제공하는 것을 내용으로 하는 다양한 계약협정을 말한다.

라이선싱을 많이 주는 기업 중에서 가장 유명한 기업은 코카콜라이다. 이 회사는 세계 각국의 외국 회사들에게 코카콜라를 만드는 데 필요한 시럽과 코카콜라 상표를 쓸 수 있는 권리를 주고 그 대가로 엄청난 사용료를 받고 있다. 이 계약에는 기본조건이 있다. 즉, 부과된 권리와 수수료, 계약기간 등이 명확하게 명시되는 라이선서와 라이선시 사이의 필수적인 상업적 계약이다. 따라서 명확하고 정확한 기술, 법적 권한, 독점적 권리와 하위 라이선스(sub-license)에 관한 권리, 계약만료 기간, 로열티나 수수료에 관한 기술, 노하우의 비밀유지, 품질통제 등에 관한 조건이 포함되어 있다.

(1) 장 점

- 라이선싱은 관세, 쿼터 등의 수입장벽을 피하여 시장진입할 수 있다는 강한 장점을 가지고 있다. 제조기업들은 현지국가의 수입장벽으로 인하여 더 이상의 수출이 어렵게 되거나, 치열한 경쟁으로 인하여 수출을 통해서는 더 이상 채산성이 맞지 않을 때 차선책으로 라이선싱을 선택한다. 특히, 특정 완제품에 대해 높은 수입규제를 적용하고 있는 국가들의 현지기업과 라이선싱을 체결함으로써 지속적인 중간재의 수출경로를 구축할 수도 있다. 또한 라이선싱은 높은 수송비용으로 인하여 가격경쟁력이 떨어지는 제품에 대해서 효과적인 진입방식이 되기도 한다.
- 라이선싱은 해외 직접투자보다 정치적 위험이 적다. 이는 현지국가에 자본투자를 하지 않기 때문에 현지국가의 정부에 의한 국유화, 재산수용 등의 정치적 위험을 피할 수 있다.

(2) 단 점

라이선싱은 상기와 같은 장점이 있지만, 다음과 같은 단점을 내포하고 있다.

- 라이선싱은 정치적 위험이 낮은 반면에 상업적 위험이 매우 높다. 즉, 라이선싱을 통하여 라이선서의 기술을 습득한 해외의 라이선시들이 미래에 해외시장에서 강력한 경쟁자로 부상할 수 있다.
- 라이선싱은 수출이나 해외 직접투자에 비해서 예상소득의 절대규모가 낮다. 라이선싱의 로열티(royalty)는 산업 내 관례, 경쟁상대 및 현지 국가의 정부규제에 의해 일정 비율로 정해지는데, 일반적으로 로열티 비율은 총 판매액의 5% 정도로 결정된다.
- 일반적으로 라이선시는 라이선서의 기술, 상표, 판매권 등에 대해 현지시장에서 독점권을 보유할 수 있다. 라이선싱 계약기간 동안에는 제공된 기술과 관련된 제품들을 현지시장에 진출시킬 수 없다.

(3) 특허권 취득과 등록상표 보호

라이선싱은 현지 국가에서 공업소유권(industrial property rights)에 대한 법적인 보호장치가 마련되어 있을 경우에 진입방식으로 사용할 수 있는데 특허권 취득과 등록상표 등이 있다.

① 특허권 취득: 각국의 특허권 시스템은 독창성의 기준, 특허기간, 특허대상 범위, 재연장, 상업적 시효기간 등에 있어서 매우 상이한 차이점을 보이고 있다. 따라서 여러 국가에서 동시에 특허권을 보호받기 위해서는 각 해당 국가에 특허를 출원해 놓아야 한다. 이러한 국제 특허전략에 대해서는 다음과 같은 문제가 제기될 수 있다. 즉, 글로벌 기업은 자신이 소유하고 있는 발명지식을 거래비밀(trade secret)로 유지할 것인가, 아니면 국제 특허출원 방안을 강구할 것인가를 결정해야 한다. 원천소유자는 특허취득을 통해서 일정기간 독점사용권을 보장받게 되지만, 이러한 경우에 거래비밀이 외부에 공개된다. 따라서 기업이 거래비밀을 지속적으로 유지해야 가치가 존재하는 경우나 외부에서 모방이

가능한 경우라면 특허권을 취득해 놓는 것이 유리하다.

② 등록상표 보호: 상표도 법적으로 보호받기 위해서는 등록되어야 한다. 등록상표의 유효기간은 7년에서 25년 사이가 일반적이지만, 특별한 하자가 없는 한 얼마든지 연장이 가능하다. 대부분의 국가들에 있어서 상표도 최초로 등록한 사업자에게 법적인 소유자격이 부여된다. 따라서 기업들은 현재 및 미래 진출하고자 하는 모든 국가들에 상표를 등록해 놓아야 법적으로 보호받을 수 있다.

3) 프랜차이징

라이선싱의 한 형태로 패스트푸드, 소매점, 호텔, 자동차 판매와 같은 서비스 산업에서는 프랜차이징(franchising)이 많이 사용되고 있다. 우리 주변에서 볼 수 있는 코카콜라, 펩시콜라, 힐튼호텔, 홀리데이인(Holiday Inn), 맥도널드, KFC, 렌트카 회사 아비스(Avis) 등이 프랜차이징을 통해서 전 세계에 알려진 기업들이다.

프랜차이징은 프랜차이저(franchisor)가 독립된 다른 기업이나 개인인 프랜차이지(franchisee)에게 사업시스템이나 다른 소유권을 제공해주는 활동이다. 프랜차이저는 가맹점들이 사업본부의 브랜드와 경영방식을 이용하여 사업활동을 조직하고 관리할 수 있도록 도와주는 대가로 가맹점들로부터 수수료, 운영 로열티(royalties)나 기타 보상금을 받는다.

해외 진입전략에서 프랜차이징은 다음과 같은 장 · 단점이 있다.

장점은 적은 자본으로 해외시장에 신속하게 진입할 수 있고, 독특한 이미지 구축과 표준화된 마케팅 프로그램을 사용할 수 있으며, 의욕적인 가맹점 확보 및 낮은 정치적 위험 등이 있다.

단점은 제한된 이익, 가맹점의 영업에 대한 전면적인 통제의 한계성, 예비 경쟁자 양성가능성 및 프랜차이징에 대한 현지 국가의 정부규제 등을 들 수 있다.

해외 진입전략으로 프랜차이징을 선택할 것인가, 합작투자 또는 단독투자를 선택할 것인가의 결정은 각 진입전략에 따르는 통제와 위험의 상충관계를 고려하면서 이루어진다. 상대적으로 낮은 진출위험을 지니는 프랜차이징은 기업이 처음으로 해외시장에 진출할 때에 많이 이용된다. 그러나 해외시장에 진출경험을 많이 축적한 기업들은 합작투자나 단독투자의 형태를 선호하게 된다.

4) 합작투자

합작투자(joint venture)는 한 기업이 다른 나라의 투자가와 공동으로 투자하여 그 나라에 현지법인을 설립하는 것이다. 새로이 설립된 기업의 경영권과 소유권은 양측이 나눠 갖게 된다. 이러한 합작투자는 경제적인 이유와 정치적인 이유에서 발생한다. 해외에서 단독으로 현지회사를 설립하여 운영하기에는 기업의 재정적 · 인적 · 물적 자원이 부족할 수도 있고, 자원이 있다 하더라도 해외에서의 위험을 기업이 혼자서 부담하기 어려울 수도 있다.

(1) 합작투자의 의의

이러한 합작투자는 일반적으로 기업의 기존 사업을 강화시키거나 새로운 사업분야에 진출하기 위한 목적으로 이루어진다.

기존 사업의 강화는 원자재 및 부품공급, 연구개발, 마케팅과 유통, 분야별 합병 등을 통해서 규모의 경제를 실현할 목적으로 수행된다. 최근 기술발전 속도가 빨라서 기술개발에 위험부담이 커졌기 때문에 합작투자를 통해서 개별 기업들이 재정적인 위험을 줄이려고 한다. 잠재력 있는 미래의 시장에 진출하려는 기업은 진출국가에 대한 불확실성을 줄이려는 목적으로 합작투자를 선택하게 된다. 사업다각화를 위한 합작투자는 새로운 시장에서의 경쟁과 새로운 기술의 확보를 위해 합작투자를 선택하고, 새로운 신규사업에 진출하기 위한 합작투자는 공동학습이 효과적으로 이루어져야 한다.

기업들이 합작투자를 통하여 해외시장에 진출하고자 하는 동기는 무엇인가? 가장 중요한 동기는 개발도상국들에서 특정 산업분야에 대하여 외국기업의 단독투자를 금지시키는 대신 자국 기업과의 합작투자를 장려하는 데 기인한다.

(2) 합작투자의 파트너 선택

합작투자는 현지 파트너와 마음이 안 맞으면 어려움에 직면하게 된다. 따라서 합작투자를 하려는 기업은 아주 신중하게 현지 파트너를 선정하고, 파트너가 선정되면 그 파트너와 좋은 관계를 유지하도록 최선을 다해야 한다. 합작기업을 기업이 자기의 뜻에 맞게 완전히 통제할 수는 없기 때문에 기업이 전 세계를 무대로 글로벌전략을 추구하는 데 있어서 합작기업이 방해가 될 수 있다.

이와 같이 합작투자에서 현지 파트너의 선택은 중요하다. 합작투자의 파트너를 효율적으로 선정하기 위해서는 투자기업의 경영자들이 현지시장에서 합작투자를 통하여 달성하고자 하는 목표가 무엇이며, 고려 중인 합작투자의 성격이 자사의 전체 해외 진입전략에 부합할 수 있는가를 검토하고, 파트너의 목적과 전략에 대해 구체적으로 파악할 필요가 있다.

이러한 합작은 어느 한 업무분야에만 국한되거나 또는 연구개발 · 생산 · 마케팅 · 유통 등 광범위한 범주에 걸쳐 형성된다. 미국기업은 항공기, 통신 분야에서, 유럽기업은 컴퓨터, 항공기의 분야에서, 일본기업은 자동차, 전기분야에서 합작투자가 많이 이루어져 왔다.

1.3. 단독투자

직접투자(direct investment)는 다른 나라에 그 나라의 시장을 겨냥하여 단독으로 생산활동을 목적으로 하는 현지법인을 설립하는 것이다. 위험이 가장 큰 해외진출 방식이다. 진출한 나라의 정치적 상황이 불안해지거나, 그 나라의 화폐가치가 떨어지거나 하는 경우에 발생하는 모든 불이익을 직접 투자한 기업이 혼자서 감수해야 한다. 단독투자는 현지기업의 인수와 신규설립 방식이 있다.

1) 현지기업의 인수

LG전자가 미국의 제니스(Zenith)를 인수한 것처럼 현지기업을 인수하는 것은 신규설립에 비해 시장진입이 신속하고 고객확보가 용이하다. 피인수기업이 현지에서 구축해 온 유통경로, 현지 브랜드나 기업명성을 활용할 수 있다. 우리나라의 삼성자동차를 인수한 르노삼성자동차(주)는 2006년을 결산기준으로 당기순이익 2,213억 원을 내면서 우리나라에서 (주)시티은행 다음으로 2번째로 순이익을 많이 내었다(한경비즈니스, 2008년 1월 21일자 참조).

2) 신규설립

현지에 새로운 기업을 신규설립은 인수할 만한 적당한 대상기업이 없거나 인수하는 비용이 과다하다고 판단되거나 생산과 물류를 구축하는 것이 결정적이라고 판단되는 경우에 하는 방식이다. 입지선택을 자유롭게 할 수 있어 범세계적인 관점에서 생산과 물류시스템을 통합하고 조정할 수 있게 된다. 자동차기업들의 경우 한 지역에서 생산된 엔진과 다른 지역에서 생산된 차체를 결합하기 위해 현지시장과 지리적으로 가까운 지역에 조립공장을 신설하여 최종 조립하여 공급하려고 한다.

제2절 >> 해외시장 진입방식을 어떻게 결정할 것인가?

Global Marketing

진출할 현지국시장에 가장 적합한 진입방식을 결정하는 데 있어서 어떠한 요인들이 영향을 미치며, 어떻게 결정할 것인가를 보자.

그림 7-2 해외시장 진입방식의 결정요인

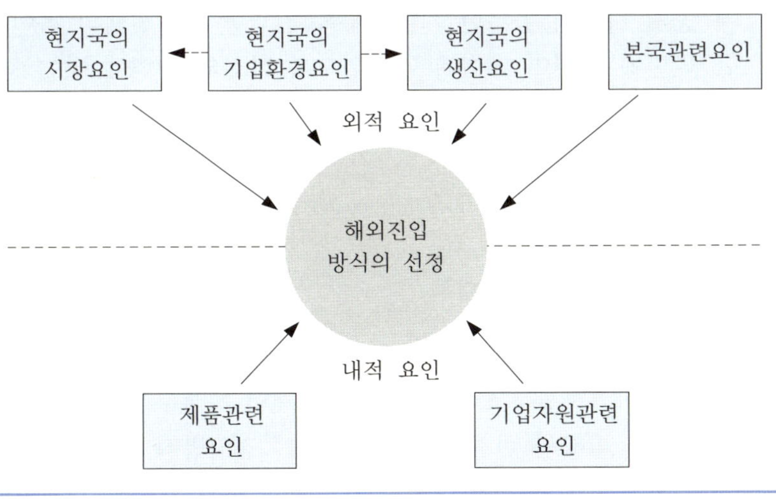

2.1 해외 진입방식의 선택에 영향을 미치는 요인

해외 진입방식을 선정하는 데 어떠한 요인들이 영향을 미칠 것인가를 내적 요인과 외적 요인으로 구분하여 파악할 수 있다.

1) 내적 요인

기업의 진입방식의 선택에 있어서 내적 요인은 제품요인과 기업자원 및 개입요인이 있다.

① 제품관련요인: 차별화된 제품은 경쟁기업의 제품에 대해 어느 정도 경쟁적 지위를 차지하므로 탄력적인 가격정책이 가능하게 된다. 즉, 차별화된 제품은 높은 수송비용과 수입관세를 지불하고도 어느 정도 경쟁력을 유지할 수 있음으로 수출에 의한 해외시장진출이 가능하다. 기술집약적 제품에 대해서 기업들은 다른 진입방식들에 비해 라이선싱을 선호하는 경향이 있다. 또한 현지국가의 소비자 기호에 맞추기 위하여 상당한 수준의 현지화가 요구되는 제품에 대해서는 현지시장과 아주 밀접한 관계를 유지해야 하므로 간접수출보다는 현지 판매지사나 법인을 통한 직접수출방식이나 현지 생산방식이 유리하다.

② 기업자원관련요인: 경영관리기술, 자본, 제조기술, 마케팅 노하우 등의 자원이 풍부한 기업일수록 진입방식의 선택의 폭이 넓은 반면에 자원이 제한된 기업일수록 자신의 능력에 맞는 진입방식만을 선택해야 하므로 선택의 폭은 좁아진다.

2) 외적 요인

이는 기업이 통제 불가능한 요인으로 본국과 현지국의 시장요인, 생산요인, 환경요인 등이 있다.

(1) 현지국의 시장요인

이는 시장규모, 경쟁구조, 현지시장의 마케팅 하부구조의 가용성 등이 있다. 현재와 미래의 현지국의 시장규모가 진입방식 결정에 영향을 미친다. 즉, 현지국의 시장규모가 작을 경우에는 간접수출이나 직접수출, 라이선싱 등이 유효하고, 시장규모가 클 경우에는 현지 판매지사나 법인을 통한 직접수출, 직접투자 생산 등이 적합하다.

경쟁구조가 영향을 미친다. 즉, 완전경쟁구조인가, 과점적 구조인가 또는 독점적 구조인가 하는 것이 영향을 미친다. 불완전경쟁구조인 경우는 경쟁에 유리한 직접투자가 필요하지만, 완전경쟁구조의 시장에서는 수출이 유리하다. 경쟁강도가 얼마나 강하며 동태적인가를 살펴보아야 한다. 경쟁강도가 강하면 기업이 특정 국가에 진입할 경우 경쟁기업들의 빠른 반응을 예상해야 한다.

(2) 현지국의 생산적 요소

현지국의 천연자원, 노동, 에너지, 하청기업, 사회간접자본 등의 질적 및 양적 수준이 중요한 영향을 미친다. 예를 들면, 현지국의 풍부한 자원과 저임금은 직접투자를 하는 데 중요한 동기가 되고, 열악한 부존자원이나 고임금 등은 현지국에 대한 외국기업의 투자의욕을 감소시킨다.

(3) 현지국의 기업환경 요인

현지국의 정치, 경제, 사회, 문화 등 기업환경 요인은 기업의 진입방식의 선택에 중요한 영향을 미친다. 이는 정부의 규제, 지리적 거리 차이, 시장경제 체제, 경제규모 및 국제 경제관계 등이 있다. 현지국의 외국 기업에 대한 정부의 규제는 진출기업들로 하여금 대안적 진입방식을 선택하도록 한다. 본국과 현지국과의 지리적 거리가 멀면 현지국에서의 조립가공을 고려해 볼 수 있다. 또한 투자율, 경제성장률, 실업률 등 경제규모는 현지국의 잠재적 시장규모의 지표가 되고, 현지국의 수출입상태, 국제수지, 외채부담, 환율변화 등의 요인을 고려하면서 시장성장을 알 수 있다.

(4) 본국과 관련된 요인

이는 본국의 시장요인, 생산요인, 기업의 환경요인이 기업의 해외진입방식의 선택에 중요한 영향을 미친다.

2.2 해외진입방식 선택모형

해외시장 진입방식에 따라 위험과 통제력(risk and control)이 다르

그림 7-3 글로벌 기업의 통제력의 차이

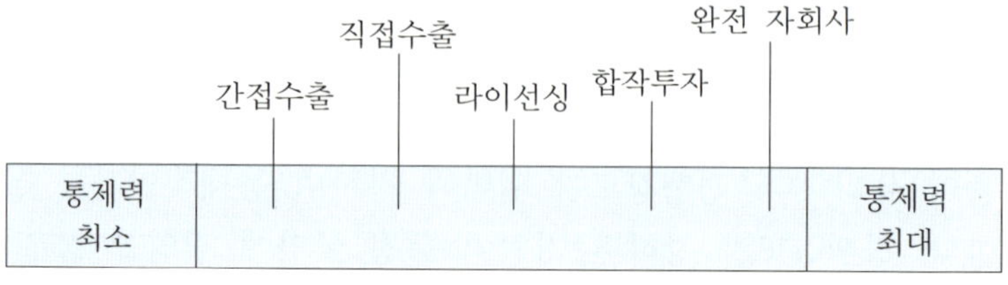

다. 투자비용을 보면, 수출은 해외생산보다 비용이 더 많이 들지만 위험이 적다. 라이선싱과 합작투자는 위험과 통제력이 중간정도이며, 진출기업이 진출국의 시장을 관리할 수 있는 정도는 수출이 가장 낮고, 해외생산이 가장 높으며, 라이선싱과 합작투자는 중간 정도이다.

기업이 해외진입방법을 선택하는 경우에 위험과 통제의 정도, 코스트 문제를 충분히 고려하여 기업으로서의 의사결정을 수행하는 것이 필요하다. 또한 4개의 해외진출방법에서 수출입에 의한 무역거래는 3개의 방법과 관계가 깊어서 국제 거래활동에 관련하여 본국과 대상국가와의 수출입거래, 또는 제3국 간 무역 등 다각적인 무역이 관계되고 있다. 예를 들면, 라이선싱은 계약 이전에는 일반적으로 상대국가에 그 제품을 수출하고 있는 경우가 많아서 제품이 성숙단계에 들어서는 시점에 기술제휴로 이전된다. 또한 합작투자의 경우도 기업은 현지로 부품을 공급하고, 완성품을 현지공장으로부터 본국이나 제3국으로 판매하므로서 제3국 간의 무역도 수행된다. 이러한 글로벌 마케팅의 진화과정에 따른 기업의 통제력 차이를 보면 [그림 7-3]과 같다.

Root(1992)는 위험과 통제관점에서 해외시장진입 경로를 보았다. [그림 7-4]와 같이 해외시장진입은 크게 두 가지 경로로 해외시장에 진입하게 된다고 주장하고 있다. 즉, 제조기업들이 간접수출 → 대리점이나 유통업자를 통한 수출 → 합작투자 → 단독투자 경로를 선택하거나 혹은 간접수출 → 대리점이나 유통업자를 통한 수출 → 해외지점이나 자회사를 통한 수출 → 단독투자로 진입할 수 있다.

Rugman, Lecraw와 Booth(1986)는 단순하게 무역장벽이 없으면 수출로, 기술유출이 없으면 라이선싱, 위험이 있으면 해외직접투자를 행한다고 주장하기도 한다.

그림 7-4 Root가 본 해외시장 진입경로

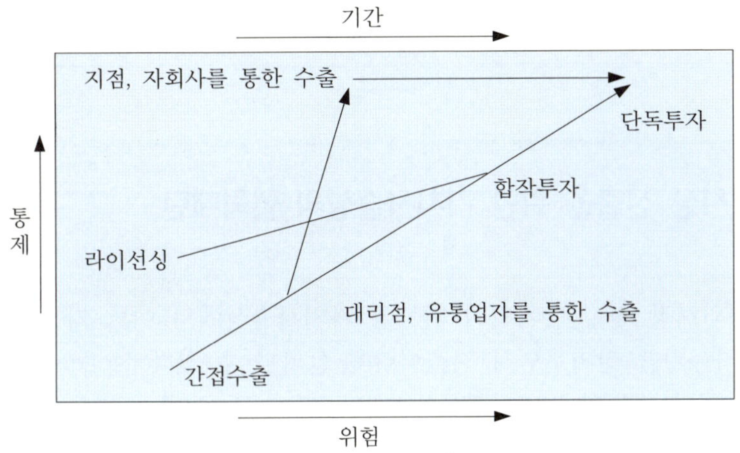

자료: Root, F. R.(1992), *Foreign Market Entry Strategies,* Amaco, p. 20.

2.3 환경 불확실성과 기업의 해외진출능력에 따른 결정

[그림 7-5]와 같이 기업은 환경 불확실성과 기업의 해외시장진출 능력을 함께 바라보면서 진출방법을 결정할 수 있다.

기업이 초기에는 해외진출능력이 강하지 못한 상태에서 수출을 시도하고, 환경 불확실성이 높은 시장에는 라이선싱과 전략적 제휴를 수행하는 것이 좋다. 기업의 해외진출 능력이 강해지면 환경 불확실성이

그림 7-5 환경 불확실성과 기업의 해외진출능력

		기업의 해외진출능력 낮음	기업의 해외진출능력 높음
환경 불확실성	높음	라이선싱 전략적 제휴	합작투자
	낮음	수 출	단독투자

높은 상태에서는 합작투자를 하다가 환경 불확실성이 낮다고 판단하면 해외에 단독투자를 하게 된다.

제 3 절 Global Marketing

해외시장 진출을 위한 가치사슬상의 협력패턴

해외시장 진출은 기업의 기능상 가치사슬상에서 어느 기능을 서로 협력하는가를 살펴보면서 진출패턴을 살펴볼 수 있다. Hollensen(2004)은 기업의 기능인 R&D, 생산, 마케팅, 판매 및 서비스 기능의 가치사슬로 나누고 기업들 사이에서 이들 기능들을 어떻게 협력하는가를 잘 분석하고 있다. 합작투자의 경우, 기능상 서로 상호보완관계를 찾아서 협력가능성을 높인다. [그림 7-6]에서 볼 수 있듯이 기능상 상호보완관계를 형성할 수 있는 방법은 세 가지로 나눌 수 있다.

1) 유형 1: 두 기업이 R&D 또는 생산에서 협력한다.
2) 유형 2: 두 기업이 마케팅과 판매 및 서비스에서 협력한다.
3) 유형 3: 두 기업이 가치사슬의 극단에서 역량을 보유하고 있어

그림 7-6 가치사슬관계에서 협력을 통한 합작투자

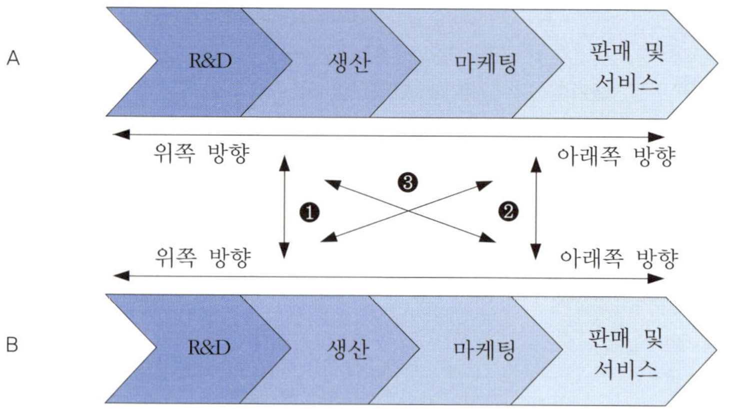

자료: Hollensen, Svend(2004), *Global Marketing: a decision-oriented approach*, 3rd ed., Prentice-Hall, p. 319.

서로 보완관계에 있을 경우 협력한다.

유형 1과 유형 2의 경우 두 기업이 동일한 부품과 제품을 공동생산하거나 서로 보완적 제품을 공동으로 판매하는 경우이며, 유형 3의 경우는 한 기업은 R&D와 생산을 다른 기업은 마케팅을 담당하는 경우이다.

기업이 본국에서 해외시장으로 진출하고자 할 때 R&D, 생산, 마케팅, 판매 및 서비스를 본국에 그대로 두고 해외고객에게 직접 판매하는 경우는 국내기반 판매조직 형태가 된다. 현지 판매지점과 판매 자회사를 차리는 경우에는 R&D, 생산, 마케팅은 본국에 두고, 판매 및 서비스기능을 해외시장으로 이전하는 경우이다. 마지막으로 해외시장에 생산 및 판매자회를 설립하려고 할 때는 R&D와 마케팅 기능은 본국에 두고, 생산과 판매 및 서비스 기능을 해외시장에서 수행하는 경우이다.

[그림 7-7]에서 나타난 바와 같이 국내기반 판매조직(A)에서 현지 판매지점과 판매자회사 설립(B)과 생산 및 판매자회사 설립(C)으로 변해가면서 많은 활동을 현지 경영자에게 맡기게 된다.

A: 제조업체의 판매조직이 본국에 있으면서 기업의 경영자나 종업원이 해외를 방문하여 판매활동을 행하는 형태로서 산업재 시장

그림 7-7 가치사슬상 기능분화를 통한 해외시장진출

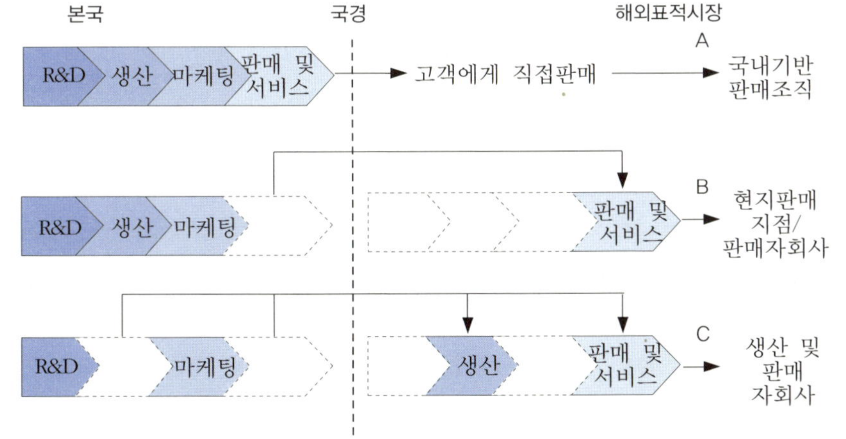

자료: Hollensen, Svend(2004), Op.cit., p. 336.

에서 첨단기술제품을 만드는 벤처기업의 초기 모형이다.

B: 모든 판매기능이 해외시장으로 이전되는 경우이다. 제품이 복잡하거나 부품공급 등 서비스가 필요한 첨단기술제품의 경우 효율적인 형태이다.

C: 해외시장이 정치적으로 안정되어 있고 자사제품의 시장잠재력이 크다고 판단될 때 구축한다. 이는 자금과 인력에서 많은 투자를 요한다. 현대자동차가 미국으로 생산자회사를 설립하여 판매망을 형성하여 시장을 개척하고 있는 경우이다.

제4절 진입 타이밍과 순서를 어떻게 잡을 것인가?

Global Marketing

4.1 진입 타이밍

첨단기술제품을 개발하여 해외에 출시하려고 할 때 어떠한 배포전략을 택할 것인가를 결정할 수 있다. 단계적으로 접근하는 Waterfall모형을 따를 것인지, 일시에 해외에 배포하는 Sprinkler모형을 따를 것인지에 따라 효과가 다를 수 있다(제8장 글로벌 제품전략에서 다시 다루고자 함). 첨단기술제품을 해외에 출시하려고 할 때, 기업의 제품이 시장에 선발로 나가는 것인가 아니면 후발로 나가는 것인가에 따라 효과가 다르다.

4.2 진입 순서

해외시장진출을 시도할 때, 진입의 순서에 따라 기업성과가 결정될 수 있다. 이를 진입순서효과(order-of-entry effects)라고 한다. 즉, 선발기업(first mover)인가, 후발기업(late mover)인가에 따라 시장성과가 다를 수 있다. 이에는 두 가지 견해가 있다. 하나는 선발기업이 유리하다는 것과, 다른 하나는 후발기업이 유리하다는 것이다.

1) 선발기업의 우위

초기에 시장으로 진입하는 기업이 시장에서 절대적으로 우위를 가진다고 보는 견해이다. 선발기업들은 일찍부터 기술개발을 시작했기 때문에 자연히 높은 수준의 기술을 보유할 수 있는데, 이는 생산에 필요한 희소자원도 선점할 수 있기 때문이다. 소비자의 입장에서 보더라도 일단 어느 기업의 제품을 사용하다가 다른 기업의 제품으로 바꾸는데 있어서는 교체비용이 드는 경우가 많고, 또한 제품의 질에 대한 판단근거가 확실치 않을 때는 선발기업의 잘 알려진 브랜드를 선택함으로써 불확실성을 줄이려는 경향이 많다.

Liberman과 Montgomery(1988)는 선발기업이 우위가 있다고 주장하면서 기술리더십을 가지게 되고, 선점을 통해 지속가능한 경쟁우위에 서게 될 뿐만 아니라, 후발기업이 나타날 때까지 선발기업의 제품을 고객들이 사용하여 고착화현상이 나타나 나중에 후발기업의 제품을 구입하게 될 때 전환비용(switching cost)이 발생하게 되어 선발기업에 이점이 있다고 주장하였다. 실제로 소비자들이 마이크로소프트 제품을 구입하여 사용하거나, 싸이월드 등에 가입하여 고착화되면 다른 제품으로 옮기기가 쉽지가 않다.

Carpenter와 Nakamoto(1989)는 선발기업이 내세운 제품을 구입한 소비자들은 그 제품군에 고착화되어 나중에 시장에 진입하는 후발기업의 제품을 선발기업의 제품을 기준으로 평가하게 되는데, 선발기업의 제품에 유사할수록 선호하게 된다는 것을 보인 바 있다. 그 뒤 Al Ries와 Jack Trout는 선도자의 법칙(law of leadership)을 포지셔닝 관점에서 바라보았다. 즉, 선발기업의 브랜드들은 소비자들의 기억 속에 깊이 저장되고 1등은 강하게 기억하나 2등은 기억하지 않는 성향이 있음을 밝힌 바 있다.

단계적으로 시장이 개방되고 있는 중국시장에서 일찍 시장진입을 허가받은 외국 다국적기업들은 경제적, 기술적 그리고 행동적인 요인들 때문에 선발기업의 이점을 누리고 있다. 자국의 경제 활성화를 위하여 조세, 토지이용, 에너지 및 원료비용 등에서 외국기업들에 특혜를 주면서 유치하기 때문에 선발기업은 이점을 누린다. 중국시장과 같은 거대한 시장에 초기 해외직접투자를 할 경우 미래에 발생할 수 있는 기회를 쉽게 이용하게 된다. 시장에 일찍 진입한 기업들로서는 현지시장을 개발하고 자사제품을 광고하면서 장래 경쟁자들의 진입을 저지하는 등 다양한 전략을 사용하면서 일종의 독점적 우위를 획득할 수 있다.

2) 후발기업의 우위

Boulding과 Christensen(2001)이 지적하고 있듯이 선발기업이 불리점이 존재한다. 혁신적인 첨단기술제품을 가진 후발기업으로부터 도전을 받기 시작한다. 2000년을 기준으로 선발기업의 시장점유율 평균은 6%에 불과했으며, 이 중 해당 시장에서 1위를 차지하고 있는 기업은 6개로 전체의 9%에 지나지 않았다고 분석하고 있다. 그들의 분석에서는 선발기업일수록 유리하다는 설명은 맞지 않는 것으로 나타났다. 조사대상 산업에서 1위 기업들은 최초 진입업체보다 평균 19년 후에 진입한 기업들이었지만, 시장장악을 위해서 혁신제품을 가지고 타이밍을 잘 맞춘 기업들임을 증명하였다. PC에서 선발기업인 Apple을 능가한 Dell, 복사기 시장에서 선발기업인 3M Thermofax를 능가한 Xerox 등이 예가 될 수 있다.

Schnaars(1994)는 후발기업들이 선발기업보다 더 공격적일 가능성이 크다고 분석하고 있다. 후발기업은 선진기술과 경영기법을 모방하면서 접근하기 편리하다. 선발기업은 유리한 점은 물론 불리한 점도 많다. 선발기업의 불리한 점으로는 시장의 변화, 신규시장을 개척하는 데 소요되는 비용과 불확실성에서 오는 위험, 소비자 취향의 변화에서 오는 브랜드 충성도의 약화 등을 들 수 있다.

모방적인 후발기업이 선발기업을 능가한 사례는 다음과 같다.

① 메인프레임 컴퓨터시장에서 선발기업은 아타나소프의 ABC컴퓨터(1939), 에커트, 모글리의 ENIAC/UNIVAC(1946)이었다. 그러나 후발기업인 IBM(1953)이 공격하였다. IBM의 마케팅능력, 특히 강력한 판매력은 작은 신생기업이 따라갈 수 없었다. 이 거대기업은 진입하자마자 빠르게 선두가 되었다.

② PC시장에서 선발기업은 알테어 8800(1975), 애플(1977)이었다. 그러나 후발기업인 IBM-PC(1981), 컴팩(1982), 델(1984), 게이트웨이

(1985)가 공격하였다. 선발기업들은 호사가들을 위한 컴퓨터를 만들었다. 그러나 시장이 기업용으로 바뀌자 IBM이 자사의 명성과 마케팅, 유통의 이점을 이용하여 시장을 지배했다. 그 후 복제업자들이 IBM의 표준을 복사하여 싼값에 팔았다.

③ 전자레인지시장에서 선발기업은 상업용 시장을 위한 레이시온의 레이더레인지(1946), 타판(1955)이었다. 그러나 후발기업인 파라소닉(1970년 초), 샤프(1970년대 중반), 삼성(1980)이 공격하였다. 선발기업은 제품완성과 시장개발에서 20여 년을 보냈다. 그들은 고급제품을 고가에 팔았다. 일본기업과 이후의 한국기업들이 동질의 제품을 훨씬 싸게 팔아 선발기업은 따라갈 수 없었다.

④ 워드프로세서 소프트웨어 시장에서 선발기업은 워드 스타(1979)였다. 그러나 후발기업인 마이크로소프트 워드(1983)가 공격하였다. 선발기업은 업데이트하지 못하고 쓸모없는 표준에 매달려 있었으며, 업데이트했을 때는 충성스러운 사용자들을 소외시키고 기술적인 지원을 해주지 못했으며 내분에 시달렸다. 후발기업들이 이를 이용하였다.

4.3 진입속도 : Fast Innovation과 Fast Second

George와 동료들(2005)은 시장에 빠르게 진입하는 것이 유리하다고 주장한다. 진입하는 시간을 빠르게 하기 위해서 Fast Innovation을 이루기 위해서 차별화와 와해성뿐만 아니라 Fast Time-to-Market이 중요함을 제기하고 있다. 이는 경쟁강도가 높은 산업에 속해 있는 첨단기술기업의 경우에 중요한 고려사항이 된다.

마르키데스와 게로스키(2005)는 Fast Second전략을 강조한다. 온라인 서점을 시작한 이는 1991년 오하이오 주에서 '컴퓨터 리터러시 북스토어(Computer Literacy Bookstore)' 라는 서점 체인을 운영하던 찰스 스택이었고, 1995년까지 아마존은 시작을 하지 않았다. 마이크로소프트사도 선발기업이 아니었다. GM, IBM, P&G, 캐논 등 세계를 지배하는 진정한 시장지도자들은 '가장 빠른 1등' 이 아니라 '재빠른 2등' 이었다고 주장한다. 재빠른 2등 전략은 업계의 표준이 되는 지배적 디자인이 출현하는 타이밍을 알아차리고 최적의 시점에 시장에 진입, 지배적 디자인의 등장에 참여함으로써 실질적인 선도기업이 되는 전략이다. 이러한 재빠른 2등 전략이 성공하기 위해서는 기존의 소비자의 습관이나 행동에 변화를 가져올 수 있을 정도로 매우 새로운 가치를 제시하여야 한다. 즉, 근본적 혁신(radical innovation)이 실현되어야 한다.

사례연구 현대자동차

현대자동차는 1967년 12월에 설립된 한국을 대표하는 자동차 제조기업이다.

이 책 제1장 〈표 1-2〉를 참조하면 2011년 *Fortune*지가 발행하는 '글로벌 500'에서 55위를 차지하고, Toyota(8위), GM(20위), Daimler(24위), Ford(25위), Honda(45위)의 뒤를 따르면서 자동차 기업으로서 세계 6위의 매출액을 달성하고 있다. 현대차는 1976년 남미 에콰도르에 포니 승용차를 수출한 것을 시작으로 2012년 현재 36년 동안의 해외시장 개척의 역사를 가지고 있다. 미국시장은 1980년 엑셀신화를 창조하면서 글로벌 시장 진입의 문을 두드리기 시작했고, 1989년 캐나다 부르몽에 현지 조립생산공장을 건설하였고, 1997년 터키 앗산 공장, 1998년 인도 첸나이 공장, 2002년 중국 북경현대기차 공장, 2005년 미국 앨라바마 공장, 2008년 체코 공장, 2011년 브라질 피라시카바 시 인근에 공장 기공식을 가지고 2012년 말에 생산이 예정되면서, 북미, 남미, 아시아, 유럽을 연결하는 글로벌 생산기지를 구축하고 있다.

이 책 제1장의 글로벌 마케팅 발전 단계별로 볼 때 현대차의 해외시장개척의 발전단계를 4단계로 구분할 수 있다(기본 내용은 이중우, 2008년 자료 참조).

첫 번째 단계는 국내 마케팅 단계이다. 이 단계에서 1967년 12월에 회사를 설립하고, 1년 뒤인 1968년 포드자동차의 기술을 도입하여 코티나 승용차를 조립생산하여 국내에 공급하는 단계이다.

두 번째 단계는 수출 마케팅 단계이다. 이 단계에서 포드와 합작을 결별하고, 고유 모델 개발 프로젝트를 추진하여 일본 미쓰비시 자동차공업의 기술협력을 받아 1975년 최초의 자체 모델인 현대 '포니'를 생산하면서 양산체제를 갖추어 해외시장을 노크하기 시작하였다. 한국보다 기술후진국인 아프리카와 중남미를 해외시장 개척 대상으로 잡고 1976년에 에콰도르에 최초로 포니를 수출하게 되었다. 이어 중동으로 수출이 시작되었다. 1982년에 캐나다 토론토에 현지법인을 설립하였다.

세 번째 단계는 국제 마케팅 단계이다. 1985년에 미국 독자적인 현지법인을 설립하여 자동차 부품 및 애프터서비스망을 구축하였다. 그리고 유럽, 중남미, 아시아 지역 국가에도 진출하였다. 이 단계에서는 독자적인 자동차엔진 개발에 성공하고, 해외 현지 생산법인을 설립하면서 발전하였다.

네 번째 단계는 다국적 마케팅 단계이다. 이 단계는 지역마케팅이 이루어지는 단계이다. 북미지역, 아시아지역, 유럽지역, 남미지역으로 나누어, 미국, 중국, 인도, 터키, 체코, 브라질 등의 공장을 기반으로 주변 지역으로 판매망을 넓히면서 발전하는 글로벌 체제를 형성하는 것으로 발전하였다. 터키와 체코에 생산공장을 건설하여 서로 연결시키고, 벨기에, 폴란드, 이집트, 이란, 러시아 등으로 부품 협력과 판매망을 확대하고 있다. 인도 공장과 서남아시아를 지역으로 연결하고 있다. 북경현대는 거대한 중국시장에 파고들고 있다. 미국 앨라바마 공장에 생산기지를 가지고 미국 내 연구개발과 판매 네트워크를 형성하면서 미국 시장에 파고들고 있다. 그리고 브라질 공장을 완성하면서 남미시장에 파고들 준비를 하고 있다. 5개의 해외지역본부를 운영하고 있고, 세계 12개국에 해외생산과 판매법인과 178개국에 5,200개가 넘는 판매와 정비 네트워크를 형성하고 있다.

현대자동차는 한국 기업의 역사에서 해외시장개척의 발전단계의 진수를 보여주고 있다. 이제 진정한 글로벌 마케팅을 시작하는 단계로 접어들고 있다고 보여진다.

참고문헌: 이중우(2008), "현대자동차의 글로벌화와 네트워크구축 전략," 정구현 지음, 『한국기업의 글로벌 경영』, 위즈덤하우스, pp. 251-290; 이임광(2008), 『변화를 향한 질주』, 생각의 지도.

Global Marketing

요 약

1. 기업이 해외시장 진출을 결정하고 나면, 어떠한 해외시장 진출방법을 결정할 것인가를 고려하는 것이 필요하다. 진출방법은 수출, 라이선싱과 전략적 제휴, 합작투자, 자회사 등의 방법이 있는데, 이는 진출하고자 하는 국가 시장의 불확실성과 기업의 진출능력에 따라 결정된다. 첨단기술기업이 혁신형 중소기업의 형태로서 해외시장진출의 경험이 많지 않은 경우에는 불확실 인식이 크고, 진출 능력이 잡히지 않아 라이선싱과 전략적 제휴 등을 많이 한다.
   1) 합작투자는 두 기업이 동일한 부품과 제품을 공동생산하거나 서로 보완적 제품을 공동생산 판매할 수 있고, 한 기업이 R&D와 생산을 다른 기업이 마케팅을 담당할 수 있다.
   2) 본국에서 해외시장으로 나아가는 유형을 R&D, 생산, 마케팅, 판매 및 서비스의 연결로서 바라볼 수 있으며, 이러한 기능을 본국에 그대로 두고 고객에게 제품을 직접 판매하는 국내기반 해외 판매조직의 형태에서 시작하여 판매 및 서비스 기능을 해외시장에 이전하는 현지 판매지점과 판매자회사를 세우는 경우로 발전할 수 있고, R&D와 마케팅 기능은 본국에 두고, 해외시장에 생산과 판매 및 서비스를 이전하여 생산 및 판매자회사를 차리면서 접근할 수 있다.

2. 해외시장 진입방식은 내적 요인으로서 제품관련요인, 기업자원관련요인이 작용하고, 외적 요인으로서 현지국의 시장요인, 현지국의 생산요인, 현지국 기업환경요인, 본국관련요인들이 작용한다.
   1) Root의 주장에 의하면, 해외시장진입은 크게 두 가지 경로로 해외시장에 진입하게 된다. 즉, 제조기업들이 간접수출 → 대리점이나 유통업자를 통한 수출 → 합작투자 → 단독투자 경로를 선택하거나 혹은 간접수출 → 대리점이나 유통업자를 통한 수출 → 해외지점이나 자회사를 통한 수출 → 단독투자로 진입할 수 있다.

3. 기업은 R&D, 생산, 마케팅, 판매 및 서비스라는 기능을 나누고 이들 기능상에서 서로 상호 보완관계의 협력을 찾아서 합작투자를 할 수 있다.

R&D와 생산에서 협력할 수 있으며, 마케팅과 판매 및 서비스에서 협력할 수 있다. R&D기능과 판매 및 서비스기능상에서 보완관계를 찾아서 합작투자를 할 수 있다. 그리고 가치사슬상의 기능을 해외로 이전하면서 해외시장으로 진출할 수 있다. 해외로 판매 및 서비스 기능을 이전함으로써 현지 판매자회사를 만들 수 있고, 생산과 판매 및 서비스라는 기능을 해외시장으로 이전하면서 판매 및 생산자회사를 설립할 수 있다.

4. 해외시장에 진출하고자 할 때 진입 타이밍과 순서 효과를 고려할 필요가 있다. 진입 타이밍은 단계적으로 진입하는 Waterfall 모형을 따를 것인지, 일시에 진입하는 Spinkler 모형을 따를 것인지를 결정해야 한다. 이는 제8장 제품전략에서 다시 다루고자 한다. 진입순서 효과는 선발기업이 우위에 있는 경우와 후발기업이 우위에 있는 경우가 있다. 일반적으로 선발기업이 이점이 있다는 분석이 지배적이었다. 이는 포지셔닝의 개념에서 소비자들의 머릿속에 파고들어가 선발기업 제품을 기준으로 하여 후발제품을 평가하기 때문이라는 관점을 택하고 있다. 그러나 현실적으로 세계적으로 성장하고 있는 기업들은 후발기업으로서 선발기업을 공격하여 1위를 탈환한 기업들이라는 분석들이 강해졌다. 첨단기술제품의 경우 선발기업과 후발기업의 논쟁보다 진입의 속도가 문제가 될 수 있다. fast innovation, fast second에서 볼 수 있듯이 근본적 혁신을 가지고 빠르게 시장을 공격하는 타이밍전략이 중요하다는 것을 알 수 있다.

Global Marketing

토의과제

1. 첨단기술기반 벤처기업의 경영자가 판단하기에 해외환경의 불확실성이 높고 기업의 해외시장진출 능력이 아직 약한 단계에 있다고 판단될 때 다음 해외시장진출 단계 중에서 어느 것을 택하는 것이 좋은가?
(1) 수출, (2) 라이선싱과 전략적 제휴, (3) 합작투자, (4) 단독투자
라이선싱(licensing)이 가지고 있는 장점과 단점의 리스트를 작성하여 보라.

2. Root는 해외시장진입은 크게 두 가지 경로로 해외시장에 진입하게 된다. 즉, 제조기업들이 간접수출 → 대리점이나 유통업자를 통한 수출 → 합작투자 → 단독투자 경로를 선택하거나 혹은 간접수출 → 대리점이나 유통업자를 통한 수출 → 해외지점이나 자회사를 통한 수출 → 단독투자로 진입할 수 있다고 보고 있다. 이를 토의하라.

3. 기업의 기능을 R&D, 생산, 마케팅, 판매 및 서비스라는 기능으로 나누고 이들 기능상에 서로 상호 보완관계를 형성하면서 어떻게 해외시장 진출을 할 수 있는가를 Hollensen(2004)의 분석을 중심으로 토의하라.

4. 시장진입순서에서 선발기업의 이점과 후발기업의 이점을 어떻게 다르게 나타나는가를 토의하라. fast innovation, fast second와 같은 말처럼, 근본적 혁신을 가지고 빠르게 시장을 공격하는 타이밍전략이 중요하다고 제기하고 있다. 이러한 사례를 찾아서 토의하여 보라.

| Global Marketing

참고문헌

마르키데스와 게로스키 저, 김재문 역(2005), 『Fast Second』, 리더스 북.

이규현(2007), 『첨단기술제품 마케팅』, 경문사.

조동성(2000), 『국제경영』, 경문사.

한경비즈니스, 2008년 1월 21일자.

Agarwal, S. and S.N. Ramaswami(1992), "Choice of Foreign Market Entry Mode: Impact of Ownership, Location and Internalization Factors," *Journal of International Business Studies*, Vol. 23, No. 1, First Quarter.

Anderson, Erin, and Hubert Gatignon(1986), "Modes of Foreign Entry: A Transaction Cost Analysis and Propositions," *Journal of International Business Studies*, 11(Fall), pp. 1-26.

Hollensen, Svend(2004), *Global Marketing: a decision-oriented approach*, 3rd ed., Prentice-Hall.

Mitra, Debanjan and Peter N. Golder(2002), "Whose Culture Matters? Near-Market Knowledge and Its Impact on Foreign Market Entry Timing," *Journal of Marketing Research*, 39(August), pp. 350-365.

Root, Franklin R.(1994) *Entry Strategies for International Markets*, New York: Lexington Books.

제4부

글로벌 마케팅믹스 전략

|제 8 장| 글로벌 제품전략

|제 9 장| 글로벌 브랜드 관리

|제10장| 글로벌 가격전략

|제11장| 글로벌 커뮤니케이션 전략

|제12장| 글로벌 유통전략

글로벌 경쟁전략과 시장진출방법이 잡히면, 보다 구체적인 글로벌 마케팅믹스 전략을 펼치는 단계가 된다. 마케팅믹스는 제품, 가격, 촉진, 유통, 이른바 4P(Product, Price, Promotion, Place)의 조합을 말한다. 제4부에는 제품전략을 제품개발에서 시작하여 제품과 서비스마케팅을 함께 다루고자 한다. 글로벌 기업에서 브랜드전략은 그 중요성 때문에 별도의 장으로 다루고자 한다. 가격전략을 다루고, 촉진은 커뮤니케이션 전략으로 다루고, 유통은 로지스틱스와 함께 다루고자 한다.

제8장

글로벌 제품전략

글로벌 기업들은 글로벌 제품들을 가지고 있다. 글로벌 시장에 통용될 수 있는 신제품을 개발하지 못하면 글로벌 기업임을 부를 수가 없다. 본 장에서는 세계시장을 향하여 신제품 개발을 어떻게 하며, 개발된 제품을 확산시킬 수 있는가에 관한 쟁점들을 다루고자 한다. 이러한 관점은 글로벌 단계에 있는 기업들의 제품전략을 설명하고 있기도 하지만, 글로벌 지향을 가진 기업들에게는 중요한 방향이 될 수 있다.

●● 도입 사례 : Gillette
제1절 글로벌 제품전략 유형
제2절 표준화와 현지화
제3절 글로벌 시장을 향한 신제품개발
제4절 국제제품수명주기와 글로벌 확산
제5절 글로벌 신제품개발과 문화
●● 사례연구 : 한류
●● 요 약
●● 토의과제

도입 사례

Gillette

미국 면도기 회사 질레트(Gillette)는 킹 C. 질레트(King Camp Gillette: 1855~1932)에 의해서 1901년 창립되어 오늘날까지 100년 이상 성장하여온 기업이다. 1903년 처음 면도기를 생산하여 팔기 시작하여, 1908년에는 판매개수 100만 개를 돌파하였고, 그 후 계속 성장하여 2000년에는 여성용 면도용품과 두발기구 등의 분야에서도 세계 1위를 차지하였다. 현재 200개 이상의 나라에서 판매되고 있다. 2005년에 P&G가 인수하였다.

질레트가 100년 이상 면도기 산업을 지배할 수 있었던 가장 중요한 전략으로는 면도날과 면도기를 분리시켜 면도날이 무뎌지면 새 날로 갈아 끼울 수 있도록 한 전략이었다. 면도기는 한번 구입하면 오래쓸 수 있지만, 면도날은 계속 갈아야 하기 때문에, 면도날에서 이익이 더 많이 창출될 수 있는 전략을 사용했다.

1930년, 면도기의 원조라고 할 수 있는 'Blue Blade'를 출시했다. 그 이후 40년이 지나 두 날을 장착한 'Trac II'를 출시했다. 그 뒤 18년 뒤 'Sensor'가 출시되었고, 5년 뒤 'Sensor Excel'을 출시하였다. 또다시 4년 뒤 3중날을 장착한 'Mach 3'를 출시하였다. 최근에는 5중 날 'Fusion'이 출시되었다. 퓨전이 출시된 지 얼마 지나지 않아, 퓨전 파워, 퓨전 페놈, 휴전 파워 페놈과 같은 여러 가지 버전의 신제품이 등장했다.

질레트가 글로벌로 나아갈 때, 전형적인 표준화전략을 추진해왔다. 질레트는 지역별 차이에 신경을 쓰지 않았다. 모든 지역에서 똑같은 제품을 판매하고, 똑같은 방식으로 제품을 생산하고, 똑같은 기업정책과 똑같은 광고를 사용했다. 결과는 성공적이었고 동종업계 시장점유율이 70퍼센트에 달하고 있다.

참고문헌: 필립 코틀러 외 지음, 바른 번역 옮김(2010), 『기업전략과 마케팅』, 비즈니스맵; 문영미 지음, 박세연 옮김(2010), 『디퍼런트』, 살림Biz.

제 1 절 >> 글로벌 제품전략 유형

Global Marketing

해외시장에 침투하기 위하여 세 가지 글로벌 전략들을 추구할 수 있다. 첫 번째 대안은 국내 시장에서 사용되어온 것과 같은 제품이나 커뮤니케이션 전략을 해외시장에 확장하기만 하는 경우이다. 두 번째 대안은 지역시장 고객들의 필요와 욕구에 맞추어 제품을 수정(adaptation)하는 전략을 선호하는 경우이다. 세 번째 대안은 글로벌 시장을 향하여 신제품을 발명(invention)하기를 선호하는 전략이다. 이러한 세 가지 대안들이 조합되어 다섯 가지 대안을 가질 수 있다고 Keegan(1969)이 일찍이 제기한 바 있는데, Kotabe와 Helsen(2010)은 이를 보다 자세하게 분석하였다.

전략적 대안 1에서 전략적 대안 5까지 순서는 가장 적은 비용이 드는 대안에서 가장 많은 비용이 드는 순서이다.

1.1 전략적 대안 1 : 제품과 커뮤니케이션 확장 – Dual Extension

이 경우는 동일한 커뮤니케이션 전략을 사용하면서 표준화된 제품을 세계시장에 내보내는 경우이다. 글로벌 시장에 초기에 참여하는 기업들이나 적은 자원을 가진 소규모의 기업들은 이러한 대안을 선호한다. 제품이나 광고캠페인을 수정한다는 것은 잠재적인 비용의 상승을 의미하기 때문이다. 또한 동일한 욕구를 가진 글로벌 세분시장을 목표시장으로 할 때 이러한 전략적 대안을 사용할 수 있다.

일반적으로 이러한 전략은 규모의 경제에 의해서 원가를 절감시켜 주는 이점이 있다.

1.2 전략적 대안 2 : 제품확장 – 커뮤니케이션 수정

문화적 환경이나 경쟁환경의 차이로 인하여 같은 제품이 해외시장에서 국내 시장에서 제공되는 이점이나 기능과 아주 다르게 제공되기도 한다. 해외와 국내 시장 사이에서 나타나는 이와 같은 차이는 광고 캠페인을 해외시장에 맞추어 사용하면서 같은 제품을 해외시장에 선보이는 것이다. 시카고에 본사를 두고 100년 이상 동안 껌분야에서 혁신을 계속해온 Wrigley 껌이 대표적이다. 미국에서 출시되고 있는 대부분의 브랜드들이 이 회사의 해외시장에서도 역시 판매되고 있다. 동일하게 우수한 품질의 제품을 추구하고 있다. 껌 범주를 구축하기 위해서 그의 제품들을 안정적이고 낮은 가격으로 판매하고 있다. 껌이 충동구매품목(impulse item)이라는 것을 고려하여 대량 유통을 목표로 하였다. Wrigley의 제품과 유통에서 이러한 유사성에도 불구하고 커뮤니케이션 전략에서 광범위한 차이점들이 있다. 광고캠페인에서 촉진되는 이점들은 국가와 국가 사이에 다양하게 나타난다. 미국에서 흡연에 대한 대안으로서 껌을 촉진함으로써 흡연규정에 대해서 강조하였다. 여러 유럽국가에서는 껌을 씹는 것이 치아에 이점이 있음을 강조하는 광고를 하였다. 극동 아시아에서는 광고캠페인은 껌을 씹는 것과 얼굴모양의 일치(facial fitness)의 연결을 강조하였다(참조 www.wrigley.com).

1.3 전략적 대안 3 : 제품 수정 – 커뮤니케이션 확장

이 대안은 제품을 수정한 후 표준화된 커뮤니케이션을 사용함으로써 제품을 출시하는 경우이다. 지역 시장환경은 종종 제품수정의 경우를 선호한다. 제품 수정의 배경에는 기업의 확장전략이 있다. 많은 기업들이 지역 기업들의 흡수를 통하여 제품 포트폴리오에 브랜드들을 첨가한다. 기존의 브랜드자산에 지역브랜드가 첨가되어 균형을 맞추어 간다. 이들 요인들은 제품 수정으로 나타나지만, 제품을 사용하는 소비자들 사이에서 유사한 핵심가치나 구매행동이 있어서 기존의 커뮤니케이션을 확장하면 된다. 이 경우에는 제품 차이에도 불구하고 마케팅 아이디어들은 한 국가에서 다른 국가로 이전될 수 있다. 타이완에서 만든 P&G Pantene 샴푸광고는 라틴아메리카로 약간만 변화시키고 성공적으로 이전되었다.

1.4 전략적 대안 4 : 제품과 커뮤니케이션 수정 – Dual Adaptation

국가에 따라 문화적이고 물리적 환경에서 차이가 있는 경우에는 Dual Adaptation전략을 필요로 한다. 그러한 환경에서는 기업의 제품과 커뮤니케이션을 수정하는 전략이 국제 팽창을 위해서 가장 좋은 대안이 된다. Slim & Fast사는 체중을 줄이는 제품에 대한 국가마다 다른 규정에 따르기 위해서 제품과 광고 양쪽을 수정하고 있다. 처음 독일에서 출시하였을 때 광고는 지역 유명인사를 사용하였다. 영국에서는 다이어트 보조품 검사기관들이 유명인사를 허용하지 않았기 때문에 교사들, 오페라 가수 들을 등장시켜 광고를 하였다. 제품도 지역시장에 맞게 수정되었다.

1.5 전략적 대안 5 : 제품 발명

글로벌 마케팅관리자들은 단 하나의 국가보다는 세계적인 범위로 제품들을 만들어내는 방법을 이해하려고 한다. 기존의 제품이나 서비스들을 지역시장 조건에 수정하는 대신에 글로벌 시장기회를 찾으려고 한다.

많은 기업들이 세계적으로 생산하고 지역적으로 판매하는 대열(the "produce globally, market locally" bandwagon)에 들어서고 있다. 이들 모두가 성공하고 있는 것은 아니다. Ford Mondeo는 Ford의 제품개발 프로젝트를 글로벌 기반에 두기 위한 Ford 2000 프로젝트 중의 하나였다. 월드카를 지향한 첫 번째 차였다. 유럽에서 개발되어 Contour와 Mercury Mystique로 미국에서 판매되었다. 유럽판은 아주 잘 팔렸으나 미국판은 재앙이었다. 미국 구매자들은 차가 너무 작고 크기에 비해서 너무 비싸다고 생각했다.

제2절 Global Marketing

표준화와 현지화

2.1 표준화

글로벌 마케팅에서 되풀이되어 나타나는 테마는 기업들이 표준화된 제품전략을 사용해야 하는지, 현지시장에 맞춘 제품전략을 사용하는지이다. 표준화(standardization)는 한 지역이나 세계 수준에 기반을 두어 균일한 제품을 제공하는 것을 말한다. 지역 규정이나 시장조건을 충족시키기 위하여 자그마한 변화는 이루어지지만 이들 변화는 약간의 비용증가만 나타난다. 균일한 제품 정책은 국가를 넘어서서 소비자들의 욕구의 공통성에 강조를 두는 것이다. 목표는 비용을 최소화하는 것이다.

표준화된 제품전략을 선호하도록 하는 요인들은 다음과 같다.

1) 공통된 고객 욕구

많은 제품범주에 대해서 소비자욕구들은 다른 나라에서 매우 유사하다. 제품이 사용되는 기능들도 동일할 수 있다. 이와 같이 사용조건이나 이점들도 유사할 수 있다. 자동차시장에 대해서 살펴보자. 미국, 유럽, 일본 시장에서 자동차에 대한 소비자 선호도는 동질화되고 있다. 자동차 고객이 가장 중요시하는 가치는 자기표현, 조작의 즐거움, 안락감으로 나타났다. 대형차를 선호하였던 미국에서 1973년 석유위기 이후 중형차에 대한 수요가 증가하였다. 일본에서는 대형차 수요가 증가하였다. 우리나라에서도 유럽과 미국 시장을 겨냥하여 고급화된 자동차를 생산하는 추세로 움직여가고 있다.

2) 글로벌 고객

기업과 기업 간 마케팅에서 글로벌화로의 움직임은 자사 사업의 많은 부분이 글로벌 고객들인 다국적기업들로부터 오고 있다. 구매와 소싱 결정들은 공통적으로 집권화되거나 적어도 지역화되어 있다. 그러한 고객들은 전형적으로 세계적으로 조화된 서비스나 제품들을 필요로 한다.

3) 규모의 경제

글로벌 제품들의 제조와 유통에서 규모의 경제는 표준화로 움직이는 핵심적인 동인이다. 규모의 경제는 지역 경쟁자들에 비해서 글로벌 경쟁자들에게 놀라운 경쟁우위를 제공해주고 있다. 그러나 많은 산업에서 규모의 경제는 퇴색되고 있다. 유연생산, 적시생산과 같은 생산절차들이 크기보다는 시기적절성을 강조하도록 변화시켰다. 범위의 경제가 강조되었다.

4) 출시시간

수많은 산업에서 혁신적이 된다는 것만으로 경쟁적이지 못한다. 기업은 신제품 프로젝트를 출시하는 시점을 단축하는 방법을 추구하고 있다. 연구를 집권화시키고 신제품 개발노력을 소수 프로젝트들에 통합시킴으로써 출시시기 주기를 단축하고 있다. 이러한 노력을 통해서 1993년 P&G는 액체 세제를 범유럽에 출시하는 시간을 마케팅 노력이 매우 분권화되었던 1980년대 초에 수행했던 시간의 10%로 단축시킬 수 있었다고 발표한 바 있다.

5) 지역시장협정

단일 유럽시장(the Single European Market)과 같은 지역시장협정이 형성되는 것은 기업들로 하여금 범유럽에 맞는 지역적인 제품을 출시시키거나 기존의 제품들을 범지역적 브랜드들로 재설계하도록 하고 있다. 1993년 1월에 단일 유럽시장이 형성되기 위한 입법은 EU 내에서 무역을 하기 위한 대부분의 장벽들을 제거하는 데 목적을 두었다. 이들 움직임은 범유럽제품전략을 선호하도록 하였다.

2.2 현지화

현지화(customization)는 경영층이 목표고객들의 필요와 욕구에서 국가 간에 나타나는 차이에 강조를 둔다. 지역시장의 조건에 맞추도록 적절한 변화가 나타난다. 표준화는 대량생산을 통하여 원가를 낮추는 제품지향적인 사고라고 한다면 현지화는 지역 욕구에 제품을 수정하여 고객만족을 증가시키는 시장지향적인 사고(market-driven mindset)이다.

자동차의 경우 현지의 법규나 기후와 높은 관련성을 갖는다. 중동 수출용은 속도위반 경고장치를 달아야 하고, 북미수출은 에어백이 필수적이다. 자동차의 핸들은 미국에서는 왼쪽, 영국 등 유럽국가들과 일본에서는 오른쪽에 달아야 한다. 또한 선호되는 색상도 각국마다 차이를 보여 다르게 접근한다.

2.3 표준화와 현지화의 균형

세계시장 환경이 다르기 때문에 현지국의 환경을 무시한 표준화는 위험하다. 표준화할 수 있는 부분은 과감히 표준화하되 시장환경 차이를 고려하여 현지화 마케팅을 펼칠 수 있어야 한다. Aulakh(2003)는 핵심구성요소 표준화(core components standardization)를 주장하고 있다. 표준화된 부품을 사용하여 규모의 경제를 달성하고 현지 시장의 욕구에 맞는 변화를 통해 다양한 완제품을 제공할 수 있다고 주장한다. 이와 같이 제품의 모든 속성을 완전히 표준화하거나 완전히 현지화하지 않고, 제품의 일부 속성에 대해서 표준화를 하고, 다른 속성에 대해서는 현지화를 하는 전략을 택하는 것이 바람직하다. 자사가 진출하고 있는 현지시장에 내재된 공통된 동질성을 규명하여 표준화된 제품전략을 개발한 후, 현지시장에 실제적으로 적용할 때 각 현지시장의 특성에 맞게끔 부분적으로 수정을 가하는 전략이다. 즉, 기술, 용도 등 제품의 주요 특성부분에 대해서는 표준화된 글로벌전략을 적용시켜 제품을 개발하고, 색상, 포장, 크기 등은 현지시장의 특성에 맞추어 부분적으로 수정해가는 전략이 바람직하다.

마케팅 문헌에서 표준화와 현지화를 어떻게 결합하여 사용하고 있는가를 Quelch와 Hoff(1986)는 코카콜라와 네슬레의 사례를 가지고 잘 보여주고 있다. 전체적으로 볼때 코카콜라는 표준화전략을 많이 사용하고 현지화전략을 부분적으로 사용하고 있으며, 네슬레는 현지화전략을 많이 사용하고 표준화전략을 부분적으로 사용하고 있는 것을 볼 수 있다.

표 8-1 코카콜라와 네슬레의 글로벌 마케팅계획 매트릭스

		표준화		현지화	
		완 전	부분적	완 전	부분적
사업기능	연구개발	○	□		
	재무 · 회계	○	□		
	생산		○		□
	구매		○	□	
	마케팅	○			□
제 품	문화영향 小, 규모경제 大	○			
	문화영향 小, 규모경제 小				
	문화영향 大, 규모경제 大				□
	문화영향 大, 규모경제 小				
마케팅믹스	제품디자인	○	□		
	브랜드	○	□		
	위상정립	○			□
	포장		○□		
	광고의 주제	○			□
	가격결정		○		□
	광고문안	○		□	
	유 통			□	○
	판매촉진			□	○
	고객서비스			□	○
국가별 지역 1	A국	○	□		
	B국	○	□		
국가별 지역 2	C국	○			□
	D국	○			□
	E국	○		□	

○: 코카콜라사, □: 네슬레사

자료: John A. Quelch, and Edward J. Hoff(1986), "Customizing Global Marketing," *Harvard Business Review*.

제3절

Global Marketing

글로벌 시장을 향한 신제품개발

Collins와 Porras(1994)는 그들의 베스트셀러 저서에서 다음과 같은 글로벌 기업들을 분석하였다. 즉 3M, American Express, Boeing, Citicorp, Ford, GE, HP, IBM, Johnson & Johnson, Marriott, Merck, Motorola, Nordstrom, Philip Morris, P&G, Sony, Wal-Mart, Walt Disney

이러한 글로벌 기업들은 이 세상에 지워지지 않는 글로벌 제품(global products)들을 창출하였다. 스카치테이프, 3M 포스트잇 메모지, 무스탕, 보잉 747, 타이드 세제와 아이보리 비누, 아메리칸 익스프레스 카드와 여행자 수표, 존슨 앤 존슨의 밴드 에이즈 반창고와 타이레놀, GE의 전구와 전자제품, 휴렛패커드 계산기와 레이저 프린터, IBM컴퓨터, 모토로라 휴대전화기, SONY의 워크맨, 마이크로소프트의 윈도우즈들을 우리 주변에서 쉽게 접할 수 있다. 디즈니랜드, 미키마우스, 도널드 덕, 백설공주, 아톰 등이 어린 시절 삶에 영향을 미쳤다. 우리나라가 자랑하는 삼성전자의 애니콜과 LG전자의 휘센 등 우리나라의 글로벌지향 기업들의 제품들도 세계인들에게 널리 사용되고 있다. 이러한 주요한 신제품들이 소비자들의 수용에 영향을 미치고 생활의 변화를 가져오고 있다. 이와 같은 지워지지 않는 신제품을 개발하는 것이 글로벌 기업들이 지향하는 제품개발 방향이다.

3.1 글로벌 시장을 향한 신제품개발

글로벌 기업들에게 신제품개발은 시간이 걸리고 비용과 노력을 필요로 하기 때문에 충분한 시장분석, 완전한 제품의 개발, 합리적인 개발비용, 적절한 마케팅전략, 제품의 시장도입의 타이밍 등을 고려하는 것이 필요하다. 신제품개발과정은 신제품 아이디어 창출에서 시작하여 아이디어 스크리닝, 제품 컨셉개발과 테스트, 테스트 마케팅, 글로벌 출시과정을 거치면서 글로벌 시장으로 나아간다.

1) 신제품 아이디어 창출

모든 신제품은 하나의 아이디어에서 시작한다. 신제품 아이디어의 근원은 4C에서 온다고 말한다. 즉, 기업, 고객, 경쟁자들, 보완자들(Company, Customer, Competitors, Collaborators)로부터 온다. 여기서 보완자는 공급자, 유통채널 등을 말한다. 아이디어를 창출하기 위해서 R&D에 대해서 강조를 하여야 하고, 기술진보에 대해 이해할 수 있어야한다. 개인의 창조성뿐만 아니라 집단창조성(group creativity)이 중요한 쟁점이 되고, 브레인 스토밍(brain storming)과 같은 기법에 의해 아이디어 창출을 중요시 여겨야 한다.

2) 아이디어 스크리닝

이러한 신제품 아이디어의 원천은 글로벌 시장에서의 시장조사와 기술예측이 대표적이지만, 고객, 공급자, 경쟁자, 기업 판매원, 유통업자, 대리점, 경영자 등에서도 오고 있다. 이렇게 창출된 새로운 아이디어를 평가하는 단계로 체크리스트 작성이나 자유토론 등의 방법이 이용된다. 이 단계에서는 아이디어를 완전한 제품 컨셉으로 육성하는 방법으로 시장성이 없는 신제품 아이디어가 제거된다.

3) 제품 컨셉 개발과 테스트

선별된 아이디어는 경영자에 의해 평가를 거쳐 공식적으로 연구개발 프로젝트로 인정된다. 통합적인 사업분석이 수행되고 프로젝트 계획으로서 개발예산이 부여되며, 1단계의 마케팅과 기술연구가 시작된다.

제품 컨셉(product concept)은 신제품이나 서비스를 말로 표현하거나 때때로 눈으로 보일 수 있게 보다 상세하게 기술한 것을 말한다. 제품 컨셉이 얼마나 호소력이 있는가를 평가하기 위하여 초점집단토론(focus group discussion)에 의존하기도 한다. 이는 한 명의 조정자를 지니고 있는 잠재적인 고객들의 소수집단들로 구성된다. 초점집단 구성원들은 제안된 제품들의 좋은 점과 싫은 점들을 토론한다.

제품 컨셉에 대한 소비자 선호를 측정하기 위한 보다 세련화된 절차는 컨조인트 분석(conjoint analysis)이라고 한다. 대부분의 제품들과 서비스들은 제품속성들의 묶음으로 생각될 수 있다. 이러한 제품속성들의 묶음에서 가장 선호도가 높은 배합을 찾아내는 방법이다.

4) 테스트 마케팅

해외시장에 신제품을 도입하는 것은 잠재소비자들의 욕구에 불일치할 가능성이 존재한다는 것을 고려해야 한다. 이러한 불일치성이 존재하기 때문에 제품을 글로벌 시장에 출시하기 전에 실제 시장상황에서 테스트를 엄격하게 수행하여야 한다.

5) 글로벌 출시와 타이밍

글로벌 출시(global rollout) 단계는 글로벌 시장에 신제품이 발매되는 단계이다. 글로벌 마케팅의 신제품 개발에서는 충분한 시장분석, 완전한 제품의 개발, 합리적인 개발비용, 적절한 마케팅전략, 제품의 시장도입의 타이밍 등이 고려되어야 한다.

신제품 출시결정에서 비교방법을 사용할 수 있다. 하나 이상의 시장에서 기존 제품에 대한 경험이 기록되어 있는 경우에 사용이 가능하다. 효율적인 비교분석은 시장유사성을 발견하는 것이다. 유사성은 얻는데 두 가지 방법이 있다. 하나는 2개 시장에 대해 연구하여 제품의 지위를 비교하고 표적시장에 대한 경제적이고 사회구조적인 측면에서 기본적으로 유사한 시장의 사례를 찾는 방법이다. 예를 들면, 콜롬비아 시장에서의 성과는 비슷한 수준에 있는 멕시코 시장에서의 성과와 비교할 수 있다. 다른 하나는 같은 시기에 비교할 수 없는 시장에 대해 다른 시점에서 유사성을 비교하는 방법이다.

제품을 글로벌 시장이나 지역시장으로 출시하는 핵심전략은 진입타이밍(timing of entry) 결정이다. 표적시장에 신제품을 언제 출시하는가? 여기에서 하나는 폭포모형(waterfall model)이고, 다른 하나는 스프링클러모형(sprinkler model)으로 두 가지 전략적 대안이 있다.

폭포모형은 폭포가 위에서 아래로 내려오듯이 단계적으로 출시하는 것으로 기술된다. 전형적인 패턴은 신제품을 국내 시장에 먼저 출시하고, 다음으로 다른 선진국으로 출시하고, 마지막으로 개발도상국에 출시하는 방법이다. 이와 같은 지리적 확장의 전체 과정은 수십 년 지속할 수 있다. 미국의 글로벌 제품의 예를 들어보자. McDonald가 미국에서 해외로 출시되는 시간 간격은 22년, Coca-Cola는 20년, Malboro는

그림 8-1 글로벌 출시의 폭포모형과 스프링클러 모형

폭포모형

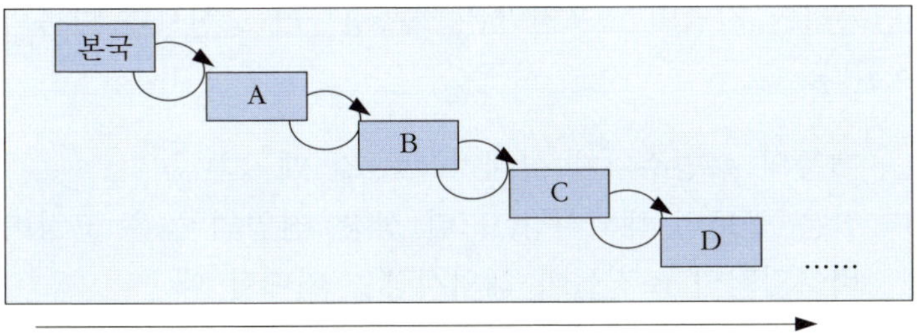

스프링클러 모형

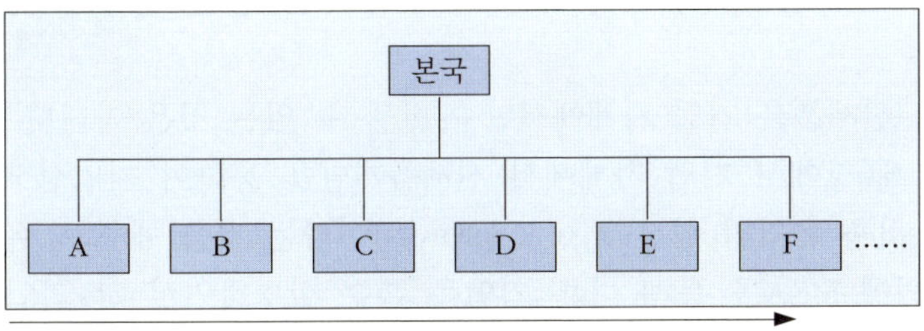

자료: The Mckinsey Quarterly, 1991 Number 4.

35년이 걸린 것으로 분석되고 있다.

이 모형을 따르는 동기는 제품현지화에 많은 시간이 소요되지만 이러한 출시는 기업에 소요되는 자원을 덜 요구하기 때문이다.

이러한 모형은 산업재 제품에서는 적합하지 않을 수 있다. 온라인상에서 B2C보다 B2B마케팅이 더 많이 발생하는데, 산업재 고객들은 뒤떨어지기를 원하지 않으며 출시되는 제품은 웹을 통하여 전 세계에 공개된다. 최신 제품을 빠르게 출시하지 않을 경우 자사제품이나 브랜드가 진부한 것으로 인식될 가능성이 있다. 이러한 출시방법은 경쟁자들에게 따라 잡을 시간을 허용하게 되어 첨단기술제품에게는 적당하지 않다.

스프링클러 모형은 동시에 세계 시장에 진입하는 전략이다. 이러한 시나리오에서는 글로벌 출시는 매우 좁은 시간상에서 일어난다. 마이크로소프트의 Xbox 비디오게임의 출시는 닌텐도의 Gamecube의 출시

3일 전 2001년 11월 중순에 미국에서 출시되었다. 6개월이 지나지 않아 Xbox는 일본과 유럽에서 출시되었다.

연속적인 진입인 폭포전략은 스프링클러 모형보다 다음의 상황에서 선호된다.

- 제품의 수명주기가 상대적으로 길 때
- 작은 규모의 해외시장, 느린 성장, 진입의 높은 고정비용과 같은 비호의적인 조건들이 해외시장을 지배할 때
- 해외시장에서 경쟁강도가 높지 않을 때

3.2 글로벌 소싱, 전략적 제휴와 M&A를 통한 신제품개발

신제품은 기업 자체에서만 개발될 수 있는 것은 아니다. 우리는 이 책 제6장에서 기업 자체에서 신제품개발을 통하여 기업성장을 유도하는 것을 유기적 성장(organic growth)이라는 것을 배웠고, 유기적 성장 이외에 M&A를 통해 다른 기업을 흡수 합병하면서 그 기업이 가지고 있는 신제품을 받아들여, 신제품개발의 효과를 누릴 수 있는 것도 배웠다. 첨단기술분야에서 기술개발도 빠르게 나타나거나 기술개발이 지나치게 길어 개발위험이 도사려 있기 때문에 때로는 타기업들을 인수·합병을 통하여 타기업이 가지고 있는 기술과 제품을 흡수해버리는 것이 유리할 수 있다. 글로벌 기업들은 이러한 사례들이 많다. 글로벌 기업들에서 첨단기술에 관련된 기업들은 경쟁이 치열하여 제품수명주기를 지속적으로 단축시키고 있기 때문에, 신제품개발에서 소싱, 전략적 제휴, M&A를 통한 경쟁전략을 함께 사용한다. 첨단기술을 장착한 신제품개발을 기업 독자적으로만 이루어지는 것이 바람직하지 않을 수 있다는 인식에서 나타나는 전략이다.

신제품개발에서 많은 영역들을 다른 나라에 있는 OEM업체들에게 맡기는 아웃소싱 영역도 증가하고 있다. 우리나라와 같이 IT에 비해서 상대적으로 열세에 있는 BT와 신약개발분야를 살펴보면, 새로운 약품의 개발과정에서 특히 임상단계에서 엄청난 투자비용이 들어가고 투자위험도 증가하기 때문에 다국적 제약회사들과의 전략적 제휴가 많이 나타나고 있는 것을 볼 수 있다. 우리는 이 책 제6장에서 IT분야에서

그림 8-2 제휴를 통한 신제품개발

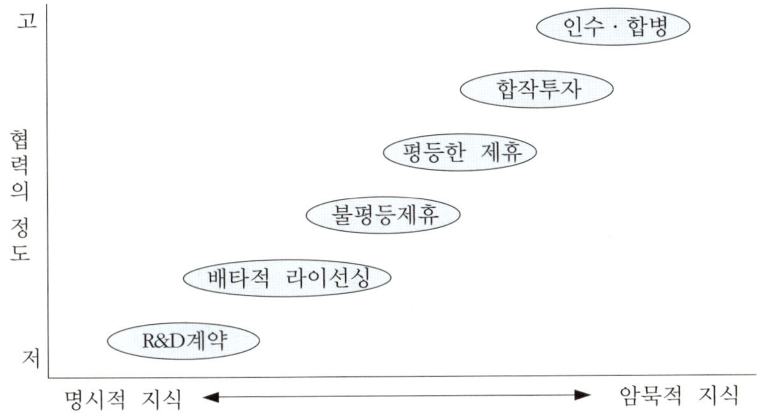

자료: Robert E. Spekman, et al.(2000), *Alliance Competence*, Wiley, p. 246.

도 제품들이 부품과 부품이 연결되어 시스템으로 발전하기 때문에 서로 제휴를 통하여 신제품을 개발하는 것이 중요해져가고 있고, BT분야에서 제약분야에서 전략적 제휴가 증가하고 있는 흐름을 살펴본 바 있다.

Speckman, Isabella와 MacAvoy(2000)분석에 따르면, 전략적 제휴와 M&A를 넓게 제휴(allliance)로 바라보고 [그림 8-2]와 같이 암묵적 지식의 정도와 협력의 정도에 따라 제휴의 형태가 어떻게 변할 수 있는가를 살펴볼 수 있다. 세계적인 신제품개발은 고도의 연구개발 체제를 형성하기 위하여 R&D계약, 라이선싱, 전략적 제휴, 합작투자, 인수 · 합병 등으로 나타난다.

제4절 국제제품수명주기와 글로벌 확산

Global Marketing

신제품을 제품의 입장에서 바라보면, 출시되어 시장에 나타나는 도입기에서 시작하여 성장하고 성숙하는 과정이 있고, 치열한 경쟁에 직면하여 쇠퇴하는 과정이 있다. 이는 제품 사이의 경쟁에서 나타나는 과정이다. 소비자들의 입장에서 보면 신제품을 수용하는 과정에서 나타나는 현상이다. 개별 소비자들 사이의 수용은 집합적으로 확산으로 나타난다.

4.1 국제제품수명주기

글로벌 출시에서 폭포모형처럼 단계적으로 이루어지는 유리하다는 분석의 이론적 근거는 1966년 하버드대학의 Vernon 교수와 Wells 교수에 의해서 주장된 국제제품수명주기(international product life cycle)이론이다.

마케팅이론에서 제품수명주기(product life cycle) 개념은 국제경영으로 확장되어 국제제품수명주기로 발전하였다.

1966년 하버드대학의 Vernon과 Wells에 의하여 기존의 고전적 무역이론의 맹점을 무너뜨리면서 제시된 제품수명주기모형은 기술을 모방하는데 걸리는 시차(imitation lag)와 제품수명주기를 설명하는 시장변화, 즉 도입 – 성장 – 성숙 – 쇠퇴의 순환곡선의 개념에 대한 실증적 연구로 제시되었다. 이는 수출입과 해외 직접투자의 시점을 설명하고 예측하는 데 적용되는 것으로 특정 제품이 국가 간에 어떻게 도입되어 성장하고 쇠퇴하는가를 보여주고 있다.

이는 글로벌 지향기업 경영자들에게 제품에 대한 의사결정과 전략수립에 많은 유용성을 제시하여 왔다. 예를 들면, 본국에서 성숙기나 쇠퇴기에 접어든 제품을 가지고 있는 글로벌 기업들은 제품수명주기상 초기단계에 있는 국가들에게 동일 제품을 제공함으로써 제품의 성장기회를 연장시킬 수 있다. 경영자들은 진출할 표적시장에서 수명주기가 성장단계에 있는 제품을 선정하는 것이 유리하다.

[그림 8–3]에서 볼 수 있듯이 기술 선도국에서 제품이 확산되어가면서 모방하는 국가에서 개선된 제품을 개발하여 간다고 보기 때문에 관련기술의 단일 제품의 수명주기를 설명하는 데는 설명력이 있는 이론이지만, 도입기에 글로벌 시장에 동시에 투자하는 경우를 설명할 수 없으며, 도입기, 성장기, 성숙기 등의 시간간격을 객관적으로 측정하기 어렵다는 한계점을 안고 있다.

그림 8-3 국제제품수명주기

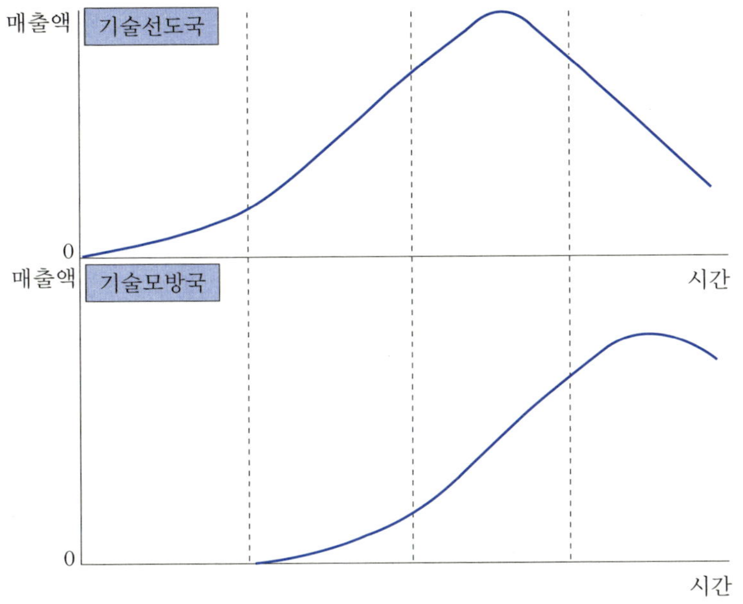

1) 도입기

도입기에는 신제품의 고객에 대한 인지도를 높이기 위한 이미지 제고전략을 수행한다. 신제품의 도입기에는 신제품을 개발한 기업의 독점적 우위 또는 차별화 때문에 제품에 대한 수요의 가격탄력성이 비교적 작고 생산입지에 따른 비용차이가 크지 않으므로 기업은 국내에서 생산입지를 선택하게 된다. 대량생산이 가능해지지만 동시에 경쟁기업이 등장하고 수용의 가격탄력성이 커짐에 따라 성장기에 접어들게 된다.

2) 성장기

성장기에는 경쟁사가 나타나기 시작하기 때문에 이에 대한 방어전략으로 차별적 기능을 첨부하는 전략방향을 수립하게 된다. 생산비에 대한 관심이 증가하고 규모의 경제를 실현하고 경영능력을 높여 성장을 지속하고자 한다.

3) 성숙기

성숙기에는 제품생산이 표준화되며 생산기술의 개발도 거의 한계점에 이르게 된다. 따라서 시장정보나 경영기술보다는 생산비가 기업의 최대 관심사로 되어 생산입지는 임금이 낮은 개발도상국으로 이전하게 되며, 궁극적으로는 해외 자회사로부터 역수입이 일어나게 된다.

성숙기에는 더 이상의 차별화요인을 찾기 힘들며, 경쟁사도 더 이상 나타나지 않는 경향이 있으므로 가능한 한 원가절감에 주력하게 된다. 성숙기를 지나면 쇠퇴기가 올 것을 대비하여 새로운 기능을 추가한 제품을 소개함으로써 성장-성숙기를 지속할 수 있도록 하여야 한다. 해외 직접투자가 많이 발생하여 해외로 생산공장이 이전되는 시기이다.

4) 쇠퇴기

새로운 기술제품이 출현하는 경우, 기존의 제품수명주기는 급격히 추락하는 양상을 보이게 되어 제품수명이 끝나게 되는 시기이다. 쇠퇴기에 들어 있는 제품을 철수시키는 시점을 결정하는 것은 전략적으로 중요한 결정일 수 있다.

4.2 글로벌 수용과 확산

신제품이 출시되면 개별 소비자들의 수용을 거쳐 집합적인 확산이 나타난다. 수용과 확산에 대해서 살펴보자.

1) 수 용

신제품이 개발되어 소비자들에게 수용되는 데는 여러 가지 요인들이 영향을 미친다.

첫째, 신제품의 혁신 특성이 영향을 미친다. 신제품 혁신의 특성을 결정하는 요소는 다섯 가지로 보고 있다. 이는 다른 제품보다 상대적인 이점(relative advantage)이 있을 것, 현지의 사회체제에서 소비자들의 기존 가치와 태도와 적합성(compatibility), 제품의 이해하기 쉬우며 사용하기 쉬운가를 보여주는 복잡성(complexity), 제품의 시용가능성(triability), 그리고 관찰가능성(observability)이다.

둘째, 소비자의 혁신성의 정도가 영향을 미친다. 개발과정에서 출시단계에 이르면 신제품 성공이 제품의 혁신성에 있는가와 시장에서 소비자 평가에 있게 되는 것인가가 분명히 드러나기 시작한다. 신제품이 다국적으로 확산되어 가면 처음에 소개되는 국가들(lead countries)이 있을 것이고, 후에 들어가는 국가들(lag countries)이 있을 것이다. 소비자들을 전 세계적으로 보아 수용을 살펴보면 소비자들이 신제품을 알게 되어 이를 수용하는 과정은 받아들이는 시간적인 간격에서 차이가 나타난다. 이는 한 나라 내에서도 발생한다. 이론적으로 특정 신제품을 수용하는 100%의 소비자들 중에서 신제품을 수용하는 이들을 다섯 가지로 나누어 접근하고 있다.

이러한 수용자범주에 대한 분석은 혁신확산에서 Everett M. Rogers (1995)가 잘 보여주고 있다. [그림 8-4]에서 보듯이 신제품 수용성향이 가장 높은 사람들은 매우 제한적인데, 이러한 사람들은 혁신수용자(innovators)라 하며, 일반적으로 전체 소비자 중 2.5% 정도이다. 수용성향에 따라 나머지 소비자들을 분류하면 선각수용자(early adopters: 13.5%), 전기다수수용자(early majorities: 34%), 후기다수수용자(late majorities: 34%) 및 지각수용자(laggards: 16%)로 나누어지는데, 수용성향에 따른 소비자수의 분포는 정규분포를 보인다.

선각수용자는 지역사회에서 의견선도자의 역할을 하며, 새로운 아이디어를 초기에 그러나 신중하게 수용하는 성향이 있다. 전기다수수용자는 신중한 사람들로서 평균적인 사람보다 다소 앞서서 새로운 아

그림 8-4 수용자 범주

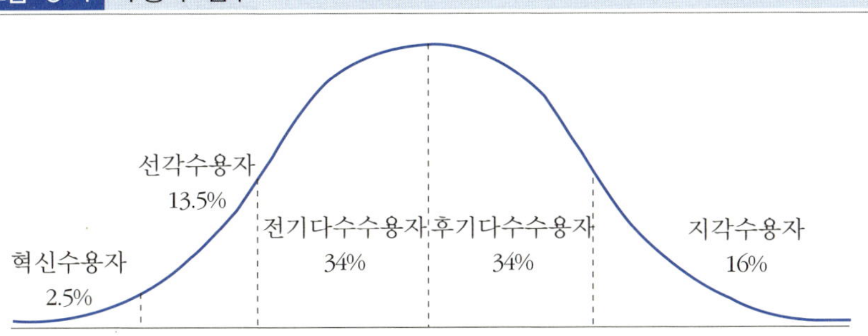

자료: Everett M. Rogers(1995), *The Diffusion of Innovations,* The Free Press, p. 262.

이디어를 수용한다. 후기다수수용자는 의심이 많은 사람들로서 새로운 아이디어가 다수의 사람들에 의해서 수용되었을 때 비로소 이것을 받아들인다. 지각수용자는 전통지향적이고, 변화를 싫어하며, 이미 보편화된 혁신만을 수용한다. 기업은 혁신수용자들을 파악하고, 출시 초기의 마케팅노력을 이 사람들에게 집중해야 효과가 높다.

2) 확산곡선

소비자수용이 집합적으로 이루어지면 확산이 나타난다. 포켓용 전자계산기(pocket calculator)의 시장확산과정을 보자. 초기에는 공학도들과 과학자들 사이에 사용할 수 있는 제품을 휴렛패커드(Hewlet-Packard)가 주도하면서 시장확산이 이루어졌다. 초기에 기술발전이 빠르게 이루어지면서 규모의 경제와 경험의 경제로 인하여 원가가 급격히 떨어지면서 시장확산을 촉진하였다. 텍사스 인스투루먼트사(Texas Instrument)가 지도력을 발휘하였다. 가격하락은 세분시장을 공학도들과 과학자뿐만 아니라 경리를 보는 상업사용자들에게 매력적인 제품으로 확산되었다. 그들이 하는 계산은 공학도나 과학자들보다 덜 복잡하여 저가격이 되었을 때 시장확산이 이루어졌고, 공학도나 과학자들보다 훨씬 큰 시장이 되었다. 상업사용자 시장은 다시 일반시민들이 사

그림 8-5 전자계산기의 확산곡선

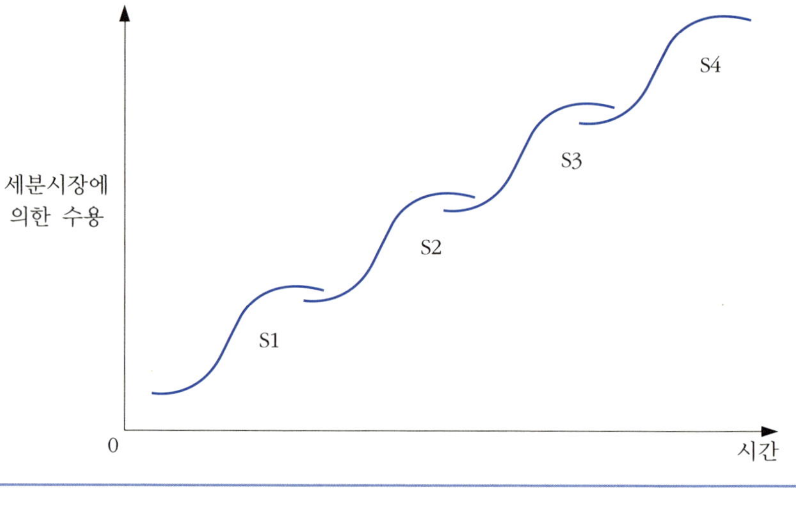

용하는 시장으로 확장되었다. 시간이 지남에 따라 초등학생들을 대상으로 아주 낮은 가격의 제품을 만들어 시장에 뛰어드는 기업이 나타났다. 일본의 카시오(Casio)가 낮은 가격과 다양한 모델로 시장에 승부를 걸어 성공했다. 컴퓨터, 통신 등 첨단기술 제품들이 경쟁하는 글로벌 시장에서는 치열한 경쟁에 의해서 이와 같은 확산과 대체과정이 쉬지 않고 나타나고 있다.

제5절 글로벌 신제품개발과 문화

Global Marketing

글로벌 신제품개발과 확산에 대해서 이해하고자 할 때, 다음 두 가지로 나누어 살펴볼 수 있다. 아이디어 창출, 스크리닝, 개념개발단계 전체를 착수(initiation)단계로 볼 수 있고, 테스트 마케팅과 제품출시단계를 실행(implementation)단계로 볼 수 있다. 착수단계에서는 기업의 고도의 창의적인 문화가, 실행단계에서는 시장에 대한 수용문화가 중요해진다.

이러한 착수와 실행을 함께 바라보면 신제품을 개발하고 시장에서 성공하기를 바랄 때 기술과 시장(technology and market)을 함께 바라보면서 전개하여야 한다. 기술의 힘을 너무 믿고, 시장의 힘을 강조하지 않았을 때도 위험하고, 시장의 힘을 너무 믿고 기술에 대한 강조를 하지 않아도 문제가 생긴다. 기술이 빠르게 발전하고 있는 정보통신이나 생명공학분야에서 기술에 강조를 두고 있는 경영자들이 항상 염두에 두어야 하는 것은 제품의 성공을 결정하는 것이 시장의 욕구에 의해서라는 것이다.

고객지향적인 기업이 기술에 의존한 기업보다 신제품개발과 도입에 성공하는 사례가 많다. 이는 체계적인 고객분석을 통하여 신제품을 시장에 내놓아야 성공한다는 것을 보여준다. 기술 → 제품 → 시장으로 사고하는 것만이 아니라, 시장 → 제품 → 기술로 생각하는 사고이다.

글로벌로 성공하는 제품들을 개발하는 기업으로 들어가보면 고도로 창조적인 조직구조에서 신제품이 나타난다는 것을 이해할 수 있다. 3M

과 같은 성장기업들을 살펴보면 고도의 창조적인 내부의 문화를 가지고 있는 것을 알 수 있다. 관료적이고 타율적인 성향의 문화가 아니라 진취적이고 자율적인 분위기의 조직문화를 가진 조직들이 신제품개발에 성공한다. 그들 조직의 경영자들은 실패할 수 있는 자유(free to fail)를 허용한다.

이 책 제3장 도입사례에서 살펴보았듯이 일본 시계회사 직원들이 중동에 들어가서 1년 동안 참여관찰하면서 중동 사람들의 문화에 맞는 신제품개발 아이디어를 찾아내어 성공한 바 있는데 현지 시장에 대한 이해가 결정적으로 중요하다. 이는 신제품개발에서 확산에 관련된 문화적인 요소를 이해하고 접근하였다는 점에서 중요성이 있다.

사례연구 한 류

한류(韓流)현상은 외국 소비자들이 한국의 TV드라마, 영화, 가요 등 대중문화콘텐츠에 대한 관심과 선호가 증가하는 사회문화적인 현상일 뿐만 아니라, 한국의 음식, 패션, 가전제품, 한국 관광 등으로 연결되는 사회경제적인 효과로 이어지고 있어, 우리나라 제품의 글로벌 확산에 다루어야 할 중요한 주제이다.

한류(韓流: Hallyu, Korean Wave)라는 말은 1997년 MBC드라마 '사랑이 뭐길래'가 중국 전역을 커버하는 채널인 CCTV에서 방영되어 시청률 4.3%를 기록하고, 앙코르 방송까지 이어지면서 중국 소비자들에게 호의적인 반응이 일어나면서 시작되었다고 분석되고 있다. 그 뒤 한국 드라마가 중국뿐만 아니라, 일본, 대만, 홍콩, 베트남, 타이, 인도네시아, 필리핀 등 아시아 전역으로 확산되면서 일반화된 용어가 되었다. 최근에는 제2의 한류라고 불려지는 K-Pop열풍이 아시아뿐만 아니라 유럽으로까지 확산되고 있다. 이전의 한류는 나이든 층, 제2의 한류는 젊은 층으로 확산되고 있다는 점에서 차이가 있다.

1. 한류의 범위

혁신으로서 한류의 범위는 문화콘텐츠 상품(드라마, 영화, 대중음악, 패션, 광고, 캐릭터, 게임 등)을 중심에 두고, 이에 대한 선행으로서 보다 넓은 차원인 문화공공재(전통적인 한국 예술과 문화: 한국어, 한식, 한복, 한지, 한옥, 한국학 등)가 되고, 문화콘텐츠 상품의 영향요인으로 소비재(문화콘텐츠 포함 모바일 폰, 자동차, 전자제품 등)와 관광 상품이 될 수 있다.

이 한류의 수용의 중심에는 문화콘텐츠의 수용이다. 우리나라에서 창출한 새로운 문화콘텐츠가 아시아와 유럽 소비자에게 다가갈 때는 우리나라에서 느끼는 것과 다른 문화적 감각이 결합되어 새로움으로 다가가기 때문에 혁신으로 분석될 수 있다. 문화콘텐츠는 문화공공재를 직접적으로 담고 있고, 전자제품과 같은 소비재의 수용에까지도 영향을 미치기 때문에 분석 수준이 다를 수 있다. 결국은 국가이미지와 기업이미지 양쪽에 영향을 미쳐, 국가와 기업의 브랜드자산을 높인다.

2. 한류 수용 확산의 영향요인들

혁신수용의 1차적인 해석은 Ryan과 Gross(1943)의 연구에서 시작하여, Rogers(1995)가 잘 정리해준 혁신확산연구는 사회과학에서 하나의 패러다임으로 자리 잡고 있을 정도로 중요한 분석이 되었다. 혁신확산 관점에서 한류의 확산에 영향을 미치는 요인들은 [그림 8-6]과 같이 분석할 수 있다. 외국 소비자의 관점에서 보면, 한국의 문화와 제품을 수용하는 과정이 된다. 이 수용은 한국에서 창출한 문화콘텐츠를 중심으로 한 혁신의 특성, 자국의 사회체제와 수용자 특성, 커뮤니케이션 특성이 작용하고, 수용과 확산 속도가 다르게 나타난다.

① **사회체제의 영향:** 아시아와 유럽 등 국가가 형성하여 온 사회체제가 한류의 수용과 확산에 영향을 미친다. 지난날의 자본

그림 8-6 한류의 확산에 영향을 미치는 요인들

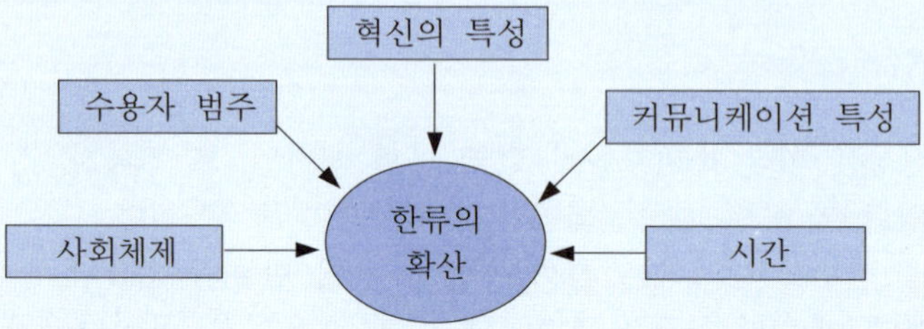

주의와 사회주의의 구별과 달리, 오늘날에는 IT의 영향으로 글로벌화가 빠르게 진행되면서 사회체제의 차이에 관계없이 외국 소비자들 사이에서 한국의 문화콘텐츠 제품의 수용이 빠르게 나타나고 있다.

② **혁신 특성의 영향:** 외국 소비자들이 한국의 문화콘텐츠가 상대적 이점이 있다고 지각하고, 그들의 가치에 부합된다고 판단될수록 수용이 빠르게 나타난다. '겨울연가'가 일본 여성들에게 수용되는 내용에는 일본 여성의 이상적인 자아와 관련된 면모를 볼 수 있다. 오늘날 한국에서 창출하는 문화콘텐츠의 경우, 아시아 등 외국 소비자들의 가치와 부합성을 따지면서 제작하는 경향도 증가하고 있다.

③ **수용자 특성의 영향:** 혁신성(innovativeness)이 있는 소비자들이 새로운 문화콘텐츠를 빠르게 수용한다. 제2의 한류라고 불려지는 K-Pop의 경우 젊은이들 사이에서 수용과 확산이 빠르게 이루어지고 있고, 자민족중심주의(ethnocentrism)가 아닌 글로벌 소비자로서의 면모가 보여지기도 한다. Rogers(1995)가 제기한 수용자 범주에서 혁신수용자와 선각수용자를 초기시장, 전기다수수용자와 후기다수수용자를 주류시장으로 볼 때, Moore(1991)는 초기시장과 주류시장에서 캐즘(chasm)이 발생한다고 보았는데, 이는 문화콘텐츠를 제작하는 기업들에서 특히 유념해야 하는 이론이다. 자사가 만들어 내는 문화콘텐츠 제품이 캐즘을 극복하고 주류시장으로 넘어갈 수 있는 요소를 갖추고 있는가에 관한 문제제기는 제작과정에서 검토해야 하는 사안이다. 그리고 수용자 범주에 따라서 저항(resistance)이 나타나고 있으며, 이는 개인저항뿐만 아니라 집단저항도 있을 수 있다는 것을 고려할 필요가 있다. 실제로 '뽀롱뽀롱 뽀로로'는 애니메이션 제작을 글로벌로 접근하여 저항을 줄인 바 있다. 즉, 자민족중심주의를 자극하는 요인들을 줄이고, 보편성을 추구하는 방향이 보인다.

④ **커뮤니케이션 특성의 영향:** 대중매체에서 드라마가 방영되고, 구전네트워크를 통해서 빠르게 확산되고 있다. 사회학자 Granovetter(1983)가 분석한 것처럼 시대가 강한 연결 이상으로 약한 연결의 이점이 오프라인과 온라인 양쪽에서 강하게 나타나고 있다.

⑤ **시간:** 시간은 혁신확산 속도와 관계된다. K-Pop의 경우, 한국에서 제작되고 외국에서 수용되어 확산되는 속도가 빨라, S곡선이 빠르게 변화하고 있다. 이는 우리나라 인터넷과 모바일을 중심으로 한 ICT기술이 발달되어 있어 확산 속도를 빠르게 하고 있다.

3. 지속가능성의 과제

1997년을 시작점으로 보면 2012년 현재, 한류는 15년의 역사를 가지고 있다. 도입기를 지나 정교화기에 들어섰지만, 강화기에 있다고는 볼 수 없기 때문에 지속가능성의 과제에 직면해 있다.

① 한류는 범위가 넓고 사회문화적인 현상과 사회경제적인 현상을 포함하고 있다.

지속가능성은 개별 기업의 과제를 넘어서서 국가적인 과제인 것이 분명하다. 문화관광부에서 한(韓) 브랜드를 6개로 지정하고 발전시키려고 노력하고 있다. 이러한 한 브랜드가 포함하고 있는 문화공공재의 지속가능성은 한국의 국가정체성과 관련되어 있기 때문에 중요하다. 즉, 국가정체성과 관련된 문화공공재에 대한 육성을 통해 문화콘텐츠 개발의 지속가능성의 과제는 문화관광부와 다른 정부부처와의 협력, 문화콘텐츠 창출 기업들(SM, YG, JYP 등)의 협력, 방송매체(나가수, 슈퍼스타 K 등), 특히 국민들의 관심과 연결되어 있다.

② 지속가능성은 혁신의 연속성과 관련된다. 시장성이 있는 킬러콘텐츠(Killer Contents)의 연속적인 개발 여부에 달려 있다고 볼 수 있다. '겨울연가', '대장금'은 킬러콘텐츠였다. 이 킬러콘텐츠는 기술의 융합과 관련되어 발전되고 있다(이규현, 2007). 특히, IT와 CT의 컨버전스 현상과 관련된다. 한류는 CT(Culture Technology) 영역으로 IT 등 다른 기술들과 결합하여 다양해지고 있다. 이는 영화 '아바타' 등에서 볼 수 있다. 이 킬러콘텐츠의 중요성은 OSMU(One Source, Multi Use)에 있다. 영국의 작품, 해리포터는 책이 One Source였으나, 영화, 캐릭터 등 Multi Use로 확산되면서 거대한 경제효과를 가져다주었다(2004년 책과 영화를 통해 10억 달러 이상의 부를 작가 롤링 여사에게 가져다주었다).

③ 한류의 지속가능성은 글로벌 소비자 지향성으로 깊이 들어가면서 이루어질 수 있다. 현실을 받아들이는 것은 소비자들이기 때문이다. 1997년 이후 드라마와 영화를 중심으로 한 킬러콘텐츠와 달라 현재 K-Pop의 열풍은 젊은 소비자층에 의해 주도되고 있다. 수용하는 세대 특성에서 상당한 차이가 있다. 일본 소비자들의 경우 '겨울연가' 등이 성공하였지만, 이는 나이든 세대에 한정되었고, K-Pop의 경우 이들에게 파고들어가고 있기 때문에 한국문화에 대한 저항이 있는 나이든 세대보다 더 미래 시장을 창출할 수 있는 여지가 크다는 점에서 중요성이 보인다.

④ 한류의 지속가능성은 근본적으로 글로벌 경영에 관련된다. 제작과정에서 글로벌로 접근하지 않고 지나치게 한국적인 요소에만 신경을 쓰면, 보편성을 확보하지 못하여 실패할 수 있다. 최고의 성공작으로 평가되는 뽀로로의 경우, 프랑스인뿐만 아니라 어느 나라 소비자들이 교육적으로 거부감이 없이 받아들일 수 있는 콘텐츠를 담고 있다. 한국적인 요소를 가미하되 보편성을 찾아가는 콘텐츠가 방향이 되고 있다.

⑤ 한류의 지속가능성은 저항을 고려하면서 올 수 있다. 혁신저항이론의 관점은 혁신확산의 관점과 다르다. 혁신확산 관점은 만들어진 혁신이 반드시 성공한다는 pro-innovation bias를 지적한다. 저항은 개인적으로 올 수 있지만, 집단적으로도 올 수 있다. 드라마와 영화 등 문화콘텐츠는 대중가요와 다르게 콘텐츠 내용이 문화적인 차이로 인하여 저항심리가 나타날 수 있는 여지

가 있기 때문에 제작과정에 신경을 써야 하는 요소이다.

⑥ 유럽이나 서구인들이 한류를 수용하는 과정은 한국이라는 하나의 국가 이상으로 아시아 문화 수용이라는 측면이 있다. 문화는 공기와 같아서 한곳에 머무르지 않는다. 한류는 보편성 있는 주제를 담으면 한국문화 공공재와 문화콘텐츠가 중국과 일본 등에서 깊이 있게 공유할 수 있음을 보여주고 있다. 예를 들어, 1%인 25만여 명의 고려인이 살고 있는 우즈베키스탄에서 한류가 확산되고, 경제교류까지 연결되어 문화와 경제가 서로 보완관계를 가지고 움직이는 사례는 한국 문화 콘텐츠의 수용이 경제교류로 연결된다는 것을 보여주고 있다. 사회관계가 경제관계를 선행한다는 것을 보여준다. 아시아 젊은이들 사이의 한류현상이 아시아 문화공동체를 촉진할 수 있는 가능성이 보여진다.

참고문헌: 이규현(2008), "한류의 확산과 저항," 안길상 외 10명 저, 『문화마케팅』, 한경사, pp. 316~335; Granovetter, Mark S.(1983), "The Strength of Weak Ties: a Network Theory Revisited," in R. Collins, ed., *Sociological Theory,* San Francisco, Jossey-Bass, pp. 201~233; Moore, Geoffrey A.(1991), *Crossing the Chasm,* Harper Business; Rogers, Everett M.(1995), *Diffusion of Innovations,* 4th ed., NY: The Free Press; Sheth, Jagdish N.(1981), "Psychology of Innovation Resistance," *Research in Marketing,* pp. 265~276.

| Global Marketing

요 약

1. 해외시장에 침투하기 위하여 국내 시장에서 사용되어온 것과 같은 제품이나 커뮤니케이션 전략을 해외시장에 확장하기만 하는 경우, 지역시장 고객들의 필요와 욕구에 맞추어 제품을 수정(adaptation)하는 전략을 선호하는 경우, 글로벌 시장을 향하여 신제품을 발명(invention)하기를 선호하는 전략이 있을 수 있다.

2. 글로벌 신제품개발에서 표준화에 강조를 둘 것인가, 현지화에 강조를 둘 것인가에 관한 쟁점들이 강조된다. 글로벌로 생각하고 지역적으로 행동하라는 맥도널드의 구호처럼, 글로벌화의 방향 속에서 지역의 요구를 반영한, 즉 glocalization 개념을 가지고 신제품개발을 수행하는 것이다.

3. 신제품개발은 아이디어 창출, 스크리닝, 개념테스트로 이루어지는 착수단계와 테스트 마케팅과 출시로 이루어지는 실행단계로 축약할 수 있다. 글로벌 신제품개발은 기업 독자적으로 수행하면서 유기적인 성장을 하고자 하는 경우가 많지만, 점차적으로 아웃소싱, 전략적 제휴, M&A와 같이 제휴를 통하여 신제품개발을 고려하는 경우도 많다. 다른 국가에서 어느 분야에서 강한 분야에 아웃소싱하거나, 전략적 제휴를 하여 보완관계를 형성하거나 인수 · 합병함으로써 신제품을 개발하는 효과를 누리는 것도 고도의 전략에 해당한다.

4. 국제제품수명주기는 특정 제품들이 선진국에서 개발된 제품들이 세계적으로 확산되어가다가, 개발도상국으로 이전되어가는 것을 보여주고 있다. 이는 글로벌 출시에서 폭포모형과 스프링클러 모형에서 폭포모형에 해당한다고 볼 수 있다. 그러나 오늘날과 같이 첨단기술경쟁이 치열한 시대에는 폭포모형보다 스프링클러 모형으로 나타나는 경우가 많다. 단계적 출시는 빠른 경쟁자들의 공격에 노출되기 쉽다. 즉, 시간이 경쟁적 우위를 창출하는 시대가 된 것이다.

   신제품의 글로벌 확산은 혁신으로서 신제품의 특성, 수용자 범주 등이 영향을 미쳐 이루어진다. 수용자 범주는 혁신수용자, 선각수용자, 전기다수수용자, 후기다수수용자, 지각수용자로 나누어지며, 초기에 혁신수용자들의 특성을 파악하고 마케팅 노력을 해야 한다.

5. 글로벌 신제품을 개발하기 위해서 기업 내부에서 창조적인 문화뿐만 아니라 현지국의 문화에 대한 이해를 깊게 하면서 신제품개발에 관심을 두고 접근할 필요가 있다.

Global Marketing

토의과제

1. 글로벌 제품전략에서 어떠한 조건하에서 Dual Extension전략이나 Dual Adaptation전략을 채택할 수 있는가를 토의하라.

2. Quelch와 Hoff가 *Harvard Business Review*에 1986년에 게재한 논문을 읽고 코카콜라와 네슬레가 표준화와 현지화를 어떻게 다르게 수행하였는가를 분석하고, 이들 두 기업이 수평적 마케팅시스템을 형성하여 어떻게 협력하여 이점을 창출할 수 있는가를 조사하여 보라. 현재 이러한 표준화와 현지화전략이 우리나라 기업들에서 어떻게 나타나는가를 삼성, LG, 현대자동차의 제품전략에서 사례를 찾아보라.

3. 이 책 제6장에서 논한 아웃소싱, 전략적 제휴, M&A와 같이 제휴를 통하여 신제품개발을 고려하는 사례들을 IT분야와 BT분야에서 찾아보라.

4. 글로벌 기업들이 출시 타이밍 결정에서 폭포모형과 스프링클러 모형이 어떻게 다른가를 설명하라. 점점 더 스프링클러 모형으로 나아가는 경향을 이해하고, 이 모형으로 나아가는 추세 뒤에는 어떠한 배경이 있는가를 토의하라.
   수용자 범주를 설명하고, 전자계산기의 확산 사례를 설명하라.

5. 우리나라 삼성전자와 LG전자가 만든 신제품들을 들어보고, 그들이 신제품개발에 어떠한 조직문화를 가지고 있는가를 살펴보라. 그리고 SONY와 비교하여 보라.

| Global Marketing

참고문헌

이규현(2007), 『첨단기술제품마케팅』, 경문사.

Collins, James C. and Jerry I. Porras(1994), *Built to Last: Successful Habits of Visionary Companies*, HarperBusiness.

Kalish, Shlomo, Vijay Mahajan, and Eitan Muller(1995), "Waterfall and Sprinkler New-product Strategies in Competitive Global Markets," *International Journal of Research in Marketing* 12(July), pp. 105-119.

Kotabe, Masaaki and Kristiaan Helsen(2010), *Global Marketing Management*, 5th edition, Wiley.

Keegan, Warren J.(1969), "Multinational Product Planning: Strategic alternatives," *Journal of Marketing* 33(January), pp. 58-62.

Nakata, Cheryl and K. Sivakumar(1996), "National Culture and New Product Development: An Integrative Review," *Journal of Marketing* 60(January), pp. 61-72.

Quelch, John A. and Edward J. Hoff(1986), "Customizing Global Marketing," *Harvard Business Review*(May-June).

Rogers, Everett M.(1995), *Diffusion of Innovations*, The Free Press.

Spekman, Robert E., Lynn A. Isabella, and Thomas C. MacAvoy(2000), *Alliance Competence: Maximizing the Value of Your Partnerships*, Wiley.

Talukdar, Debabrata, K. Sudhir, and Andrew Ainslie(2002), "Investigating New Product Diffusion Across Products and Countries," *Marketing Science* 21(Winter), pp. 97-114.

제9장

글로벌 브랜드 관리

강한 브랜드는 해외시장진출을 용이하게 한다. 실제로 같은 공장에서 동일한 텔레비전을 만들어 다른 국가의 브랜드를 붙인다고 할 때, 1년 뒤 매출액에서는 엄청난 차이가 나타날 수 있다. 본 장에서는 브랜드 개념관리에서 시작하여, 브랜드 자산과 브랜드 확장에 대해 이해하고, 공동브랜드, 개별브랜드, 혼합브랜드 전략, 브랜드 아키텍처, 브랜드 공동체에 대해 이해하고자 한다.

●● 도입 사례 : SONY
제1절 브랜드 개념관리
제2절 브랜드 자산과 브랜드 확장
제3절 Interbrand사의 브랜드 자산평가
제4절 공동브랜드, 개별브랜드, 혼합브랜드 전략
제5절 브랜드 아키텍처
제6절 브랜드 공동체
●● 사례연구 : 스타벅스
●● 요 약
●● 토의과제

도입 사례

SONY

SONY는 브랜드 관리로 잘 알려진 기업이다. SONY사의 공동창업자였던 모리타 아끼오는 공동창업자인 이부카와 1946년에 SONY를 창업하여 40년이 지나 *Made in Japan*이라는 책으로 발간하여 베스트셀러가 된 바 있다. 이 책에는 브랜드 관리의 중요성이 잘 나타나 있다. 소니는 창업한 9년 뒤인 1955년 미국 블로바 시계회사로부터 OEM방식의 수입제의를 받게 된다.

> 블로바 시계회사 사람들이 우리 라디오를 매우 좋아했으며 그 회사의 구매 담당자가 아무렇지도 않게 이렇게 말했다. "우리는 확실히 이 물건을 사고 싶소. 10만 개를 구입하겠소." 10만 개라니! 나는 놀라 자빠질 뻔했다. 우리 회사 전 자본의 몇 배가 넘는 값어치의 엄청난 주문량이었다. 우리는 세부사항을 토의하기 시작했다. 그리고 그가 거기에 한 가지 조건이 있다고 말하자 나는 마음속으로 빨리 계산했다. 그 조건이란 우리가 라디오에 블로바 이름을 새겨 넣어야 한다는 것이었다. 그것이 나를 멈추게 만들었다. 우리가 다른 회사를 위해 물건을 만들어주는 원제작자가 되지는 않겠다는 점을 나는 단호히 밝혔다. 우리는 우리 회사 제품의 능력을 바탕으로 우리 회사를 위한 이름을 만들어내기를 원했던 것이다. 거듭 거듭 생각한 후 나는 "노"라고 말하기로 결심했다. 우리는 다른 회사의 이름 아래 라디오를 만들지 않겠다고 말할 작정이었다. 블로바 사람을 다시 방문하여 그 같은 뜻을 밝히자 그는 처음에는 내 말이 믿기지 않는 듯했다. 내가 어떻게 감히 그런 주문을 거절할 수 있었겠는가? 그는 내뱉듯이 말하는 것이었다. "우리 회사의 이름은 50년간에 걸쳐 이룩한 유명한 브랜드입니다. 그러나 당신네의 브랜드는 아무도 들어 본 사람이 없지를 않소. 왜 이런 유리한 조건을 받아들이지 않는거요?" 나는 이렇게 말했다. "50년 전에 당신 회사의 브랜드 역시 오늘날의 우리 이름처럼 알려져 있지는 않았을 겁니다. 나는 여기에 새로운 제품을 가지고 왔으며, 지금 우리 회사에 다가올 50년의 첫 걸음을 내딛고 있는 것입니다. 지금부터 50년 후 우리의 이름이 오늘날의 당신 회사 이름처럼 유명해지리라는 것을 당신에게 약속하겠습니다." 나는 그때나 지금 가끔 그것이야말로 내가 취한 최상의 결정이었다고 말하곤 한다.

SONY의 창업자가 주문자 브랜드를 부착하여 생산하는 OEM(Original

Equipment Manufacturing)방식을 택하지 않고 자체 브랜드 가치를 높이는 전략을 택하는 의사결정을 가장 잘한 결정이었다고 회고하고 있는 문장이다. 모리타 아끼오 시절은 하이테크 기술력을 바탕으로 브랜드 관리를 잘 해왔다고 볼 수 있다.

그러나 하이테크 기술을 앞세운 SONY의 브랜드 이미지는 최근 퇴색하였고, 한때 도전자가 없던 TV부문은 '기술의 소니'에서 기술개발이 제대로 이뤄지지 않으면서 8년 연속 적자를 내고 있다. 일본 경제주간지 『다이아몬드』는 최신호(2012년 2월 4일자)에서 "전설의 소니는 이제 없다"며 "앞으로 다시 일어나기 힘들 것"이라고 보도했다. 『다이아몬드』는 '기술의 소니'가 기술을 버려 성장동력을 잃었다고 분석했다. 지나친 사업 다각화로 브랜드 정체성을 흔들리게 했다. 2011년 글로벌 브랜드 가치평가에서 SONY는 35위를 기록하였다. 이는 한때 따라갈 수 없다고 보았던 삼성전자가 17위를 기록하고 있는 것으로 보면 큰 차이를 나타내고 있다. 삼성전자는 2002년 10월부터 시가총액에서 SONY의 2배 가까이 올랐고, 이건희 회장이 반도체 판매 이상으로 브랜드가치를 높이는 데 주력하였다. 변화를 일관성 있게 실천하면서 자신감과 같은 무형자산을 키웠다.

참고문헌: 모리타 아끼오저, 고명식 옮김(1986), 『SONY스토리』, 시사영어사, pp. 106~107; 한국경제, 2012년 2월 2일자 "소니 왜 주저앉았나"

제 1 절 >> 브랜드 개념관리

브랜드(brand)는 제품이나 서비스를 경쟁자의 것과 차별화하기 위한 이름, 상징, 디자인 또는 이들의 조합을 말한다. 브랜드는 상징마크, 등록상표 등 시각적인 부분과 청각적으로 듣는 언어적 부분의 결합으로 구성되어 있다. 브랜드는 제품을 경쟁사의 제품과 차별화시키는 얼굴이다. 공장에서 만드는 것은 제품이지만, 그 제품의 질은 브랜드에 반영되어 나타나 그 제품에 대한 이미지와 인지 또는 브랜드에 반영된다.

1.1 OEM으로 할 것인가, 자사 브랜드를 고수할 것인가?

도입 사례에서 SONY의 최고경영자는 글로벌 마케팅을 수행하는 데 있어서 OEM을 할 것인가, 자사 브랜드를 고수할 것인가에 대한 의사 결정에 직면하였고, 그는 자사 브랜드를 고수한 결정을 하였다. 우리나라 기업들이 수출드라이버 정책으로 해외로 진출한 1970년대에는 많은 기업 경영자들은 주문자 브랜드를 부착하여 생산하는 OEM(Original Equipment Manufacturing)방식을 주된 수출방식으로 택하였다. 이는 현재에도 해외시장진출방법의 하나로 쓰이고 있는 것으로 기술과 마케팅능력이 부족한 기업들은 선진국 기업들에게 생산기술을 제공받고, 이러한 기술로 생산된 제품을 그들의 브랜드로 생산 납품하여 판매하도록 하는 것이다. 부산을 중심으로 한 신발업체들은 미국의 세계적인 스포츠기업인 나이키에 OEM방식으로 신발을 제조하면서 성장하였으나 나이키와의 관계가 끊어져 어려움에 직면한 바 있다. 성장할 당시 나이키의 주식을 보유하였어야 했다는 반성도 나타나고 있다.

이러한 OEM전략은 생산에 전념하면서 첨단기술을 학습할 수 있고, 글로벌화의 초기단계에 있는 기업들은 위험을 최소화하면서 해외시장에 대한 경험을 축적해 갈 수 있다는 장점이 있으나, 장기적인 측면에서는 다음과 같은 한계가 있다.

첫째, 일반적으로 OEM은 저가생산능력에 경쟁우위를 두고 있기 때문에 낮은 가격이 경쟁의 원천으로 작용하는 경우에는 장기적으로는 실패할 가능성이 높다.

둘째, OEM을 위하여 대규모 생산시설을 갖추어야 하는 경우에는 가격협상에 있어 힘의 불균형이 존재할 가능성이 있다.

셋째, 기술이전과 마케팅능력의 배양이 곤란하다는 점이 있다. 이는 이전되는 기술 자체가 조립기술에 불과하기 때문에 부가가치를 창출할 수 있는 핵심기술의 이전은 불가능하다. 예를 들면, 한국 신발기업들은 1970~80년대 OEM 생산을 통해서 신발생산기술을 이전받았지만, 현재 필요로 하는 디자인기술이나 핵심기술을 이전받는 데는 한계가 있다.

넷째, OEM전략의 부메랑효과가 나타날 수 있다. OEM전략의 의존도를 높이다 보면, 글로벌 마케팅에서 중요시되는 생산-마케팅 전문성을 연마할 기회를 가질 수 없고 시장점유율도 없어 글로벌 마케팅을 성공하기 어렵다.

OEM을 하지 않고 자사브랜드를 고수하는 전략을 택하여야 장기적으로 브랜드 자산을 강화시켜 글로벌 브랜드 관리가 가능하다. 본 장에서는 자사 브랜드 관리에 강조를 두고자 한다.

1.2 브랜드 개념관리

브랜드 관리를 세 단계로 이해하는 것이 편리하다. 이는 Park, Jaworski와 MacInnis(1986)의 연구에 의해서 SBCM(Strategic Brand Concept-Image Management)으로 제시된 바 있다. 즉, 브랜드 개념의 관리는 세 단계로 주어진다. 첫째는 개념도입기, 둘째는 개념정교화기, 셋째는 개념강화기이다.

개념도입기(concept introduction)에는 시장에 처음으로 브랜드를 진입시키므로 브랜드 이미지를 설정해야 한다. 기업이 추구하는 브랜드의 개념을 소비자가 이해하여 흡수할 수 있도록 한다.

개념정교화기(concept elaboration)에는 소비자들의 마음속에 자사의 브랜드와 연관되는 개념들을 더욱 정교하게 다듬어 주어야 한다. 이 시기에 경쟁기업의 브랜드와 비교하여 우월하다는 것을 구체적으로 인식시켜 주어 브랜드 가치를 높여야 한다.

표 9-1 브랜드 개념관리

개념도입기	기능적 개념 브랜드	기능문제해결 강조
	상징적 개념 브랜드	자아개념 강화를 위해 접근의 제한성 강조
	경험적 개념 브랜드	감각적, 인지적 자극 강조
개념정교화기	기능적 개념 브랜드	특정 문제에서 일반 문제로 해결범위 확대
	상징적 개념 브랜드	이미지 유지를 위해 표적고객시장 보호
	경험적 개념 브랜드	핵심제품을 이용 액세서리, 연결제품 제시
개념강화기	기능적 개념 브랜드	기능유사제품으로 확장, 브랜드 이미지 강화
	상징적 개념 브랜드	관련 제품으로 확장, 브랜드 이미지 강화
	경험적 개념 브랜드	유사 제품군으로 확장, 브랜드 이미지 강화

자료: C.W. Park, B.J. Jaworski & D.J. MacInnis(1986), "Strategic Brand Concept Image Management," *Journal of Marketing*, Vol. 50, pp. 135-146에서 재구성.

개념강화기(concept fortification)에는 자사가 생산하는 다른 제품까지 심화된 이미지를 일반화시켜 기업 전체의 이미지를 강화시킨다. 이 시기에 기업은 여러 종류의 제품계열을 두고 있기에 각 제품이 서로 연관되어 전체적인 개념을 강화시키도록 한다. 이러한 단계에 따라 브랜드 개념의 유형은 기능적, 상징적, 경험적 브랜드 가운데 어떠한 유형을 선택하느냐에 따라 브랜드 개념관리가 다르게 전개될 수 있다.

제2절 브랜드 자산과 브랜드 확장

Global Marketing

브랜드 개념관리가 잘 되어 강화기로 움직이면 강한 브랜드를 형성하게 되고, 브랜드 확장을 시도하여 성공가능성이 높아진다. 강한 브랜드 파워를 형성하게 되면 제품의 글로벌 시장진입도 용이하게 된다. 대부분의 글로벌 기업들은 강한 브랜드 파워를 이용하여 세계 시장으로 진출하게 된다. 여기서 우리는 무엇이 브랜드 자산을 결정하는가를 이해하고자 한다.

2.1 브랜드 자산의 구성요소

브랜드 자산관리 분야에서 가장 많이 인용되는 저서 중에 Aaker (1990)가 지은 *Managing Brand Equity*가 있다. 그는 브랜드 자산을 제품이 가지고 있는 유형의 속성을 초월한 브랜드명과 관련된 부가적인 가치로 보고 있다. 그는 브랜드 자산은 지각된 품질, 인지도, 충성도, 연상도, 기타(등록상표, 특허, 유통채널) 등 다섯 가지로 구성된다고 제시하고 있다.

① 지각된 품질(perceived quality): 이는 소비자들이 제품이나 서비스가 원래 의도하는 바에 따라 고객이 갖고 있는 전반적인 품질이나 우수성에 대한 지각이다.

② 브랜드 인지도(brand awareness): 이는 잠재소비자가 어떤 제품 부류에 속한 특정 브랜드를 재인(recognition)하거나 회상(recall)할 수 있는 능력을 말한다. 재인은 "갤럭시 S LTE와 아이폰4G 중에서 어느 브랜드를 선호하는가?"와 같은 질문에서 볼 수 있듯이 여러 브랜드를 주고 그 중에서 특정 브랜드를 인지하는 것을 측정하는 것이라면, 회상은 "스마트폰 브랜드 중에서 어느 브랜드를 선호하는가?"와 같이 머릿속에 떠올릴 수 있는 능력을 측정하는 것이다. 또한 강한브랜드 인지도를 가지고 있는 브랜드의 경우, 그 브랜드와 관련된 내용들이 소비자들로부터 연상되는 것들이 풍부할 수 있다.

③ 브랜드 연상(brand association): 이는 브랜드가 상기시켜주는 모든 생각과 느낌과 영상 이미지들을 총칭하는 말이다. 이 브랜드 이미지는 소비자가 그 브랜드에 대해 갖는 전체적인 인상을 말하는데, 브랜드와 관련된 여러 연상들이 결합되어 형성된다.

④ 브랜드 충성도(brand loyalty): 기업이 경쟁에서 기업이 이기고 성장할 수 있기 위해서는 많은 소비자들에게 자사의 브랜드만을 선호하여 상표충성도를 높이는 일이 중요하다.

⑤ 독점적 브랜드 자산(other proprietary brand assets): 기타 특허나 등록 상표 여부, 유통관계에서 파생되는 독점적 자산을 말한다. 삼성과 애플의 특허전쟁에서 볼 수 있듯이 특허와 같은 독

점적 자산도 중요하게 작용한다. 또한, 외국 자동차기업들이 한국 시장으로 신제품을 출시하지만, 크게 힘을 발휘하지 못하는 것은 현대와 기아자동차가 위에서 설명한 지각된 품질, 브랜드 인지도, 브랜드 연상, 브랜드 충성도뿐만 아니라 유통망을 중심으로 독점적 브랜드 자산을 확보하고 있기 때문이기도 하다.

2.2 Keller의 고객기반 브랜드 자산관리

Keller(1993)는 브랜드의 원천이 고객에게 있다고 보고 고객기반 브랜드 자산(Customer-Based Brand Equity: CBBE) 개념을 제시하였고, 후에 이를 브랜드 공명모형(brand resonance model)이라고 하였다. 물리학에서 공명의 개념은 같은 진동수를 갖는 두 개의 소리굽쇠를 책상 위에 올려놓고 그 하나를 울리면 그 소리굽쇠는 고유의 진동수로 진동하기 시작하고, 이 진동을 공기를 통해 전파하면서 다른 소리굽쇠를 진동시켜 소리가 나는 개념이다. 두 소리굽쇠의 진동수가 서로 다르면 상대편의 소리굽쇠는 거의 진동하지 않는다. 이와 같이 강제진동의 진동수와 물체 고유의 진동수가 같아지면 진폭이 커지는데 이러한 현상을 공명(resonance)이라고 한다. 마케팅에서는 소비자와 브랜드 사이에서 나타나는 공감을 가지고 설명가능하다.

Keller(2003)가 제시하는 브랜드 공명모형은 [그림 9-1]에서 볼 수 있듯이 아래에서 위로 상승하는 연속적인 단계로 이루어진다. Aaker 교수의 모형과 연관지어 살펴보면 브랜드 인지, 브랜드 연상, 브랜드 충성의 단계로 나아가는 것을 볼 수 있다. 마지막 단계에서 소비자들과 브랜드 사이의 관계가 잘 잡혀 공명, 즉 공감이 나타난다고 주장한다. 소비자와 브랜드 사이에서 공명으로 발전하기 위해서 다음 질문을 필요로 한다. 이 질문에서 '당신'은 브랜드로, '나'는 소비자로 보면 된다.

첫째, 당신은 누구인가?
- 특정 브랜드의 정체성을 전달하면서 브랜드에 대한 넓고 깊은 인지도를 형성한다.

둘째, 당신은 무엇을 하고 있는가?

그림 9-1 Keller의 브랜드 공명 피라미드

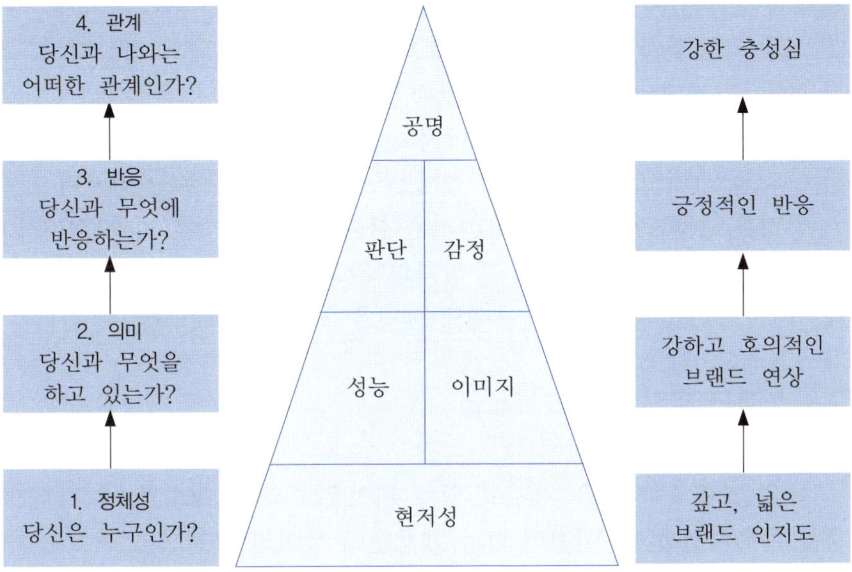

자료: Kotler & Keller(2006), *Marketing Management,* p. 263; Keller(2003), *Strategic Brand Management,* p. 76.

- 성능과 이미지에 근거하여 특정 브랜드의 의미를 전달하면서 브랜드에 대해 강하고 호의적인 연상을 형성한다.

셋째, 당신은 무엇에 반응하는가?

- 판단과 감정을 통해 브랜드에 대한 긍정적 반응을 창출한다.

넷째, 당신과 나와는 어떠한 관계인가?

- 브랜드와 소비자는 공명을 통해 강하고 적극적인 충성관계를 형성한다.

이와 같이 공명이 이루어지는 단계는 특정 소비자와 브랜드와의 관계는 강하고 적극적인 충성관계가 형성되어 있는 단계에서 나타난다. 즉, 기업은 초기에 브랜드의 정체성을 전달하면서 브랜드에 대한 넓고 깊은 인지도를 형성하는 단계, 성능과 이미지에 근거하여 특정 브랜드의 의미를 전달하면서 브랜드에 대해 강하고 호의적인 연상을 형성하는 단계, 판단과 감정을 통해 브랜드에 대한 긍정적 반응을 창출하는 단계, 그리고 브랜드와 소비자는 공감을 통하여 강하고 적극적인 충성관계를 형성하는 단계로 발전한다. 이 단계에서는 본 장에서 논할 브랜드 공동체를 형성하고 발전시키는 과정을 거칠 수 있다.

브랜드 공명이 나타나는 소비자들이 증가하면 브랜드 자산이 높아질 것으로 기대된다. 브랜드 자산의 차원에서 지각된 품질(perceived quality), 인지도, 연상도, 충성도에서 브랜드 공동체는 충성도를 넘어서서 공감을 가지고 하나가 되어 삶을 구성하는 개념으로 발전한다.

공명은 충성도에 의해서 유발되는 활동 수준뿐만 아니라 고객이 브랜드에 대해 가지는 심리적 응결력의 강도와 깊이가 나타난다. 할리 데이비슨, 애플, 이베이 등 브랜드 애착을 보이는 브랜드들이 있다.

2.3 브랜드 확장

높은 브랜드 자산을 가지고 있는 기업은 아직 인지도가 낮은 신제품을 창출하였을 때 이전의 다른 제품군에 붙여진 브랜드를 새로운 제품군으로 확장하여 사용하는 브랜드 확장(brand extension)전략을 사용한다. 브랜드 확장을 시도하여 기존 브랜드와 확장 브랜드 사이의 적합성(fit)에 성공하면, 소비자들로부터 기존 브랜드의 인지도와 연상도도 강화되어 브랜드 자산이 증가한다. 즉, 브랜드 확장전략은 신제품을 개발하였을 때 새로운 브랜드를 개발하지 않고, 기존에 브랜드 자산을 확보하고 있는 기존 브랜드를 부착함으로써 비용절감을 하려는 전략이다. 강한 브랜드를 가지고 있는 글로벌 기업들이 많이 사용하고 있다.

본 장의 제1절에서 설명한 브랜드 개념관리와 연결하여 GE의 브랜드 확장을 살펴볼 수 있다. 에디슨이 GE의 전신인 기업을 시작할 때를 개념도입기로 보면, 그 시기에는 전구를 만드는 데 집중했다. 그리고 개념정교화기로 발전하면서 여러 종류의 전구를 만드는 것으로 확장하였다. GE 브랜드의 개념이 강화되었을 때는 전구를 넘어서서 여러 종류의 전기제품을 만드는 것으로 다각화되었다. 지나친 다각화는 잭 웰치 회장이 구조조정을 단행하게 된 바 있다.

브랜드 확장은 성공과 실패가 있다. 기존 브랜드와 확장된 브랜드 사이의 적합성을 상실할 때는 실패할 수 있다. 그러나 매우 강력한 브랜드는 확장의 실패로부터 영향을 거의 받지 않는다. 물론 신제품이

그림 9-2 브랜드 확장

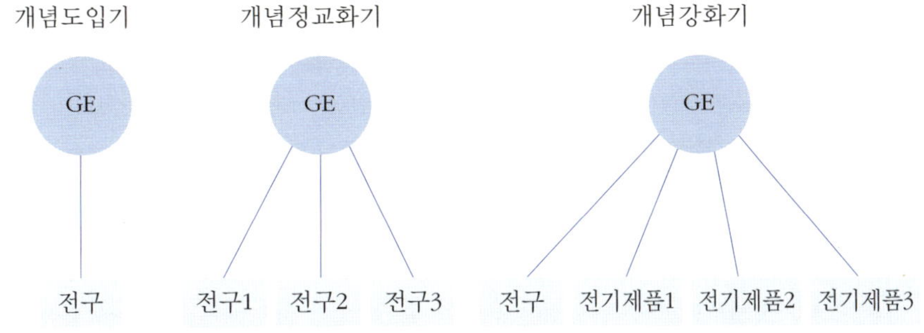

자주 실패하면 기업이 휘청거릴 수밖에 없다.

브랜드 관리에 관한 수많은 새로운 쟁점들이 제기되어 왔지만, 소비자들의 태도가 중심적인 역할을 한다. 고급시계회사인 로렉스(Rolex)가 스톱워치 시장으로 나아갈 때 로렉스 브랜드를 그대로 붙인다면 고급시계라는 태도를 형성한 소비자들에게 개념 일관성이 어떻게 될 것인가? 스톱워치 이미지는 높아질 수 있으나 기존의 로렉스 제품에 대한 태도를 형성한 소비자들의 이미지가 값싼 것으로 변할 수 있기 때문에 절대 스톱워치 제품으로 브랜드 확장을 하지 않을 것으로 예상된다. 스포츠카 브랜드를 가진 기업이 새로운 선글라스를 만드는 것으로 다각화하여 스포츠카 브랜드를 붙였을 때 제품군이 완전히 다른 것이지만 성공할 수 있다. 이는 스포티한 이미지가 전이될 수 있기 때문이다. 이 브랜드 확장의 중요성은 기업들이 신제품을 개발하였을 때 새로운 브랜드를 붙이게 되면 소비자들에게 파고드는 데 상당한 비용과 시간이 걸리기 때문에 브랜드 확장을 시도한다. 실무에서 대부분이 행하는 방식이다.

Aaker(1990) 교수는 브랜드 확장의 효과를 〈표 9-2〉와 같이 세 가지로 요약한 바 있다.

우리나라의 경우 체계적 브랜드 확장을 통해 오래 지속하는 브랜드를 찾아보기가 어려우며 대부분 시장에 잠깐 나타났다가 사라진다. 이 글을 쓰고 있는 2012년 2월 초, 정당도 한나라당에서 새누리당으로 바뀌었다. 대부분의 신제품에 대해 브랜드 확장전략을 사용하기보다는 패션성이 강한 개별 브랜드전략을 사용하지만, 투자한 비용만큼의 효

표 9-2 브랜드 확장에 대한 소비자 평가

GOOD	- 기존 브랜드가 확장 브랜드에 도움을 준다. - 브랜드 확장을 통해 기존 브랜드까지 강화된다. - 소비자들에게 브랜드 연상과 품질 연상, 브랜드 인지를 강화시켜 지속적 경쟁우위를 보장해준다.
BAD	- 기존 브랜드가 확장 브랜드에 도움을 주지 못한다. - 적합성이 미흡하여, 소비자들에게 반대 속성을 연상시킨다.
UGLY	- 브랜드 확장을 통해 기존 브랜드가 손상을 입는다. - 새로운 브랜드도 입으로 얻을 수 있는 잠재력 발휘 기회를 상실한다. - 소비자들에게 기존 브랜드 연상을 약화시키고, 품질 이미지에 대한 부정적 영향을 미친다.

자료: David A. Aaker(1990), "Brand Extension: The Good, the Bad, and the Ugly," *Sloan Management Review,* (Summer), p. 50.

과를 거두지 못하고 실패하고 만다. 첨단기술력을 지니고 있어도 브랜드전략을 잘못 사용하여 실패하고 마는 경우가 있다. 본 장의 도입 사례에서 언급한 바 있듯이 이건희 회장이 반도체 개발 이상으로 브랜드 자산을 높이는 데 강조를 두고 있는 이유이다.

2.4 브랜드 관리모형

Keller(1993)는 "고객기반 브랜드 자산의 개념화, 측정, 관리"라는 잘 알려진 논문에서 브랜드 관리모형을 제시하고 있다. 브랜드 요소 선택, 마케팅 프로그램 개발, 부차적 연상의 활용을 통하여 브랜드 인지도와 브랜드 연상을 높여서 결과를 창출한다는 모형이다(그림 9-3 참조).

이러한 브랜드와 고객과의 관계를 강조한 Keller 교수의 연구를 받아들이고, 이전의 그의 연구를 확장하여 Aaker 교수는 1986년 『강한 브랜드 구축하기(*Building Strong Brands*)』라는 저서에서 브랜드 아이덴티티 시스템 구축과 실행시스템을 중심으로 브랜드 관리모형을 제시하고 있다(그림 9-4 참조).

그림 9-3 Keller의 브랜드 관리모형

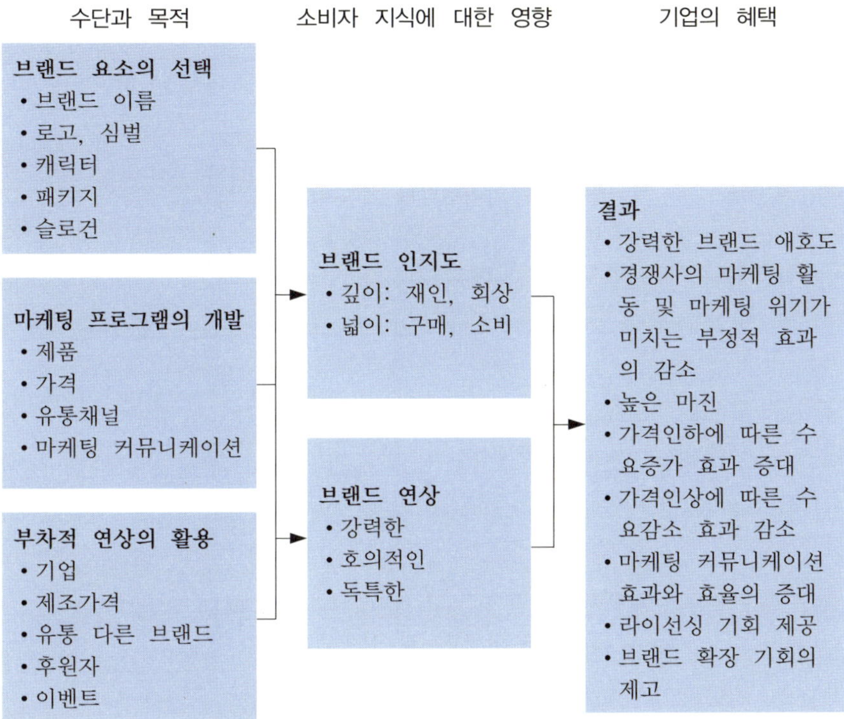

자료: Kevin Lane Keller(1993), "Conceptualizing, Measuring, and Managing Customer Based Brand Equity," *Journal of Marketing,* 57, pp. 1-29.

그림 9-4 Aaker의 브랜드 관리모형

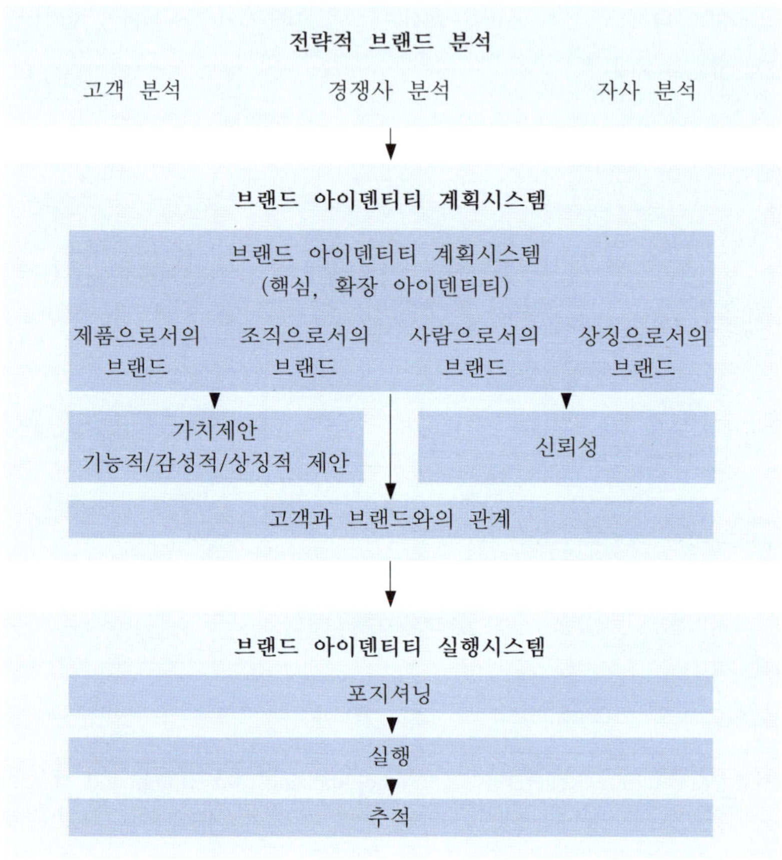

자료: David A. Aaker(1996), *Building Strong Brands,* The Free Press, p. 79.

제3절 Interbrand사의 브랜드 자산평가

Global Marketing

브랜드 자산을 평가하는 회사로 잘 알려진 Interbrand사는 브랜드 자산 측정방법으로 브랜드 강도(brand strength)에 브랜드 이익(brand earnings)을 곱하여 측정한다. 브랜드 강도는 마케팅접근에 해당하고 브랜드 이익은 재무접근에 해당한다. 즉, 마케팅접근과 재무접근을 혼합하여 브랜드 자산을 측정한다.

Interbrand가 2011년에 조사한 세계 20위까지의 브랜드 가치평가 순서는 다음과 같았다.

Coca-Cola, IBM, Microsoft, Google, GE, McDonald's, Intel, Apple, Disney, HP, Toyota, Mercedes, Cisco, Nokia, Intel, BMW, Gillette, Samsung, Louis Vuitton, Honda, Oracle. 여기서 삼성전자가 세계 17위로 평가되고 있고 현대자동차는 61위로 나타났다.

글로벌 브랜드는 전 세계에서 소비자들에게 일관적인 정체성을 보여주고 있는 브랜드이다. 제품속성, 핵심이점과 가치, 포지셔닝이 함께 움직여야 한다. 이러한 기준을 충족시켜주는 브랜드는 소수이다. P&G와 같은 회사에서도 여성생리대 Always/Whisper, 감자칩 Pringles, 샴푸 Pentene이 글로벌 브랜드에 해당하고, 네 개의 다른 브랜드인 Ariel/Tide, Safeguard, Olay, Pampers는 공통 포지셔닝을 구축하고 있다.

글로벌 브랜드를 가지는 이점은 규모의 경제에 있다. 규모의 경제는 수십억 달러의 연구개발비용이 소요되는 제약, 컴퓨터, 화학, 자동차 등 첨단기술산업에서 특히 두드러지게 나타나며, 규모의 경제는 제조, 유통, 촉진에서 나타난다.

글로벌이 된다는 사실은 글로벌로 경쟁할 자원을 가지고 있다는 것을 의미하며 브랜드를 세계적으로 지원할 의지를 가지고 있다는 것을 보여준다. 〈표 9-3〉에 나타난 글로벌 브랜드들은 국가 연상과도 관계된다. McDonald's가 미국 패스트푸드, L'Oreal이 프랑스 화장품으로 말하듯 Samsung은 한국 전자제품 등으로 국가와 연결되고 있다는 점에서 글로벌 브랜드를 만들어가는 작업은 기업뿐만 아니라 정부의 관심사가 되고 있다.

표 9-3 인터브랜드사가 분석한 브랜드 자산 100순위(2011년 발표) (*백만 달러)

Rank	Previous Rank	Brand	Region/ Country	Sector	Brand Value ($m)	Change in Brand Value
1	1	Coca-Cola	United States	Beverages	71,861	2%
2	2	IBM	United States	Business Services	69,905	8%
3	3	Microsoft	United States	Computer Software	59,087	-3%
4	4	Google	United States	Internet Services	55,317	27%
5	5	GE	United States	Diversified	42,808	0%
6	6	M	United States	Restaurants	35,593	6%
7	7	intel	United States	Electronics	35,217	10%
8	17		United States	Electronics	33,492	58%
9	9	Disney	United States	Media	29,018	1%
10	10	hp	United States	Electronics	28,479	6%
11	11		Japan	Automotive	27,764	6%
12	12		Germany	Automotive	27,445	9%
13	14	CISCO	United States	Business Services	25,309	9%
14	8	NOKIA	Finland	Electronics	25,071	-15%
15	15	BMW	Germany	Automotive	24,554	10%
16	13	Gillette	United States	FMCG	23,997	3%

Rank	Previous Rank	Brand	Region/ Country	Sector	Brand Value ($m)	Change in Brand Value
17	19	SAMSUNG	South Korea	Electronics	23,430	20%
18	16	LV LOUIS VUITTON	France	Luxury	23,172	6%
19	20	HONDA	Japan	Automotive	19,431	5%
20	22	ORACLE	United States	Business Services	17,262	16%
21	21	H&M	Sweden	Apparel	16,459	2%
22	23		United States	Beverages	14,590	4%
23	24	AMERICAN EXPRESS	United States	Financial Services	14,572	5%
24	26	SAP	Germany	Business Services	14,542	14%
25	25		United States	Sporting Goods	14,528	6%
26	36	amazon.com	United States	Internet Services	12,758	32%
27	31	ups	United States	Transportation	12,536	6%
28	29	J.P.Morgan	United States	Financial Services	12,437	1%
29	30	Budweiser	United States	Alcohol	12,252	0%
30	27	NESCAFÉ	Switzerland	Beverages	12,115	-5%
31	28	IKEA	Sweden	Home Furnishings	11,863	-5%
32	32	HSBC	United Kingdom	Financial Services	11,792	2%
33	33	Canon	Japan	Electronics	11,715	2%

Rank	Previous Rank	Brand	Region/ Country	Sector	Brand Value ($m)	Change in Brand Value
34	35	Kellogg's	United States	FMCG	11,372	3%
35	34	SONY	Japan	Electronics	9,880	-13%
36	43	ebay	United States	Internet Services	9,805	16%
37	39	THOMSON REUTERS	Canada	Media	9,515	6%
38	37	Goldman Sachs	United States	Financial Services	9,091	-3%
39	44	GUCCI	Italy	Luxury	8,763	5%
40	45	L'ORÉAL	France	FMCG	8,699	9%
41	42	PHILIPS	Netherlands	Electronics	8,658	0%
42	40	citi	United States	Financial Services	8,620	-3%
43	41	DELL	United States	Electronics	8,347	-6%
44	48	ZARA	Spain	Apparel	8,065	8%
45	47	accenture	United States	Business Services	8,005	7%
46	49	SIEMENS	Germany	Diversified	7,900	8%
47	53	VW	Germany	Automotive	7,857	14%
48	38	Nintendo	Japan	Electronics	7,731	-14%
49	46	Heinz	United States	FMCG	7,609	1%
50	50	Ford	United States	Automotive	7,483	4%

Rank	Previous Rank	Brand	Region/ Country	Sector	Brand Value ($m)	Change in Brand Value
51	51	Colgate	United States	FMCG	7,127	3%
52	58	DANONE	France	FMCG	6,936	9%
53	56	AXA	France	Financial Services	6,694	0%
54	52	Morgan Stanley	United States	Financial Services	6,634	-4%
55	57	Nestlé	Switzerland	FMCG	6,613	1%
56	54	BlackBerry	Canada	Electronics	6,424	-5%
57	59	xerox	United States	Electronics	6,414	5%
58	55	MTV	United States	Media	6,383	-5%
59	63	Audi	Germany	Automotive	6,171	13%
60	62	adidas	Germany	Sporting Goods	6,154	12%
61	65	HYUNDAI	South Korea	Automotive	6,005	19%
62	60	KFC	United States	Restaurants	5,902	1%
63	61	Sprite	United States	Beverages	5,604	-3%
64	70	CATERPILLAR	United States	Diversified	5,598	19%
65	64	AVON	United States	FMCG	5,376	6%
66	69	HERMÈS PARIS	France	Luxury	5,356	12%
67	67	Allianz	Germany	Financial Services	5,345	9%

Rank	Previous Rank	Brand	Region/ Country	Sector	Brand Value ($m)	Change in Brand Value
68	68	Santander	Spain	Financial Services	5,088	5%
69	73	Panasonic	Japan	Electronics	5,047	16%
70	77	Cartier	France	Luxury	4,781	18%
71	71	Kleenex	United States	FMCG	4,672	3%
72	72		Germany	Automotive	4,580	4%
73	76	TIFFANY & Co.	United States	Luxury	4,498	9%
74	81		Netherlands	Energy	4,483	12%
75	82	VISA	United States	Financial Services	4,478	12%
76	66	YAHOO!	United States	Internet Services	4,413	-11%
77	79	MOËT & CHANDON	France	Alcohol	4,383	9%
78	78	Jack Daniel's	United States	Alcohol	4,319	7%
79	74	BARCLAYS	United Kingdom	Financial Services	4,259	1%
80	88	Adobe	United States	Computer Software	4,170	15%
81	83	Pizza Hut	United States	Restaurants	4,092	3%
82	80	CREDIT SUISSE	Switzerland	Financial Services	4,090	2%
83	75	Johnson & Johnson	United States	FMCG	4,072	-2%
84	84	GAP	United States	Apparel	4,040	2%

Rank	Previous Rank	Brand	Region/ Country	Sector	Brand Value ($m)	Change in Brand Value
85	90	3M	United States	Diversified	3,945	10%
86	85	Corona Extra	Mexico	Alcohol	3,924	2%
87	87	NIVEA	Germany	FMCG	3,883	4%
88	92	JOHNNIE WALKER	United Kingdom	Alcohol	3,842	8%
89	89		United Kingdom	Alcohol	3,841	6%
90	NEW	NISSAN	Japan	Automotive	3,819	N/A
91	93	Heineken	Netherlands	Alcohol	3,809	8%
92	86	UBS	Switzerland	Financial Services	3,799	0%
93	95	ARMANI	Italy	Luxury	3,794	10%
94	94	ZURICH	Switzerland	Financial Services	3,769	8%
95	100	BURBERRY	United Kingdom	Luxury	3,732	20%
96	97		United States	Restaurants	3,663	10%
97	NEW	JOHN DEERE	United States	Diversified	3,651	N/A
98	NEW	htc	Taiwan	Electronics	3,605	N/A
99	91	Ferrari	Italy	Automotive	3,591	1%
100	98	HARLEY-DAVIDSON	United States	Automotive	3,512	7%

제4절 Global Marketing

공동브랜드, 개별브랜드, 혼합브랜드 전략

4.1 공동브랜드 전략

공동브랜드 전략은 기업브랜드와 패밀리 브랜드를 마케팅 커뮤니케이션의 중심으로 삼는 것을 말한다. GE는 공동브랜드 전략을 기업 차원에서 채택하는 대표적인 기업이다. GE는 기업브랜드와 제품브랜드를 함께 브랜드명으로 사용하던 제품들의 수를 대폭 축소하고 기업브랜드인 GE를 커뮤니케이션 활동의 중심으로 삼고 있다. 패밀리 브랜드의 사례로는 마쓰시타의 파나소닉/내쇼날/테크닉스, 도요타가 렉서스 사업부를 만들고, 혼다가 아큐라 사업부를 만들어 고급화시키는 것들이 있다.

4.2 개별브랜드 전략

개별브랜드 전략을 기업 차원의 브랜드 전략으로 채택하고 있는 대표적인 회사는 P&G이다. 세제분야에서 1위인 타이드, Cheer, Gain, Dreft, Era, Ivory 등 다양한 개별 브랜드를 가지고 있지만 P&G를 내세우지 않는다.

4.3 혼합브랜드 전략

혼합브랜드 전략은 대부분의 기업들이 사용하고 있는 전략으로서 기업브랜드와 같은 공동브랜드와 개별 260브랜드를 함께 사용하는 것이다. 삼성전자와 LG전자는 국내시장에서 혼합브랜드 전략을 사용하고 있다. 삼성 애니콜, 삼성 파브, LG 트롬 등이 예가 된다. 그러나 삼성전자와 LG전자는 해외시장에서 혼합브랜드를 사용하지 않고 기업브랜드인 삼성, LG를 강조하여 브랜드를 구축하고 있다. 소니도 소니 바이오, 소니 워크맨, 소니 트리니트론 등을 사용하고 있다.

제5절 브랜드 아키텍처

Global Marketing

브랜드 아키텍처(brand architecture)는 기업의 글로벌 브랜드 전략의 기본이 된다. 이는 기업의 브랜드 포트폴리오의 지침이 된다. 조직의 각 수준에서 브랜드 이름이 어떻게 사용되어야 하는가를 말해준다. 어떻게 새로운 브랜드가 다루어질 것인지, 어느 정도까지 우산브랜드들이 제품 수준의 브랜드들을 강화시키기 위해서 사용되는지, 어느 정도까지 강한 브랜드들이 다른 제품범주로 확장되어 브랜드 확장을 실현할 것인지를 설정해준다. 이 아키텍처는 세 가지 주요 차원들이 있는 데, 브랜드가 사용되는 조직 수준, 브랜드의 지리적 범위, 그리고 제품범위이다.

Nestle은 브랜드 아키텍처를 매우 잘 구축하는 기업 사례이다. 이 스위스 식품 다국적기업은 지금부터 140년 이상 전인 1868년부터 해외시장 진출을 적극적으로 시작하여 1930년대에 이미 전 세계 오대양 육대주에 걸쳐 글로벌 네트워크를 구축했다. 1938년부터 세계 각국에서 가장 유명한 식품 및 음료회사들을 인수하기 시작했다. 이 인수전략은 2012년 현재까지 지속적으로 진행중이다. 철저한 현지화(localization) 전략을 실행하는 것으로 유명하다. 인종 중심에서 지역 중심으로 인재등용정책을 펴왔으며, 30만 명이 넘는 직원 중에서 스위스 국적을 가진 인력은 3%에 불과하다.

성장전략을 3단계로 볼 수 있다. 1단계는 해외시장에 로컬 브랜드를 구축하고 이를 현지에서 직접 생산하는 방식을 통해 가장 현지화된 기업을 만들었다. 2단계로 세계 각지의 해외 자회사들을 연결하는 글로벌 네트워크를 구축하였다. 3단계로 글로벌 네트워크가 가지는 규모의 경제, 브랜드와 정보력을 글로벌 차원에서 통합하고 활용하여 세계 어느 기업과도 경쟁할 수 있는 글로벌 경쟁력을 창출한다.

전 세계에 거의 8,000개의 다른 브랜드들을 소유하고 있다. [그림 9-5]의 네슬레 브랜드 나무(Branding Tree) 그림은 네슬레의 브랜드 아키텍처를 보여준다. 네슬레의 브랜드들은 브랜드 나무에서 조직화되

그림 9-5 네슬레의 브랜드 나무

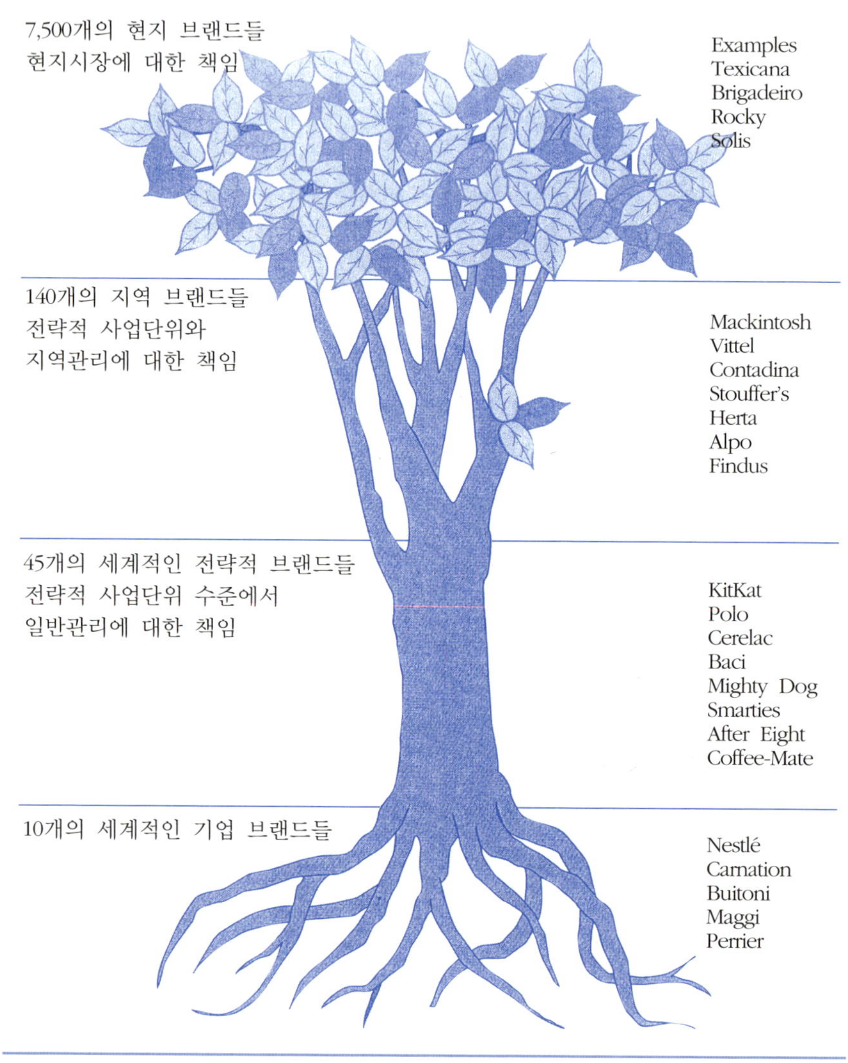

자료: Kotabe & Helsen(2008), *Global Marketing Management*, p. 382. 원자료는 1996년 *The Mckinsey Quarterly*(2)에 있는 자료임.

어 있다. 뿌리부분에는 Nestle와 Perrier와 같은 10개의 세계적인 브랜드들이 있다. 그 다음 레벨은 Kitkat과 Smarties와 같은 45개의 전략상 중요한 브랜드들이 있으며, 나무 위를 더 올라가면 지역수준에서 관리되는 지역적인 전략적인 브랜드들이 있다. Nestle는 아메리카와 아시아

지역에 Stoufer's 브랜드를, 그리고 유럽에는 Findus 브랜드를 선보이고 있다. 이 나무의 꼭대기에는 보조적인 임무를 담당하고 있는 약 7,500여 개의 수많은 지역 브랜드들이 자리를 잡고 있다.

제6절 브랜드 공동체

Global Marketing

6.1 브랜드 공동체 개념

왜 할리데이비슨(Harley-Davidson)이나 로얄앤필드(Royal Enfield)와 같은 오토바이 소유자들은 공동체를 형성하여 함께 돌아다니는가? 페라리(Ferrari), 사브(Saab), 노키아(Nokia), 매킨토시(Macintosh) 등 마니아의 존재가 확인되는 브랜드들에서 강하거나 약하거나 공동체 행동이 나타나고 있는 현상들이 뚜렷하고 이러한 현상은 최근 마케팅과 소비자행동연구에서 이론적으로 규명하려는 노력들이 나타나고 있다.

다양한 브랜드들이 존재하고 브랜드변환(brand switching)이 자주 일어나는 시장 현실에서 브랜드 공동체(brand community) 현상은 특정 브랜드에 대한 고객의 충성을 볼 수 있어 기업과 소비자관계에서 매우 중요한 시사점들을 던져주고 있다.

이러한 브랜드가 가지고 있는 속성과 가치체계를 공유하고 동일한 브랜드를 가지고 있는 소비자들 사이에서 구성원 의식을 공유하는 브랜드 공동체 현상에 주목하여 볼 필요가 있다. O' Guinn과 Muniz(2001)는 브랜드 공동체는 공유된 의식, 의례와 전통, 도덕적 책임감(shared consciousness, rituals and traditions, and a sense of moral responsibility)에 강조를 둔 바 있다. 이 공동체는 전문화되고 지리적인 위치에 관계없이 연결된 공동체로서 특정 브랜드를 존중하는 사람들 사이에서 연결된 사회관계의 조합으로 구성된다.

6.2 할리데이비슨 사례

브랜드 공동체를 가장 잘 보여주고 있는 사례는 할리데이비슨 사례이다. 이 할리데이비슨 브랜드 공동체는 어떻게 형성되고 발전되었을까? 기업 성장에는 계기들이 존재하는데, 할리의 계기는 제1차 세계대전과 제2차 세계대전이 있었고, 1969년에 나온 훌륭한 영화 '이지라이더(Easy Rider)' 의 성공이 촉진역할을 하였다고 평가되고 있다.

1960년대 반전과 히피로 대변되는 서구 청년들의 반문화 열풍을 반영하여 1969년 제작된 이 영화는 1960년대 반전과 히피로 기존 권위에 반항하며 모든 제약과 편견에서 벗어나 섹스와 마약을 긍정하는 그들만의 공동체를 구성한 끝을 알 수 없는 젊은이들의 불안스러운 방황을 그리고 있다. 끊임없이 도로를 달리는 두 사람이 사회 곳곳에서 당하는 편견과 위협은 꿈을 좇는 동시대 젊은이들의 수난사를 그렸고, 목적지가 정해지지 않은 여행 도중 그들의 옆을 지키고 허무한 종말을 함께 맞이했던 길동무는 할리데이비슨 오토바이였다. '이지라이더' 의 성공 이후 할리는 젊은이들의 마음의 동반자로서 자리매김하게 되어

그림 9-6 영화 이지라이더와 할리데이비슨

그 뒤 열광적인 고객층을 조직화할 수 있게 되었다.

1983년 회사의 주체로 할리 오토바이 소유자들의 모임인 HOG (Harley Owners Group)라는 공동체가 형성되었다. 혼다와 같은 일본 기업의 도전을 받아 시장점유율이 급격하게 떨어지자 할리데이비슨을 부활시키기 위하여 회사 관계자들이 자사 오토바이의 경험을 고객과 공유하려는 목적으로 이 모임을 결성하였다. 다양한 행사를 개최하여 CEO와 엔지니어들까지 참여하게 하고, 제품기능에 대한 토론과 제안을 하여 고객이 원하는 디자인을 만들어 마니아 마케팅을 전개하였다. 현재 HOG는 세계 128개국에서 약 100만 명의 회원이 가입되어 있는 공동체로 발전하였다. 기업은 회사 홈페이지(www.harley-davidson.com)에 동호회 모임을 통합시키는 블로그 기능을 제공하면서 기업은 광고보다는 동호회 지원에 비중을 더 두고 동호회 회원들이 해주는 구전마케팅을 통해 매출성과로 연결시켰다. 이들 열성적인 사용자들로부터 품질개선 의견을 받아 기업 제품전략 수립에 비중있게 반영하였다.

6.3 범 위

할리데이비슨 소유자들이 참여하는 브랜드 공동체는 어떠한 것들이 있을까?

그들은 동일한 브랜드를 가진 이들과 자주 모이는 공동체가 있다. 블로그 등을 통하여 서로 정보를 주고받는 온라인 공동체를 가지고 있다. 그들은 Daytona, Laconia, Sturgis와 같은 대규모집회에서 만나는 공동체에 참여한다. 그리고 기업공동체와 연결하여 신제품을 구입하거나 제품과 서비스 관련 지원을 받거나 기업의 정보를 관련 공동체 구성원들과 구전커뮤니케이션활동을 한다. 할리데이비슨 사례에서 볼 수 있듯이 소비자들이 맺는 브랜드 공동체는 적어도 네 가지로 구분할 수 있게 한다.

첫째, 같은 브랜드를 가진 소비자들이 모임을 가지는 소집단 브랜드 공동체이다. 이들은 3명 이상의 사람들로 구성되어 강한 연결을 가지고 사회정체감을 공유한다. 이들은 긴 기간에 걸쳐 상호 선의와 애정을 지닌 친구들로서 서로 도와주고 지원하려는 의지를 가지고 있다. 친구들이 오토바이, 자동차, 커피점, 카메라 등 동일한 브랜드를 가진 이들이 소집단으로 모이면서 정체감을 발전시키는 것을 볼 수 있다.

둘째, 온라인 공동체에 참여할 수 있다. 소비자집단들은 인터넷을 통하여 세계 도처에 있는 정보를 수집하거나 경험을 공유하는 데 능한 소비자집단들이 증가하고 있다. 이들은 지리적 영역을 넘어선 브랜드 공동체로서 전문화되어 상호작용성을 발달시키고 있다. 예를 들어 인터넷상에서 매킨토시(Macintosh) 사용자집단, 캐논(Cannon)과 같은 브랜드 카메라 사용자집단, 폴크스바겐(Volkswagon)과 같은 운전자집단들이 전문적인 내용을 공유하는 집단을 형성하고 상호작용하는 것을 볼 수 있다. 이들은 특정 브랜드와 연결되어 있다는 기능적인 이유로 모르는 사람들과 만나기도 하고, 아는 사람들은 주기적으로 접촉하면서 이루어진다.

셋째, 할리데이비슨 오토바이 소유자들이 오토바이를 중심으로 하여 Daytona, Laconia, Sturgis와 같은 대규모 집회에 참여하는 것처럼 브랜드를 넘어서서 브랜드가 가지고 있는 오토바이라는 제품 소비집단과 전체적으로 공유하는 공동체로 확장되어 활동하는 영역이다. '이지라이더' 라는 영화에서 나타났듯이 질주와 자유의 가치체계를 공유하는 집단들 속에서 소비가 촉진되고 있다. 소비와 문화의 상징체계를 공유하는 보다 넓은 집단 속에 살아가는 공동체를 볼 수 있다.

넷째, 고객과 기업의 공동체로 발전한다. 이제까지 마케팅이 고객과 기업을 분리하여 서로 교환이나 관계를 논하여왔지만, 더 이상 고객은 기업과 분리된 실체가 아니라, 서로 공동체로 응결되어 있는 실체로 보아야 한다.

6.4 브랜드 정체감의 형성과 발전

브랜드로 연결된 소비자들의 공동체가 형성되고 발전되어가는 것은 여성과 남성이 서로 만나 약혼과 결혼을 하여 가족을 꾸리면서 혈연으로 응결되어 삶을 구성하는 것과 유사하다. 소비자가 특정 브랜드와 관계하여 소비하는 가운데, 브랜드를 중심으로 기업과 소비자들 사이에서 네트워크관계가 형성되고 공동체로 발전하면서 깊은 유대관계를 형성하게 되면 정체감이 형성되고 발전한다. 앞에서 살펴본 것처럼 여러 브랜드 공동체에 복수적으로 개입하고 있을 때 다중 정체감(multiple identity)을 가지게 된다. 이 경우 소집단 브랜드공동체처럼 강한 연결로 연결되어 있거나, 온라인 브랜드 공동체나 소비문화를 공유하는 보다 넓은 모임처럼 약한 연결로 이루어진 지리적인 개념을 넘어선 공동체로 넓히면서 살아갈 수 있다. 이 경우 소비자들은 브랜드 공동체에서 인지적, 감정적, 평가적 차원을 다르게 개입하면서 사회비교를 하면서 살아간다.

6.5 전략적 고려

미국 도로를 운전하다 보면 지프 랭글러(Jeep Wrangler) 운전자들은 운전하면서 같은 브랜드를 발견하면 운전자들을 바라보면서 소리로서 신호를 보내면서 친근감을 표현하는 것을 볼 수 있다. 개별 소비자들은 특정 브랜드에 대한 confidence, integrity, pride, passion을 발전시키면서 브랜드 애착을 가지게 된다. 기업은 개별 소비자들이 기업의 브랜드에 대한 깊은 애착을 가지도록 하여야 하지만, 소비자들 사이에서 자발적으로 브랜드 공동체를 형성하여 소비생활을 구성하도록 지원하는 것 또한 중요하다. 인터넷마케팅에서 상거래 중심, 관심 중심, 환상체험 중심, 유대관계 중심의 다양한 공동체를 형성하고 발전시켜가고 있는 것이 중요한 것을 보면 알 수 있다.

이 경우 기업은 소비자들이 브랜드를 중심으로 하여 사회성을 촉진하고 사회적 영향력을 증가시키려는 활동의 내부에 대한 의미 있는 해석을 필요로 한다. 이는 소비자들이 커피점, 자동차, 오토바이, 컴퓨터, 카메라 등 기능적이고 전문적인 기술영역뿐만 아니라 소비의 상징과 문화영역 속에 소비자들이 삶을 구성하고 있는 보다 넓은 영역까지 바라볼 필요가 있다. 자발적으로 브랜드 공동체에 참여하면서 소비의 구성을 해나가는가에 대한 의미 있는 해석은 소비자행동과 마케팅전략을 이해하는 데 매우 중요할 수 있다.

이는 기업의 마케팅활동에서 기업과 소비자 사이의 분리를 통하여 교환과 관계를 설명하여온 기존의 이론과 다르게 기업과 소비자를 공동체로 묶는 새로운 개념으로서 전략적 고려에서도 변화를 필요로 한다. 이 경우 많은 과제들이 기업 속으로 들어온다. 브랜드 공동체에서 기업과 고객을 바라보면 기업이 고객을 지원할 뿐만 아니라 고객이 기업을 지원하게 된다. 고객이 기업과 정체감이 깊어지면 기업의 발전과 자신의 발전이 분리되지 않는다. 고객스스로 시장정보를 기업으로 흘러들어오게 하고, 잠재고객들을 확장시키는 역할을 수행하면서 기업 마케팅의 많은 점들을 풀어줄 수 있다.

브랜드 공동체가 형성되기 이전의 단계와 이후의 단계에서 마케팅 전략적 고려가 달라질 수 있다. 브랜드 공동체가 형성되기 이전의 단계에서 잠재소비자들의 마음속(in the mind of the prospect)에 다른 기업과 다른 차별화된 요소를 가지고 파고 들어야 하는 것을 강조하는 포지셔닝 전략이 강조되지만, 브랜드 공동체가 형성되어 있는 소비자들에게는 공동체의식을 강화시키는 커뮤니케이션 전략이 필요하다.

사례연구

스타벅스

커피 잔을 들고 오가는 사람들이 눈에 띄게 늘어나고 있다. 남녀노소를 막론하고 자랑스럽게 들고 다니는 이들의 종이 잔에는 대부분 하얀 바탕에 동그란 녹색브랜드가 찍혀 있다.

스타벅스(Starbucks)는 소설 모비딕에 나오는 커피를 사랑하는 일등 항해사 스타벅스의 이름에서 기원한다. 이들의 성공비결은 조화(harmony)와 대조(contrast)가 절묘하게 교차하는 특유의 일관성 있는 스타일로 자연스럽고 환경 친화적인 요소와 현대적이고 인공적인 요소를 적절하게 결합한 데 있다. 이는 세계 전역에 걸쳐 시각적인 일관성과 통일적인 외관의 창출로 소비자들의 감성을 사로잡았다.

스타벅스는 미국에서 시작하여 전 세계 5,500개 이상의 점포를 가지고 있고, 한국, 일본, 중국 및 싱가포르 등 아시아 국가에 진출하여 직영점포를 운영하면서 강한 브랜드 자산을 확보하여왔다.

1983년에 미국 워싱턴주 시애틀에서 그라운드 커피를 팔던 스타벅스의 사장 하워드 슐츠는 이탈리아 밀라노 길가의 수많은 에스프레소 바에서 이탈리아인들이 시간을 보내는 것을 보고, 이러한 개념을 미국에 도입하여 1987년 시애틀에서 작은 커피전문점을 시작하였다. '바리스타'라 불리는 조리사가 원두커피를 우유와 섞어 증기를 낸 다음 거품을 덮어 내놓으며 고객들과 대화를 나누는 동네 사랑방 구실을 하고 있었다. 시애틀에서도 비슷한 가게를 열면 독특한 문화공간을 창출할 수 있다는 확신을 갖고 귀국 후 사업착수를 건의하였다. 이러한 아이디어는 스타벅스가 세계적 커피체인으로 성장하는 계기를 마련하였다.

스타벅스가 글로벌 기업으로서 성공한 비결에는 현지화 마케팅을 한 데 있다. 스타벅스는 인간의 오감을 만족시켜 문화마케팅을 전개하였다. 원두의 향을 끌어내고, 풍부한 커피 맛을 내고, 제품의 진열과 실내 인테리어 디자인을 꾸미고, 현대 음악을 깔고, 항상 청결하고 아늑한 분위기의 테이블과 의자를 배열하여 고객의 오감을 만족시키려는 문화적 노력을 하여왔다. 스타벅스의 기업이미지전략은 자연적인 느낌의 구성요소와 현대적인 느낌의 구성요소들을 계획적으로 혼합하고 있다.

브랜드 디자인은 밝은 나무 색조와 갈색 봉투, 긴 머리를 내려뜨리고 있는 여인상이 등장하는 초록색 로고는 환경을 의식하고 있다. 이 여인은 자연에서 갓 태어난 모습으로 현대적인 면과 중후함의 메시지를 함께 전달한다. 스타벅스의 미학은 여기에서 그치지 않고 감촉을 도입했다. 제품포장의 내용물을 매끄럽고 곧으며 단단하면서도 부드러운 느낌을 주게 만들었다. 이는 원두의 단단함과 대비돼 고객들에 강한 인상을 심어주었다. 또 각 유형의 커피마다 상이한 시각디자인으로 포장을 장식했다. 각각의 커피는 고유한 색의 소인과 아이콘, 색채조합 그래픽을 가지고 있다. 스타벅스의 스타일이 고객들을 끌어들이는 것은 계획되고 낯익은 시각적 요소를 깔끔하고 조직적이고 일관되게 사용하면서도 다양한 요소들을 변화시켜 시각적 자극을 주기 때문이다.

스타벅스는 미국 기업 풍토에서 개인기업으로선 최초로 1989년부터 아르바이트생을 포함한 전 사원에게 의료보험과 주식배정 혜택을 제공하면서 종업원만족을 통하여 고객만족으로 다가갔다. 또한 기업의 분위기와 이미지에 어울리는 음악을 엄선하여 매장에서 들려주고, 또 이러한 음악이 담긴 CD를 판매한다. 이렇게 함으로써 고객들은 스타벅스의 커피숍에서 느끼는 훈훈한 기분을 집안에서도 즐길 수 있는 것이다.

스타벅스의 글로벌화는 각 지역별로 신뢰할 수 있는 기업에게 라이선싱을 통해서 이루어지고 있다. 스타벅스 인터내셔널(starbucks coffee international)사는 라이선싱을 통한 스타벅스의 글로벌화와 브랜드 관리를 맡고 있다.

우리나라에 있는 스타벅스커피 코리아는 1997년 주식회사 신세계와 스타벅스 커피의 자회사인 스타벅스 커피 인터내셔널이 합작투자하여 시작한 회사이다. 지난 1999년 서울 신촌 이화여대점 오픈을 시작으로 8년 동안 급속한 신장세를 보이고 있다. 스타벅스 각 매장에는 커피와 함께 즐길 수 있는 샌드위치, 패스츄리, 초콜릿, 쿠키와 다양한 디자인의 커피컵과 에스프레소 머신 같은 커피 관련 용품들도 판매하고 있다. 2012년 현재 지난 날 다방이 많았듯이 커피점들이 많아졌다. 스타벅스도 별다방이라는 별칭이 생겼다. 카페베네, 엔젤리너스 등 우리나라 커피점 브랜드들도 급성장하고 있다.

| Global Marketing

요 약

1. 강한 브랜드를 구축하면 해외시장진출이 용이해진다. 기업은 장기적으로 브랜드 자산을 높여서 글로벌화를 실현하기 위해서는 OEM방식에서 자사 브랜드에 강조를 두고 장기적으로 보호하고 관리해 나가야 한다. 이는 소니와 삼성 사례에서 교훈을 찾을 수 있다.

2. 브랜드 관리는 개념도입기, 개념정교화기, 개념강화기 단계가 있다. Aaker(1991)에 의하면 브랜드 자산은 지각된 품질, 브랜드 인지도, 브랜드 연상, 브랜드 충성도, 독점적 브랜드 자산으로 구성된다. 소비자와 브랜드 사이에 공명이 일어나는 단계를 강조한 공명모형을 제시하였다. 높은 브랜드 자산을 가지고 있는 경우 인지도가 낮은 신제품을 창출하였을 때 이전의 다른 제품군에 붙여진 브랜드를 새 제품군으로 확장할 수 있다.

3. 인터브랜드사에서 제시하는 브랜드 자산의 글로벌 100순위를 살펴보고, 마케팅과 재무성과를 중심으로 브랜드 자산평가에 대해서 이해할 필요가 있다. 본 장에서는 2011년 자료를 소개하였으며, 종단적 분석을 해보면 기업의 성공과 실패의 모습이 보인다.

4. 기업에 따라 공동브랜드, 개별브랜드, 혼합브랜드 전략을 구사하는 것이 다르게 나타나고 있다. 국내에서의 전략과 글로벌 시장에서 브랜드 전략에서도 변화가 나타나고 있다.

5. 네슬레 회사의 브랜드 나무에서 볼 수 있듯이 글로벌 기업들이 세계적으로 가지고 있는 수많은 브랜드들에는 아키텍처가 존재하며, 아키텍처를 이해하면 브랜드 포트폴리오 등을 통하여 성장브랜드를 어떻게 육성하고, 전사적으로 육성하는 브랜드와 지역적으로 육성하는 브랜드가 어떻게 구성되는가를 이해하게 한다.

6. 브랜드 자산과 확장을 넘어서서 브랜드 공동체 개념이 중요시되고 있다. 할리데이비슨 브랜드 공동체 사례에서 볼 수 있듯이 브랜드 충성도와 애착을 가지고 있는 소비자들은 브랜드를 중심으로 공동체를 형성하여 삶

을 구성하고 있다. 이는 브랜드와 고객의 관계의 발전을 이해하게 하는 중요한 주제로서 브랜드를 중심으로 한 소비자들의 정체감의 형성과 발전을 이해하게 한다.

7. 스타벅스 사례에서 볼 수 있듯이 소비자들은 스타벅스라는 제품을 구매하는 것이 아니라 그 브랜드가 제시하고 있는 분위기와 문화를 즐긴다. 우리나라에 진출해 있는 글로벌 기업들의 활동을 국내에서 즐기면서 글로벌 브랜드 전략에 대해서 이해할 수 있는 중요한 사례이다.

Global Marketing 토의과제

1. 소니와 삼성이 브랜드를 어떻게 중요시하면서 성장해왔는가를 비교하라. 소니의 창업자 모리타 아끼오 회장의 결단을 중심으로 OEM 방식과 자사브랜드 고수전략을 비교하라. 삼성의 제2의 창업자라 불릴 수 있는 이건희 회장을 중심으로 한 삼성의 브랜드 전략 사례를 보다 깊이 있게 연구하고 토의하라.

2. Aaker 교수의 저서 『브랜드 자산관리(Managing Brand Equity)』에서 제시하고 있는 브랜드 자산을 구성요소가 어떠한 것들이 있는가를 토의하고, 1990년 브랜드 확장 논문을 읽고 브랜드 확장의 효과에 대해서 토의하라. 그리고 Keller 교수의 1993년 고객기반 브랜드 자산에 관한 논문을 읽고 토의하라.

3. Interbrand사가 마케팅과 재무기준을 결합하여 브랜드 자산을 평가하여 매년 발표하여 영향을 미치고 있다는 것을 제시한 바 있다. 이러한 평가는 평가기준을 어떻게 잡는가에 따라 평가가 달라질 수 있다. Interbrand사의 평가기준에 대하여 조사하고 토의하라.

4. 스위스 네슬레사의 브랜드 나무를 중심으로 하여 브랜드 아키텍처에 대해서 토의하고, 이 아키텍처에 나타난 주요 브랜드들에 대해서 인터넷을 중심으로 하여 조사하고 토의하라.

5. 할리데이비슨이 Harley Owners Group을 전 세계적으로 지원하면서 성장하고 있는 전략에 대해서 토의하고, 브랜드 공동체의 범위가 어떠한가를 토의하라.

Global Marketing

참고문헌

김성홍 · 우인호 지음(2003), 『이건희 개혁 10년』, 김영사.

모리타 아끼오저, 고명식 옮김(1986), 『SONY스토리』, 시사영어사.

안홀트 저, 김유경 역(2003), 『국가브랜드, 국가이미지-글로벌브랜드를 만들기 위해 기업과 정부가 할 일』, 커뮤니케이션북스.

이규현(2007), "브랜드 공동체," 마케팅.

하워드 슐츠 · 도리존스 지음, 홍순명 옮김(2000), 『스타벅스: 커피 한 잔에 담긴 성공신화』, 김영사.

한국경제, 2012년 2월 2일자 "소니 왜 주저앉았나"

Aaker, David A.(1991), *Managing Brand Equity*, The Free Press.

Aaker, David A.(1996), *Building Strong Brands*, The Free Press.

Aaker, David A. and Erich Joachimsthaler(2000), *Brand Leadership*, NY: Free Press.

제10장
글로벌 가격전략

가격결정은 글로벌 기업들이 직면하는 가장 중요하고 복잡한 쟁점에 속한다. 가격은 마케팅믹스 도구 중에서 수익을 직접적으로 창출한다. 본 장에서는 가격결정의 전략적 쟁점들에 대해서 설명하고자 한다.

●● 도입 사례 : 현대자동차
제1절 해외시장에서 가격결정
제2절 저가전략과 고가전략
제3절 이전가격결정
제4절 반덤핑규제와 글로벌 가격전략
제5절 가격조정
●● 사례연구 : 월마트
●● 요 약
●● 토의과제

도입 사례

현대자동차

현대자동차가 미국에 진출하여 GM, 포드, 크라이슬러와 같은 미국 자동차뿐만 아니라, 일찍 소형자동차를 중심으로 하여 미국 시장에 진출하여 경쟁력을 높여온 도요타와 혼다와 같은 일본 자동차와 경쟁하여야 했다. 미국 시장 진출에서 시장점유율이 크게 상승하지 않자, 현대자동차는 비장의 무기를 꺼내들었다. 엔진과 오토미션에 10년간 품질보증을 단행한 것이다.

2008년 가을 미국 금융위기가 나타나 미국 내 자동차시장의 수요가 급감하면서 대부분의 기업들이 자동차 가격을 내리려고 하자, 현대자동차는 다시 새로운 접근을 시도하였다. 미국 소비자들이 가격보다 미래에 대한 불안감이 증폭하여 자동차 수요가 감소하고 있다는 것이 시장조사에서 뚜렷이 파악되었다. 현대자동차는 2009년 1월 5일 고객이 차를 구입한 후 1년 이내에 실직 등 경제적인 어려움을 겪게 되면 해당 자동차를 업체가 다시 사주는 프로그램을 시작했다. 이는 1년 내에 직장을 잃거나 신체장애, 질병에 따른 운전면허 정지, 해외 전근, 자영업 파산, 사고사 등 넓은 범위를 제시했다. 미국 소비자들이 극심한 불황으로 지출을 줄이면서 판매가 급감하는 상황에서 불투명한 미래와 실직에 대한 불안감을 덜어주는 불황 마케팅이었다. 소비자가 느끼는 위험과 불확실성을 기업이 받아들이면서 소비자를 안정시키려는 정책은 소비자들에게 다가갔고, 2009년도는 2008년도보다 매출액이 27%나 신장하였고, 2010년에도 계속 성장하였다.

2012년 현재 세계적으로 불황, 저성장이라는 상황에서 소비자들이 특정 제품에 대해 반응하고 있다. 가격결정을 단순히 원가를 고려하여 원가보다 높이 정하는 것이 아니라 소비자가 직면한 상황에서 새로운 가치를 발견하고 가치를 창출할 수 있는 가격결정이 중요해지고 있다.

제 1 절

Global Marketing

>> 해외시장에서 가격결정

글로벌 마케팅에서 가격결정은 기업의 수익을 창출하는 데 가장 직접적으로 영향을 미치고, 마케팅의 궁극적 성공 여부를 결정한다. 가격연구에서 유명한 Dolan과 Simon(1996)의 연구에 따르면 미국과 유럽 경영자들의 의사결정에서 압박하는 문제에서 가격결정이 가장 큰 문제인 것으로 조사한 바 있다. 즉, 경영자에게 압박을 주는 마케팅문제는 가격결정, 제품차별화, 신제품출시, 판매비, 제품의 품질보증, 새로운 경쟁자, 정부규제, 종업원 충원 및 교육, 유통, 판매후 서비스, 환경, 광고 순서로 실무에서 가격결정이 가장 중요하게 다루고 있다.

1.1 가격결정에 영향을 미치는 요인들

미시경제학에서 마셜은 가격은 수요와 공급의 법칙에 의해서 결정된다는 것을 보인 바 있다. 이때 수요(demand)는 소비자들이 제품을 구매하고자 하는 의도를 말하며, 수요량은 구매하고자 의도된 양을 말한다. 공급(supply)은 생산자인 기업이 제품을 판매하고자 하는 의도를

그림 10-1 글로벌 가격결정에 영향을 미치는 요인들

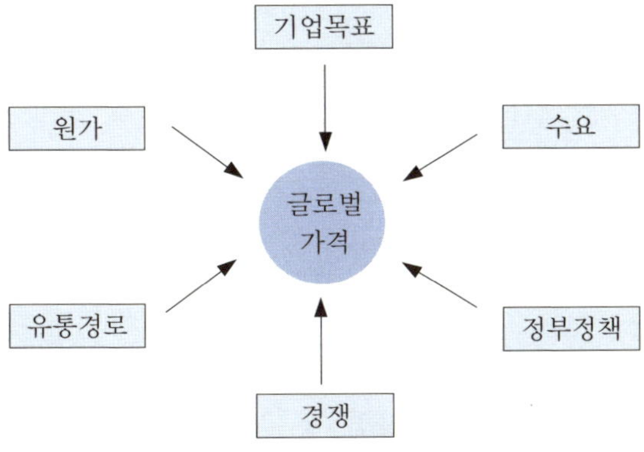

말하며, 공급량은 생산자가 판매하고자 의도된 양을 말한다. 소비자가 구매하고자 하는 양과 기업이 공급하고자 의도하는 양 사이에서 균형가격이 성립한다.

경영학으로 넘어오면 생산자의 노력과 능력에 의해 결정되는 제품의 원가와 소비자 수요, 그리고 경쟁상황이 크게 영향을 미친다. 글로벌 상황에서는 기업목표, 원가, 수요, 경쟁, 유통경로, 정부정책 등이 함께 영향을 미친다.

1) 기업목표

기업의 전략적 목표가 어디에 있는가에 따라 가격결정이 달라질 수 있다. 현재의 수익을 극대화시킬 것인가? 시장에 침투하는 데 성공할 것인가? 프리미엄 이미지를 계속 높여갈 것인가? 만족스러운 투자수익률(return on investment)을 달성하고, 시장점유율을 유지하고, 특정 수익 목표를 충족시키는 것이 가장 중요한 가격결정 목표들이 되고 있다.

첨단기술개발 등 R&D비용에 오랜기간 많은 비용을 투자한 경우에는 초기에 높은 가격을 책정하는 스키밍가격전략(skimming pricing strategy)을 사용하는 경우가 많고, 후발주자로서 시장에 침투하려는 목표를 가지고 있는 경우에는 가격을 낮게 책정하여 시장에 용이하게 들어가려고 한다. 프리미엄 이미지를 높이려고 하는 경우에는 본국의 가격보다 2배 이상의 가격으로 높게 책정하면서 타국에서 가지고 있는 높은 브랜드 이미지를 이용하려고 한다.

2) 원 가

글로벌 시장에서는 생산, 마케팅, 유통 등 비용이 발생하며 이는 원가에 반영되고, 원가가 가격결정에 영향을 미친다. 원가가산 가격결정(cost-plus pricing)은 제품의 생산원가에 부대비용과 기업이 원하는 마진을 더하여 가격을 결정하는 전략이다. 이는 가격결정에서 기본적인 기준이 된다. 환경의 범위가 넓어지고 지역에 따라 추가비용이 발생하는 글로벌 상황에서 알맞은 전략이 될 수 있다. 그러나 환경이나 경쟁상황이 급격하게 변하는 상황에서는 적합하지 않다.

글로벌 상황에서는 유통, 보험 등 부대비용이 상승하는 가격상승(price escalation)효과가 나타난다. 이 효과는 이윤의 폭을 줄여 경쟁력을 상실하게 하기 때문에 기업은 제품의 원가를 낮추기 위해서 해외 생산을 적극적으로 고려하거나, 제품의 가치를 높이기 위하여 마케팅에서 창의적인 방법을 도입하기도 한다.

3) 수 요

시장수요를 창출하고, 수요에 반응하면서 가격결정은 변화한다. 마케팅은 수요관리(demand management)라고도 할 정도로 수요의 변화에 따라 가격결정을 변할 수 있는 묘미는 글로벌 마케팅에서 더욱 더 다양해진다. 가격결정에서 원가는 하한선을 결정하지만, 수요는 상한선을 결정한다. 수요를 크게 창출하면 할수록 가격은 제대로 받을 수 있다. 글로벌 시장에서 소비자들의 구매력과 기호, 습관 등이 각 국가의 시장에 따라 다르게 나타나기 때문에 같은 제품이라도 가격이 다르게 책정될 수 있다. 같은 제품이 미국에서는 싸지만, 우리나라에서는 비싸게 받을 수 있는 것은 우리나라 소비자들이 미국 유명 브랜드에 대한 선호도가 높아 높은 가격을 책정해도 충분한 수요가 있다고 판단되기 때문이다.

4) 경 쟁

글로벌 가격결정에서 경쟁강도가 가격결정에 영향을 크게 미친다. 이러한 경쟁의 강도는 국가별로 다르다. 특정 국가에서는 독점이나 과점상태를 유지하면서 경쟁할 수 있으나, 어떤 국가에서는 완전경쟁에 가까운 상태에서 많은 경쟁자들과 경쟁하는 경우도 많기 때문이다. 이러한 현상은 글로벌 기업이 글로벌 시장을 대상으로 하는 경우에 자주 발생한다. 또한 경쟁의 본질이 국가에 따라 다른 경우가 있다. 글로벌 기업이 현지에 강력한 경쟁상대로 대두되는 현지 기업이 있는 경우에는 경쟁강도가 더욱 강해질 수 있다.

스키밍가격전략(skimming pricing strategy)은 글로벌 시장에서 신제품 가격의 설정에 있어서 도입기에 고가격을 설정하는 전략이다. 신제품의 혁신의 정도가 깊어 그 제품에 대하여 구매하기를 바라는 소비자들이 많을 것이라 판단이 들고, 당분간 경쟁기업이 시장에 뛰어들 가능성이 적다고 판단되는 상황에서는 초기에는 높은 가격을 시간이 지남에 따라 가격을 낮추는 스키밍전략을 사용하게 된다.

이 전략은 낮은 가격으로 제품을 시장에 진출시켜 짧은 시간 내에 시장에서 교두보를 형성하려는 전략으로서 가격에 민감한 소비자들이 많은 시장을 대상으로 경쟁사의 진입을 방지하기 위하여 사용할 수 있고, 자본력이 있는 후발기업의 경우 선발기업이 높은 가격을 책정할 때 시장에 침투하기 위해 사용한다. 그러나 후발기업이 낮은 가격으로 돌아오면 선발기업도 급격하게 가격을 낮추어 경쟁에 대비한다.

예를 들면, 진로소주는 일본시장에 진출하면서 '고품질 고가격전략'을 수립하여 성공을 이루었다. 진로소주는 경쟁제품보다 10% 이상 비싸고, 희석식 소주 중에서 가장 비싼 고급품이라는 이미지를 얻었다.

5) 유통경로

글로벌 가격결정은 유통경로에 따라 영향을 받는다. 글로벌 기업은 각 국가마다 유통경로가 다르기 때문에 글로벌 소비자가격, 공장도 가격 및 수출가격 등에 영향을 받는다. 특히, 현지에 대형 유통업체들이 많이 있는 경우, 이들 시장지배력으로 인하여 가격할인을 해줄 수밖에 없다. 또한 현지시장에 대한 경험이나 정보의 부족으로 인하여 현지 유통업체에 대한 의존도가 높아지게 되면, 기업의 의도에 따라 가격을 제대로 결정할 수 없게 된다.

6) 정부정책

글로벌 가격결정은 현지의 정부정책과 규정에 영향을 받는다. 선진국의 경우 경쟁을 유도하는 정책을 택하여 공정거래법 등과 같은 가격과 관련되는 법규를 강력하게 집행하려고 한다. 많은 저개발국에서 자국기업을 보호하기 위하여 높은 세금을 책정하여 자국제품과 해외 수입제품과의 가격차를 유도하려고 한다. 환율(foreign exchange)과 관세 등의 변화가 글로벌 가격결정에 영향을 미친다.

1.2 가격결정 과정

1) 1단계: 가격결정 목표의 결정

기업의 가격결정 목표는 일차적으로는 생존과 이익극대화에서 시작하여 시장지배력을 높이기 위한 시장점유율 최대화, 연구개발비용을 회수하기 위한 스키밍 전략, 그리고 가격과 품질관계에서 선도적 지위를 확보하려는 전략 등을 수행한다.

2) 2단계: 수요결정

수요는 소비자들이 제품을 구매하고자 하는 의도이다. 수요를 추정하기 위해 가격민감도를 조사한다. 소비자들은 자주 구매하는 제품일수록 가격민감도가 높기 때문에 기업의 입장에서는 가격민감도를 낮추어 가격을 올리고자 한다. 이를 위해서 기업은 제품을 보다 차별화시키려고 한다.

3) 3단계: 원가추정

수요는 가격의 상한선이 어디인가를 가르쳐주고, 원가는 하한선을 결정한다. 가격이 원가보다는 높아야 하기 때문이다.

4) 4단계: 경쟁자의 원가, 가격 및 제공물 분석

수요와 원가를 고려한 후에는 경쟁자의 원가, 가격 및 제공물이 어떠한가를 분석할 수 있어야 한다. 소비자의 입장에서 결국 경쟁자와 비교하여 선택할 것이기 때문이다.

5) 5단계: 가격결정 방법의 선택

가격결정 목표를 정하고 난 뒤, 가격결정에 3C(Customer, Cost, Competition)를 고려한 후에는 가격결정 방법을 선택하게 된다.

- 제품의 생산원가에 부대비용과 기업이 원하는 마진을 더하여 가격을 결정하는 원가가산가격결정(cost plus pricing)이 가격결정 방법에서 가장 기초적인 이해이다. 그러나 이는 경쟁이 치열한 글로벌 상황에서는 맞지 않다.
- 목표투자수익률(return on investment)을 설정하고 이를 달성하기 위한 가격을 결정할 수 있다. 그러나 이 또한 투자액수에 일정 퍼센트를 얻겠다는 것은 자사의 목표이지 수요와 경쟁에 따라 달성되기가 어려울 수 있다.
- 고객의 지각된 가치에 의한 가격결정은 고객의 마음속에 자사

제품에 대한 지각된 가치를 높이면서 가격 상한선을 높이려는 전략이다.

- 가치가격결정(value pricing)은 품질이 높은 제품에 대해서 상당히 낮은 가격을 결정하는 방법이다. IKEA, 사우스웨스트항공, 월마트는 이 전략을 사용한다. 본 장의 뒷 편의 사례연구에서 살펴볼 월마트는 EDLP(everyday low pricing)를 사용한다.
- 경쟁자모방 가격결정에서는 원가와 경쟁자의 반응을 측정하기 어려울 때는 경쟁자의 가격을 기초로 경쟁자와 동일하게 하거나 높게 혹은 낮게 책정하는 경우가 있다.

6) 6단계: 최종 가격결정

최종적으로 경쟁요인들을 전체적으로 검토하고, 기업의 가격정책, 이해관계자들의 가격에 대한 영향력 등을 종합적으로 고려하면서 최종 가격을 결정한다.

제 2 절 >> 저가전략과 고가전략

Global Marketing

LG전자는 Sony가 지배하고 있는 인도시장에서 고소득층을 대상으로 '플래트론'을 Sony의 완전평면TV보다 5% 비싸게 책정하여 가격과 품질 면에서 Sony보다 우월하다는 이미지를 심어 성공한 바 있는데, 이는 인도시장에서 LG에 대한 브랜드 이미지와 선호도가 크기 때문이다. 국민소득이 낮은 국가의 경우에 일반적으로 소비자들이 가격에 민감하여 저가격전략이 유용하지만, 소득격차가 심한 국가의 경우, 고소득층을 대상으로 할 때 고가격전략을 선택할 수 있다.

2.1 저가전략

일반적으로 기업들이 저가전략을 선택하고자 하는 것은 [그림 10-2]에서 볼 수 있는 것처럼 가격을 낮추면 시장점유율이 증가하는 일반

그림 10-2 시장점유율 증가를 이끄는 가격감소

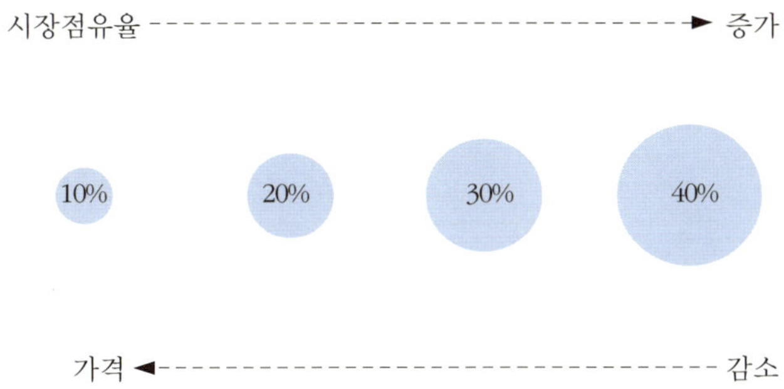

적인 현상 때문이다.

국내마케팅에 종사하던 기업들이 해외시장 개척의 단계로 넘어가게 되면 여러 가지 증가된 비용들이 수반되게 된다. 즉, 선적, 보험, 관세, 중간상인에게 돌아가는 비용 등이 수반되면서 국내 소매가격보다 해외 소매가격이 높아지는 가격상승(price escalation)이 나타나게 된다.

이러한 가격상승을 극복하고 가격을 낮추기 위해서 다음과 같은 방법을 택할 수 있다.

첫째, 출시되는 제품을 변화시킨다.

첫째, 국내에서 컨버전스로 복잡해져 있는 제품에서 기본적인 기능에 더 충실하면서 제품설계를 단순화시키면서 비용이 드는 요소들을 제거한다.

둘째, 제품의 크기를 줄인다.

첫째, 개발도상국에 진출할 때 포장 크기를 축소하거나 제품의 품질을 낮추어 가격을 낮춘다. 프리미엄 브랜드는 그대로 사용하지만 저소득 국가용 제품을 따로 만드는 경우도 있다.

셋째, 해외 유통을 재조정한다.

첫째, 유통의 길이가 길거나, 유통비용이 많이 들면 가격이 상승하기 때문에 가격상승은 유통이 많이 좌우되는 경향이 있다. 유통의 길이를 짧게 할 수 있다. 카탈로그판매나 텔레마케팅 등 다이렉트 마케팅을 통하여 유통비용을 줄이면서 해외시장에 진출할 수 있다.

넷째, 해외시장에서 제품을 조립하거나 제조한다.

첫째, 베트남에서 우리나라 기업들의 투자액이 가장 크게 증가한 것으로 나타나고 있듯이, 우리나라 기업들은 인건비가 싼 국가로 진출하여 제품을 조립하거나 제조하여 경쟁력을 높이려고 적극적으로 시도하고 있다.

기업은 해외시장에 성공적으로 침투하기 위하여 초기에는 저가전략을 사용하여 시간이 경과함에 따라 가격을 높일 수 있으면 높이려는 전략을 택하기도 하는데, 이를 침투가격결정전략(penetration pricing strategy)이라고 한다. 이는 단기적인 수익을 희생하더라도 시장을 빠르게 확보하려고 한다. 이의 이점은 다음과 같다.

첫째, 초기에 제품의 수용과 확산을 가능하게 한다. 초기에 많은 구매자들을 확보하여 그들의 구전커뮤니케이션 행동을 통하여 주변 사람들로 빠른 수용과 확산으로 유도할 수 있다.

둘째, 자사기술을 산업표준으로 만들 수 있다. 빠르게 확산하여 시장점유율을 높여놓으면 새로운 기술을 가진 제품이 침투해 들어오더라도 이미 소비자들은 Lock-in이 되어 있어 쉽게 새로운 제품으로 제품변화가 어려워진다. VTR시장에서 마쓰시다의 VHS방식이 미리 시장을 선점하고 있어서 기술적인 우위에 있다고 평가되었던 소니의 베타방식이 초기 고가격전략을 사용하여 진출하였을 때 성공하지 못했다. 소니는 침투전략을 사용하였어야했을 것이라고 뒤에 평가되고 있다.

셋째, 시장에서 진입장벽을 구축하게 한다. 침투전략을 사용하는 기업들은 일반적으로 자본력을 가지고 낮은 가격으로 시장에 들어가 시장을 구축하기 때문에 이미 진입장벽이 형성되어 있어 다음에 들어오는 기업이 또다시 제품가격을 낮추어 접근하지 않는 한 시장침투가 어렵게 된다.

넷째, 침투전략은 낮은 가격으로 인하여 대량생산과 대량판매를 가능하게 하고 이는 경쟁자보다 낮은 가격으로 경쟁하게 함으로써 글로벌 시장에서 원가우위의 이점을 누리게 한다.

이러한 침투전략을 사용하여 초기에 저가전략으로 시장에 들어가 시장을 점유할 경우에 시간이 경과하여 가격을 올리고자 할 때, 이미 소비자들의 준거가격이 낮아져 있어 소비자들의 저항에 직면하게 될 수 있다는 단점이 있다. 또한, 소비자들이 가격이 낮은 제품은 품질도 낮다는 인식이 강하게 형성되어 있는 시장에서는 저가전략이 성공할 수 없다.

업종별로 저가전략을 사용하고 있는 사례들이 증가하고 있다. 휴대전화 업종에서 노키아가 아시아, 중동, 아프리카 신흥시장에서 저가 휴대전화를 집중 판매하면서 세계 1위를 고수하여왔다. 삼성전자와 LG전자도 프리미엄 및 저가 휴대전화 판매를 병행하고 있다. 자동차 업종에서 인도 타타자동차가 대당 2,500달러(약 237만원)로 세계 최저가 승용차인 '나노'를 선보인 바 있고, 현대자동차도 개발도상국 수요를 겨냥한 저가 차를 생산할 계획을 가지고 있다. 항공업종에서 세계 항공시장의 30%가량이 저가 항공사가 차지하고 있고, 국내에서도 제주항공, 한성항공 외에 대한항공의 별도 법인인 에어코리아 등 10여 개 저가 항공사가 취항 준비 중이다. 유통업종에서 월마트, 이마트 등 대형할인점들이 자체 브랜드(PL)전략을 강화하면서 저가전략을 고수하고 있다(동아일보, 2008년 1월 29일자 참조).

2.2 고가전략

높은 R&D비용을 들여 오랜 기간 동안 신제품을 만들어 시장에 출

그림 10-3 프리미엄을 유지하는 루이비통

LOUIS VUITTON

시하는 혁신성이 높은 첨단기술제품의 경우에는 초기에 높은 가격을 책정하는 전략을 사용하는데, 이는 본 장에서 강조한 스키밍가격전략이다. 이는 IT, BT, 화학 분야의 첨단기술기업들이 특허를 가지고 있는 경우에 많이 사용하는 전략이다. 첨단기술제품의 경우 초기에는 초기 수용층의 숫자가 많은 비율이 아니기 때문에 높은 가격을 책정하여도 구매가 일어나는 경우이다. 소비자행동에서 기대심리가 있어 기다리면 가격이 내려갈 것이라고 판단되는 제품들에서는 이러한 고가전략이 성공하기가 어렵다. 루이비통처럼 프리미엄 브랜드(premium brand)로 포지셔닝하여 가격을 내리지 않는 전략을 사용하는 경우도 있다.

제3절 Global Marketing

이전가격결정

대부분의 다국적기업들은 세계로 퍼져 있는 자회사들의 네트워크를 가지고 있다. 이전가격(transfer pricing)이란 글로벌 기업집단 내의 본사 또는 자회사 간의 내부거래되는 제품과 서비스에 적용되는 가격을 말한다. 글로벌 기업 전체 차원에서 이익을 극대화할 수 있다면 개별 자회사들에게 발생되는 약간의 손실은 감수하여야 하는 경우도 발생한다. 이러한 가격결정은 자회사의 경쟁력과 세금을 줄이려는 목적을 가지고 있다.

3.1 이전가격결정의 이유

Boone과 Kurtz(2005)는 [그림 10-4]를 가지고 분석하고 있다. A국 VCR 제조업자는 제품을 미국 소매업자에게 유통하기 위하여 미국에 있는 유통 자회사에게 판다. 제품당 단위당 비용이 50달러이지만, 제조업자는 유통자회사에게 150달러로 판다. 미국에 있는 유통 자회사는 VCR을 200달러로 소매업자들에게 판다. 이는 한국 제조업자에게 제품당 100달러의 이익을 가져다 준다. 한국에서만 세금이 부가된다. 반면, 미국 유통업자는 광고와 선적에 50달러를 지출하고 이익이 없게 되기

그림 10-4 세금회피 이전가격결정

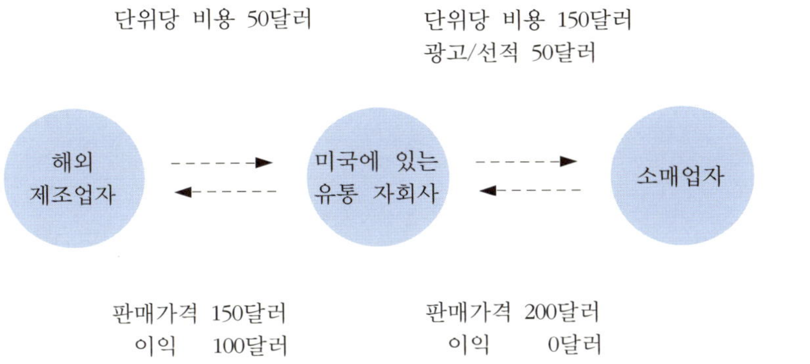

자료: Louis E. Boone and David L. Kurtz(2005), *Contemporary Marketing*, South-Western, p. 424.

때문에 세금도 부가되지 않는다.

〈표 10-1〉 예는 A국 세율이 25%이고, B국 세율이 50%인 경우, 글로벌 기업 전체 차원에서 보면 제조자회사와 판매자회사 간의 이전가격을 1,400원으로 하는 것보다 1,700원으로 고마진정책을 책정하는 것이 본사 차원에서 순이익이 475원보다 높은 550원이 된다는 것을 보여주고 있다(박재기, p. 312 참조).

3.2 이전가격결정의 영향요인

이전가격결정은 넓은 범위의 이해관계자들의 이해에 균형을 맞추어야 한다. 즉, 본사, 지역 국가의 경영자들, 현지정부, 국내정부, 합작투자파트너들의 이해를 고려해야 한다. 이전가격결정에 영향을 받는 요인들은 다음과 같다.

첫째, 세금 감소요인이 이전가격에 영향을 미친다. 글로벌 기업들은 여러 나라에서 활동하고 있기 때문에 세금이 적은 나라에서는 이익을 확대하고, 높은 세금을 부가하는 나라에서는 이익을 극소화하여 전체적으로 이익을 극대화하고자 한다.

둘째, 현지에서 제품의 시장점유율이나 시장성장성이 이전가격에 영향을 미친다. 시장점유율을 높이기 위하여 해외시장진출 초기에 현

표 10-1 국가별 세율 차이와 이전가격정책
(A국 세율은 25%, B국 세율은 50%인 경우)

	제조 자회사(A국)	판매 자회사(B국)	본 사
매 출	1,400	2,000	2,000
매출원가	1,000	1,400	1,000
매출이익	400	600	1,000
영업비용	100	100	200
세전이익	300	500	800
제세금	75	250	325
순이익	225	250	475
	제조 자회사(A국)	판매 자회사(B국)	본 사
매 출	1,700	2,000	2,000
매출원가	1,000	1,700	1,000
매출이익	700	300	1,000
영업비용	100	100	200
세전이익	600	200	800
제세금	150	100	225
순이익	450	100	550

자료: 박재기(2000), 『글로벌마케팅』, 선학사, p. 312.

지에 있는 자회사로 이전가격을 낮추면 가격경쟁력을 높일 수 있다. 현지에서 시장성장성이 높지 않거나 시장불안정성이 나타나는 경우에도 이전가격을 조정할 수 있다.

3.3 이전가격결정전략

이전가격결정전략에는 두 가지가 있다. 즉, 시장기반 가격결정과 비시장기반 가격결정이다.

1) 시장기반 이전가격결정(market-based transfer pricing)

이는 시장메커니즘을 이용하는데, 외부의 제3자와 거래 시 적용될 수 있는 가격과 동일한 이전가격결정(arm's length transfer pricing)을 말한다. 1990년 자료에 의하면 미국에 기반을 둔 다국적기업들의 로열티 및 라이선스 수수료의 경우, 다국적기업의 내부거래로 130억 달러가 거래된 반면, 외부거래는 40억 달러여서 내부거래가 훨씬 크다는 것을 보여주고 있다.

2) 비시장기반 이전가격결정(nonmarket-based transfer pricing)

이는 비용기반 가격결정(cost-based pricing)과 협상가격결정(negotiated pricing)이 있다. 비용기반 가격결정은 원가에 이익을 플러스 하여 가격을 설정하는 가격결정(cost-plus transfer pricing)을 말한다. 협상가격결정은 관련 계열사 간 협상에 의하여 가격을 설정하는 것을 말한다. 반덤핑규제가 심하여 위험을 의식하는 경우에는 시장기반 가격결정을 하고, 수입규제, 가격통제 등이 있는 경우에는 비시장기반 가격결정을 한다.

제4절 >> 반덤핑규제와 글로벌 가격전략

Global Marketing

글로벌 가격전략에서 덤핑의 문제가 중요하게 대두되고 있다. 덤핑은 외국산 제품이 불공정한 가격으로 수입될 때 발생하는 것으로 대부분의 국가들이 국내 생산자를 보호하기 위하여 덤핑판정을 받는 기업에게 반덤핑 관세를 물리거나 벌금을 부과한다. 덤핑의 조건은 수출기업의 대상국가 내에서 판매가격이 낮은 약탈적 덤핑(predatory dumping)이어야 하고, 수출기업의 수출품이 수입국가의 국내 산업에 현저한 피해를 입혔다는 것이 입증되어야 한다.

이러한 반덤핑에 의한 규제는 일부 국가에서 해외기업의 약탈적인 가격전략으로부터 국내 기업을 보호하기 위한 법적 장치를 만드는 것으로 활용된다. 반면에 일부 국가에서는 보호주의의 일환으로 국내 시장에서 해외기업들의 경제활동 자체를 제한하려는 목적으로 이용되기도 한다. 이러한 반덤핑 제소는 다음과 같은 이유에서 증가하고 있다.

첫째, 관세나 쿼터와 같은 전통적인 무역장벽의 활용이 점차 어려워짐에 따라 각 국가 정부들이 반덤핑과 같은 비관세 장벽을 적극적으로 활용하고 있다.

둘째, 제소기업과 피제소기업 간의 권리의 심각한 불균형이 원인이 되고 있다. 일반적으로 제소기업들은 잘못된 제소에 대하여 책임을 지지 않기 때문에 일단 제소하게 되고 자국이 관할이라는 이점을 가지고 있다.

셋째, 공정가격의 개념이 명확하지 않다. 미국의 경우 수출국가의 내수가격 이하로 수출하거나 또는 수출가격이 생산비용 이하일 경우에는 불공정가격으로 규정하고 있다.

반덤핑 행위에 위험 노출을 극소화시키기 위하여 수출기업들은 다음 마케팅전략을 택할 수 있다.

4.1 제품 업그레이드

제품 업그레이드(trading-up)를 통한 제품차별화로 낮은 가격에서 고가격으로 이동한다. 대부분의 일본 자동차기업들이 이러한 전략을 택하였고, 우리나라 현대자동차도 이러한 전략을 택하여왔다.

4.2 서비스 고도화

수출기업들은 핵심제품에 지원서비스를 첨가하여 서비스 고도화(service enhancement)를 통하여 그들의 제품을 차별화할 수 있다. 제품 업그레이드아 서비스 고도화는 가격경쟁에서 탈피하여 덤핑 제소를 피하고자 하는 전략이다.

4.3 유통과 커뮤니케이션 강화

현지 경쟁자들과 커뮤니케이션 체제를 구축하고, 그들과 전략적 제휴와 같은 협력체제를 만들고, 덤핑제소에 공격을 받을 수 있는 제품에서 덜 민감한 제품으로 기업의 마케팅 노력을 재배열함으로써 덤핑 제소 위험을 줄일 수 있다.

제5절 Global Marketing

>> 가격조정

글로벌 브랜드를 가지고 있는 글로벌 기업은 여러 나라 시장에서 활동하고 있기 때문에 어느 정도 가격을 조정할 것인가가 힘든 과제가 되고 있다. 시장에 따라 가격에 대한 반응도가 다르기 때문이다. 가격 민감도가 높은 시장에 낮은 가격을 부과하고 가격 민감도가 낮은 시장에는 높은 가격을 부과하고자 하지만, 시장이 완전히 분리되지 않으므로 가격차별화가 쉽지 않다. 지나치게 가격차별화를 하면 병행수입이 나타날 수 있기 때문에 가격조정이 필요하다.

5.1 가격조정을 위해 고려해야 할 요인들

Kotabe와 Helsen(2010)은 가격조정을 위해서 다음 요인들을 고려해야 한다고 주장한다.

1) **고객들의 성격**(nature of customers): 고객들 사이에 가격정보가 빠르게 전파되는 경우에는 가격 차이를 크게 내기는 어렵다. 예를 들어, 유럽시장에서 마이크로소프트는 저가격 구매를 원하는 고객들 때문에 시장 간 가격차이를 5% 넘지 않도록 하고 있다.
2) **제품차별화의 양**(amount of product differentiation): 가격조정은 국경을 넘어서 제품이 어떻게 차별화되는가에 달려 있다. 차별화 정도가 낮으면 낮을수록 가격조정에 대한 필요는 커진다.
3) **채널의 성격**(nature of channels): 유통채널들을 중간고객이라고 볼 수 있다. 가격정보가 투명할 때 가격조정이 중요하게 된다. 제조업자들이 유통업자들을 거의 통제하지 않을 때 가격결정은 유통업자들에게 위임하게 된다.
4) **경쟁의 성격**(nature of competition): 여러 시장에서 동일한 경쟁자를 만나면 일관성 있는 가격결정이 필요하여 본사중심의 중앙집중적인 가격결정이 유효하다. 현지에서 경쟁자가 가격을 자

주 변경하는 경우 신속하게 대응하기 위해 자회사에게 분권적 가격결정이 효율적이다.

5) **시장통합**(market integration): 유럽시장처럼 시장이 통합되면 가격차별화가 어렵게 된다.
6) **내부조직**(internal organization): 분권화 정도가 높아 가격결정 권한이 자회사에게 주어지게 되면 가격조정이 어렵게 된다.
7) **정부규제**(government regulation): 다국적 제약회사는 현지에서 신약의 가격결정을 그 나라 정부와 협상해야 하는 등 정부규제가 영향을 미친다.

5.2 가격복도

Hermann과 Kucher(1992)는 범유럽시장에서 시장 간 가격조정을 체계적으로 수행하는 세 단계 절차를 제시한 바 있다. 우선 [그림 10-5]와 같이 회피해야 하는 시나리오와 추천할 수 있는 시나리오를 설정하였다. 회피시나리오에서는 모든 시장가격이 최소 가격에 근접하는 쪽으로 하락하는 것이다. 이는 기업 수익의 대폭 감소를 의미한다. 추천

그림 10-5 범유럽시장 가격조정

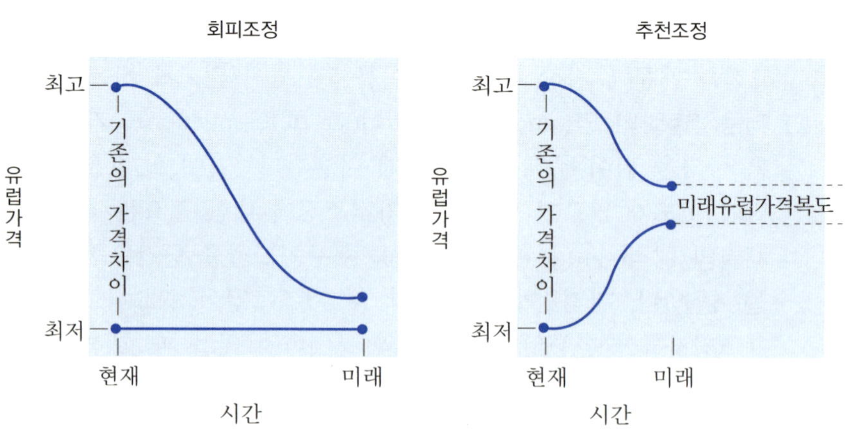

자료: Hermann Simon and Eckhard Kucher(1992), "The European Pricing Time Bomb-and How to Cope with It," *Marketing and Research Today* (March), pp. 3-14.

시나리오에서는 일정한 가격차이를 유지하면서 최소가격 시장에서는 가격을 올리고, 최고가격 시장에서는 가격을 내리면서 중간가격대를 찾아가는데, 이러한 중간가격대를 가격복도(pricing corridor)라고 하였다.

이와 같이 가격조정의 세 단계 절차는 다음과 같다.

단계 1: 각 국가에 대한 최적 가격을 결정하라.

단계 2: 병행 수입업자들이 이들 가격에서 발생할 것 같은지를 알아내라.

단계 3: 가격복도를 설정하라.

사례연구 월마트

사례연구에서 월마트는 단연 인기이다. 월마트는 '글로벌 500' 순위에서 제1위의 기업이며, 세계경제위기에서 계속 성장하면서 한때 GM이 가졌던 경이로움이 월마트로 옮겨진 모습이다. 50여년 전 미국 남부 아칸소주에서 소매점으로 출발했던 월마트는 공격적인 저가정책으로 성장하여, 세계 1위의 유통기업이 되었다. 이 기업은 상시저가를 의미하는 EDLP(Every Day Low Price) 정책을 전략적으로 사용하여 성공하여, 가격전략에서 꼭 언급되는 기업이다.

1. 창업 초기

1962년 샘 월튼(Sam Walton)이 시골지역에도 할인점이 성공할 수 있을 것이라는 믿음으로 아칸소(Arkansas)주 시골지역인 로저스(Rogers)에 월마트 디스카운트 시티(Wal-Mart Discount City)라는 이름으로 할인점을 개점하면서 시작되었다. 그리고 이는 적중하였다. 이 Everyday Low Price 정책은 바겐세일과는 다르게 보았다. 바겐세일은 일시적이어서 초기에 비싸게 구입한 고객을 기만하는 것일 수 있기 때문에 일관성 있게 저가정책을 밀고감으로써 가격에 대한 소비자들의 신뢰를 확보해야 한다고 보았다.

이를 실현하기 위해서는 Everyday Low Cost를 실현하여야 했다. 원가를 줄여, 그 효과를 제품가격에 반영하는 방향을 잡았다. 이를 위해서는 공급자와의 교섭력을 강하게 가지면서 대량구매를 수행하여야 했고, 첨단 유통기술을 도입하는 방향으로 발전하였다. 도시외곽에서 물류센터를 세우고 인근에 매장을 개점하여 물류비용을 절감시켰다. 이를 실현하기 위해 상품의 고회전을 실현할 수 있어야 하는데, 이를 위해 인공위성을 이용한 고도의 정보화를 실현시켜갔다. 그리고 공급망 관리(supply chain management)를 통해 공급자들에게 구매파워를 높여 소비자들에게 낮은 가격을 실현시키고자 했다.

2. 월마트의 경쟁력

월마트의 성공비결로 원가절감을 통한 저가판매전략으로 꼽는다. 소비자들에게 좋은 품질의 제품을 낮은 가격으로 제공할 수 있는 능력이다. 신속한 의사결정, 효율적인 물류관리와 재고관리, 지역 내 대학 및 소매센터 지원 등이 꼽힌다.

그러나 이러한 것들이 가능한 것은 정보기술을 활용하면서 정시 소매정보관리(on-time retail information management)가 가능했기 때문이다.

기업 간 일상적 거래과정에서 교환되는 거래서류를 양측의 컴퓨터와 통신망을 통해 컴퓨터가 이해할 수 있는 표준화된 형식과 코드체계를 이용하여 직접 전송하고 처리하게 하는 전자식 정보교환방식인 EDI(Electronic Data Interchange)의 이용이 일반화되어 있다.

월마트는 생활용품 제조업체인 P&G의 최대 고객이 되어 주문배달과정을 전자식 정보교환시스템(EDI)으로 통합시켰다. 그 주문과정에서 두 기업의 주문, 배달, 회계 부서를 하나의 컴퓨터로 연결시켜 주문 즉시 조달이 가능하도록 만들었다.

유통업체에서 거래되는 제품에는 바코드(bar code)는 제품정보가 특정 형태의 조합으로 기호화되어 있어서 스캐너(scanner)가 이 정보를 정확 · 신속하게 읽을 수 있다. 이 바코드는 판매시점에 자료를 수집 · 처리하여 경영활동에 이용하는 POS(Point of Sale) 시스템을 가능하게 해 주었다. 우리가 백화점이나 슈퍼마켓에서 제품을 구입할 때, 판매원은 스캐너로 제품에 부착되어 있는 바코드를 읽고 통신기능을 갖춘 금전등록기의 키보드에 입력시키면, 이는 제품명, 가격, 수량 등 거래 관련 정보가 입력되어 있는 대용량 PC나 미니컴퓨터로 전송되어 자동으로 정보를 주고, 판매 후 판매파일, 재고파일, 구매파일 등을 자동으로 갱신하고 기록하여 놓는다. 월마트는 바코드 대신에 RFID(Radio Frequency Identification) 사용을 확산시켜 정보화를 가속시켰다. RFID는 태그, 라벨, 카드 등에 저장된 데이터를 무선주파수를 이용하여 비접촉으로 인식하는 시스템이다.

소비자 ID카드를 발급하고 관리하여 어떤 속성을 가진 소비자가 언제, 어떠한 제품을 구입하는가에 대해 분석할 수 있게 되었다. KAL이나 아시아나, 노스웨스트 등 항공사를 이용한 고객들은 대부분이 그 기업에 자신들의 신상에 관한 정보를 제공하고 ID 카드발급을 받음으로써 기업과 긴밀하게 관계를 맺으면서 기업과 고객의 제휴가 일반화되어 있다. 이는 마일리지 시스템으로 나타나고 있다. 유통기업은 이와 같이 정보기술을 이용하여 고객관계관리와 데이터마이닝을 통하여 고객관계를 효율화하면서 발전하고 있다.

3. 과 제

이러한 세계적으로 강력한 유통업체인 월마트는 우리나라 유통기업들과의 경쟁에서 이기지 못하고 이마트에 흡수당하고 결국 철수한 바 있다. 소비자관계에서 현지 시장에서 우리나라 유통기업들은 우리나라 소비자행동에 파고들어가 맞는 접근을 통해 고객가치를 창출하였기 때문이다. 실제적으로 월마트는 NAFTA지역에서는 매우 성공적이지만, 다른 지역에서는 그만큼 성공적이지 않다. 판매액의 10% 정도만 다른 지역에서 올리고 있다. 까르푸가 유럽 이외의 지역에서 20% 이상의 매출을 올리고 있는 것과 비교하면 부진하다. 월마트가 NAFTA지역에서 성공한 것은 이 지역의 낮은 관세, 낮은 임금, 저비용의 로지스틱스를 잘 살리고 있기 때문이다. 그러나 다른 지역에서 월마트의 성과는 그리 높지 못한데 이는 현지화전략을 적극적으로 추진하지 못한 것으로 평가되고 있다. 그러나 점차적으로 유럽이나 일본 등으로 진출을 시도하고 있다. 우리나라 소비자들의 행동과 문화에 파고들지 못하여 철수한 교훈을 살려야 할 것이다.

Global Marketing

요 약

1. 글로벌 기업의 경영자들이 의사결정을 하는데 가격결정이 가장 큰 문제로 인식되고 있다. 글로벌 가격결정에 영향을 미치는 요인들은 기업 목표, 원가, 수요, 경쟁, 유통경로, 정부정책들이다. 기업의 전략적 목표가 어디에 있는가에 따라서, 기업에서 발생하는 원가수준에 따라서, 시장에서 수요 변화에 따라서, 산업의 경쟁강도 수준에 따라서, 유통구조와 경로의 길이에 따라서, 그리고 현지 정부의 정책과 규정이 어떠한 가격결정을 따라야 하는가에 영향을 미친다.

2. 글로벌 가격결정은 크게 저가전략과 고가전략으로 나누어 다르게 전개된다. 일반적으로 기업들이 저가전략을 선택하고자 하는 것은 가격을 낮추면 시장점유율이 증가하는 일반적인 현상 때문이다. 국내마케팅에 종사하던 기업들이 해외시장 개척 단계로 넘어가게 되면 여러 가지 증가된 비용들이 수반되게 되며, 국내 소매가격보다 해외소매가격이 높아지는 것을 가격상승(price escalation)이라고 한다. 기업은 해외시장에 침투하려고 하는 목표를 수행하기 위해서 침투가격결정전략(penetration pricing strategy)을 사용하고, 첨단기술기업들이 연구개발에 비용을 많이 들여 첨단기술제품을 개발한 경우 초기에 높은 가격을 책정하는 스키밍가격전략(skimming pricing strategy)을 사용하려고 한다.

3. 자회사들을 가지고 있는 다국적기업들은 세금회피 수단으로 이전가격결정(transfer pricing)을 수행하기도 한다. 이전가격결정은 시장메커니즘을 이용하는 시장기반 이전가격결정과 비용과 협상을 이용하는 비시장기반 이전가격결정이 있다.

4. 덤핑은 외국산 제품이 불공정한 가격으로 수입될 때 발생하는 것으로 대부분의 국가들이 국내 생산자를 보호하기 위하여 덤핑판정을 받는 기업에게 반덤핑 관세를 물리거나 벌금을 부과한다. 기업은 반덤핑 행위에 위험 노출을 극소화하기 위해 수출기업들은 제품 업그레이드, 서비스 고도화, 유통과 커뮤니케이션 강화 등의 방법을 사용한다.

5. 글로벌 기업들은 여러 나라 시장에서 활동하고 있기 때문에 어느 정도 가격을 조정할 것인가를 결정하는 가격조정 문제가 중요하다. Hermann과 Kucher(1992)는 회피해야 하는 시나리오와 추천할 수 있는 시나리오를 제시한 바 있다.

6. 본 장의 사례연구에서는 세계 1위의 기업인 월마트의 경쟁력에 대해서 살펴보았다.

Global Marketing

토의과제

1. 글로벌가격을 결정하는 데 영향을 미치는 요인을 제시하고, 가격결정이 어떠한 단계로 이루어지는지에 대해서 토의하라.

2. 스키밍가격결정과 침투가격결정이 어떠한 경우에 유리한가를 설명하고 VHS시장 경쟁에서 마쓰시다와 소니와의 VHS시장 경쟁에서 기술적으로 우위에 있었던 소니의 베타방식이 성공하지 못한 이유를 이 두 가격결정방식을 가지고 설명하여 보라.

3. [그림 10-4]를 가지고 이전가격결정에 대하여 설명하라. [표 10-1]에 나타난 국가 간 세율이 다를 때 저마진전략을 사용하는 것보다 고마진전략을 사용하는 것이 본사 차원에서 보면 순이익이 크게 나는 이유에 대해서 설명하라.

4. 반덤핑규제에 직면하였을 때 어떠한 방법으로 극복할 수 있는가를 토의하라.

5. 유럽시장에서 마케팅을 하고 있다고 가정하고, 가격조정에 영향을 미치는 요인들을 분석하고, Simon과 Kucher(1992)가 분석한 회피시나리오를 피하고, 추천시나리오로 가기 위해서 세 단계를 설명하여 보라.

6. 월마트의 value pricing이 이루어질 수 있는 내부와 외부의 시스템에 대해서 설명하여 보라.

Global Marketing

참고문헌

동아일보, 2008년 1월 29일자.

박재기(2000), 『글로벌 마케팅』, 선학사.

윌리엄 파운드스톤 지음, 최정규, 하승아 옮김(2011), 『가격은 없다』, 동녘 사이언스.

Alder, Ralph A. "Transfer Pricing for World-Class Manufacturing," *Long Range Planning* 29, No.1; pp. 69-75.

Dolan R. and H. Simon(1996), *Power Pricing*, The Free Press.

Kotabe, Masaaki and Kristiaan Helsen(2008), *Global Marketing Management*, 4th ed., John Wiley & Sons.

Nagle Thomas T. and Reed K. Holden(1995), *The Strategy and Tactics of Pricing*, 2nd edition, Prentice Hall.

Narayandas, Das, John Quelch, and Gordon Swartz(2000), "Prepare Your Company for Global Pricing," *Sloan Management Review*(Fall), pp. 61-70.

Simon Hermann and Eckhard Kucher(1992), "The European Pricing Time Bomb-and How to Cope with It," *Marketing and Research Today* (March), pp. 3-14.

제11장

글로벌 커뮤니케이션 전략

기업들은 자사의 브랜드를 알리거나 브랜드 자산을 높이기 위해 지속적으로 커뮤니케이션 전략을 펼친다. 이때 표준화하지 않고 현지화전략을 택하고자 하면 문화적 환경을 고려해야 한다. 본 장에서는 문화차이와 커뮤니케이션 관계에 대한 이해에서 시작하여 광고관리, 인적판매, 판매촉진을 소개한다. 마지막으로 스포츠 마케팅을 강조하고자 한다.

●● 도입 사례 : 삼성

제1절 문화차이와 글로벌 광고

제2절 글로벌 광고관리

제3절 글로벌 인적판매

제4절 글로벌 판매촉진

제5절 스포츠 마케팅

●● 사례연구 : 아모레퍼시픽

●● 요 약

●● 토의과제

도입 사례

삼성

삼성은 2000년 시드니 올림픽에서 공격적인 스포츠 마케팅을 전개한 바 있는데, 올림픽 이후 브랜드 인지도 조사에서 코카콜라 다음으로 삼성전자가 나타난 바 있다. 2004년 아테네 올림픽, 2008년 베이징 올림픽에도 적극적으로 참여하여 왔다. 삼성전자는 2005년부터 2010년까지 영국 프리미어리그 축구 명문구단 첼시(Chelsea)의 공식 스폰서를 맡아 후원계약으로 900억 원가량을 지급하고 칠시 유니폼, 경기장 광고, 선수단 이미지 사용권을 획득하여 그 기간 동안 3억 달러 이상의 광고효과를 내려고 하고 있다.

이러한 스포츠후원 마케팅은 LG전자와 현대자동차그룹에서도 잘 볼 수 있다. LG전자는 영국의 리버풀FC 구단, 프랑스 명문구단인 올림피크 리옹과 스폰서 계약을 맺어왔다. 현대자동차그룹은 월드컵에 초점을 맞추어 FIFA 자동차부문 파트너자격을 획득하고 있고, 기아자동차는 호주오픈테니스와 데이비스컵 등 테니스대회에 스폰서를 하고 있다.

그림 11-1 첼시와 삼성

첼시 선수들이 어깨동무를 하고 영국 축구 프리미어리그 2004~2005 시즌 우승을 축하하고 있다. 삼성전자는 2008년 8월부터 첼시 유니폼에 새겨진 '삼성 모바일(Samsung mobile)'을 '삼성(Samsung)'으로 전환할 예정이다.

자료: 조선일보, 2007년 12월 3일.

제1절 >> 문화차이와 글로벌 광고

이 책 제3장에서 문화적 환경에 대한 이해를 살펴보았다. 문화차이는 광고에서 차이를 가져올 수 있다. 개인주의 문화인 미국의 잡지광고는 개인적인 이점이나 선호, 개인적인 성공, 독립성을 강조하고 있으나, 한국의 경우에는 집단 내부의 이점, 조화, 가족통합을 강조하고 있다고 분석한 바 있다(Han and Shavitt 1994). 한국 소비자들은 상호의존적인 자아가 강하고, 미국 소비자들은 독립적인 자아가 강하여 한국 소비자들이 미국 소비자들보다 집단정체감이 행동의도에 강하게 작용하고 있다(이규현 · 리차드 바고찌, 2009).

1.1 문화차이와 참여관찰

문화가 다른 여러 나라에 자회사를 두고 생산과 마케팅활동을 수행하게 되는 단계에서는 문화 차이를 고려한 커뮤니케이션 전략을 펼치지 않으면 안 된다. 문화는 그 나라에서 살고 있는 소비자들이 오랜 기간 동안 형성되어 있는 삶의 배경이 되어 언어, 교육, 종교, 습관, 사회조직 등이 복합되어 소비자행동에 영향을 미치고 있기 때문이다.

제1장에서 논한 시장의 글로벌화(globalization of market)가 진행되면 전 세계적으로 문화의 보편적인 현상이 소비현상에서 나타나지만, "가장 민족적인 것이 세계로 통한다"는 믿음에 기반을 두어 각 나라는 자국 문화의 독특성을 부각시켜 세계적으로 차별화시킬 수 있는 문화와 관련된 상품을 개발하여 확산시키려는 경향도 나타난다. 이러한 현상은 한류문화에 대한 관심이 증가하면서 한국에 관련된 상품에 문화콘텐츠를 심어 세계로 확산시켜가려는 움직임에서도 나타난다.

기업의 해외시장진출은 서로 다른 문화 사이에서 상호작용을 촉진시키고, 다문화 접촉이 활발해지면서 본사가 있는 모국의 문화와 진출국의 문화가 서로 어우러지게 된다. 다문화 사이의 상호작용을 통하여 자민족중심주의(ethnocentrism)에서 벗어나게 되고, 이는 커뮤니케이션 전략에서 변화를 가져온다.

인간은 자기준거기준(self reference criteria)을 가지고 있어 모국에서 형성된 문화적 가치관, 경험, 지식을 가지고 진출국의 상황을 평가하는 경향이 있는데, 이는 커뮤니케이션 전략 개발에서 어려움을 유발한다. 현지화전략으로 철저히 넘어가면 갈수록 참여관찰을 통하여 진출국의 문화 속에서 시장을 이해하고 접근하는 노력이 필요하다.

이 책 제4장 도입 사례에서 살펴본 LG전자의 접근은 문화를 고려한 접근이었다. 즉, '홈스테이 분석'을 통하여 세계 30개 국가 가정의 샘플을 추출하여 일정기간 고객과 생활을 같이 하면서 라이프스타일을 지켜보고 소비자의 잠재욕구를 추출하여 그 나라 소비자의 관점에서 이해와 통찰을 길러 그 나라 문화에 다가가는 제품개발과 확산전략을 개발하는 것은 매우 타당한 전략으로 보인다.

1.2 문화차이와 커뮤니케이션

이 책 제2장에서 문화차이에 대한 이론들을 살펴본 바 있다. 홀(Edward T. Hall)은 고배경문화와 저배경문화라는 이분법으로 문화를 분석하였다. 한국, 중국, 일본과 같은 유교주의에 영향을 받아 상호의존적인 자아가 형성된 국가에서는 고배경문화적인 특성이 나타나고, 미국, 유럽과 같은 독립적인 자아가 강한 국가에서는 저배경문화적인 특성이 나타난다. 이는 커뮤니케이션에서도 다른 접근을 필요로 한다.

그림 11-2 배경과 커뮤니케이션

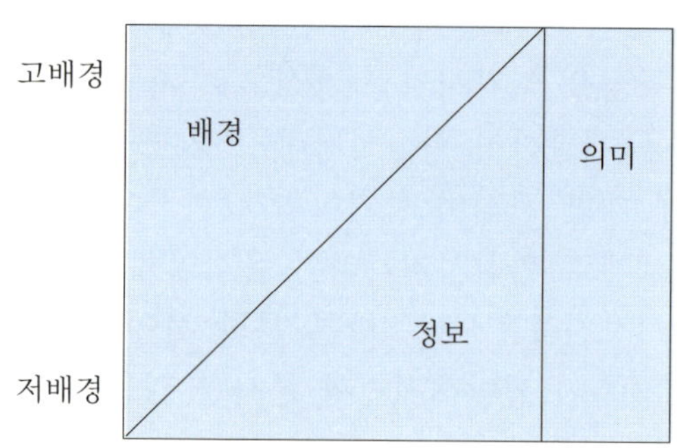

자료: Edward T. Hall, *Beyond Culture*, Anchor Press/Doubleday, New York, 1976.

[그림 11-2]에서 보는 바와 같이 고배경 사회에서의 정보량은 적고, 역으로 저배경 사회에서의 정보량은 증대된다. 저배경 사회에서 메시지의 전달은 배경이 덜 중요시 여기기 때문에 메시지 전달자와 수신자 사이의 관계를 중요시 여기는 광고보다는 오감을 통하여 정보를 전달하는 광고가 많다. 고배경 커뮤니케이션에서 성공하기 위해서는 수신자들이 배경을 이해할 때 많은 시간과 노력을 필요로 하기 때문에 서로 같은 배경을 공유하고 있어야 효율적이다.

1.3 표준화와 현지화

우리는 이 책 제1장에서 다국적기업과 글로벌 기업을 구별한 바 있다. 전자는 들어가는 국가들을 지역으로 묶어 지역 마케팅을 펼치는 반면, 후자는 전 세계를 하나로 보고 동일한 마케팅을 펼치려고 한다. 전자는 지역을 중심으로 한 현지화를 중요시여기는 반면, 후자는 표준화를 중요시여긴다고 볼 수 있다.

글로벌 광고에서 최대의 쟁점은 전 세계에 표준화된 광고를 할 것인가, 현지의 사정에 맞는 광고를 할 것인가에 대한 결정이다. 표준화된 광고를 하면 비용을 절감할 수 있고, 글로벌 이미지를 창출하여 전 세계적으로 접근하여 광고에 대한 통제와 조정이 가능하다는 장점이 있다. 신제품의 개발속도가 빠른 경우 전 세계적으로 신제품을 동시에 소개하여 확산의 효과를 크게 할 수 있다.

문화적인 차이가 강하여 문화 간 저항이 강하게 나타나는 경우가

그림 11-3 모국과 해외시장 사이의 광고와 구매자집단의 관계

		모국과 해외시장에서의 광고의 유사성	
		동등(유사성)	다름(비유사성)
모국과 해외시장에서의 구매자집단의 유사성	동등(유사성)	A	B
	다름(비유사성)	C	D

많으며, 이 경우에는 현지화 전략이 효과를 발휘한다. 일반적으로 글로벌 시장에서는 소비자들의 경제적, 문화적 환경에서 많은 차이가 나타나고 소비자들이 신제품을 수용하는 과정에서 많은 차이가 나타나기 때문에 현지화를 통해 파고들어가려고 한다.

모국과 해외시장에서 구매자들이 유사한가와 아닌가, 광고를 유사하게 할 것인가와 아닌가를 고려하게 되면 광고메시지 전달방식은 네 가지 셀이 나타난다.

(1) A의 경우 – 표준화전략

모국시장과 해외시장에서의 광고가 같거나 극히 유사하고 또 2개 시장의 구매자도 유사한 경우이다. 예를 들면, 미국 글로벌 기업에서 미국시장과 캐나다, 영국시장의 관계 등이 이러한 사례라 생각된다.

(2) B의 경우

모국시장과 해외시장에서의 광고가 다르지만, 구매자집단들이 유사한 경우이다. 미국의 글로벌 기업들은 미국시장과 캐나다, 유럽시장과의 관계가 이 경우일 것이다.

(3) C의 경우

모국시장과 해외시장에서의 광고가 같지만 구매자집단이 다른 경우이다. 예를 들면, 미국의 글로벌 기업에는 미국시장과 카리브해의 영어권 국가와의 관계 등이 이 경우에 해당된다.

(4) D의 경우 – 완전 현지화전략

모국시장과 해외시장에서의 광고도 다르고, 구매자집단도 다르다고 하는 경우이다. 예를 들면, 미국의 글로벌 기업에서는 미국시장과 아시아, 중동, 아프리카, 동구유럽시장의 관계가 이 경우에 해당된다.

위의 네 가지 경우에서 A는 전체 해외시장에 단일한 광고를 전개하는 경우로서 광고의 표준화전략에 해당하고, D의 경우는 각 해외시장마다 다른 구매자집단에 대해 다른 광고활동을 전개하는 것으로서 완전한 현지화전략을 택하는 경우이다. B는 국가마다 구매자집단이 유사하지만 메시지 전달방식이 다르게 전개되는 경우이고, C는 다른 구매자집단에 유사한 메시지 전달방식을 택하는 경우이다.

제2절 글로벌 광고관리

Global Marketing

2.1 글로벌 광고계획과정

글로벌 광고계획은 [그림 11-4]와 같이 표적시청자를 선정하고, 광고목표를 결정하고, 예산을 설정하고, 매체, 메시지, 어프로치를 결정하고, 마지막으로 효과를 측정하는 단계를 거친다.

1) 표적시청자 선정

광고는 표적시청자들의 범위가 어디까지인가에 따라 광고내용이 달라진다. 가치사슬상에서 공급자, 중간상, 소비자, 지역사회, 그리고 종업원과 주주 등 기업의 이해관계자 집단들은 다양하게 시청에 노출될 수 있다. 글로벌 광고는 여러 국가에 수행되기 때문에 표적시청자들의 유사성을 측정하는 과정에서 인구통계적 변수에서 유사성이 발견된다면, 범지역적인 광고를 실행할 수 있게 된다. 이 경우 시장세분화변수 중에서 인구통계적 변수뿐만 아니라 사회경제적 변수들과 행동기반 세

그림 11-4 글로벌 광고계획 과정

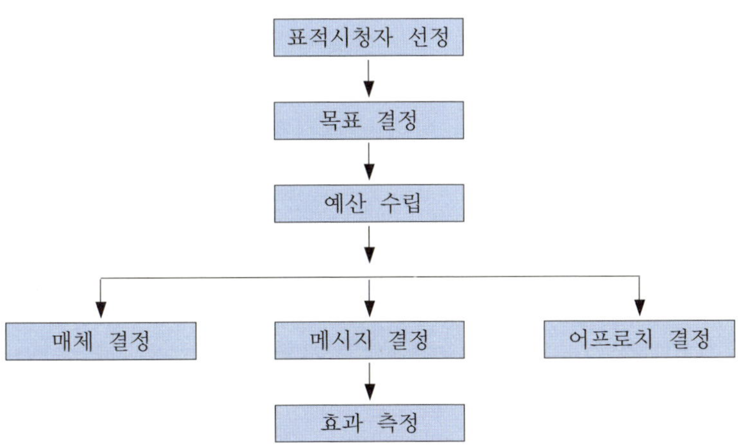

분화를 활용하여 접근할 수 있다.

2) 광고목표 결정

명확하게 정의되고 측정가능한 광고목표를 정하는 것은 글로벌 광고의 성공에 결정적으로 중요하다. 글로벌 광고의 목표는 글로벌 목표와 지역 목표로 나눌 수 있다. 글로벌 기업들이 자신이 종사하는 업종에서 세계 시장점유율을 어느 정도로 할 것인가에 대한 구체적인 목표를 정하고 글로벌 광고를 수행하는 경우도 있고, 현지국 수준에서 구체적인 목표를 정하여 지역광고를 수행하는 경우도 있다.

3) 광고예산 설정

글로벌 광고의 예산은 광고목표, 매체, 메시지 등을 연계하여 설정되어야 한다. 예산은 달성하고자 하는 목표에 대한 대응치로서 설정된다. 광고예산을 책정하는 방법은 크게 다음 네가지로 나눈다.

(1) **판매비율법**(percentage of sales): 판매액의 몇 퍼센트를 광고예산에 할당하는 방법이다. 광고의 목적이 판매액을 높이는 데 영향을 미치는 것인데, 이 방법은 판매액이 광고액을 결정한다는 점에서 어려움이 있다. 초기 시장진입을 시도하는 경우에는 광고를 통하여 매출액을 증가시켜야 하는 시기이기 때문에 이 방법은 좋은 방법이 아닐 수 있다.

(2) **경쟁기업기준법**(competitive-parity): 이 방법은 기준으로서 경쟁자들이 광고예산을 얼마나 사용하는가 하는 것이다. 경쟁자들의 예산과 동등하게 예산을 짤 수 있다. 그러나 경쟁관계에 따라, 신제품의 진출시기에 따라 경쟁자와 다르게 예산을 짜야 하는 상황이 발생한다.

(3) **목표과업법**(objective-and-task): 이 방법은 광고에 대한 목표를 설정하고 이 목표를 달성하기 위한 과업을 결정하고 수행하는 데 필요한 예산으로 정하는 방법으로서, 소비재 마케팅관리자들을 대상으로 실시한 조사에 따르면 이 방법을 채택하는 수가 가장 많이 나타나고 있다.

(4) **자원할당법**(resource allocation): 예산설정과정은 다른 나라 사

이에서 자원을 할당하는 것과 관련된다. 자회사들이 얼마만큼의 예산을 필요로 하는가를 결정하여 본사에 요청하는 접근이 있고, 본사가 예산을 결정하여 자회사들에게 할당하는 방법이 있다.

1992년 할리우드의 Creative Artists Agency(CAA)는 세계에서 가장 큰 광고대행사 중의 하나인 McCann-Erickson Worldwide회사에서 Coca-Cola 광고제작을 따내었고, 코카콜라사로부터 3억 달러 계정을 배정받게 된다. CAA는 코카콜라 경영진들에게 50개의 획기적이고 색다른 아이디어를 제시했고 이 중 하나가 그 유명한 컴퓨터 그래픽으로 만들어진 북극곰들이 출연하는 코카콜라 광고이다. 이 광고는 극도의 경쟁시장에서 코카콜라와 같은 기업이 브랜드 리더십을 유지하기 위해 획기적으로 창조적인 광고를 필요로 하게 되고, 이는 창조적인 기관들에게 광고예산이 넘어가고 있음을 보여주고 있다. 광고기관에 지불하는 대행수수료 방식이 fee 기반으로 대체되어가는 것을 보여주었다.

4) 광고매체 결정

글로벌 잡지매체들을 보면 타임(*Time*)지는 133가지 판을 제공하면서 광고주가 다르게 분포되어 있는 소비자들을 대상으로 광고할 수 있게 하고 있다. 이외에 뉴스위크(*Newsweek*), 이코노미스트(*The Economist*), 내셔널 지오그래픽(*National Geographic*)과 같은 잡지들이 다양하게 있다. 글로벌 방송매체로는 CNN, BBC, MTV, 디스커버리(Discovery), 스타 TV 등이 있다.

5) 광고메시지 결정

소비자행동을 잘 고려하면서 광고메시지를 결정하여야 한다. 성공적인 메시지는 경쟁사와의 관계에서 차별화된 이미지를 심을 수 있는 메시지이다.

광고가 소비자들의 관심을 끌고, 그들의 마음속에 강한 인상을 심어주기 위해서는 big idea가 필요하다. 소수의 광고 캠페인이 이러한 것을 달성한다. 브랜드자산 1위인 코카콜라의 “Always Coca-Cola”는 오랫동안 지속하면서 성공적인 캠페인을 만들어주었다.

Apple Macintosh 컴퓨터를 출시하면서 1984년에 내보냈던 광고는 거대한 성공을 거두었고 지금은 광고산업에서 전설이 되어 있다. 이 회사는 조지 오웰의 소설 『1984』에 나타난 Big Brother로서 IBM에 도전하여 해방시켜주는 것을 묘사하는 창조적인 광고를 구성하여 도전정신을 보여주었다.

6) 광고캠페인 어프로치 결정

글로벌 기업들은 광고를 수행할 수 있는 인력을 가지고 있지만, 글로벌 광고의 중요성을 인식하고 광고대행사와 같은 외부 전문기관에다 아웃소싱으로 해결하는 경우가 많다. 우리나라 제일기획과 같은 광고회사는 활발하게 활동하고 있다. Czinkota와 Ronkainen(2006)의 분석에 따르면 세계 30대 글로벌 광고회사들에서 제일기획보다 더 큰 규모는 다음과 같이 제시하고 있다. WPP Group, Omnicom Group, Interpublic Group of Cos., Dentsu, Young&Rubicam, Cordiant, Grey Advertising, Havas Advertising, Hakuhodo, True North Comunications, Leo Burnett Co. MacManus Group, Publicis Communication, Bozell, Jacobs, Kenyon & Eckhardt, GGT/BDDP Group, Daiko Advertising, Asatsu Inc. Carlson Marketing Group, Kokyu Agency, TMP Worldwide, Dai-ichi Kikaku, Dentsu, Young & Rubicam Partnerships 들이다. 제일기획만 서울에 위치하고, 나머지는 런던, 뉴욕, 시카고, 미니아나폴리스, 도쿄, 오사카, 파리 등에 위치해 있다.

기업 주변에 있는 여러 광고대행사들 중에서 자사에 적절한 광고대행사를 선정할 때는 다음과 같은 기준들이 사용될 수 있다.

- 시장 카버리지
- 중심적인 국제 캠페인을 개발하는 데 전문성
- 창조적인 명성
- 지원 서비스들의 범위와 질
- 글로벌과 현지화에 대한 바람직한 이미지
- 광고대행사의 크기

7) 광고효과 측정

광고계획을 잘 짜고, 잘 실행하면 광고효과가 나타난다. 광고효과를 측정하는 변수로서는 소비자 인지도나 회상도, 구매의도와 같은 소비자조사로부터, 기업의 매출액이나 이익률 증가, 전문가 판단에 이르기까지 다양하게 측정하고 있다. 국내광고와 달리 글로벌 광고를 수행하면 국가별로 측정기법들이 다르게 전개되어 전체적으로 신뢰성이 있는 측정이 쉽지가 않다.

2.2 글로벌 광고전략 유형

Czinkota와 Ronkainen(2006)은 글로벌 광고전략은 광고의 두 가지 차원에서 네 가지 유형을 나눌 수 있다고 제시하고 있다. 광고하고자 하는 제품에 대하여 전달하고자 하는 근본적인 소구점(appeal) 차원과 광고를 집행하는 방법(execution) 차원으로 나누었다. 소구점은 제품이 소비자의 욕구를 어떻게 충족하는가와 집행방법은 광고를 표현하는 데 사용되는 방법들, 즉 배역, 배경, 배경음악, 문안 등을 전체적으로 표현하는 것을 말한다. 이러한 두 가지 차원에서 동일한가와 상이한가에 따라 [그림 11-5]와 같은 네 가지 유형이 나타날 수 있다고 보았다.

두 나라 사이에서 소비자들을 충족시키고자 하는 소구점이 동일하고, 광고 표현방법을 동일하게 한다면 이는 표준화전략이 되고, 소구점

그림 11-5 광고전략의 네 가지 유형

소구점 \ 광고실행방법	동일	상이
동일	표준화	부분현지화 A
상이	부분현지화 B	현지화

자료: Michael Czinkota Illka A. Ronkainen(2006), *International Marketing*, South-Western College Pub., 8th ed.

이 상이하고 표현방법도 상이하게 한다면 이는 현지화전략이 된다. 그리고 나머지는 부분적 현지화전략이 된다.

글로벌 기업들이 여러 시장에 진출할 때 진출국가 사이에 비슷한 소구점과 동일한 표현방법이 먹혀들어갈 수 있을 정도로 문화가 비슷하다고 판단될 때 이러한 전략이 유용하다. 코카콜라나 펩시콜라가 이러한 전략을 사용한 것으로 잘 알려져 있다. 그들의 시장은 대체로 젊은 층이고 서구문화 지향성을 지니고 있다. 이러한 표준화전략을 사용할 때 규모의 경제를 살리면서 접근할 수 있고, 전 세계에 일관성 있는 이미지를 전달할 수 있다는 장점이 있다. 그러나 문화적인 차이에 제대로 대응할 수 없다는 장벽이 있다. 소구점이 상이하고, 집행하는 방법이 상이할 경우에 광고는 현지화전략을 사용한다. 우리나라 기업들은 현지화전략을 강조한다.

제3절 >> 글로벌 인적판매

Global Marketing

인적판매(personal selling)는 판매원이라는 사람이 판매노력을 통하여 잠재고객에게 접근하여 직접 판매를 유도하는 방식으로서 능력 있는 판매원을 선발하게 되면 강력한 촉진활동이 된다. 항공기, 의료제품 제조기업 등 산업재 마케팅에 관련된 기업들에서는 판매원들이 성과를 창출하기 때문에 인적판매가 중요한 역할을 한다. 잠재고객과의 양방향적인 교류를 통하여 제품을 판매할 뿐만 아니라 시장정보를 수집하고, 공중관계를 개선하는 등 넓은 기능을 수행할 수 있다.

글로벌 마케팅에서 판매원 관리는 새로운 문화에 적응할 수 있도록 전개되어야 한다. 판매원관리는 다음 여섯 단계로 구성된다.

3.1 목표 설정

판매원 목표설정은 기업의 전략적 목표와 연관되어 이루어진다. 고객들이 제품사용을 더 많이 이해하게 할 것인가, 저가격으로 시장에 침투할 것인가 등의 전략적 목표가 설정되면 판매원이 이러한 목표를 달성하기 위해서 어떠한 역할을 할 것인가가 나타날 수 있다. 판매원 목표가 시장점유율을 증가시키는 것이라면, 이러한 목표를 지침으로 사용하면서 설계, 선발, 훈련, 감독, 평가과정이 이루어질 수 있다.

3.2 전략 설계

이러한 목표가 설정되면 이러한 목표를 달성하는 데 필요한 전략에 집중할 수 있다. 판매원 전략은 판매원의 구조, 크기, 보상의 방향을 설정해준다. 판매원의 구조는 지역판매원(territorial salesforce), 제품판매원(product salesforce), 고객판매원(customer salesforce) 등 지역에 밝은 이들, 제품에 밝은 이들, 고객과의 관계에 밝은 이들 중 어떠한 구조에 강조를 둘 것인가가 다르게 나타날 수 있다. 이러한 구조에 따라 판매원의 수가 얼마가 필요한가가 나타난다. 그리고 판매원의 동기유발을 위해서 보상을 어떻게 할 것인가가 결정된다.

3.3 모집과 선발

현지에서 판매원을 고용할 것인가를 결정하여야 한다. 해외시장에 대한 이해가 부족한 경우에는 그 나라 사회에 네트워크 관계를 잘 맺고 있는 이를 고용하는 것이 중요하다. 중국에 진출하는 기업들 중에서 미국의 다국적기업들은 중국 현지인들 중에서 영어를 잘하는 이들을 판매원으로 고용하는 경우가 많다. 중국사회에서 영어를 잘하는 이들은 고등교육을 받고 인적 네트워크를 잘 형성하고 있는 경우가 많아 판매망을 빠르게 확장하는 경향이 있다.

3.4 훈 련

대부분의 판매원 훈련은 판매원들이 거주하는 나라에서 일어난다. 그 나라의 문화, 관습은 물론 언어에서도 탁월한 능력을 구사할 수 있어야 하기 때문에 판매원의 지속적인 훈련과 관리가 절대적으로 필요하게 된다.

판매원의 훈련은 소비자설득과정이 핵심이 되는데, 이는 다음과 같은 내용들이 중요하다.

- 어떻게 철저한 준비를 통하여 가망고객을 선별하는가?
- 그 가망고객에게 접근하기 위하여 어떻게 정보를 수집하면서 접근하는가?
- 방문 전에는 사전에 어떻게 알리고 약속을 정하는가?
- 상담이 시작되면, 자기소개를 하고 제품을 보이면서 관심을 끌고 호기심을 유발시키는 과정에서 어떻게 신뢰를 획득하고 반대의견을 잘 처리할 수 있는가?
- 판매를 잘 종결시키고 판매 후 고객서비스를 하면서 고객을 유지해나가는가?

3.5 감 독

판매원을 감독한다는 것은 기업의 목표를 성취하기 위하여 판매원을 이끌어주고 동기유발시켜주는 것을 말한다. 그것은 그들이 그렇게 할 수 있도록 자원을 제공해주는 것을 말한다. 판매원이 목표를 달성할 수 있도록 지원하고 기회를 제공해주는 조직풍토를 만들어야 한다. 글로벌 마케팅에서는 문화에 영향을 받기 때문에 개인성이 강하냐, 집단정체감(group identity)이 강한가에 따라 동기유발과 보상, 관리스타일, 윤리적인 지각이 다를 수 있다.

3.6 평 가

판매원을 평가한다는 것은 판매원들에게는 그들의 노력을 정당화하고, 기업에게는 판매원들의 성공, 실패, 비용과 시간에 대한 정보를 제공해준다. 평가는 판매원들을 동기유발시켜 주고, 문제를 수정하게 하고, 기업이 목표를 성취하도록 가장 잘 도와주는 사람들을 보상하고 촉진하도록 해준다.

제4절 글로벌 판매촉진

판매촉진(sales promotion)은 구매자의 즉각적인 반응과 구입을 자극하기 위해 시도하는 모든 마케팅활동이다. 광고는 브랜드 인지도 형성과 태도변화를 목적으로 실시되지만, 판매촉진은 광고를 대체하거나 보완하기 위해서 수행된다.

4.1 글로벌 판매촉진 고려사항

해외시장의 유통업체나 대규모 실수요자가 한국 기업들의 제품을 취급할 것인가 여부를 결정할 때에 가장 중요시하는 것은 특정 제품의 시장성(marketability), 수요특성 등일 것이다. 따라서 글로벌 기업들이 해외시장에서 판촉활동을 할 때 다음과 같은 요소들을 고려해야 한다.

- 판매촉진은 소득수준이 낮은 국가시장에서 실시할수록 효과가 크다.
- 판매촉진을 규제하는 정부정책, 법률 등은 국가시장별로 상당히 다르다.
- 문화는 판매촉진활동에 중대한 제재를 가할 수 있다.
- 판촉활동을 하려면 소매상들을 개입시켜야 하는데 그들로부터 협력을 얻을 수 있는가를 고려해야 한다.

4.2 판매촉진 수단

1) 주요 기능에 따른 수단

판매촉진의 세 가지 주요 기능에 따라 판매촉진의 수단을 소개하면 다음과 같다.

첫째, 신제품을 개발하여 시장에 성공적으로 출시하기 위해서 수행된다. 이 경우에는 샘플이나 할인쿠폰, 환불 제공 약속 등이 이루어진다.

둘째, 기존 제품의 사용량을 증대시키기 위해서 수행될 수 있는데, 이 경우 가격할인교섭, 프리미엄, 콘테스트, 경품 등이 이루어진다.

셋째, 직접 고객을 유인하기 위해서 수행된다. 이 경우 거래확인 스탬프, 소매점 쿠폰 등이 이루어진다.

2) 소비자 판매촉진과 유통업체 판매촉진

소비자를 대상으로 하는 판매촉진은 할인쿠폰(discount coupon), 리베이트(rebate), 보너스팩(bonus pack), 보상판매(trade-in), 세일(sale), 샘플(sample), 시연(tree trial), 사은품(premium), 현상경품(prize), 공개현상경품(sweepstake), 콘테스트(contest), 우수고객 보상프로그램(patronage award) 등이 있다.

유통업체를 대상으로 하는 판매촉진은 무료제공 판촉물, 판매원에게 제공하는 푸쉬머니(push money), 협동광고 등이 있다.

제5절 스포츠 마케팅

Global Marketing

5.1 개 념

우리나라 기업들의 해외시장 진출 역사에서 주요한 스포츠 역사가 있을 수 있지만, 1998년 박세리의 미국 LPGA 우승은 참으로 귀중한 것이었다. 그 당시 우리나라는 IMF로 침체되어 있는 분위기에서 박세리의 우승은 국민의 마음속으로 파고들어간 중요한 사건이었다. 그 당시 박세리는 삼성의 후원을 받아 골프웨어 아스트라 브랜드를 세계에 알리고 있었고, 그녀의 우승은 IMF로 침체되어 있던 한국인들에게 할 수 있다는 자신감을 불러일으켰다.

스포츠는 움직이면서 생명력을 발휘하고, 경쟁이 있으면서 사람들의 마음속으로 파고드는 것이기 때문에 스포츠 마케팅은 위력을 발휘한다. 삼성의 이건희 회장은 코카콜라, 후지필름, 아디다스, 나이키와 같은 회사들이 글로벌 기업으로 성장한 배경에 스포츠 후원 마케팅의 위력이 있다는 것을 너무나 잘 이해하고 적극 활용한 것으로 유명하다. 세계 17위의 브랜드 자산이 만들어진 배경에는 기업가의 강한 추진력이 존재한다.

이와 같이 스포츠 스폰서십(sports sponsorship)은 기업이 현금이나 물품 또는 노하우, 조직적 서비스를 제공함으로써 스포츠 스타, 팀, 연맹 및 협회, 스포츠 행사를 지원하면서 기업의 촉진목표를 달성하기 위해 계획하고 조직하며 실행하고 통제하는 모든 활동을 말한다.

이러한 스포츠를 이용한 마케팅은 기업과 기업에서 만든 제품의 이미지와 인지도를 높이고, 앞 절에서 논한 광고, PR, 판촉, 판매원 활동을 지원하는 데 유용한 도구로 활용되었다. 또한 직원들의 사기와 애사심도 높이고, 사회적 책임과 참여의식도 높이고 있다.

5.2 구성요소

2000년 시드니 올림픽에서 삼성이 스포츠 마케팅을 적극적으로 펼쳤을 때 올림픽 마케팅 주관 대행사로 제일기획을 선정하고, 미국의 Lang, Carlson 등의 스포츠 마케팅 대행사로부터 자문을 받았고, Cohn & Wolfe 올림픽 전담 PR대행사를 고용한 바 있다. 그리고 광범위한 매스미디어를 활용하였다. 이와 같이 스포츠 마케팅이 성립되기 위해서는 관중을 중심으로 하여 스포츠경기(협회와 팀, 선수), 스폰서 기업, 방송과 출판의 매스미디어, 글로벌 대행사가 연결되어 이루어지고 있다.

1) 스포츠 경기

올림픽, 월드컵, 골프경기, 테니스경기 등 스포츠 경기가 이벤트로 존재해야 한다. 테니스경기는 윔블던, 호주오픈, 프랑스오픈, US오픈 경기가 메이저대회로서 매년 펼쳐진다. 이 4개 대회를 석권하면 그랜드슬래머가 된다. 슈테피 그라프는 그랜드슬램을 달성한 바 있다.

골프메이저대회는 US마스터즈, US오픈, 브리티시오픈, US PGA챔피언십이며, 이 4개 대회를 한 해에 석권한 사람은 없고, 한 번씩 우승한 적이 있는 사람은 벤 호건, 게리 플레이어, 잭 니클라우스, 타이거 우즈와 같은 스타들이 있다.

스포츠 스타들이 팀에 소속되어 고액의 연봉을 받으면서 소속 단체

그림 11-6 스포츠 스폰서십 마케팅의 구성요소

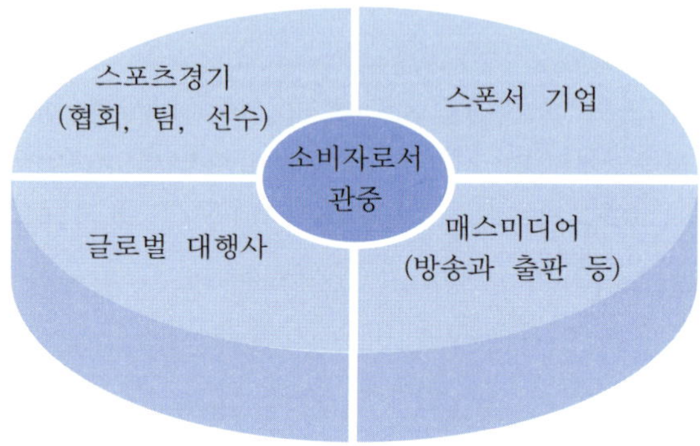

의 명성에 기여한다. 그들의 연봉액수는 관중에 대한 평가를 소속 단체에서 반영하여 결정한다.

2002년도에 우리나라에서 개최되어 4강까지 진출한 월드컵은 TV 시청 인구만도 올림픽의 두 배에 달했다. 이 과정에서 우리나라 기업들은 스포츠 마케팅을 통해 세계 시민들에게 기업을 알렸다. 짧은 기간에 국가 전체 잠재고객뿐만 아니라 세계시민들에게 자사를 알릴 수 있는 더 없이 효율적인 수단이 되었다. 2006년 독일 월드컵에서도 독일과 독일기업들은 세계를 상대로 국가 마케팅과 기업 마케팅을 펼쳐갔다. 2008년 북경올림픽도 중국과 중국기업들의 위상을 올리려고 노력하였다.

2) 소비자로서의 관중

스포츠 마케팅의 꽃은 소비자로서의 관중이다. 2002년 한 · 일월드컵이 개최되었을 때 붉은 옷을 입은 한국 국민 전체의 모습은 대단한 것이었다. 집단적으로 수행된 응원의 모습은 세계에 영향을 미쳤다. 스포츠를 좋아하는 많은 소비자들은 고객이 되어 행사에 함께 참여한다. 역사가 오래되고 잘 짜여져 있는 경기일수록 소비자들을 만족시키는 메커니즘을 이해한다. 결국 소비자인 관중이 있기 때문에 경기의 열기를 높인다.

3) 스폰서 기업과 스포츠 스타

기업들은 스폰서십(sponsorship)을 통하여 촉진 캠페인을 광범위하게 펼치면서 기업과 제품 브랜드를 세계적으로 알리고 브랜드자산을 높이려고 한다.

삼성은 1996년 이건희 회장이 IOC위원에 피선되면서 스포츠 마케팅에 몰두하게 되었다. 1998년 나가노 동계올림픽 스폰서(The Olympic Partners: TOP)가 되기 위해 코카콜라, IBM 같은 회사가 어떻게 올림픽 스폰서가 되는지를 탐색하게 되고 결국 모토로라를 제치고 TOP으로 참여하게 되면서 도약하였다. 애니콜을 중심으로 첨단무선통신회사라는 이미지를 심게 되고, 결국 2007년 모토로라를 제치고 세계 2위에 이르게 되었다. 2012년 현재 스마트폰에서 애플과 경쟁하고 있다.

4) 글로벌 대행사

미국의 대표적인 스포츠대행사인 IMG는 프로선수들의 업무를, ISL은 세계 규모의 경기대회 대행을 담당하고 있다. IMG는 스포츠 선수들의 연봉협상에서 TV중계, 광고에 이르기까지 일체의 활동에 대하여 서비스를 함으로써 선수들의 수입을 늘려주고 자신의 수입도 창출하고 있다. ISL은 올림픽과 월드컵 등 국제 주요 스포츠 이벤트마케팅을 담당하면서 스포츠 마케팅기법을 고도화시키고 있다. 이들 대행사들은 선수 연봉의 4~7%를, 대회유치에서는 전체 예산의 15~20%를 받는 것으로 나타나고 있다.

5) 매스미디어

TV와 같은 미디어는 스포츠경기, 관중, 스폰서 기업을 연결시켜 준다. TV중계권료는 스포츠 단체의 수입원이 되게 하고, 경기와 연결되어 시청자들에게 볼거리를 제공한다.

사례연구

아모레퍼시픽

우리나라 기업 아모레퍼시픽(Amore Pacific)은 원래 주식회사 태평양이 아모레라는 브랜드로 유명하다. 태평양은 우리나라 화장품을 지배하여온 전형적인 내수업종이었다. 1990년대 들어 랑콤, 샤넬, 에스티로더와 같은 해외 명품 브랜드가 국내시장으로 진출하여 30% 이상의 시장점유율을 가지게 되고, 미샤와 더페이스샵과 같은 국내 저가 브랜드의 공격을 받게 되었다.

이러한 국내시장에서의 치열해진 경쟁에 직면하게 되자 아모레퍼시픽은 국내시장에서 빼앗긴 시장점유율을 해외에서 회복하고자 적극적인 해외시장 개척을 시작하였다. 크게 시장을 미국과 프랑스 등 선진국 시장과 중국과 동남아 등 개발도상국 시장으로 나누었다.

아모레퍼시픽의 프랑스 시장개척 과정은 'error elimination' 과정이었다. 1988년 프랑스 시장에 기초화장품 'SOON'을 출시하였으나 한국산이라는 원산지효과(country-of-origin effect) 때문에 프랑스 소비자들에게 좋은 이미지를 확보하지 못해 실패했다. 결국 기초화장품 부문에서 짧은 기간에 성공할 수 있는 향수로 주력 분야를 변경했다. 현지 경영자를 채용하여 제품개발, 디자인, 마케팅 등 전 분야를 현지에서 독립적으로 수행할 수 있도록 체제를 변경했다. 본사는 신제품개발 방향, 핵심인력 채용, 재무 등에만 관여했다. 드디어 1997년 프랑스에서 출시한 '롤리타 램피카'가 성공하게 된다.

아모레퍼시픽은 중화권에서는 한류를 바탕으로 라네즈를 주력 브랜드로 내세웠고, 기타 지역에서는 아모레퍼시픽으로 차별화하여 접근하여왔다.

참고문헌: 전인수(2008), "아모레퍼시픽의 글로벌 전략," 정구현 저, 『한국기업의 글로벌 경영』, 위즈덤하우스, pp. 364-391.

그림 11-7 롤리타 램피카 광고

Global Marketing

요 약

1. 글로벌 커뮤니케이션에서 우선적으로 다루어야 하는 것은 문화차이에 관한 이해이다. 이 책의 제3장에서 자세히 다룬 바 있지만 문화는 소비자들의 삶의 배경이 되어 있기 때문에 소비자행동에 전체적으로 영향을 미치고 있다. Hall이 전개한 고배경문화와 저배경문화에 관한 이론은 현지화전략에 따라 광고를 다르게 전개하여야 하는 이론적 배경을 제공해준다.

2. 글로벌 광고계획 과정은 표적시청자 선정 → 광고목표 결정 → 광고예산 설정 → 광고매체 결정 → 광고메시지 결정 → 광고캠페인 어프로치 결정 → 광고효과 측정의 과정을 거친다. 광고전략은 광고실행방법과 소구점에 따라 네 가지 유형이 나타날 수 있다.

3. 글로벌 인적판매(personal selling)는 목표 설정 → 전략 설계 → 모집과 선발 → 훈련 → 감독 → 평가의 여섯 단계를 거친다.

4. 글로벌 판매촉진(sales promotion)은 해외 구매자의 즉각적인 반응과 구입을 자극하기 위해 시도하는 모든 마케팅활동을 말하는 것으로 신제품을 개발하여 시장에 출시할 때 수행되거나, 기존 제품의 사용량을 증대시키고자 하거나, 직접 고객을 유인하기 위해 사용된다.

5. 글로벌 기업들의 촉진수단으로서 스포츠 스폰서십(sports sponsorship) 마케팅이 부각되고 있다. 스포츠 마케팅은 스포츠경기, 군중, 스폰서기업과 스포츠 스타, 글로벌 대행사, 매스미디어가 결합하여 이루어진다. 제11장 브랜드 관리에서 언급한 것처럼 우리나라 기업들이 세계적인 브랜드 파워를 형성하게 된 배경에는 이러한 스포츠 마케팅을 통하여 브랜드 자산을 적극적으로 높여온 것으로 평가된다.

Global Marketing

토의과제

1. *Time*, *Newsweek* 등 정기구독자들을 전 세계적으로 두고 있는 잡지에 나타난 광고들을 보면서, 이 책의 제3장 문화적 환경에서 자세히 언급한 Edward T. Hall의 고배경문화와 저배경문화에 따른 광고들이 어떠한 것들이 나타나고 있는가를 살펴보라.

2. 광고예산설정 방법으로 제시된 판매비율법, 경쟁기업기준법, 목표과업법, 자원할당법에 대해서 보다 자세하게 설명하라. 할리우드의 Creative Artists Agency(CAA)가 제작한 북극곰 코카콜라 광고 시리즈를 조사하라. 코카콜라의 광고기획과정을 조사하라.

3. '1984' Apple Macintosh광고의 동영상을 살펴보고, 이 광고가 의도하고 있는 목표가 어디에 있으며, 광고효과가 어떠하였는지를 토의하라.

4. 글로벌 마케팅에서 판매원 관리는 새로운 문화에 적응할 수 있도록 전개되어야 하는데, 여러분이 우리나라 자동차기업의 글로벌 경영자라고 가정하고 BRICs 국가들과 유럽과 미국에서 일본과 미국 자동차기업들과 경쟁 상황 속에서 판매원관리의 여섯 단계를 어떻게 진행시킬 수 있는가를 토의하라.

5. 우리나라에 들어온 외국기업들의 2007년 매출액 순위 1위에서 15위까지 순서는 다음과 같다. (주) 한국 스탠다드차타드제일은행, (주)한국씨티은행, 아이엔지생명보험(주), (주)노키아티엠씨, 르노삼성자동차(주), 알리안츠생명보험(주), 한국바스프(주), 유코카캐리어스(주), 볼보그룹코리아(주), 동우화인켐(주), 푸르덴셜생명보험(주), 한국쓰리엠(주), (주)히타치엘지데이터스토리지코리아, 도시바삼성스토리지테크놀러지코리아(주), 한국아이비엠(주)이다(한국경제신문, 2008년 1월 21일자). 이들 기업들 중에 하나를 선택하여 커뮤니케이션전략, 특히 인적판매관리가 어떻게 이루어지고 있는지를 조사하여 보라.

6. 이 책의 제2장에서 소개된 '글로벌 500'에 나타난 기업들 중에서 서로 경쟁하고 있는 우리나라 기업과 외국기업들을 선택하여 그들의 스포츠 마케팅이 어떻게 다르게 전개되고 있는가를 조사하라.

Global Marketing

참고문헌

이규현 · 리차드 바고찌(2009), "태도의 사회적 영향력: 집단의도에 미치는 집단정체감의 효과," 소비문화연구, 12(1), pp. 95-120.

정구현(2008), 『한국의 글로벌 경영』, 위즈덤하우스.

Cxinkota Michael and Illka A. Ronkainen(2006), *International Marketing*, South-Western College Pub., 8th ed.

Duncan, tom and Jyotika Ramaprasad(1995), "Standardizing Multinational Advertising: The Influencing Factors," *Journal of Advertising* 24, No.3 (Fall), pp. 55-68.

Hall, Edward T.(1976), *Beyond Culture*, Anchor Press/Doubleday, New York.

Han, S. P. and S. Shavitt(1994), "Persuasion and Culture: Advertising Appeals in Individualistic and Collectivistic Societies," *Journal of Experimental Social Psychology*, 30(4), pp. 326-350.

Laroche, Michel, V.H. Kirpalani, Frank Pons, and Lianxi Zhou(2001), "A Model of Advertising Standardization in Multinational Corporations," *Journal of International Business Studies*, 32, No.2(Second Quarter), pp. 249-266.

Nicolas Synodinos, Charles Keown, and Laurence Jacobs(1989), "Transnational Advertising Practices," *Journal of Advertising Research*, Vol. 29, April/May.

제12장

글로벌 유통전략

우리나라 기업이 글로벌 경영을 통해 다국간 생산과 판매체제를 확대해가면 적기 적소에 적품(the right product, in the right place at the right time)을 전달하는 유통차별화가 더욱 중요해진다. 본 장에서는 글로벌 로지스틱스와 공급사슬관리, 글로벌 소매업태들의 경쟁력, 온라인 유통, 회색시장에 대해서 알아보고자 한다.

●● 도입 사례 : POSCO
제1절 글로벌 유통경로
제2절 글로벌 로지스틱스와 공급사슬관리
제3절 글로벌 소매업태
제4절 온라인 유통
제5절 회색시장
●● 사례연구 : Dell
●● 요 약
●● 토의과제

도입 사례

POSCO

POSCO의 공급망관리는 스탠포드대학교의 경영사례에 등장한 바 있을 정도로 세계적으로 유명하다. POSCO(www.posco.com)는 1968년 포항종합제철(주)로 설립된 국내 유일의 고로(용광로)업체이다. 현재 세계 제1위의 경쟁력을 가진 철강기업으로, 100년 사용한 용광로 공급을 대체한 파이넥스공급과 공급망관리로 공급과 유통을 잘 통합한 기업으로 알려져 있다.

POSCO의 주원료는 철광석과 연료탄이다. 철광석은 호주, 브라질, 인도와 남아프리카공화국에서, 연료탄은 호주, 캐나다, 중국에서 수입한다. 이 원료들은 포항과 광양제철소에서 재선, 제강, 연주 공정을 거치고 열연코일, 냉연코일, 도금까지 거친다. 그 결과 열간압연, 냉간압연, 후판, 선재, 스테인레스 스틸 등 다양한 제품들이 생산된다. 이 제품들은 자동차, 조선업 등 주된 산업으로 공급되어 산업의 쌀로서 작용한다.

POSCO는 국내와 국외 고객사들에게 제품을 배송하기 위해 트럭, 선박, 철도를 이용한다. 원료조달에서부터 생산과 판매에 이르는 공급망 전과정을 운송업체들과 제휴를 맺고 효율적인 공급망관리(supply chain manangement)를 수립하였다. 이 시스템은 수주 · 생산 · 출하 계획을 활용해 최적의 세일즈 믹스를 수립해 운영할 수 있도록 지원하는 시스템이다. 두 축은 SRM과 CRM이다. 전자는 공급자관계관리(suppliers relationship management)를 의미하며, 후자는 고객관계관리(customers relationship management)를 의미한다. SRM은 공급사 성과 분석, 우수공급사와 협업체제 구축, 의사결정지원을 위한 구매정보의 공유 등을 체계적으로 수행하기 위해 만들어졌다. CRM은 고객사의 요구사항을 체계적으로 조사하여 그들의 특성에 맞는 서비스를 강화하고, 만족도를 향상시키기 위해 만들어졌다.

2011년 말 대규모 혁신 프로젝트 '포스피아 3.0 메가 Y' 프로젝트 로드맵을 기반으로 차세대 경영시스템을 구현하려고 한다. 이 포스피아는 코스코의 전사적 자원관리(ERP), CRM, SCM, 데이터베이스 등 경영지원을 위한 일체 기능을 제공하는 포털 시스템이 된다. 이 프로젝트는 POSCO를 포함한 관계사의 향후 10년간 혁신 모태가 될 것으로 보고 있다.

참고문헌: 이규현(2010), 『마케팅관리: 이론과 사례』, pp. 338-339; 포스코뉴스, "포스코, 세계우수 공급망관리기업으로 선정", 2004년 12월 2일자.

제 1 절

Global Marketing

>> 글로벌 유통경로

거시적으로 유통은 생산과 소비를 연결한다. 저개발국일수록 유통 문제는 경제의 암흑대륙이 되어 있어, 유통근대화를 통해 경제성장을 견인하려고 한다. 개별 기업들에게도 신제품을 생산하여 소비자들에게 원활한 수용을 유도하려면 유통시스템이 잘 잡혀야 한다. 특히, 해외 시장개척을 하려는 기업들은 진출하고자 하는 국가에서 존재하는 유통 구조를 이해하여야 한다. 국가에 따라 제조기업, 중간상, 소비자들 사이에 재화와 서비스의 흐름이 다르게 형성되어 있다. 중간상의 밀집정도가 다르고, 제조업자들이 유통경로를 통제하는 정도가 다르게 형성되어 있다. 국가 간 문화차이에 따라 사업을 수행하는 철학이 다르게 형성되어왔다. 그리고 유통구조가 변화하고 있다. 제조업자, 중간상, 소비자 사이의 관계가 변해가고 있으며, 글로벌 경쟁에서 중간상들은 쉬지 않는 혁신을 통하여 경쟁력을 확보하려고 하면서 유통경로에도 변화를 야기하고 있다.

글로벌 유통경로에서 국가 간 차이가 어떻게 나타나는가를 보려면 국제마케팅에서 15판을 거듭하면서 잘 알려진 Cateora, Gilly와 Graham (2010)의 『국제마케팅』 저서에서 나타난 사례를 살펴보면 이해가 쉽다 (그림 12-1). 그들은 자동차부품업체에서 일본과 미국의 유통경로를 비교하고 있다. 이를 보면 자동차부품업에서 일본보다 미국이 짧고 단순한 유통경로를 가진 것을 알 수 있다. 일본과 미국의 유통경로에서의 차이는 이 책 제3장 문화적 환경에서 Markus와 Kitayama(1991)가 분석한 것을 기반으로 이해하면 쉽다. 즉, 일본이 상호의존적, 미국이 독립적인 자아를 가진 사회여서 관계지향성이 강하여 구성원들이 점포를 빈번하게 방문하고 인적서비스를 중요시 여기고 있다.

그림 12-1 자동차부품업에서 일본과 미국의 유통경로

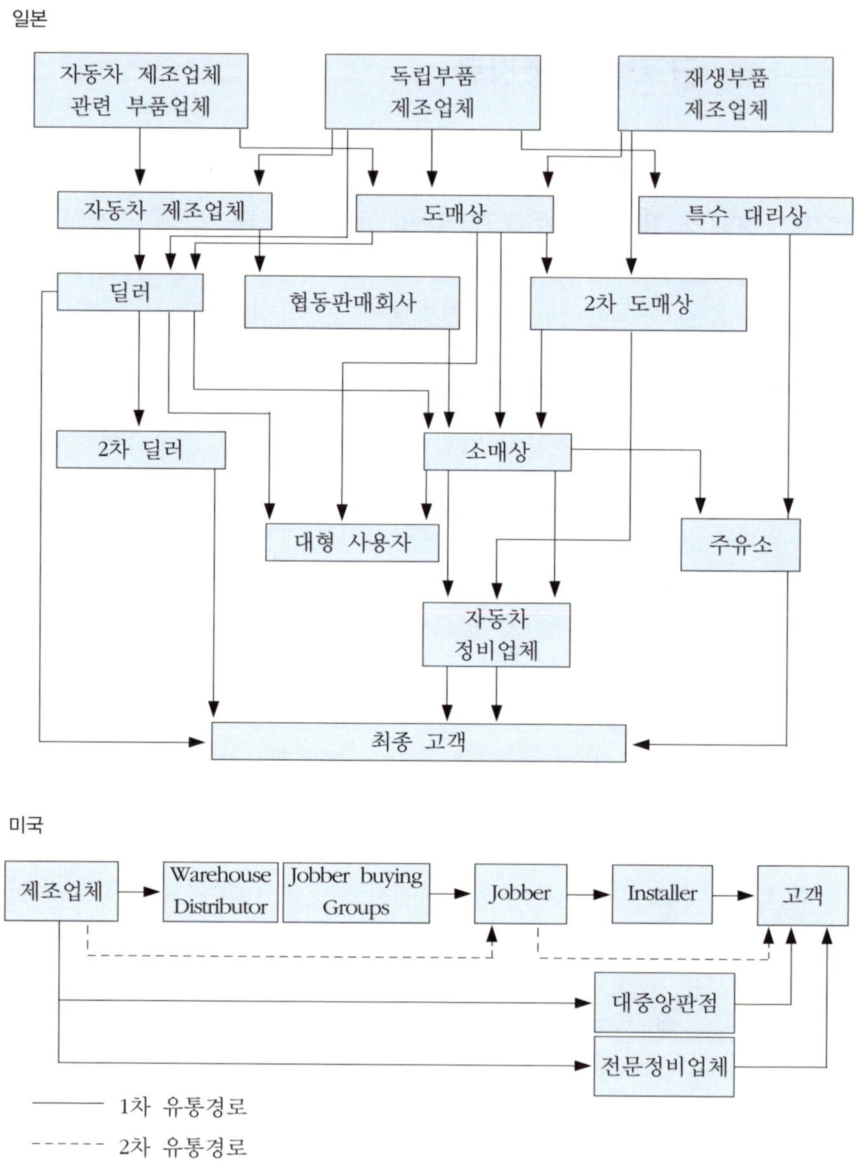

자료: Cateora, Philip R. Mary Gilly, and John I. Graham(2010), *International Marketing*, 15th ed., McGraw-Hill/Irwin, New York, NY.

제2절 >> 글로벌 로지스틱스와 공급사슬관리

Global Marketing

2.1 글로벌 로지스틱스

'콰이광의 다리'와 같은 전쟁 영화에서 다리를 붕괴시키면서 전쟁에 필요한 물자 이동을 막아버리는 사례들이 나타난다. 이는 로지스틱스와 관련된다. 로지스틱스(logistics)는 제품이나 부품 이동에 관련된 전범위의 활동을 포함한다. 글로벌 기업들의 경우 최저의 비용으로 기업의 목표를 달성하기 위해 국경을 넘어 생산자로부터 소비자로 재화와 서비스를 흘러가게 하는 글로벌 로지스틱스(global logistics)의 문제를 중요시한다.

로지스틱스는 주로 자재관리와 물적 유통을 포함한다(그림 12-2). 여기서 자재관리는 기업에서 원재료, 부품, 공급품의 흐름을 취급하는데, 이는 글로벌 소싱 전략이나 R&D, 제조, 마케팅이 접합 분야를 관리하는 것과 관련된다. 물적유통은 기업의 완성품이 고객들로 이동하는 것을 말한다. 이는 수송, 창고, 재고, 고객서비스/주문처리, 그리고 관리를 다룬다. 물적유통은 제품을 생산된 곳으로부터 사용되는 곳으로 옮기기 위한 모든 활동을 말한다. 이러한 물적유통은 고객지향적으로 전개되어야 한다. 고객이 주문을 하면, 이러한 주문을 처리하고, 판

그림 12-2 글로벌 로지스틱스

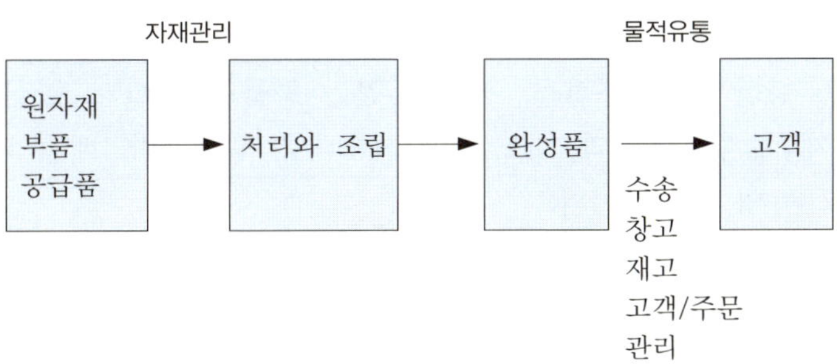

매예측을 통하여 판매하기 위하여 재고를 얼마로 두며, 제품의 운송과 보관을 어떻게 하며, 물적 유통정보시스템을 어떻게 구축하여야 하는가를 바라보는 것이다.

글로벌 로지스틱스는 국제생산과 마케팅이 연관되는 분야로서 다국적 제조와 무역, 그리고 원재료, 부품, 공급품의 소싱과 연관되어 있다. 국가들의 GDP가 상승하고 국가간 거래 물량이 증가함에 따라 글로벌 로지스틱스도 상당히 복잡해지고 있다. 이에 따라 비용이 증가하여 비용을 감소시키면서 경쟁력을 높이려는 노력도 더욱 더 중요해지고 있다.

국내 로지스틱스에 비해 글로벌 로지스틱스는 비용이 더 많이 들 뿐만 아니라 다음과 같은 복잡한 과제들이 등장한다.

- 거리가 국내보다 멀다.
- 환율변화가 국경을 넘어서면 민감하게 된다.
- 해외 중간상인들을 통제하기가 어렵다.
- 비행기와 해양을 통한 선적 중에서 국제무역의 대부분이 해양선적에 의해서 다루어진다.
- 2001년 9월 11일 테러 이후 안전이 심각해졌다.

2.2 글로벌 공급망관리

1) 로지스틱스에서 공급망관리로 변화

글로벌 경영에서 로지스틱관리는 공급망관리로 발전하고 있다. 공급망관리(Supply Chain Management: SCM)는 생산에서 소비에 이르는 과정에서 관련된 모든 요소들을 하나의 시스템으로 통합적으로 관리하여 고객가치를 창출하고자 하는 노력이다. 여기서 주요 쟁점은 고객가치창출을 향한 시스템 접근, 경쟁력 있는 공급사슬 설계, 공급자와의 전략적 제휴, 수요예측과 재고관리, 신속대응 생산전략, 배송 및 유통네트워크 등의 쟁점들이다.

공급망관리는 가치사슬(value chain)을 통해 가치를 창출하려고 한다. 제조업체가 부품을 조달하는 부분, 제품을 생산하는 부분, 이것을 운반하는 부분, 판매를 담당해야 하는 부분, 관리하고 계획하는 부분을

그림 12-3 SCM에서 Inbound와 Outbound

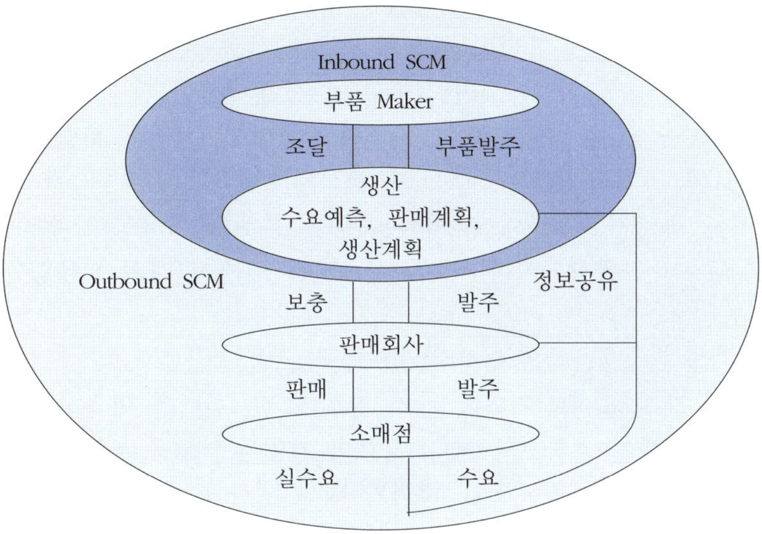

포함한다. 여기에서 제조업체와 공급자와의 관계에서 부품발주와 조달, 그리고 생산에 관련된 과정인 Inbound SCM과 제조업체를 떠나 판매회사, 고객과의 관계에서 발주를 받고 판매를 하는 과정인 Outbound SCM이 있다. 이는 [그림 12-3]에서 잘 나타나 있다.

[그림 12-3]에서 볼 수 있듯이 SCM은 고객가치를 창출하기 위하여 기업의 가치사슬에 관련된 내부와 외부기관들과의 관계를 최적화하는 것이기 때문에 이에 대한 과정에 대한 이해가 중요하다. 기업내부의 활동을 보면 기업의 기능인 생산과 마케팅이 연결된다. 크게 제품을 언제 어떻게 누구를 위해 생산해서 배송할 것인가에 대한 계획부문과 그것을 구매, 조달하는 부문, 그리고 제조하고 창고에 보관하고, 배달하는 부문과 물건을 팔기 위한 촉진부문의 기능이 연결될 수 있다. 기업외부의 활동을 보면 원재료만을 공급하는 공급자와의 관계, 제조기업이 만든 제품을 판매하는 도매상, 양판점, 소매상과의 관계가 있으며, 궁극적으로 제품을 소비하는 최종소비자와의 관계가 나타나고 있다. SCM은 이러한 모든 요소를 최적화시키고자 한다.

SCM의 유형에는 수평적, 수직적이 있을 수 있다. 수평적 공급망은 한 글로벌 기업이 글로벌 시장에서 여러 생산공장들을 소유하고 경영하는데 이 공장들은 서로에게 반제품을 공급해주는 관계에 있기보다는 각자 유사하거나 서로 다른 완제품을 주로 생산하여 공급하는 관계이다. 글로벌 공급망에 포함된 공장들 간에 생산을 위한 원재료, 완제품 및 생산용량 등을 어떻게 효율적으로 조정, 협력하여 전체적으로 최적의 성과를 얻을 수 있을 것인가를 중요시한다. 수직적 글로벌 공급망은 글로벌 기업의 생산시스템, 그 생산시스템에 원재료나 반제품을 공급하는 공급자, 생산시스템의 완제품을 분배하는 유통이 수직적으로 이루어진 공급사슬이다. 여기서는 조달, 생산, 판매의 효율성을 추구한다.

글로벌 공급망관리은 수직적 구도의 글로벌 공급망관리와 관련하여 공급자와 생산자, 생산자와 분배자 간의 조정, 협력을 가능하게 하는 장기적 관계를 구축하고자 한다. 글로벌 기업은 SCM을 통하여 시장변화에 따른 재고의 변동 폭을 줄이기 위해 생산과 마케팅을 연계하여 이들 간의 차이를 최소화하고 시장기회를 포착하기 위해 공급사슬상에 있는 부품기업, 제조기업, 유통기업이 협력하여 마케팅, 생산, 물적 유통 및 지원기능을 재구축하고 있다.

여기서 공급망관리(supply chain management)를 설계하는 데 핵심 포인트는 크게 네 가지가 있다.

첫째, 공급망의 전체 길이를 단축시키는 일이다. 대부분의 글로벌 기업들은 협력업체에서 고객까지 연결된 경로의 전체 길이, 특히 운송에 걸리는 시간과 공급사슬 중간중간에 잠기는 재고에 대해 관심을 기울인다. 공급망 안에 있는 재고는 부품, 반제품 및 완제품이든 간에 모두 전체 공급망의 한 부분을 차지하기 때문에 재고가 있는 만큼 공급망의 전체 길이가 더 길어지므로 이를 짧게 만드는 것이 중요하다.

둘째, 공급망의 투명성을 확보하는 일이다. 공급망을 이루는 기업 간에 협력이 잘 되면 정보의 공유로 투명성이 이루어진다. 이러한 투명성이 이루어져, 정보공유가 많아지면, 공유된 정보시스템을 활용하여 공급망 내의 각 단계마다 발생하는 일을 적기에 알 수 있게 된다.

셋째, 공급망 전체를 하나의 시스템으로 보고 체계적으로 관리할 수 있는 체계를 구축하는 일이다. 공급망을 구성하는 각 단위들은 밀접하게 연결되어 있기 때문에 공급망의 한 부분에 어떤 의사결정을 내리면 그 결과로 인해 공급망의 다른 부분에도 영향을 주게 된다. 전체 공급망을 보고 관리를 하기 위해서는 수요와 공급 간에 서로 연결된 공급망 내의 과정이 연계되어 서로 조화를 이룰 수 있도록 체계적인 관리를 요구한다.

넷째, 공급망 과정(supply chain process)을 정보시스템화시키는 것이다. 종합정보시스템 속에 공급망을 통합시키면서 정보공유를 통해 수요예측, 자재관리 등을 원활하게 한다.

2) 글로벌 공급망에서 나타나는 문제

글로벌 공급망관리를 수행하는 과정에서 다음과 같은 문제들이 발생한다.

(1) 지역적, 시간적 차이

글로벌 사업은 지역적, 시간적 차이가 크기 때문에 운송과 조정이 중요해지고, 주문과 조달시간이 길어지며, 의사소통과 출장이 어려워지기 때문에 정보와 의사소통이 점점 중요해지고 있다. 언어와 문화의 차이를 극복해야 하고, 환율, 관세, 보조금 및 쿼터의 문제가 새로운 문제로 대두된다.

(2) 복수의 국가시장

복잡한 공급네트워크를 구축해야 하고, 제품디자인의 공통성을 추구해야 하며, 다양한 시장에서 경쟁을 하여야 한다. 이러한 현실은 글로벌 아웃소싱 기업으로 하여금 생산을 통해 위험을 분담해야 하고, 대상국가의 규제, 취향, 언어의 차이를 극복하며, 대상국가의 환율, 정부정책 및 거시경제효과 등이 영향을 크게 미치며, 글로벌 조사의 문제가 극복해야 할 새로운 문제로 대두된다.

(3) 복수의 생산입지

복잡한 공급네트워크를 구축하는 것이 중요하고, 동시에 여러 지역에서의 업무를 분담하여 24시간 운영을 해야 하고, 환율 및 생산을 통해 위험을 분담해야 하며, 글로벌 조사를 해야 하는 새로운 문제가 대두된다.

(4) 공급 및 수요의 다양화

공통적인 일에 대한 정보기술의 발달과 학습의 문제가 중요하다.

또한 본사를 향해 지역정보의 피드백이 되어야 하고, 공급자들을 이끌고 산업에서 중요한 위치를 점유해야 하는 점이 새로운 문제로 대두된다.

3) 채찍효과 통제방법

Christopher(2005)는 공급망을 설계할 때 고려해야 할 사항들을 다음과 같이 보고 있다.

- 정보공유를 통해 공급사슬 구성원들이 동일한 수요예측 및 일정계획에 따라 움직이도록 한다.
- 고객가치를 창출하지 않으면서 비용만 지출되는 활동들을 제거하도록 한다.
- 리드타임 단축을 위한 공급자와 파트너십을 형성한다.
- 고객이 실제로 원하는 것 이상으로 제품이 복잡해져 있으면 복잡성을 없애고 단순성을 추구한다.

기업은 공급망의 단계에서 재고, 주문, 수송수준에서 상당한 변동을 경험하게 되는데, 공급망단계에서 볼 때 기업이 고객으로부터 멀리 떨어져 있을수록 그 변동이 크다. 이를 채찍효과(bullwhip effects)라고 한다. 변동을 줄이는 과제는 채찍효과를 제거하는 것으로 설명한다. 채찍효과는 소매상 수준에서 경험하는 작은 수요변동에 대한 정보가 공급망상의 상위단계로 전달될 때 수요변동이 확대되어 나타나는 현상을 말한다. 채찍의 손잡이 부분에서의 작은 움직임이 채찍끈으로 전달되어 효과가 엄청 크게 나타나는 것과 같다.

채찍효과의 원인은 4가지가 있다. 첫째, 각 기업이 독자적으로 수요를 예측하고, 둘째 기업들이 주문 즉시 발주하는 것이 아니고 여러 주문을 모아 일괄발주하며, 셋째 가격정책에 의해서 발주량이 변동하며, 넷째 재고 고갈에 대비한 가수요가 발생하는 데에 기인한다.

Lee, Padmanabham과 Whang(1997)은 이러한 채찍효과를 통제하기 위한 방법을 다음 〈표 12-1〉과 같이 유통정보의 공유, 기업 간 재고, 가격, 수송전략의 조정, 유통비용 절감과 리드타임 단축 등 성과개선활동을 제시되고 있다.

표 12-1 채찍효과의 통제기법

원 인	해 결 기 법
수요예측	- POS(판매시점) 정보공유 - EDI/인터넷 활용 - 공급자주도형 재고관리(Vendor Managed Inventory)
주문일괄처리	- EDI/인터넷 활용 - 로지스틱 아웃소싱
가격안정화	- EDLP(Everyday Low Price)정책 - 활동기준원가
제품가수요	- 재고량 추정을 주문이 아닌 과거자료를 근거로 결정

자료: H. L. Lee, V. Padmanabhan, and Scungjin Whang(1997), "The Bullwhip Effect in Supply Chains," *Sloan Management Review*, Spring, p. 99.

제3절 >> 글로벌 소매업태

Global Marketing

유통경로를 통한 제품 이동과정에 참여하는 경로구성원에는 제조업자, 중간상, 그리고 구매자들이 포함된다. 여기서 중간상은 유통경로상에서 제조업자와 소비자 사이에서 활동하는 조직체나 개인들이다. 중간상은 도매상이나 소매상에 의해서 수행된다. 여기서 도매상은 최종소비자에게 판매하지 않고, 주로 소매상이나 다른 도매상, 기업 고객들에게 판매하는 중간상을 말한다. 소매상은 주로 최종소비자들에게 제품을 판매하는 중간상을 말한다. 많은 소매상들이 성장하고 있다. 글로벌기업 중에서 대표적인 기업이 월마트(Wal-Mart)로서 글로벌 500에서 매출액 순위에서 세계 1위의 기업으로 나타나고 있다. 이 외에도 글로벌 500에는 Carrefour, TESCO, Kroger 등과 같은 유통업체들이 다수 있으며, UPS, Fedex와 같은 유통관련 기관들이 존재한다. 이들은 강력한 ICT(Information & Communication Technology)를 기반으로 on-time 관리를 하면서 경쟁력을 확보하고 있다. 본 장의 사례연구에서 보다 자세하게 다루고자 한다.

제4절 온라인 유통

Global Marketing

인터넷이 글로벌 마케팅의 주요한 도구로 사용되고 있다. 인터넷은 기업들에게 두 가지 주요한 이점을 제공하기 때문이다. 즉, 비용절약(cost savings)과 접근가능성(accessibility) 때문이다. 전통적 유통채널과 비교하여 보면 인터넷은 유통비용이 훨씬 낮으며, 세계 전체 소비자들에게 접근가능하다.

여기서 우리는 처음부터 온라인 유통에 전담하여 영업을 하는 기업들과 오프라인 중심에서 온라인을 첨가하면서 유통의 범위를 넓혀온 기업들을 함께 바라볼 필요가 있다. 후자는 오프라인과 온라인 통합전략을 사용하고 있다. 기존 오프라인 기반 기업들이 비용을 절감하고 효율성을 높이기 위해서 인터넷 기반 유통시스템을 구축하는 방향이다. 월마트와 까르푸는 일찍부터 공급자와의 거래를 온라인으로 수행할 수 있는 시스템을 만들어 왔다. 이러한 방향으로 움직이는 이유는 이 책 제6장 아웃소싱의 이론적 배경에서 설명한 바 있는 거래비용(transaction cost)을 줄이기 위해서이다. 전자상거래 소매업체들의 시장 확장도 빠르게 이루어져 왔다. 이 글을 쓰는 필자도 책을 구매하기 위해서 amazon.com, interpark.com 등을 이용하여 왔다. 우리나라 인터파크 등 온라인 서점에서도 외국도서를 구매하여 필자에게 도달하는 기간도 많이 단축되어 연구하는 데 이전보다 많이 편리해졌다. 이러한 변화는 원서를 구매하기 위해 오프라인 서점을 통해 오랫동안 기다린 지난날을 회고하면 엄청난 변화들이다.

그러나 소비자들은 여전히 백화점이나 할인점 등과 같은 오프라인 유통기관들을 방문하면서 쇼핑하는 즐거움을 누리고 있다. 이러한 오프라인 유통기관들은 온라인에서 제공하지 못하는 문화적 공간을 제공하면서 친구들과 직접 만나서 사회적 영향력을 주고받는 주요한 공간으로서 온라인 유통과 차별화를 시도하고 있다.

오늘날 소비자행동의 특성은 오프라인과 온라인 양쪽을 넘나들면서 구매행위가 일어나고 있다는 데 있다. 이는 기업들의 유통이 다채널

(multi-channel)로 변해가는 이유이다. 소비자들이 오프라인 매장을 방문하고, 다시 온라인 매장을 방문하다가 온라인에서 제품을 구매한다고 하더라도, 소비자들에게 제품이 전달되려면 택배회사들을 통하여야 한다. 온라인 유통이 발달하면서 택배시장도 커지고 있다. UPS, FedEx과 같은 외국 기업들은 전 세계적으로 정보기술력을 중심으로 하여 진

그림 12-4 인터넷의 대체효과와 보완효과

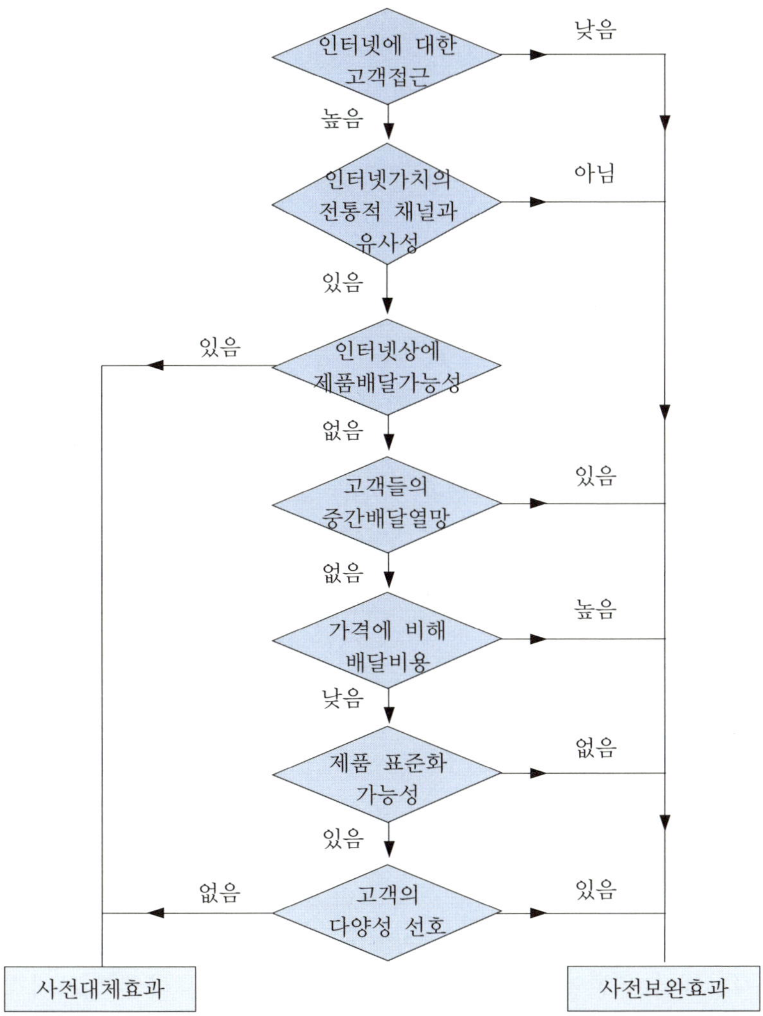

자료: Kotabe와 Helsen(2008), p. 613.

출하고 있다. 그러나 우리나라 우체국 쇼핑과 같이 오랜 기간 동안 관계자산을 구축하여온 기업의 경쟁력은 가격을 낮추면서 서비스 품질을 높이면서 경쟁력을 높여가고 있다.

인터넷의 영향이 커져가면서 고객들이 인터넷에 대한 접근성도 높아져가면서 전통적 채널에 비해서 인터넷가치가 높아져 인터넷의 대체효과(replacement effect)와 보완효과(complementary effect)가 나타나고 있다.

그러나 특정 산업에 따라 인터넷이 중간상인의 역할을 감소시켜 대체효과가 나타나고 있지만, 대부분의 산업에서 오프라인 유통업자들은 여전히 중요한 역할을 하고 있으면서 인터넷이 보완효과를 내고 있다. 재래식 유통업자들과 인터넷 유통업자들 사이에서 시장쟁탈이 이루어지고 있지만, 소비자들은 양쪽의 편의성을 함께 즐기고 있다. 오프라인과 온라인 양쪽을 넘나드는 소비자행동을 고려할 때, 다음 세 가지 비즈니스 모델들이 나타날 수 있다.

첫째, 제조업자가 직접 웹사이트를 개설하여 최종소비자들에게 직접 판매할 수 있다.

둘째, 웹사이트만을 운영하는 가상 소매업을 운영할 수 있다.

셋째, 전통적 채널의 확장으로 온라인 유통을 운영할 수 있다.

이러한 비즈니스 모델의 성공 여부는 소비자행동, 비용구조, 정부정책 등에 영향을 받는다.

제5절 회색시장

Global Marketing

회색시장 유통(gray market channel)은 정상적인 유통업자들과 다르게 중간상인들이 실제 제품을 수출하거나 수입하는 거래를 말한다. 수입업자의 측면에서 보면 병행수입(parallel import)으로 알려져 있다. 해외시장에서 유통업자들, 도매상인들, 소매상인들은 다른 비즈니스 업체들로부터 수출업자의 제품을 얻는다. 수출업자의 합법적인 유통업자와 거래상인들은 수출업자의 제품을 해외시장에서 낮은 가격으로 판매하는 다른 업자들과 경쟁에 직면하게 된다. 한 국가에서 생산되고 있는 카메라, 보석, 향수, 시계, 골프채 등과 같은 고가격의 소비재들이 회색시장 제품들에 노출된다. 회색시장 제품 수출에서 브랜드 명성은 중요한 요소이며, 유통은 독점적인 도매상인과 유통업자들을 통하여 이루어진다.

회색시장이 발달하려면 세 가지 조건들이 필요하다.

첫째, 제품들이 다른 시장에서 얻을 수 있어야 한다. 오늘날 글로벌 시장에서는 이러한 조건은 쉽게 충족된다.

둘째, 관세, 수송비용, 법률적인 제한과 같은 거래장벽들이 병행수입업자들이 한 시장으로부터 다른 시장으로 제품을 이전하기 충분히 낮아야 한다.

셋째, 여러 시장 사이에서 가격차이가 회색 마케팅을 하는 이들에게 기본적인 동기를 제공해주기에 충분히 커야 한다. 그러한 가격차이는 다음과 같은 여러 가지 이유로 나타난다.

- 환율변동
- 시장 수요에서 차이
- 법률적인 차이
- 기회주의 행동
- 세분화 전략

기업은 다른 시장의 특정 욕구를 충족시키기 위하여 제품을 수정할 수 있는데, 상식과 다르게 이러한 경우에 더 많은 회색시장을 만들어낸다. 이는 두 가지 이유에서 나타난다. 첫째, 제품의 한 버전은 유럽으로, 보다 발전된 버전은 미국으로 출시된다고 할 때 미국 소비자들 중에는 많은 수정이 이루어진 발전된 모델에 돈을 지불하지 않으려는 사람들이 존재하게 되고, 이들을 충족시키기 위해서 병행수입업자들은 보다 단순하고 값이 덜 비싼 제품을 인가를 받지 않은 유통업자로부터 구입하게 된다. 둘째, 몇몇 소비자들은 국내의 다른 소비자들과 그들을 차별화시키기 위해서 국내시장에서 출시되지 않은 제품 모델을 구매하기를 원할 수 있기 때문이다.

회색시장은 제조업자들에게 좋은 효과를 가져올 수 있다. 병행유통은 인가된 유통업자들에게 그들의 현지 고객들을 만족시키기 위해서 더 열심히 뛸 수 있는 브랜드 내 경쟁을 불러일으킬 수 있다. 브랜드 제품 제조업자에게 회색시장이 글로벌 전략을 덜 바람직한 것으로 만들 것인지에 대한 의문을 제기할 수 있다. 국제 마케팅에서 통제와 감시수준을 증가시키면 회색시장 제품의 위협을 감소시켜줄 수 있다. 독립된 유통업자들을 사용하는 기업들은 회색시장 활동으로부터 고통을 당하는 경향이 있지만, 유통경로에 대한 소유권에 기반을 둔 통제력을 가진 기업들은 제품의 최종 판매에 대해서 더 많은 통제를 할 수 있다.

정식 수입업자는 본사로부터 최저가격으로 공급받으나, 병행수입업체들은 현지 딜러에게 출고가격보다 높은 가격을 지불하고 제품을 공급받아 국내로 들여와서 정식 수입업자와 경쟁한다. 서비스면에서 차이가 있지만 본국에서 가격과 수입국가에서 가격차이를 줄이면서 가격경쟁력으로 승부를 걸려고 한다. 일본에서는 제트 크래프트(Z-craft)와 같은 병행수입업체들이 규모화되고 활발하게 활동하여 정식 수입업자가 터무니없는 가격을 제시하는 것을 불가능하게 하고 있다(한국경제, 2007년 11월 29일자 기사 참조).

사례연구 Dell

인터넷은 21세기를 변화시킨 가장 중요한 매체이다. 인터넷의 등장과 함께 유통차별화를 이룬 대표적인 기업인 마이클 델(Michael Dell)이 창업한 Dell 컴퓨터는 인터넷 마케팅의 진수를 보여주고 있다.

1. 창 업

1984년 미국 University of Texas, Austin에서 19세 대학생이었던 마이클 델은 이전의 유통업자나 대리점을 통해 컴퓨터를 판매하던 유통방식을 변화시켜, 기업과 소비자가 직접 대면할 수 있는 우편과 전화를 통해 컴퓨터를 판매하는 새로운 방식의 회사를 시작하였다. 그는 컴퓨터 제조에서 판매에 이르는 소요기간과 PC비용을 관찰하였다. 제조에서 판매의 유통기간이 평균 두 달이 소요되고, PC비용의 80%가 부품인데, 기술발전으로 부품의 평균가격이 한 해에 30%씩 하락하기 때문에 부품 재고기간을 줄일 수 있다면 더 좋은 제품을 싼 값에 판매하여 경쟁력을 높일 수 있다고 판단하였다. 재고기간을 줄이기 위해서 초기에 전화와 팩스 등으로 개별 주문을 받아, 소비자에게 직접 배달되기 전에 부품이 재고로 있는 기간을 줄이면서 재고회전율을 빠르게 하였다.

2. 직접판매와 가상통합

이러한 델의 모형을 직접판매모형(direct model)이라 한다. 공급자 → 생산자 → 고객이 직접 연결된다. 고객과 공급사 간의 긴밀한 관계를 구축하여, 이들 가치사슬활동을 수행하는 기간을 단축하여 비용을 줄여, 소비자들에게 혜택을 주려는 모형이다.

이러한 모형은 공급자 → 생산자 → 유통업자 → 고객 사이의 가치사슬 관계를 가지고 있는 전통적 유통경로에서 유통업자가 빠질 수 있기 때문에 원가하락을 유도하여 제품가격을 줄일 수 있다는 장점이 있다. 고객이 전화나 인터넷으로 주문을 하면 공장으로 주문이 전달되고, 전달된 후 6시간 내에 제품이 생산되어 배달을 하는 시스템이 된다. 이를 위해 많은 부품 생산은 아웃소싱으로 해결하고, 자사는 유통망과 정보가공에 집중하게 된다.

그림 12-5 직접판매와 가상통합

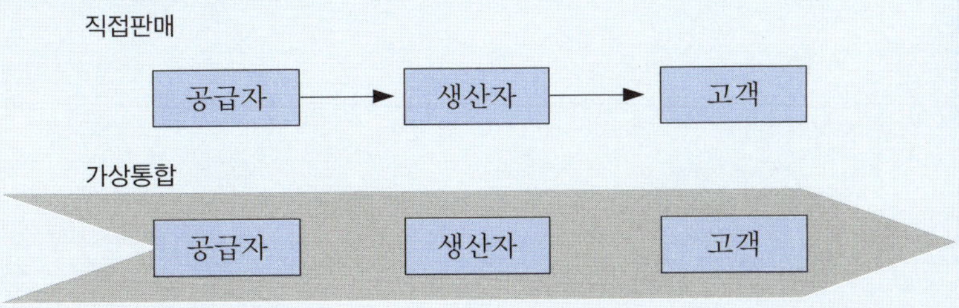

이 직접판매모형은 가상통합모형(virtual integration model)으로 발전하게 된다. 이 모형에서는 각각의 사업체가 마치 회사 내에 있는 것처럼 통합되는 모형으로서, 기술과 정보를 통해 파트너 간 상호 결합된다(김재일, 2001).

고객이 주문을 할 때, 고객이 원하는 부품들을 모아 자신만의 컴퓨터를 결합하도록 하였다. B2B웹페이지(www.Premier.Dell.com)와 B2C웹페이지(www.dell.com)를 만들어, 많은 정보를 제공하고 기술적 지원을 하면서 전화상담인력을 줄이고 판매와 마케팅비용도 줄였다.

참고문헌: 김재일(2001), 『인터넷 마케팅』, 박영사, pp. 348-349; 이규현(2010), 『마케팅관리』, 경문사, pp. 494-495.

Global Marketing

요 약

1. 기업이 해외지향성을 가질 때 해외국의 유통구조가 자국의 유통구조와의 차이를 인식하고 적절한 유통경로를 설정할 수 있는 능력이 중요하다. 우리나라 기업들이 일본과 미국에 진출하고자 할 때, 두 나라의 유통경로가 다르다는 것을 인식하고 접근하는 것이 중요하다. 두 나라 자동차부품 유통경로의 차이점을 제시하였다.

2. 글로벌 유통은 공급망관리로 통합되고 있다. 글로벌 기업활동에서 나타나고 있는 가치사슬상에서 기업내부의 활동을 공급업자, 유통업자, 고객과의 관계에서 유통흐름을 단축하고, 흐름 속에서 나타나는 변동, 즉 채찍효과를 통제하고자 함이다.

3. NAFTA 중심으로 영업을 하고 있는 월마트, 유럽을 중심으로 영업을 하고 있는 까르푸 등과 같은 글로벌 소매업태들은 세계로 진출하지만, 자국 유통업체들의 반격도 심하다. 우리나라에서 월마트와 까르푸는 현지화에 성공하지 못하여 철수하였으며, 한국 유통산업이 경쟁력을 높이도록 도전을 준 바 있다. 소매업태들은 고객가치지향성을 가지고 정보기술과 현대 경영혁신으로 무장하여 유통에서 변화를 가져다주고 있다.

4. 인터넷이 발전하면서 비용감소와 접근성의 이점이 있어서 글로벌 유통에서도 변화를 가져다주고 있다. 인터넷은 기존 사업에 보완효과를 내는가 대체효과를 내는가는 전통채널에 비해 인터넷 가치를 평가하는 소비자평가에 달려 있다. 소비자들의 인터넷에 대한 접근성이 높아져 오프라인과 온라인 결합 행동이 나타나면서 기업들의 비즈니스모델에서 변화가 나타나고 있다. 제조업자들이 웹사이트를 개설하여 소비자들에게 직접 판매활동을 시작하거나, 인터넷으로만 사업활동을 하거나, 기존의 오프라인에서 온라인까지 확장하여 사업활동을 하는 사업형태가 변화되고 있다.

5. 우리 주변에 카메라, 보석, 향수, 시계, 골프채 등 제품들이 병행수입을 통해 들어와 있는 것을 볼 수 있다. 이러한 회색시장은 기존의 유통질서에 변화를 주기 때문에 글로벌 유통에서 중요하게 다루어야 하는 주제가 되고 있다.

Global Marketing

토의과제

1. Cateora와 Graham(2007)의 분석을 중심으로 일본과 미국의 자동차부품 유통이 어떻게 다른가를 토의하라.

2. 글로벌 로지스틱스관리와 공급사슬관리가 어떻게 다른가를 설명하라. 글로벌 공급사슬관리가 어떻게 이루어지는지 2007년도에 '글로벌 500'에 들어간 우리나라 기업들을 선택하여 조사하여 보라. 채찍효과를 통제하는 방법을 가지고 공급사슬관리의 효율성을 설명하라.

3. on-time 소매정보관리에 대해서 설명하라.

4. 오프라인과 온라인 양쪽을 이용하고 있는 소비자행동에 대해서 이해하고 온라인 유통기관들에 대해서 조사하고 토의하라.

5. 우리나라 골프채 시장으로 들어가, 우리나라 병행시장이 어떻게 형성되어 있는가를 조사하여 보라.

Global Marketing

참고문헌

김남영(2007), 『공급사슬관리: Lean 접근법』, 경문사.

이규현(2010), 『마케팅관리: 이론과 사례』, 경문사.

한국경제, 2007년 11월 29일자 기사.

Bowersox, Donald J., David J. Closs, and M. Bixby Cooper(2002), *Supply Chain Logistics Management*, New York: McGraw-Hill.

Cateora, Philip R., Mary Gilly, and John L. Graham(2010), *International Marketing*, 15th ed., McGraw-Hill International Edition.

Christopher, Martin(2005), *Logistics and Supply Chain Management: Creating Value-Adding Networks*, 3rd ed., Prentice-Hall.

Kordupleski, Ray and Janice Simpson(2003), *Mastering Customer Value Management: The Art and Science of Creating Competitive Advantage*, Pinnaflex.

Kotabe, Masaaki and Kristiaan Helsen(2010), *Global Marketing Management*, Wiley.

Lee, H. L., V. Padmanabhan, and Scungjin Whang(1997), "The Bullwhip Effect in Supply Chains," *Sloan Management Review*, Spring, p. 99.

Quelch, John A. and Lisa R. Klein(1996), "The Internet and International Marketing," *Sloan Management Review*(Spring), pp. 60-75.

제5부

글로벌 마케팅활동의 관리

| 제13장 | 글로벌 조직변화와 통제

이제까지는 글로벌 마케팅을 위한 계획에 해당한다. 글로벌 마케팅이 성공하려면 계획을 실행할 수 있어야 한다. 전략을 실행하기 위해서는 조직변화가 필요하다. 제5부에서는 글로벌 전략을 효율적으로 실행하기 위한 조직과 통제에 대해 이해하고자 한다.

제13장

글로벌 조직변화와 통제

본 장에서는 글로벌 조직구조의 설계에 영향을 미치는 주요 요인들에는 어떠한 것들이 있으며, 기업들이 어떠한 대안적인 조직구성을 가질 수 있는가를 이해하고자 한다. 글로벌 조직구조의 진화와 글로벌 배열과 조정, 그리고 통제에 대해서 살펴보고자 한다.

●● 도입 사례
제1절 조직설계의 주요 기준
제2절 글로벌 조직설계의 대안
제3절 글로벌 브랜드 관리조직
제4절 글로벌 조직구조의 진화
제5절 글로벌 조정과 통제
●● 사례연구 : 와해성 혁신 창출을 위한 조직구조
●● 요 약
●● 토의과제

도입 사례

삼성전자와 현대자동차와 같은 해외시장 개척에 성공한 한국의 대표기업들은 글로벌 시장 개척을 위해 전략을 변화시켜왔고, 그 전략을 실행하기 위해 조직구조를 변화시켜왔다. 이 변화는 기업이 직면하는 환경기준과 기업 특유의 기준에 따라 진화된다.

우리나라 대기업들은 1970년대 수출로 세계 무대로 나아갈 때 종합무역상사를 활용하면서 다양한 제품들을 세계에 수출하게 되었다. 일반적으로 해외시장 개척에서 수출부서는 첫 단계의 조직구조가 된다. 수출이 활발하게 이루어지고, 여러 국가로 수출이 이루어지고 해외 판매량이 기업성장에 중요하게 되어감에 따라 수출국 시장을 독립적으로 책임질 수 있는 자회사가 필요하게 되고, 이 자회사를 통합하여 관리할 수 있는 국제사업부가 국내사업부와 독립하여 나타난다. 다양한 품목들을 가지고 해외시장을 개척하는 경우, 제품별로 사업부를 두게 되기도 한다. 적극적으로 글로벌 시장으로 진출하면서 지역별 소비자 수요에 부응하기 위해 미국 사업부, 유럽 사업부, 아시아 사업부와 같은 지역별 구조를 만들어 책임자를 두게 된다. 제품과 지역이 다양해질 때, 특정 지역에 특정 제품을 취급하는 자회사들을 만들고, 본사가 이들 자회사들과 네트워크로 연결하는 매트릭스 조직구조를 형성하여 글로벌 경제와 문화 환경변화에 잘 대응하려고 한다.

제 1 절 >> 조직설계의 주요 기준

Global Marketing

이 책의 제1장에서 기업이 글로벌 지향성을 가지면서 마케팅이 수출마케팅 → 국제마케팅 → 다국적 마케팅 → 글로벌 마케팅으로 발전한다는 것을 살펴본 바 있다. 하버드대학교의 경영사학자였던 Alfred Chandler의 말처럼 구조는 전략을 따른다(Structure follows strategy). 전략이 바뀌면 그 전략을 실행하는 조직구조도 바뀌어야 한다. 이러한 조직구조 변화에 대한 기준을 살펴보자.

1.1 조직설계의 주요 기준

전략변화에 따른 조직설계의 주요 기준인 환경기준을 먼저 살펴보고 기업 특유의 기준을 두 번째로 살펴보고자 한다.

1) 환경 기준

(1) **경쟁환경** : 이 책의 제3장과 제4장에서 살펴본 바와 같이 글로벌 마케팅은 세계적으로 움직이는 활동이어서 글로벌 경쟁에 대비하여 전략과 조직을 설계하여야 한다. 현지에서 경쟁이 치열하게 전개되고 있는 산업의 경우 현지 국가 수준에서 의사결정을 빠르고 정확하게 이룰 수 있는 분권화된 조직구조를 가지고 있어야 한다.

(2) **환경변화율** : 이 책 제7장에서 글로벌 산업의 경쟁분석을 살펴본 바 있다. 환경에서 경쟁강도가 높아져가고 새로운 경쟁자들과 대체품들이 나타나고, 기존의 경쟁자들이 전략적 제휴를 형성하거나 해체하는 등 환경변화가 어떻게 나타나고 있는가에 따라 조직구조는 변한다.

(3) **경제블록화** : 이 책의 제2장에서 경제블록화에 대해서 자세히 살펴본 바 있다. 경제블록화 움직임은 글로벌 조직설계를 그 지역에 따라 의사결정체계를 만들어내는 지리적 조직으로 변화시키

도록 요구하고 있다.

(4) 고객의 성격: 기업은 글로벌로 넓게 마케팅활동을 전개하고 있지만, 기업을 상대로 하는 기업과 고객과의 관계에서 고객의 성격은 상당히 차이가 있다. 이 책의 제9장 브랜드전략에서 브랜드공동체에서 살펴본 것처럼 기업과 고객이 상당히 가까운 관계를 형성하면서 전개되고 있는 경우 조직구조도 변화한다.

2) 기업특유의 기준

(1) 글로벌 전략변화

기업의 전략변화가 조직구조를 변화시킨다. 이 책의 제2장에서 자세히 다룬 것처럼 기업이 제품을 만들어 세계적으로 수출망을 확보하면서 수출이 증가하면서 현지에 대한 무역장벽 등을 극복하기 위하여 전략적 제휴와 합작투자, 자회사 등의 필요성을 느끼고 전략이 변해가기 때문에 부서는 국제사업부에서 지역별 조직으로 발전하여간다.

해외 자회사의 수요가 증대되어 나갈수록 현지에서 생산과 마케팅 활동을 할 수 있는 권한과 책임의 범위가 넓어지며 국내시장과 해외시장의 구분이 없어지고 전 세계를 하나의 시장으로 간주하여 의사결정을 할 수 있는 제품별, 지역별 조직구조가 필요해진다.

(2) 제품계열의 다양화

기업에서 다루고 있는 제품이 다양하고 브랜드가 다양해지면 제품과 브랜드에 대한 전략이나 통제를 수행하는 각 제품사업부의 책임자의 역할이 중요해진다. 제품사업부는 해당 제품에 대해서는 글로벌 시장을 통괄한다. 이 경우 글로벌 기업이 취급하는 제품계열의 폭과 넓이에 따라 조직형태가 달라질 수 있다.

(3) 기업문화

이 책의 제8장 제품전략의 〈표 8-1〉에서 우리는 코카콜라사에 비해서 스위스 네슬레사는 현지화 쪽으로 상당히 움직여있는 것을 보았다. 이 책의 제9장 글로벌 브랜드 관리에서 다룬 네슬레의 브랜드 나무에서 보았듯이 네슬레는 수많은 지역과 현지의 브랜드들을 가지고 있는 것을 볼 수 있다. 네슬레는 고도로 분권화된 구조를 가지고 있으며, 의사결정이 현지수준에서 이루어지고 있는 기업문화를 가지고 있다.

(4) 현지 관리기술 능력

글로벌 기업이 진출하고자 하는 현지에 대한 관리기술이 부족한 경우에는 현지화되고 분권화된 조직구조는 문제가 될 수 있다. 어쩔 수 없이 본국에서 익숙한 조직구조를 가지고 접근하되, 현지에 맞게끔 조직구조를 변화시켜가는 방법을 택할 수밖에 없다.

제2절 >> 글로벌 조직설계의 대안

Global Marketing

2.1 수출부서의 등장

우리나라 기업들의 해외시장 개척의 첫 단계는 수출이었다. 이 수출은 우리나라 전체를 성장시킨 견인이었다. 1960년대는 철광석과 같은 자연자원 수출, 1970년대는 노동집약적인 섬유, 신발과 같은 경공업 제품수출, 1980년대는 기술이 향상되면서 철강, 기계, 선박, 전자제품 수출, 1990년대는 반도체, 전자제품, 자동차, 선박, 철강, 기계 쪽으로 보다 첨단기술제품 수출로 변화되면서, 이러한 첨단기술 분야로의 변화가 가속화되고 있다. 글로벌 경쟁에 직면해 있는 글로벌 부문에서 나타나고 있는 현상이다.

그림 13-1 한국을 성장시킨 수출

그림 13-2 일본 종합상사의 다국적 구조

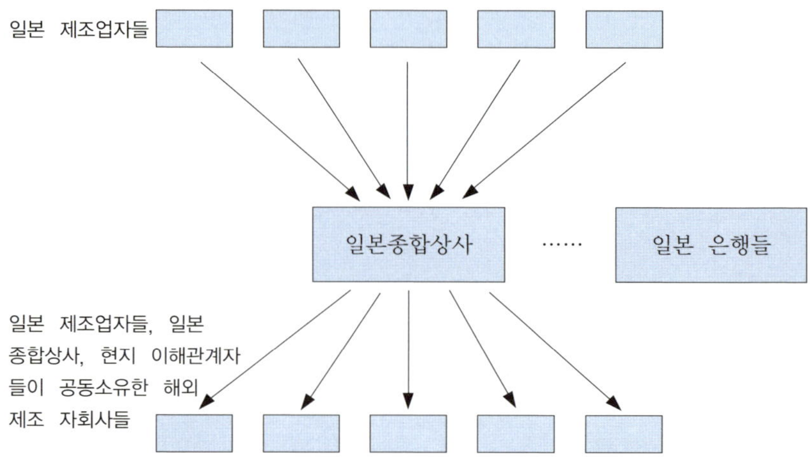

자료: Raymond Vernon, and Louis T. Wells, Jr., and Subramanian Rangan (1995), *Manager in the International Economy,* 7th ed., Prentice-Hall. Chapter 1.

수출이 적극적으로 전개되어 가는 과정에서 일본의 종합상사(總合商社, general trading company)의 역할이 부각되었다. 일본의 종합상사는 기업 실체적 차원에서 소고쇼오사(總合商社)로 지칭되는 10개 남짓한 일본회사 특유의 기업활동으로 인식되었다(조동성, 2000, p. 252). 우리나라에서는 1975년 정부에서 종합무역상사제도를 도입하면서 무역을 촉진시켜 왔다. 기업들이 해외마케팅을 고도화시켜가는 과정에서 정부의 역할은 지대하다고 볼 수 있다. 일본 종합상사는 '라면에서 미사일까지' 취급품목을 다양하게 하면서 100개 내외의 해외지사망을 가지고 지역적 다변화 규모를 가지고 활동하면서 국제적인 정보망을 살리면서 접근하여 왔다.

우리나라 다국적기업들도 종합무역상사를 통해 해외 수출시장을 하방통합으로 연결시킨 수직적 통합구조를 강조하여 왔다.

2.2 국제사업부의 등장

기업이 수출마케팅 단계를 넘어서서 국제마케팅 단계로 넘어가면

그림 13-3 국제사업부

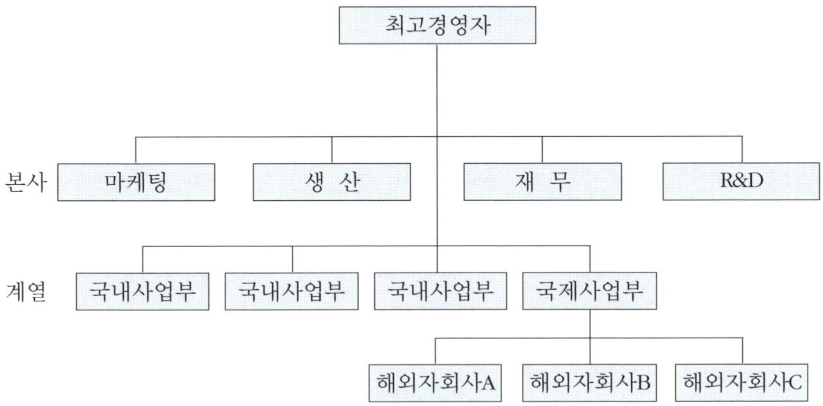

수출부서에서 국제사업부가 등장하면서 조직변화가 나타난다.

기업이 국내시장을 대상으로 해서 R&D, 생산, 마케팅을 수행하다가 해외시장개척을 위해 수출활동이 본격화되면 국내 판매부서에서 수출업무를 전문적으로 처리하는 수출부를 보강하여 외환취급, 신용장, 무역통제, 통관수속, 국제수송, 해상보험 등의 업무를 처리하는 쪽을 진화한다.

수출활동이 더욱 활발하여 수출품목과 물량이 증가하게 되면 독립된 수출부서를 만들 필요성을 느끼게 되고, 사업부제 조직으로서 수출사업부를 설립하여 기존의 수출부서의 제약을 극복하고 보다 적극적으로 수출업무에 전담하려고 한다.

수출활동이 발달하게 되면 기업들은 수출국시장에 판매 자회사를 설립하는 쪽으로 발전하게 된다. 이 책의 제6장에서 가치사슬상 기능분화를 통한 해외시장진출에서 보다 자세하게 다룬 바 있다. 이 경우는 본국에서 R&D, 생산, 마케팅을 수행하고 판매 및 서비스를 해외표적시장으로 이전시켜서 협력패턴을 창출하는 경우이다. 이는 현지시장의 정보수집, 광고활동, 유통경로의 구축 등을 통해서 해외 마케팅활동을 전개하여 현지소비자, 유통업자에 대한 커뮤니케이션을 긴밀하게 하고 서비스 향상을 통한 고객만족을 극대화시킬 수 있다는 장점이 있다.

세계 다수지역에서 제조자기업을 설립해서 본격적으로 해외사업을 전개하기 위해서 그 활동을 일괄해서 취급하는 조직으로 국제사업부(international division)를 설립한다.

국제사업부는 국내사업부에서 독립되어 해외사업을 전반적으로 취급하기 위해서 만들어진다. 국내사업부와 지위는 같지만 권한과 책임이 해외사업 쪽에 있는 경우이다. 이 사업부는 해외자회사들의 활동을 조정하면서 기업집단의 효율을 높이려고 한다. 이 책 제10장에서 논한 이전가격(transfer price) 조정 등을 수행한다. 해외 자회사의 자금조달을 조정하고, 자회사 활동을 통제하기도 한다.

이 사업부는 다음과 같은 단점이 있다. 기업이 다수지역에 제조자회사를 설립하여 생산과 마케팅활동을 전개하려면 다수지역에 대한 현지화전략을 펼치기가 어렵게 된다. 이 사업부는 제품개발에서 자율성이 낮아 국내사업부에 의존하는 경향이 있기 때문에 제품개발에 대한 현지에 맞는 보다 창조적인 접근을 하기가 어렵게 된다.

이러한 문제점들은 기업의 글로벌 지향성이 강해져 다수지역에서 자회사가 설립되어 생산되는 제품이 다양해지게 되면 마케팅을 할 새로운 조직을 필요로 하며 이는 제품사업부 조직으로 발전한다.

2.3 제품사업부 구조

제품사업부 구조(product division structure)는 제품이 다양하게 나타나는 기업들의 경우 사업부 책임자가 제품집단에 대해 책임을 지게 하는 구조이다. [그림 13-4]에서 볼 수 있듯이 전사적인 전략경영은 본사의 최고경영자가 책임을 지지만, 제품에 관해서는 각 제품사업부의 책임자에게 책임을 부여하는 조직이다. 각 제품사업부의 책임자는 본사로부터 마케팅, 생산, 재무, R&D 등의 조언을 받으면서 제품에 대한 글로벌 활동을 전개할 수 있다.

이 조직은 제품이 다양하여 현지에서 고도의 기술과 소비자욕구에 반응해야 하는 경우에 적합하다. 기업경영활동이 지리적으로 넓혀지고 지역별로 업무를 세분화하여 수행되어야 할 필요성이 나타나면 이 조직도 한계에 직면하게 된다.

그림 13-4 제품사업부 구조

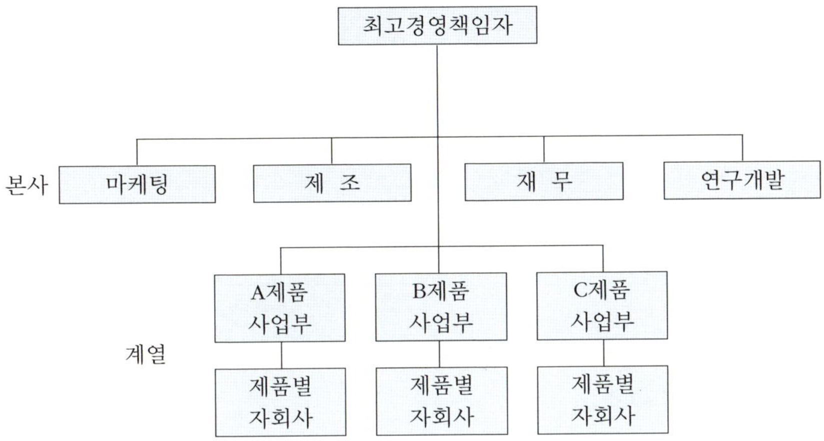

2.4 지역별 구조

기업의 글로벌 지향성이 깊어져 제품품목이 다양해지고, 전 세계 시장을 대상으로 마케팅활동이 활발해지면 지역별로 소비자들의 수요에서 차이가 크다는 것을 인식하고 지역별 구조(geographic structure)의 필요성을 느끼게 된다.

그림 13-5 지역별 구조

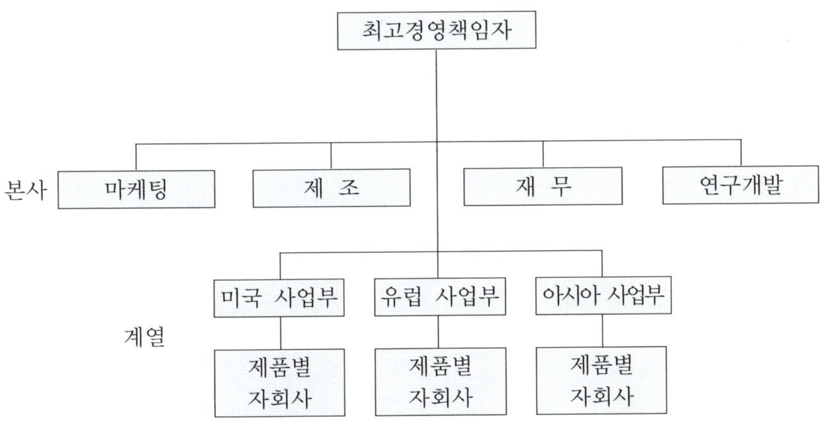

이 조직에서는 전 세계를 하나의 시장으로 바라보고 전개하는 단계이며, 본국도 전 세계 시장의 하나의 시장으로 바라보고 접근한다는 점에서 상당히 글로벌로 나아간 경우이다. 이 책 제2장 블록화에서 설명한 것처럼, 지역별로 블록화가 나타나고, 지역별 문화적 특성이 달라 지역별 전략이 중요하게 인식된 경우에 나타나는 조직이다.

그러나 이 조직은 제품계열이 너무 다양하여 지역별로 조정이 어렵고, 신제품개발과 확산에 대한 아이디어 교류가 어렵고, 유통에서도 문제가 발생할 수 있기 때문에 조정과 통제가 중요한 쟁점으로 나타난다.

2.5 매트릭스 구조

글로벌 활동은 기능, 제품, 지역이라는 세 가지 변수에 의해서 조직구조가 변할 수 있는데 매트릭스 구조(matrix structure)는 제품별, 지역별, 기능별 등이 복수의 축을 기준으로 하여, 앞의 조직구조가 가지고 있는 단점들을 보완하여 접근하려는 시도에서 나타난 구조이다. 제품과 지역, 제품과 기능, 지역과 기능을 복수로 하여 형성될 수 있지만 제품과 지역을 중심으로 형성되는 경우가 많다. 매트릭스 조직의 전형적인 형태는 그리드형 구조(grid structure)이다. 글로벌 기업들의 경우

그림 13-6 글로벌 기업의 매트릭스조직 유형

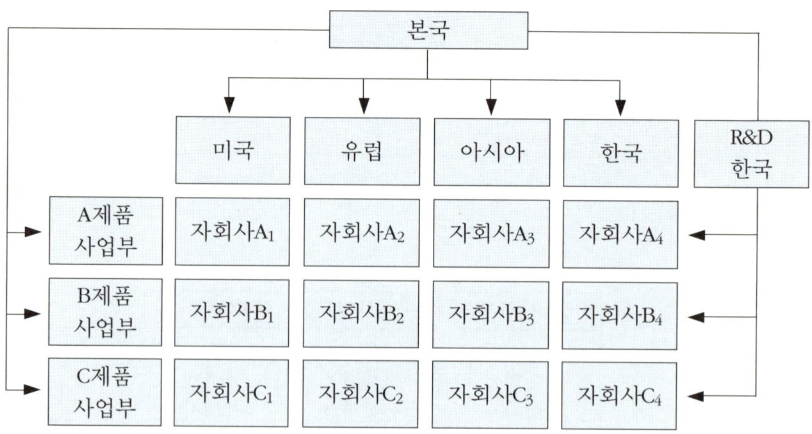

[그림 13-6]과 같이 제품과 지역별 매트릭스 조직의 유형이 나타날 수 있다.

이 조직은 제품과 지역 등과 같은 복수의 축을 고려하기 때문에 환경이 불확실하고 경쟁이 치열한 상황에서 유리한 조직구조이지만, 이원적 명령체제가 이해관계의 대립을 가져와 문제점을 야기할 수 있다. 유연성이 중요한 쟁점이 된다.

이 책의 제2장과 제3장에서 살펴본 바와 같이 글로벌 시장의 경제와 문화 환경이 급변하고 있기 때문에 매트릭스 구조는 중요하게 되고 있다. 글로벌 소비자의 가치관이나 욕구의 다양화, 제품수명주기의 단축, 기술혁신의 진전에 의한 신제품의 등장 등 상상할 수 없을 정도로 급격히 변화하고 있기 때문이다. 글로벌 네트워크는 다음과 같은 특징이 있다.

(1) 혁신창출

글로벌 소비자의 가치관이나 욕구의 변화를 먼저 파악하여 그러한 형태의 신제품개발이나 신사업의 전개를 수행해야 한다.

(2) 해외 자회사의 자율성 존중

글로벌 네트워크조직에는 본사와 해외 자회사 사이, 해외 자회사 사이에서 경영자원 이전이 빈번하게 이루어지고 있기 때문에 그들의 자율성은 유지되어야 한다.

(3) 약한 연결

약한 연결(weak tie)과 강한 연결(strong tie)에서 네트워크 구조는 후자에 속한다. 강하게 연결되어 있는 경우 조직단위가 동태적이고 자유스러운 활동이 불가능하기 때문에 조직단위의 연결이 느슨하게 연결되어 있는 경우 자유스럽게 활동되고, 창의성이 발휘되기가 유리하다.

(4) 가치와 정보에 의한 통합

글로벌 네트워크는 조직단위가 매우 느슨하게 연결해서 결합되어 있는데도 하나의 통합을 갖고서 유지되고 있어야 한다. 글로벌 네트워크는 그것을 구성하는 해외 자회사 및 여기서 태동하는 글로벌 종업원이 일정한 가치나 정보를 공유하는 것이어서 자연히 통합되어 있는 메커니즘이 되고 있다.

제3절 글로벌 브랜드 관리조직

Global Marketing

〈표 13-1〉에서 볼 수 있듯이 글로벌 브랜드들은 뚜렷한 추구방향을 가지고 있다.

이 책의 제9장 전체에서 글로벌 브랜드 전략에 대해서 설명한 바 있다. 글로벌 브랜드 전략을 성공적으로 펼칠 수 있기 위해서는 브랜드 관리조직이 필요하다. 다음과 같은 조직들이 있다.

3.1 브랜드관리위원회

이 위원회는 글로벌과 현지 브랜드 전략들을 통합하고 조정하려고 한다. 지역 사이의 커뮤니케이션 정도를 높이고 구매력을 높이려고 각 지역별로 존재하는 마케팅담당자들 중에서 핵심들로 모여서 이루어질 수 있다. 브랜드 포지셔닝을 개발하고 비전을 개발해나간다.

표 13-1 글로벌 브랜드들의 추구방향

월마트	Always low price
페덱스	Absolutely, positively, doing whatever it takes
렉서스	Pursuit of perfection
P&G	Brands you know and trust
맥킨지	Being a CEO's trusted adviser
보잉	People working together as a global enterprise for aerospace leadership
애플	Innovation and design
펩시콜라	Appealing to the younger generation

자료: Dave Ulrich, and Norm Smallwood(2007), "Building Leadership Brand," *Harvard Business Review*, (July-August), p. 94.

3.2 브랜드 챔피언

브랜드 챔피언(brand champion)을 잘 실행하고 있는 기업으로서

이 책 제9장 브랜드 아키텍처에서 설명한 스위스의 네슬레이다. 이 기업은 12개의 전사적 전략적 브랜드들 각각에 브랜드 챔피언을 임명하고, 그들이 모든 브랜드와 브랜드 확장결정 등을 수행하고, 세계적으로 전개되고 있는 브랜드들을 감독하고, 조직 내에서 가장 잘한 업무로부터 통찰을 확장시키고 있다.

3.3 글로벌 브랜드 매니저

이는 국가들 사이에서 브랜딩 노력을 통합하고 지역적인 편견을 극복하기 위한 책임을 가지고 있다. 기업조직에서 브랜드 챔피언이 임원진이라는 점에서 브랜드 매니저는 낮은 급이다. 이는 최고경영자가 마케팅과 브랜드에 관한 능력이 부족한 경우나, 첨단기술기업의 경우 기술에 강조를 두고 있어서 이러한 지위에 있는 사람들을 확보하고 있는 것이 유리하다.

3.4 비공식적 브랜딩회의

글로벌 브랜드 결정에서 글로벌 브랜딩 위원회, 브랜드 챔피언, 글로벌 브랜드 매니저와 같은 공식적인 기구를 두는 것도 중요하지만, 비공식적이면서 상황에 따라 브랜딩 회의형태를 가지면서 브랜드에 대해서 강조하는 것이 중요하다는 것을 깨닫고 있다.

제4절 >> 글로벌 조직구조의 진화

Global Marketing

글로벌 마케팅전략이 바뀌고 시간이 경과하면서 조직구조를 글로벌 지향성으로 변한다고 하더라도 계속 조직구조는 변화시켜가야 한다. 그 이유는 기존에 형성된 조직구조가 환경이 변하기 때문에 환경변화에 민첩하게 대응하지 못할 정도로 경직되어 있을 수 있기 때문에 환경에 맞게 변화시켜가야 한다. 새로운 전략적 기회나 방향이 나타나면

그림 13-7 Stopford-Wells 국제 구조 단계모형

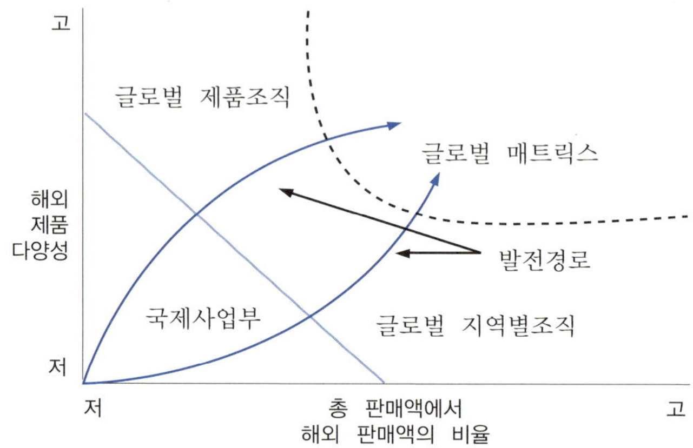

자료: John M. Stopford and Louis T. Wells, Jr(1972), *Managing the Multinational Enterprise: Organization of the Firm and Ownership of the Subsidiary,* (New York: Basic Books); Christopher A. Barlett(1987), "Building and Managing the Transnational: The New Organizational Challenge," in *Competition in Global Industries,* ed. M. E. Porter (Boston, MA: Harvard University Press), p. 368; Kotabe와 Helsen(2008), p. 584.

그 기회를 찾기 위해 변화시켜가야 한다. 새로운 관계와 책임성, 다운사이징을 필요로 할 수 있다.

어떠한 방향으로 진화하는가? Stopford와 Wells(1972)가 개발한 개념이 가장 잘 받아들여 왔다. 즉, [그림 13-7]에서 제시된 것처럼 총 판매액에서 해외 판매액의 비율(foreign sales as percentage of total sales)과 해외 제품다양성(foreign product diversity)의 두 차원을 가지고 어떻게 글로벌 매트릭스조직으로 변해가는가를 보여주었다.

이 모형에 따르면 기업들이 초기에 글로벌 시장을 탐색할 때 국제사업부에서 시작한다. 기업의 해외 제품다양성이 증가하지 않은 채 해외판매가 증가함에 따라 기업은 지리적 지역구조(geographic area structure)로 변해간다. 해외제품계열의 다양성이 증가하게 되면 글로벌 제품계열에 따라 조직화를 이루게 되면서 글로벌 제품조직으로 발전한다. 최종적으로 제품다양성과 국제판매가 함께 상당히 증가할 때 다국적기업들은 두 차원의 매트릭스구조를 채택하게 된다.

Stopford-Wells 모형은 미국기반 다국적기업을 분석하는 데 유용하

지만, 종합무역상사 활동이 강조되면서 전개되었던 우리나라 실정에서는 다른 면들이 존재할 수 있다. 여기서 조직구조는 글로벌 조직에서 하나의 중요한 측면이지만, Barlett(1983)가 지적하였듯이 이러한 조직구조의 내부에는 경영자들과 관리과정에서 정신이 글로벌 마인드가 얼마나 형성되어 있으며, 글로벌화와 현지화가 함께 나타나는 글로컬 마인드(glocal mindset)가 얼마나 잘 정립된 조직문화를 가지고 있는가가 중요해진다.

제5절 >> 글로벌 조정과 통제

Global Marketing

5.1 글로벌 배열과 조정

글로벌 경영은 전 세계를 대상으로 활동하는 것이기 때문에 기업활동을 배열(configuration)하고 조정(coordination)할 수 있는 능력이 중요해진다. Porter(1986)는 GM, 포드, 도요타의 배열과 조정을 비교한 바 있다. 도요타는 지리적으로 집중하여 그 국가에서 표준화를 통해서 강한 방향으로 나아갔지만, GM은 지역적으로 분산적인 제조설비를 갖고, 다른 브랜드를 사용하면서 현지 적응전략을 수립하여 경쟁하고 있다고 분석한 바 있다.

이 책의 제7장 해외시장진입전략에서 중요하게 다룬 바 있듯이 가치사슬상에서 기능분화를 통하여 해외시장 진출을 고도화시키면 배열과 조정의 문제가 더욱 중요해진다. R&D, 생산, 마케팅, 판매 및 서비스를 본국에 집중하다가 그 기능들을 분화시킬 수 있다. 즉, R&D활동을 본국에 집중할 수 있지만, 다른 활동은 제휴를 통해서 지리적으로 분산할 수 있다. 분산된 활동에서 제품, 브랜드, 서비스 등에서 고도로 표준화된 조정이 필요해진다.

Porter(1986)는 가치활동의 글로벌 배열과 조정을 통해 기업특수의 경쟁우위가 도출될 수 있다고 보고, 배열과 조정 수준에 따라 다음 네 가지 전략적 대안이 나타날 수 있다고 보았다.

- 전략 Ⅰ은 가능한 한 기업활동의 많은 부분을 특정 국가에 집중시키고, 기업활동들을 표준화시킴으로써 기업활동을 조정하려고 한다.
- 전략 Ⅱ는 기업활동의 배열을 지리적으로 집중시키지만 낮은 수준에서 기업활동을 조정하는 수출 위주의 글로벌 경쟁전략으로 이 전략에서는 마케팅활동이 분산된다.
- 전략 Ⅲ은 기업활동의 배열을 지역적으로 분산시키고 기업활동의 조정도 엄격히 하는 해외 직접투자전략이다.
- 전략 Ⅳ는 기업활동의 배열을 지역적으로 분산시키면서 기업활동의 조정도 별로 중시하지 않는 전략으로서 이는 어느 한 국가에서만 기업활동을 하는 다국적기업이나 글로벌 기업들이 선택할 수 있는 전략이다.

기업이 세계의 다수지역에 제조기업을 설립해서 글로벌 시점에서 사업활동을 전개하게 되면 해외 자회사의 활동에 대한 통제가 중요한 과제가 된다. Stopford의 조사에 의하면, 미국 기업에서 해외 자회사의 설립초기에는 해외 자회사에 대폭적인 권한과 책임을 부여하고 본사에서의 통제는 거의 하지 않는다. 이러한 단계에서는 일반적으로 본사에 해외 자회사의 활동을 통제하는 독립된 부문을 두지 않는다.

자회사가 성장해서 규모가 커지면 본사는 해외사업에 관심을 돌려 기업 전체의 경영효율을 향상시키기 위해서 통제에 관심을 둔다. 자회사의 마케팅활동도 전사적 관점에서 조정되고 통제되면서 다수지역에 있는 자회사들의 활동을 통제하는 조직이 필요하게 된다.

5.2 글로벌 통제

관리활동은 계획 설정에서 시작하여 글로벌 활동에 맞는 조직구조를 형성하여 실행체제를 갖추지만, 계획 설정에 얼마나 접근하였는가 하는 성과를 측정하면서 예산과 문화 등을 중심으로 통제해 나가는 과정도 중요하기 때문에 통제시스템을 만들어가야 한다. 통제는 공식적인 통제시스템과 비공식적인 통제시스템으로 나눌 수 있다.

1) 공식적 통제

공식적인 통제는 성과 측정 기준(standard)을 만들어낸다. 여러 가지 시나리오에 반응할 수 있는 매뉴얼과 정책적 지침들을 만들어내면서 행동을 통제하려고 한다. 유통 범주, 브랜딩 정책, 가격결정 정책, 연구개발비 지출 등에서 나타난다. 이러한 행동기반 통제는 현지 시장 여건에 효율적으로 반응하는 메커니즘을 만들어내는 것이 과제이다.

성과에 기반을 둔 통제는 객관적이고 신뢰성이 있고 측정하기 쉬운 기준을 만들어내면서 이루어진다. 그러나 이러한 측정기준들은 내부와 외부 환경변화에 따라 성과측정에서 타당성이 결여될 수 있기 때문에 잘 반응하면서 짜여져야 한다. 성과를 측정하고, 성과에서 오차를 분석하고 수정하면서 발전할 수 있다.

2) 비공식적 통제

중요한 비공식적인 통제는 기업문화와 인적자원개발에서 나타난다. 본 장의 브랜드조직에서 언급되었지만, 기업이 지향하는 문화가 다르게 나타나고 있지만, 기업문화를 강조하는 것은 공유된 가치(shared value)를 형성하여 조직구성원들에게 정체감과 결속력을 줄 수 있기 때문이다. 조직구성원들이 자긍심을 가지고 조직구성원들 사이에서 신뢰를 형성하면서 동료들과 동료애와 재미를 가지고 살아가는 것이 중요하다.

이는 로버트 레버링이 전개한 훌륭한 일터(Great Work Place: GWP)를 만드는 과제들이 신뢰경영의 화두와 함께 중요한 과제라고 판단된다. 고객만족운동에서 종업원을 내부고객으로 바라보고 종업원을 만족시키고 선발과 교육훈련, 모티베이션 체계를 안정시키면 이직률이 줄어들고 기업에 충성할 수 있다. 여러 글로벌 기업들이 기업문화와 인적자원개발을 통한 자발적인 통제메커니즘을 중요시하는 것은 글로벌 기업들의 성장에서 조직구성원들의 창의성이 중요해져가고 있기 때문이다.

사례연구

와해성 혁신 창출을 위한 조직구조

기업이 소비자와 관계하기 위해서는 새로운 기술을 장착한 새로운 제품을 만들 수 있는 능력이 존재해야 한다. 글로벌 경쟁에 직면해 있는 기업들의 경우 혁신을 창출하고 시장에 확산시킬 수 있는 조직구조를 갖추고 있어야 한다. 와해성 혁신에 대해서 살펴보고 미래 조직구조에 대해서 이해를 넓혀보자.

1. 와해성 혁신

하버드 경영대학원의 석좌교수인 클레이튼 크리스텐슨(Clayton Christensen, 1997)은 와해성 혁신(distruptive innovation)이라는 개념을 소개할 때, 기술을 존속성 기술(sustaining technology)과 와해성 기술(distruptive technology)로 나누었다. 전자는 새로운 기술이 기존 제품의 성능을 더욱 향상시키는 방향으로 사용되는 경우로서 컴퓨터의 경우 메모리나 CPU 용량이 빨라지는 경우이다. 그러나 후자는 주류시장 고객의 관점에서 보면 일시적으로 열등한 기술이지만, 새로운 시장을 창출하여 궁극적으로 기존의 기술을 대체해버리는 기술이다. 초기 소형컴퓨터가 메인프레임 컴퓨터를 사용하는 고객에게 환영을 받지 못했지만, 기존 제품 시장에 참여하지 않았던 새로운 고객을 창출하여 그 이전 시장을 장악하였듯이, 와해성 기술의 영향은 시장의 판도를 바꾸어버린다. 크리스텐슨은 기존 기술과 와해성 기술의 예를 〈표 13-2〉와 같이 제시하고 있다.

시장의 판도를 변화시키는 와해성 기술을 창출하기 위한 조직구조에 관심을 가질 필요가 있다. 3M의 창의성, Sony의 네트워크형을 살펴보자.

2. 3M

스탠퍼드 경영대학원의 Collins와 Porras(1994)는 그들의 주저 '*Built to Last*'에서 비전기업들을 실증적 분석한 결과 3M이 '끊임없는 개선'을 추구하는 지속가능기업임을 증명한 바 있다. 3M은 창의성이 돋보이는 조직구조를 가지고 있는 것으로 유명하다. 일년에 500개 이상의 신제품을 만들어내었고, 지금까지 이런 식으로 모두 5만 가지가 넘는 상품을 출시하였다. 대표적인 히트 상품인 '스카치테이프', '포스트잇'을 비롯하여 재생 플라스틱을 이용해 만든 수세미, 분무형 풀, 컴퓨터 마우스 패드, 첨단의료 및 통신용 소재 등 생활주변과 각종 산업의 구석구석에서 쓰이는 3M의 상품은 많다.

아이디어를 상품화로 연결시키기 위한 각종 지원제도를 보면, 이 회사의 연구개발에 대한 집착을 알 수 있는데, 대표적인 것이 '스폰서제도'이다. 부장급 이상 관리자가 우수한 아이디어를 적극 지원하는 후견인역을 맡으며, 새로운 아이디어를 얼마나 지원했는지는 간부들의 인사고과에 반영되기도 한다. '15% 룰'은 근무시간 중 15%는 업무와 직접 관련없이 개인적으로 관심있는 연구에 쓸 수 있도록 허용한다. 연구직이나 기술직 직원은 이 룰을 이용해 상사의 눈치를 보지 않고, 자유롭게 자신이 원하는 연구에 도전할 수 있다. '비밀연구제도'는 회사에서 공식적으로 중단한 연구과제라도 연구자가 추진할 만하다고 생각하면 상사 몰래 연구를 계속할 수 있는 제도이다. 15% 룰이 근무시간 중에 공개적으로 자신만의 연구를 수행하는 것이라면, 비밀연구제도는 근무시간이 끝난 후 회사의 설비를 이용해 연구를 계속한다는 점이 다르다.

이 밖에도 회사의 모든 연구개발 성과와 기술정보를 공유할 수 있도록 마련된 데이터베이스와 기술포럼 등은 오늘날 3M이 신상품 개발을 지속적으로 할 수 있는 원동력이 되고 있다.

3. SONY

글로벌 시장에서 소비자들의 수요 패턴의 변화가 빠르게 나타나고 경쟁이 치열하여 새로운 기술이 빠르게 출현하여 제품의 수명주기가 짧아져가면서, 기업 내부에서 수행하던 활동을 경쟁기업, 공급기업, 고객 사이의 가치사슬 상의 네트워크로 연결시키는 조직구조가 중요시되고 있다. SONY는 우리나라 삼성전자와 경쟁하는 가전회사로서 TV, DVD, 워크맨과 같은 AV제품에서부터 컴퓨터, 반도체, 통신, 오락, 멀티미디어 사업에

표 13-2 와해성 기술의 출현

기존 기술	와해성 기술
필름 사진	디지털 사진
유선전화	무선전화
회선 교환방식 네트워크	패킷 전환방식 네트워크
노트북 컴퓨터	휴대용 디지털 기기
데스크탑 컴퓨터	플레이 스테이션
풀 서비스 주식중개회사	온라인 주식중개회사
나스닥 주식거래소	장외 전자거래시장 ECN
신규 주식과 채권 발행 주간업무	인터넷으로 실시하는 신규 주식과 채권의 자유경매
은행의 판단에 기초한 대출심사	신용점수평가시스템에 기초한 자동대출검사
오프라인 소매업체	온라인 소매업체
산업용 재료 유통업체	Chemdex, E-Steel 같은 인터넷 기반 사이트
인쇄된 축하카드	다운로드가 가능한 무료 축하카드
전력회사	분산발전소(가스 터빈, 마이크로 터빈, 연료셀)
경영대학원	기업대학과 기업의 자체 경영훈련프로그램
교실과 교과에 기초한 교육	인터넷을 통해 수행되는 원격교육
표준 교과서	직접 편집한 디지털 교과서
오프셋 인쇄	디지털 인쇄
유인 전투기 및 폭격기	무인비행기
의사	전문간호사
종합병원	외래환자 클리닉 및 자체환자치료
개복수술	관절경 및 내시경 수술
심장 우회수술	혈관형성술
MRI 및 CT	휴대용 의료기기

자료: 클레이튼 크리스텐슨 저, 이진원 역(2009), 『혁신기업의 딜레마』, 세종서적.

진출하고 있다.

일본 소니 본사에서는 디자이너와 엔지니어들이 제품 디자인과 설계를 담당하고, 제품생산을 하지 않는다. 생산활동은 제조전담 일본자회사에서 담당한다. 이 일본자회사는 싱가포르의 자회사를 통해 말레이시아, 대만, 중국과 같은 동남아 생산기지를 관리한다. 미국에 현지법인을 두고 있는데, 이 현지법인은 여러 가지 멀티미디어사업에서의 전략적인 제휴, 게임사업, 무선통신사업, 영화사업을 수행하고 있다. 영국에서 유럽담당 지역본사를 두고, 스페인, 프랑스 등에 있는 자회사와 연결하고 있다. 이와 같이 소니는 네트워크형 조직구조를 가지고 글로벌 운영을 하고 있다. 이러한 네트워크형 조직구조는 소니뿐만 아니라, 여러 다국적기업들이 수행하는 구조이기도 하다.

4. 새로운 인력개발

이러한 구조에서는 경영자들은 내부 균형과 외부 균형 양쪽이 중요해진다. 즉, 내부에 있는 전문가들을 효과적으로 조직하고 운영하는 능력과 동시에 외부에 연결되어 있는 기업 간 네트워크를 효과적으로 관리하는 능력이 중요해진다. 전략적 제휴와 합작투자와 같은 전략적 사고는 특히 중요하여, 혁신을 개방형으로 이루어지는 조직구조가 필요해진다. 이러한 조직구조에서는 기업들 간 네트워크를 성공시키기 위해 조직 내부 구성원들도 전문성이 뛰어난 이들로 구성하여야 한다. 전문가들을 자신의 능력을 최대한 발휘할 수 있는 분야에 배치시키는 것이 중요해진다.

개방형 혁신(open innovation)이 중요해져가는 시대에서 조직구조에서 약한 연결을 통한 네트워크 형성을 중요시여기고, 기술융합을 수행할 수 있는 융합형 인재개발이 요구되고 있다.

참고문헌: Clayton M. Christensen(1997), *The Innovator's Dilemma*, Harvard Business School Press; James C. Collins and Jerry I. Porras(1994), *Built to Last: Successful Habits of Visionary Companies*, Harper Collins Publishers, Inc.; 장세진(2007), 『글로벌시대의 경영전략』, 박영사; 이규현(2007), 『첨단기술제품 마케팅』, 경문사.

Global Marketing

요 약

1. 글로벌 조직설계는 환경기준과 기업 특유의 기준을 가지고 수행할 수 있다. 환경기준은 경쟁환경, 환경변화율, 경제블록화, 고객의 성격 등을 살펴보아야 하고, 기업 특유의 기준은 전략의 변화, 제품계열의 다양화, 기업문화, 현지관리능력, 자회사의 입지와 특성 등을 고려하면서 접근할 수 있다.

2. 우리나라가 세계적으로 중요한 무역국으로 되는 과정에서 종합무역상사의 역할은 매우 중요하다. 글로벌 지향성이 깊어지면서 조직설계는 국제사업부 조직, 제품별 조직, 지역별 조직, 그리고 매트릭스 조직의 유형이 나타난다. 매트릭스 조직은 제품과 지역의 양 차원을 가지고 움직이기 때문에 보다 유연하고 창조성을 요구하지만, 네트워크와 협력 또한 중요한 과제가 된다.

3. 글로벌 브랜드들은 명확한 방향성을 가지고 글로벌 소비자들에게 포지셔닝시키고 있다. 이러한 글로벌 브랜드를 관리하는 조직이 필요한데 이에는 브랜드 관리위원회, 브랜드 챔피언, 글로벌 브랜드 매니저, 비공식적인 브랜딩회의가 있다.

4. Stopford와 Wells(1972)는 총 판매액에서 해외 판매액의 비율(foreign sales as percentage of total sales)과 해외 제품다양성(foreign product diversity)의 두 차원을 가지고 조직변화경로를 잘 보여주었다. 즉, 기업의 해외 제품다양성이 증가하지 않은 채 해외판매가 증가함에 따라 기업은 지리적 지역구조(geographic area structure)로 변해간다. 해외제품계열의 다양성이 증가하게 되면 글로벌 제품계열에 따라 조직화를 이루게 되면서 글로벌 제품조직으로 발전한다. 최종적으로 제품다양성과 국제판매가 함께 상당히 증가할 때 다국적기업들은 두 차원의 매트릭스조직을 채택하게 된다.

5. 기업에 따라 배열과 조정에서 차이가 나타난다. 2007년 말 세계 자동차 판매액 1위인 GM과 2위인 도요타는 판매액 차이가 3,000대 수준으로 좁

혀있다. 도요타는 지리적으로 집중하여 그 국가에서 표준화를 통해서 강한 조정을 하는 방향으로 나아갔지만, GM은 지역적으로 분산적인 제조설비를 갖고 다른 브랜드를 사용하면서 현지 적응전략을 수립하여 경쟁하고 있는 등 글로벌 배열과 조정이 다르다.

6. 글로벌 마케팅이 고도화되면 통제 메커니즘이 중요하게 되는데, 이는 공식적인 통제시스템과 비공식적 통제시스템 양 측면에서 확립되어야 한다.

Global Marketing

토의과제

1. 이 책의 제8장에서 제시된 코카콜라와 네슬레의 표준화와 현지화 전략이 마케팅상에 어떻게 다른가를 살펴보라. 이 책의 제9장에서 네슬레의 브랜드 나무에서 네슬레의 브랜드 아키텍처가 어떠한지를 다시 살펴보라. 그리고 이러한 네슬레의 전략이 글로벌 조직구조를 형성하는 데 어떠한 영향을 미칠 수 있는가를 토의하라.

2. 우리나라 무역활동을 촉진한 데 있어서 종합무역상사의 역할에 대하여 설명하라. 기업의 글로벌 지향성이 변화함에 따라 수출부 → 국제사업부 → 제품사업부 → 지역별 구조 → 매트릭스구조로 어떻게 변할 수 있는가를 이론적으로 제시하라.

3. 이 책의 제1장에서 제시된 '글로벌 500'에 들어가 있는 우리나라 기업들을 택하여 그들의 조직구조가 어떻게 변해왔는가를 그룹별로 다른 기업들을 택하여 조사하고 서로 토의하라.

4. 제9장에 논한 브랜드전략을 성공시키기 위해서 어떠한 브랜드관리 조직을 만들 수 있는가를 토의하라.

5. Stopford와 Wells의 모형을 가지고 글로벌 마케팅조직구조가 변해가는 경로에 대해서 토의하라.

6. GM과 도요타의 경쟁에서 이 기업들의 조직과 통제에서 어떠한 차이가 있는가를 조사하라.

Global Marketing

참고문헌

로버트 레버링 지음, 이관응 옮김(2002), 『훌륭한 일터』, 엘테크.

조동성(2000), 『국제경영』, 경문사, 제8장 종합무역상사.

Aaker, David A., and Erich Joachimsthaler(1999), "The Lure of Global Branding," *Harvard Business Review* (November-December), p. 142.

Anderson, U. and M. Forsgren(1995), "Using Networks to Determine Multinational Parental Control of Subsidiaries", in S. J. Paliwoda and Jr. J. K. Ryans, eds., *International Marketing Reader*, Routledge.

Barlett, Christopher A.(1983), "MNCs: Get Off the Reorganization Merry-Go-Round," *Harvard Business Review*, March-April, pp. 138-146.

Barlett, Christoper A.(1987), "Building and Managing the Transnational: The New Organizational Challenge," in *Competition in Global Industries*, ed. M. E. Porter (Boston, MA: Harvard University Press), p. 368.

Kogut(1983), *Structural Changes in World Industry 1983: A Quantitative Analysis of Recent Developments*, Washington DC: World Book.

Liker, Jeffrey K.(2003), *The Toyota Way*, McGraw-Hill.

Raymond Vernon, and Louis T. Wells, Jr., and Subramanian Rangan(1995), *Manager in the International Economy*, 7th ed., Prentice-Hall.

Ulrich David and Norm Smallwood(2007), "Building a Leadership Brand," *Harvard Business Review* (July-August), pp. 93-100.

찾아보기

ㄱ

가격복도 274
가격상승 260
가격조정 273
가상통합모형 324
가설 90
가설형성 90
가치가격결정 264
간접수출 164
감정이입디자인 93
개념강화기 226
개념도입기 225
개념정교화기 225
개방형 혁신 350
개별브랜드 전략 242
개인주의와 집단주의 69
거래비용 145, 318
경쟁라운드 35
경쟁적 자유주의 40
경쟁전략 131
경제협력개발기구 41
경제협력기구 38
계약 154
계약생산 165
고가전략 267
고객기반 브랜드 자산 228
고객방문 프로그램 93
공급망관리 312
공동브랜드 전략 242
관세 및 무역에 관한 일반협정 34
광고매체 결정 291
광고메시지 결정 291
광고목표 결정 290
광고예산 설정 290
광고캠페인 어프로치 결정 292
광고효과 측정 293
교차 라이선싱 151
국가경쟁력 32
국가경쟁우위 129
국제법 50
국제사업부 336
국제정치관계 50
국제제품수명주기 206
국제제품스왑 151
국화와 칼 74
군집분석 92
권력거리 68
규모의 경제 139
균일한 포지셔닝전략 120
그리드형 구조 340
그린라운드 34
근본적 혁신 182
글로벌 500 15

글로벌 공급망 315
글로벌 기업 5
글로벌 대행사 301
글로벌 로지스틱스 311
글로벌 배열과 조정 345
글로벌 산업 33
글로벌 세분화 112
글로벌 소매업태 317
글로벌 소비자문화 포지셔닝 121
글로벌 소싱 143
글로벌 수용 208
글로벌 조직구조 343
글로벌 조직설계 335
글로벌 출시 202
글로벌 통합 14
글로벌 판매촉진 297
금수조치 48
기술라운드 35
기술융합 7, 147
기업 간 마케팅 7
기업 간 소싱 143

ㄴ

나이키 155
남성다움과 여성다움 69
네트워크 경제 141

ㄷ

다국적기업 5
다민족 지향 11
다중 정체감 248
다차원척도법 92
다채널 319
단계적 시장세분화 115
대체효과 320
도입기 207
독립적 자아 70
독점적 브랜드 자산 227
동남아시아국가연합 37

ㄹ

라이선싱 165
라이프스타일 84
라이프스타일 세분화 118
로날드 맥도날드 하우스 체리티 123
루스 베네딕트 74
리포지셔닝 119

ㅁ

마이클 델 323
마케팅조사과정 87
Markus와 Kitayama 분석 70
매트릭스 구조 340
맥도날드 123
모리타 아끼오 222
문명의 충돌 73
문화차이 분석모형 65
물질문화 62

ㅂ

범위의 경제 139
병행수입 320
보완효과 320
북미경제권 39
분산분석 91
불확실성 회피 68
브랜드 강도 234
브랜드 공동체 245
브랜드 공명모형 228
브랜드관리위원회 342
브랜드 나무 243

브랜드 아키텍처 243
브랜드 연상 227
브랜드 이익 234
브랜드 인지도 227
브랜드 챔피언 342
브랜드 충성도 227
브랜드 확장 104, 230
블루라운드 35
비모수 통계 92
비시장기반 이전가격결정 271

ㅅ

사회경제적 계층 분석 117
사회경제적 변수들 117
산업구조분석 43
상관분석 92
상표권 52
상호의존적 자아 70
생각의 지도 72
서비스 고도화 272
석유수출국기구 42
선각수용자 209
선도사용자 과정 95
선도자의 법칙 179
선등록주의 52
선발명주의 52
성숙기 208
성장기 207
세계무역기구 34
소득분포분석 44
소비자 판매촉진 298
소비자 패널 100
쇠퇴기 208
수요관리 261
수출부서 335
스캐너 100
스키밍가격전략 260, 261
스타벅스 251
스타벅스 인터내셔널 252
Stopford-Wells 모형 344
스포츠 마케팅 298
스포츠 스폰서십 299
스프링클러(Sprinkler)모형 178, 202
시간에 기반을 둔 경쟁 141
시장기반 이전가격결정 270
시장 사이의 조정 14
시장세분화 111
시장의 글로벌화 4
신제품 아이디어 창출 201
실사 154

ㅇ

아모레퍼시픽 302
아웃소싱 143
아이디어 스크리닝 201
약탈적 덤핑 271
S곡선 99
LG의 홈스테이 분석 84
와해성 혁신 348
외환 45
요인분석 114
Waterfall모형 178
월마트 276
월트디즈니 76
유기적 성장 153
유럽연합 36
유로사용 국가 45
유추방법 97
유통업체 판매촉진 298
의료이미징 96
이스트만 코닥 53
이전가격 268
인구분석 43
인구통계적 변수들 116

인적판매 294
인터넷마케팅 249
일본의 총합상사 336
1인당 소득 44

ㅈ

자기준거기준 286
자민족중심이거나 본국 지향 10
자민족중심주의 285
자유무역협정 39
저가전략 264
저작권 52
전기다수수용자 209
전략적 의도 148
전략적 제휴 147
정치적 위험 48
제품과 커뮤니케이션 수정 195
제품과 커뮤니케이션 확장 193
제품 발명 195
제품사업부 구조 338
제품성장곡선 99
제품수명주기를 이용한 세분화 115
제품 수정 – 커뮤니케이션 확장 194
제품 업그레이드 272
제품 컨셉 개발 201
제품확장 – 커뮤니케이션 수정 193
제휴 205
조사설계 90
조약과 국제계약 51
조직화된 연구개발 7
주문자상표생산방식 152
지각된 품질 227
지각수용자 209
지구중심 지향 12
지구촌 5
지식경영 142
지식의 경제 142
지역별 구조 339
지역중심 지향 11
지적재산권 51
직접수출 164
직접투자 170
직접판매모형 323
진입순서효과 178
집단적 사고 프로그램 61

ㅊ

참여관찰 74
채찍효과 316
초경쟁전략 135
침투가격결정전략 266

ㅋ

컨조인트 분석 201
쿼타 48
클러스터링 세분화 113
클러스터 분석 97
Kluckhohn과 Strodbeck 분석 65

ㅌ

테스트 마케팅 202
특수성과 보편성 딜레마 102
특허권 52

ㅍ

판매촉진 수단 297
포지셔닝 119
포지셔닝 단계 119
포지셔닝 맵 92
포춘지 15
Porter모형 32

폭포모형 202
표적시청자 선정 289
표준화 196
표준화 노력 14
프랜차이징 168

ㅎ

한류 213
할리데이비슨 75
합병 후 통합 73, 154
합작투자 169
해외 소비자문화 포지셔닝 121
핵심구성요소 표준화 198
행동기반 세분화 117
혁신수용자 209
현대자동차 183
현지 소비자문화 포지셔닝 122
현지화 197
협력수출 164
협상 154
혼합브랜드 전략 242
Hall의 분석 67
Hofstede 분석 67
환율 262
회귀분석 92, 97
회색시장 유통 320
후기다수수용자 209
훌륭한 일터 347

INDEX

A

Alfred Chandler 333
allliance 205
Amore Pacific 302
analogy method 97
Analysis of Variance: ANOVA 91
APEC 38
ASEAN 37
behavior-based segmentation 117

B

Blue Round 35
brand architecture 243
brand association 227
brand awareness 227
brand champion 342
brand community 245
brand earnings 234
brand extension 104, 230
brand loyalty 227
brand resonance model 228
brand strength 234
Branding Tree 243
bullwhip effects 316
business to business marketing 7

C

cluster analysis 97
collective programming of the mind 61
Competition Round 35
competitive advantage of nations 129
competitive liberalism 40
Competitive Strategy 131
complementary effect 320
concept elaboration 225
concept fortification 226
concept introduction 225
conjoint analysis 201
consumer panel 100
contract 154
contract manufacturing 165
cooperative export 164
coordination across markets 14
copyright 52
core components standardization 198
cross licensing 151
Customer-Based Brand Equity: CBBE 228
customer visit program 93
customization 197

D

demand management 261
demographic variables 116
direct export 164
direct investment 170
direct model 323
distruptive innovation 348
dual adaptation 195
dual extension 193
due diligence 154

E

early adopters 209
early majorities 209
Eastman Kodak 53
economy of knowledge 142
economy of network 141
economy of scale 139
economy of scope 139
EDI(Electronic Data Interchange) 137
EDLP(everyday low pricing) 264
embargoes 48
emic-etic dilemma 102
empathic design 93
ethnocentric or home country orientation 10
ethnocentrism 285
EU 36

F

factor analysis 114
Fast Innovation 181
Fast Time-to-Market 181
first-to-file principle 52
first-to-invent principle 52
foreign consumer culture positioning 121
foreign exchange 45, 262
Fortune 15
franchising 168
FTA 39

G

GATT 34
general trading company 336
geocentric orientation 12
geographic structure 339
global consumer culture positioning 121
global corporation 5
global industry 33
global integration 14
global logistics 311
global rollout 202
global sourcing 143
global village 5
globalization of markets 4
gray market channel 320
Great Work Place: GWP 347
Green Round 34
grid structure 340

H

Hallyu, Korean Wave 213
Harley Davidson 75
HOG(Harley Owners Group) 247
hyper-competitive strategy 135
hypothesis 90

I

ICT(Information & Communication Technology) 317

IMF 40
Inbound SCM 313
independent self 70
indirect export 164
individualism and collectivism 69
innovators 209
intellectual property right 51
interdependent self 70
international division 338
international law 50
international political relations 50
international product life cycle 206
international product swap 151
intra firm sourcing 143

J

joint venture 169

K

knowledge management 142

L

laggards 209
late majorities 209
law of leadership 179
Lead Users Process 95
licensing 165
local consumer culture positioning 122

M

M&A(Merger & Acquisition) 153
market segmentation 111
market transaction cost 145
market-based transfer pricing 270
Marshall McLuhan 5
masculinity vs. femininity 69
matrix structure 340
McDonald's 123
medical imaging 96
Michael Dell 323
Michael Porter 32
multi-channel 319
multinational corporation 5
multiple identity 248

N

NAFTA 39
negotiation 154
Nestle 243
New Coke 103
Nike 155
nonmarket-based transfer pricing 271

O

OECD 41
OEM(Original Equipment Manufacturing) 223
OPEC 42
open innovation 350
order-of-entry effects 178
organic growth 153
organized R&D 7
Original Equipment Manufacturing: OEM 152
OSMU(One Source Multi Use) 162
other proprietary brand assets 227
outbound SCM 313
outsourcing 143

P

parallel import 320
participant observation 74
patent 52
Patterns of Culture 74
penetration pricing strategy 266
per capita income 44
perceived quality 227
personal selling 294
Philip Kotler 6
political risk 48
polycentric orientation 11
positioning 119
positioning map 92
post merger integration 73, 154
power distance 68
predatory dumping 271
price escalation 260
pricing corridor 275
product division structure 338

Q

QSC&V(quality, Service, Cleanness & Value) 123
quota 48

R

radical innovation 182
regiocentric orientation 11
regression analysis 97
replacement effect 320
repositioning 119
Ronald McDonald House Charities 123
Ruth Benedict 74

S

S curve 99
SBCM(Strategic Brand Concept-Image Management) 225
scanner 100
self reference criteria 286
service enhancement 272
skimming pricing strategy 260, 261
socioeconomic strata analysis 117
socioeconomic variables 117
sports sponsorship 299
sprinkler model 202
standardization 196
standardization efforts 14
Starbucks 251
starbucks coffee international 252
strategic alliance 147
strategic intent 148
Supply Chain Management: SCM 312

T

technology fusion 7, 147
Technology Round 35
the Geography of Thought 72
Theodore Levitt 4
time based competition 141
trademark 52
trading-up 272
transaction cost 318
transfer pricing 268
treaties and international contracts 51

U

uncertainty avoidance 68
uniform positioning strategy 120

V

value pricing 264
virtual integration model 324

W

Walt Disney 76
waterfall model 202
World Trade Organization 34

[저자 소개]

● 이규현(李圭玹)

이규현(李圭玹) 교수는 서울대학교에서 이학사, 경영학 석사, 경영학 박사학위를 받았으며, 1981년 이후 현재까지 한남대학교 경영학과 교수로서 30년 동안 글로벌 접근으로 마케팅을 연구하고 강의하여왔다.

주요 연구는 소비자행동과 마케팅연구에서 글로벌 접근이었다. 1997년 이후 한국과 미국의 문화비교에 관한 여러 연구들이 국제학술지와 국내학술지에 게재되었다. 저술들은 마케팅관리-이론과 사례, 마케팅조사-방법론적 기반과 응용, 첨단기술제품마케팅, 문화마케팅(공저), 신상품마케팅, 소비자행동론, R&D관리(공저) 등이 있다.

학회활동으로는 한국마케팅과학회와 한국소비문화학회에서 회장직으로 봉사하였고, 한국마케팅학회와 한국마케팅관리학회에서는 부회장직으로 봉사하였다. 여러 연구지들(경영학연구, 중소기업연구, 마케팅연구, 마케팅관리연구, 마케팅과학연구, 소비문화연구 등)의 논문평가도 지속적으로 하여왔다. 그리고 KAIST를 비롯한 인접 학교들의 학부와 대학원 강의를 통해 마케팅지식을 확산시켜왔다.

여러 기업 관련 협회들(KMAC, 한국산업기술평가원, 한국경영기술컨설턴트협회 등)과 협력하여 대기업과 중소기업 평가와 자문을 하여왔으며, 정부 관련 기관들(대전시, 철도공사, 철도시설공단, 조달청, 중소기업청 등)과 정부출연연구소들(기초기술연구회, 생명공학연구원 등)의 평가와 자문을 통해 글로벌 마케팅지식을 확장시켜왔다. 이러한 경험들이 이 책을 보다 현실에 가깝도록 하고 있다.

저자 e-mail: ipromarket@gmail.com 또는 khlee@hnu.kr

글로벌 마케팅

저 자 이 규 현
발행자 한 헌 주
발행처 도서출판 **경문사**
서울특별시 종로구 평동 19번지
전화 738-7035 FAX. 722-4678
E-mail : kmsp@korea.com
홈페이지 : http://www.kmsp.co.kr
등 록 1995년 11월 9일 제300-1995-138호
2012년 8월 31일 초판인쇄
2012년 9월 7일 초판발행

• 정가 24,000원

ISBN 978-89-420-0769-1 93320